교수설계 지식기반

Rita C. Richey · James D. Klein
Monica W. Tracey 공저

정재삼 · 임규연 · 김영수 · 이현우 공역

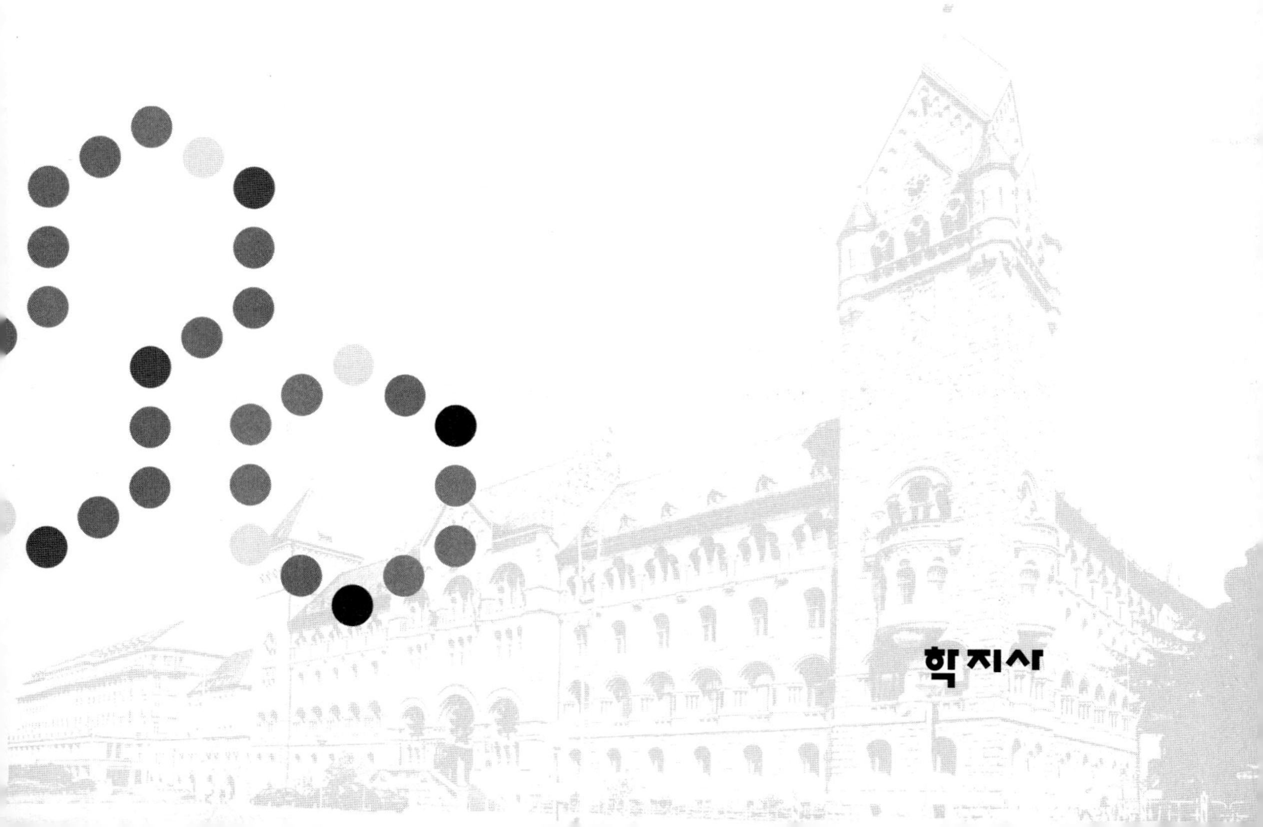

학지사

The Instructional Design Knowledge Base: Theory, Research, and Practice
by Rita C. Richey, James D. Klein & Monica W.Tracey

| 역자 서문 |

이 책에서는 먼저 교육공학과 교수설계의 관계와 교수설계의 본질에 대해 논의하고자 한다. 다음으로는 교수설계의 전문성을 함양하기 위해서 검토해야 할 교수설계의 원천에 관해 간략하게 정리한다. 마지막으로 이 책을 어떻게 읽고, 사용할 것인지에 대하여 저자들의 의도를 바탕으로 역자들의 생각을 간략하게 제시하고자 한다.

우리를 둘러싸고 있는 사회 환경, 테크놀로지 그리고 학습의 관점은 계속해서 변화해 왔다. 실용적 학문인 '교육공학'의 공식적 정의는 1963년 미국 교육공학회인 AECT에 의해 수립된 이후 점진적으로 변화해 왔다. AECT는 2008년도에 『교육공학: 정의와 논평』을 출판하고, 다음과 같이 최근의 정의를 제시하였다(Januszewski & Molenda, 2008, p. 1).

> 교육공학은 적절한 과학기술적 과정과 자원을 창출 · 활용 · 관리함으로써 학습을 촉진하고 수행성과를 향상시키기 위하여 연구하고, 윤리적으로 실천하는 학문이다.

한편 이 책의 저자들은 교수설계를 다음과 같이 정의하였다(Richey, Klein, & Tracey, 2011, p. 3).

> 교수설계는 학습과 수행성과를 촉진하는 상황을 개발하고, 평가하며, 유지하기 위하여 상세한 명세서를 창출하는 과학이자 예술이다.

교육공학은 한마디로, 어떻게 하면 흥미롭고, 효과적이며, 효율적인 학습을 설계하고 창출할 수 있는가에 대해 탐구하는 학문 분야다. 이러한 맥락에서 교육공학과의 관계에서 교수설계란 무엇이며, 어떻게 기여할 수 있는가에 관심을 두고 있다. 앞의 두 정의에서 보았듯이 교수설계는 교육공학의 핵심으로서 교육공학 활동의 엔진이라고 볼 수 있다. 교수설계는 교육공학뿐 아니라 교육훈련이나 인적자원개발 그리고 수행공학 분야에서도 반드시 필요하다. 교수설계에 대한 관점은 크게 '전략 선택'으로 보는 구체적 입장과 '프로그램 개발의 과정'으로 보는 포괄적인 입장으로 분류할 수 있다.

전자의 입장에서는 교수설계를 어떤 교수 방법이 학습자의 현행 지식과 기능(skills)을 바람직한 상태로 변화시키는 데 있어서 최선인지를 결정하는 과정이라고 본다. 즉, 전자인 '전략 선택'의 입장에서는 교수설계를 바람직한 성과(outcome)를 최적화하는 교수 활동을 처방하는 지식체로 간주한다(Reigeluth, 1983, 1999, 2009). 이러한 관점에서 Gagné-Briggs, Merrill-Reigeluth 등의 교수설계이론은 학습자의 요구에 부응한 바람직한 학습과 발달을 이끌어 내는 방법에 관한 구체적인 지침을 제공하는 이론으로 볼 수 있다.

한편 후자의 입장은 포괄적으로 교수설계를 교수체제 개발(instructional systems development) 그 자체라고 본다(Dick & Carey, 1978; Dick, Carey, & Carey, 2009; Rothwell & Kazanas, 2004). 즉, 후자인 '프로그램 개발 과정' 입장에서 교수설계는 교수 활동을 분석하고, 설계하며, 개발하고, 실행하며, 평가하는 체계적 과정이라고 설명한다. 따라서 후자의 입장에서, ADDIE 모형은 대표적인 교수설계 모형 또는 교수체제 개발 모형으로 간주된다.

오늘날의 '교수설계'라는 분야를 태동시킨 아이디어는 Dewey가 학습 이론과 교육 실제와의 '연계 과학(linking science)'이 필요하다고 주장한 1899년 심리학회의 기조연설에서 찾아볼 수 있다. 그 후에 Dewey의 주장과 맥을 같이하여 Thorndike, Tyler, Mager의 헌신적인 노력이 이어졌고, 더불어 1954년 Skinner가 *Harvard Education Review*에 「The Science of Learning and the Art of Teaching」이라는 논문을 발표하여 이 분야에 엄청난 영향력을 미쳤다. 1960년대부터 1990년대에 이르러 교수설계 분야에서는 수많은 주옥 같은 역작이 쏟아져 나왔는데, 그중 대표적인 것을 연도별로 정리하면 다음과 같다.

- 1960년 Bruner의 「교육의 과정(The Process of Education)」
- 1965년 Gagné의 「학습의 조건(The Conditions of Learning)」
- 1971년 Merrill의 「교수설계(Instructional Design)」
- 1974년 Gagné와 Briggs의 「교수설계의 원리(Principles of Instructional Design)」
- 1978년 Dick과 Carey의 「체계적 교수설계(The Systematic Design of Instruction)」
- 1981년 Romiszowski의 「교수체제 설계(Designing Instructional Systems)」
- 1983년 Reigeluth의 첫 번째 'Green Book'인 「교수설계의 이론과 모형(Instructional Design Theories and Models)」
- 1985년 Kemp의 「교수설계 과정(The Instructional Design Process)」
- 1986년 이 책의 제1저자인 Richey의 「교수설계의 이론적 · 개념적 기초(The Theoretical and Conceptual Bases of Instructional Design)」
- 1986년 Foshay의 「교수설계 역량(Instructional Design Competencies)」, IBSTPI 후원

- 1987년 Reigeluth의 「교수이론 실천(Instructional Theories in Action)」
- 1992년 Rothwell과 Kazanas의 「교수설계 과정 마스터링(Mastering the Instructional Design Process)」
- 1992년 Duffy와 Jonassen의 「구성주의와 교수공학(Constructivism and the Technology of Instruction)」
- 1992년 Stolovitch와 Keeps의 「수행공학 핸드북(Handbook of Human Performance Technology)」
- 1993년 Smith와 Ragan의 「교수설계(Instructional Design)」
- 1994년 Merrill의 「교수설계이론(Instructional Design Theory)」
- 1994년 Driscoll의 「수업을 위한 학습심리학(Psychology of Learning for Instruction)」

이들 책 이외에 이러한 역작의 목록에 포함될 최근의 도서로는 Piskurich (2006)의 「신속한 교수설계(Rapid Instructional Design)」, Ertmer와 Quinn (2007)의 「교수설계 사례집(The I. D. Casebook)」, Reigeluth와 Carr-Chellman(2009)의 세 번째 'Green Book'인 「교수설계이론과 모형 제3권: 공통적 지식기반 구축(Instructional Design Theories and Models, Vol. 3: Building a Common Knowledge Base)」 그리고 Reiser와 Dempsey(2011)의 「교수설계공학의 동향과 이슈(Trends and Issues in Instructional Design and Technology)」 등이 있다. 이 책과 더불어 이들 최신 저서를 정독할 것을 추천한다.

이 책은 Rita C. Richey, James D. Klein, Monica W. Tracey 등 3명의 저자가 저술하였다. Richey 박사는 현재 미시간 웨인주립대학교의 교수공학 프로그램의 명예교수로 있다. 오랜 기간에 걸쳐, Richey 박사는 교수설계 분야의 이론과 연구에 많은 공헌을 해 왔으며, AECT와 PIDT를 포함하는 여러 학회에서 본질적이고 창의적인 아이디어를 많이 제시해 왔다.

Klein 박사는 애리조나주립대학교의 교육공학 프로그램의 교수로 재직 중이다. 여러 해에 걸쳐, Klein 박사는 AECT 산하 여러 학술분과의 회장을 역임하고, 전문학회지 편집자로 일하면서 교육공학 분야에서 리더십을 발휘해 왔다. 또한 Klein 박사는 동기전략, 태도 그리고 역량에 관한 연구를 실시해 왔으며, 최근에는 수행성과 향상 부문에 많은 관심을 보이고 있다. Tracey 박사는 현재 미시간 웨인주립대학교의 교수공학 프로그램의 부교수로 재직 중이며, 설계연구와 개발연구 분야의 전문가로 활약하고 있다.

저자들은 이 책을 통하여 교수설계 전문가나 모든 수준의 학습자들에게 현행 교수설계의 실제와 더불어 최근에 등장한 교수설계의 실제를 위한 토대가 되는 이론과 연구에 대한 종합적인 탐구를 제공하려고 한다. 이 책에서 저자들은 관련 학문과 학제적 접근을 수용하는 입장에서 여러 이론에 관한 현대적 · 고전적 해석을 제공하려 한다. 여기에는 일반체제이론, 커뮤니케이션이론, 학습이론, 초기 교수이론, 매체이론, 조건기반이론, 구성주의 설계이론 그리고 수행성과 향상이론이 포함된다. 이 책에서는 대표적인 교수설계 문헌의 제시, 간결한 이론 요약, 이론이 실제에 적용되는 구체적인 예, 미래 연구를 위한 제언, 관련 용어 해설 그리고 참고문헌의 종합적 목록이 잘 나타나 있다.

한마디로 이 책은 국내 교육 관련 분야, 특히 교육공학, 교수설계, 수행공학(수행성과 컨설팅) 그리고 인적자원개발(교육훈련) 분야의 석 · 박사 과정과 교육전문가 및 컨설턴트 자격증 프로그램을 위한 완벽에 가까운 자료로 사용될 수 있다. 역자들은 이 책을 통해 관련 분야의 학자와 학생들, 이론가와 실천가들 모두에게 교수설계 실제의 요체와 미래의 교수설계에 대한 통찰과 사고 형성을 위한 토대를 제공하기를 기대하고 있으며, 아마도 우리의 기대가 상당한 결실을 맺을 수 있으리라고 확신한다. 마지막으로, 이 책의 출간은 여러 사람들의 노력과 지원이 없었다면 불가능하였다. 특히, 번역을 허락해 준 Routledge 관계자 분들, 역서의 출간을 맡아 주신 학지사 사장님 그리고 실무를 담당해 주신 학지사 직원 여러분의 노고와 배려에 심심한 감사의 말씀을 드린다.

2012년 8월

역자 일동

| 저자 서문 |

이 책은 '교수설계'라는 학문에 대한 저자들의 열정과 부단한 노력의 결과물이다. 우리는 이 책을 집필하는 과정에서 교수설계 분야가 상당히 폭넓고 복합적이라는 데 다시 한번 놀랐고 두려움을 느끼기까지 하였다. 이 책에서 우리는 폭넓은 이론적 기반을 검토하고, 교수설계의 지식기반과 사례를 보강하는 이론적 연구를 고찰하고, 나아가 이 모든 것이 어떻게 교수설계의 실천으로 이행되는가를 가능한 한 상세하게 기술하려고 시도하였다. 우리는 교수설계 관련 분야의 학자와 대학원생들이 이 책을 읽고 사용하기를 기대한다. 동시에 우리는 실천가들이 교수설계 프로젝트를 수행하면서 직면하는 일련의 의사결정과 정당화 과정에서 이 책을 근저(根底)로서 사용할 수 있기를 희망한다.

이 책의 핵심 요소

저자들은 교수설계 이론기반을 매우 폭넓게 정의하고 있다. 이러한 맥락에서 우리는 교수설계 학자들이 구축해 온 이론과 아울러 다른 학문 분야의 기초적인 이론을 포괄적으로 다루었다. 우리는 교수설계의 실제를 형성하는 도구로서 간주해 온 이론에 대해서 전통적이고 현대적인 해석을 망라하는 입장을 취하고 있다. 예를 들면, 커뮤니케이션이론은 항상 중요하게 고려되어 왔지만, 구성주의자 관점에서 커뮤니케이션은 무엇인가를 살펴본다. 우리는 또한 사회학습이론과 같이 통상 교수설계이론의 기반으로 간주되지 않았던 이론에 대해서도 논의한다.

이 책은, 이론이란 연구와 이론화 작업뿐 아니라, 옹호자 공동체의 철학적 지향성에서도 유래한다는 가정을 기반으로 집필되었다. 그러므로 우리는 이론 클러스터의 기초적인 철학적 입장도 탐구해 왔다. 예를 들면, 우리는 어떻게 몇몇 초기 이론가들이 일반체제이론을 비선형적 사고의 철학으로 고려했는지를 설명하였다.

연구는 이 책이 담고 있는 이론에 대한 논의에 있어 매우 중요하다. 이러한 관점에서 저자들은 하나의 이론이 형성된 기초적이고 경험기반의 지원을 인식하고, 교수설계에서 이들 개개 이론의 적용을 타당하게 만들려는 연구들에 관해 보다 상세하게 탐구하였다. 마지막으로, 우리는 다양한 설계 환경에서 이들 이론을 적용하는 데 공헌할 것으로 생각하는 새로운 연구를 제안한다.

이 책에서는 이론이 강조되고 있으나, 이에 덧붙여 이론에 뿌리를 둔 교수설계 실제에 대한 설명을 상당히 많이 부가하였다. 또한 현행 교수설계 실제와 새로 등장하는 교수설계 실제에 대한 예들이 논의되고 있다. 예를 들면, 우리는 어떻게 사회적 네트워킹 도구들이 구성주의적 교수설계에 사용되는지를 논의하였다.

마지막으로, 우리는 이 책에서 교수설계의 이론적 기초를 단순히 기술하고 설명하는 것을 지양하고, 이들 이론 각각에 대한 정보를 교수설계 지식기반으로 종합하고자 하였다. 여기서 지식기반은 미래의 교수설계 연구와 이론 개발 과정에서 교수설계 실제에 대한 이해를 촉진하는 데 지침이 되는 다종다양한 분류표 형태를 취하고 있다.

이 책은 광범위한 문헌의 분석을 기반으로 하고 있다. 각 장 끝에는 지식기반에 공헌하는 개개 이론기반에 대한 간결한 요약과 관련 요소들이 제시되어 있다. 부가적으로, 복잡한 개념에 대한 이해를 돕는 용어 해설이 포함되어 있다.

이 책의 개관

이 책은 처음에 도입, 이어 8개의 이론기반 그리고 마지막으로 지식기반 등 총 10개의 장으로 구성되어 있다. 본체를 포괄하는 이들 10개 장을 소개하면 다음과 같다.

1장인 '교수설계 지식기반의 영역'에서는 일반적인 지식기반의 특성과 함께 교수설계의 특징과 범위에 대해 탐구하고 있다. 이 장은 지식기반에서 이론과 모형의 역할을 고찰하고, 교수설계 지식기반의 여섯 가지 주요 영역을 소개한다.

2장인 '일반체제이론'에서는 체제이론과 체제 접근의 주요 요소 및 교수설계 분야에서의 가장 공통적인 적용에 대해 알아본다. 이를 통해 이 책에서 다루고 있는 8개의 기초적인 교수설계 이론기반 중 하나를 고찰한다. 이 장은 부가적으로 체제 분석과 체제 종합의 새로운 경향을 확인하고 논의한다.

3장인 '커뮤니케이션이론'에서는 Shannon과 Weaver의 전통적인 연구에서부터 최근에 대두된 커뮤니케이션 과정에 대한 구성주의적 관점을 포괄하여 커뮤니케이션 모형의 발전을 제시하고 있다. 이 장은 교수설계에서 커뮤니케이션이론의 영향을 언어의 역할, 커뮤니케이션 통로, 메시지에 대한 주의 획득 속성의 관점을 기반으로 탐구한다. 이에 덧붙여, 매개된(mediated) 커뮤니케이션과 문화의 독특한 역할에 대해서도 탐구한다.

4장인 '학습이론'에서는 행동주의 및 인지주의 학습이론, 아울러 사회적 학습이론에 대해 탐구하고 있다. 이 장은 각 학습이론 클러스터의 기본 원리에 대해 서술할 뿐 아니라 학습이론이 교수설계에 영향을 미치는 많은 방식의 예에 관해서도 논의한다. 본 논의에서는 맥락 분석과 같은 학습이론의 최근 적용을 포함하고 있다.

5장인 '초기 교수이론'에서는 교육과정과 수업에서의 Ralph Tyler, 개별화 수업에서의 Benjamin Bloom 그리고 교수(instruction)의 인지적 접근에서의 Jerome Bruner 등 초기의 대표적인 학자들의 공헌에 초점을 두고 있다. 이들의 연구는 행동 목표 파악, 계열화, 수업관리 등을 포함하여 교수설계에 큰 영향을 미쳤다.

6장인 '매체이론'에서는 학습 과정에서 매체의 역할, 즉 어떻게 실제를 표상하는지, 어떻게 구조를 제공하고, 어떻게 전체 학습 환경을 창출하는지에 대한 전반적인 개관을 제공한다. 이 장은 또한 매체 선정과 매체 사용에 대한 다양한 접근에 관해 심도 있게 논의한다.

7장인 '조건기반이론'에서는 조건기반이론을 구분하는 주요 원리에 대해 역설하고, 아울러 이론의 주요 학자들인 Gagné와 Merrill의 업적을 강조하고 있다. 이 장은 또한 복잡한 학습과 문제해결을 위한 교수설계 과정을 통해서 조건기반이론이 정교화되고 개발되는 방법을 다룬다.

8장인 '구성주의 설계이론'에서는 세 가지 주요 원리를 조사함으로써 구성주의 철학이 교수설계에 영향을 미치는 방식을 탐구한다. 그런 후에 이들 원리가 교수설계 과정의 다양한 측면에 영향을 미치는 방식에 대해 논의한다. 이 논의에는 어떻게 구성주의적 사고가 교수설계 과정과 모형을 재형성하는지가 포함된다.

9장인 '수행성과 향상이론'에서는 개인적·조직적 수행성과를 향상시키는 데 초점을 두었을 때 설계자가 직면하는 이슈들을 중점적으로 다룬다. 이 장은 다섯 가지의 수행성과 향상모형과 세 가지 평가 접근에 대해 설명한다. 특히, 교수설계에서 수행성과 향상 지향성에 대해서는 역량 개발, 분석, 인터벤션 전략, 훈련 전이 그리고 평가의 관점에서 탐구한다.

10장인 '교수설계 지식기반의 분류체계'에서는 이 책의 결론을 제시한다. 이 장은 먼저 분류체계의 일반적인 특성을 논의하고, 이 책에 제시된 방대한 정보가 교수설계 분류체계에 통합된 것에 관해 설명한다. 마지막으로, 이 장은 교수설계 지식기반의 여섯 가지 영역에 대한 분류표를 제시하고, 해당 분류표가 실천가들과 연구자들에 의해서 어떻게 사용될 수 있는지에 대해 논의한다.

이 책에서 저자들은 교수설계의 매우 복잡한 지적 기반에 대해 설명하는 한편, 지적 기초를 반영하는 교수설계 실천에 대한 다양한 접근에 관해 서술하였다. 이 책은 전체에 걸쳐서 '이론–연구–실천'의 상호작용을 포함하고 있다. 저자들은 교수설계이론의 미래 적용을 지원하는 경험적 연구가 지속되기를 희망한다. 끝으로 저자들은 이러한 연구 또는 학자들이 창출하는 새로운 이론 형성 작업에 참여할 것을 기대하고 있다.

미시간 디트로이트에서

Rita C. Richey와 Monica W. Tracey

애리조나 템페에서

James D. Klein

| 감사의 글 |

저자들은 많은 학자들의 업적과 연구를 바탕으로 이 책을 집필하였다. 특히, Pat Smith와 Tim Ragan의 통찰력이 돋보이는 연구를 통해 저자들은 우리의 생각과, 결과적으로는 이 책의 틀을 구축할 수 있었다. 이 책이 인쇄될 즈음, 저자들은 물론 교수설계 분야의 많은 이들이 좋은 학문적 동지인 Tim Ragan의 부음을 듣고 슬퍼하였고, 고인을 애도하였다. 저자들은 Pat과 Tim의 교수설계 분야에 대한 기여와 이 책에 대한 공헌에 감사를 전하고 싶다. 이들 두 학자의 영향은 지속될 것이다.

이 책을 보면, 존재감이 느껴지는 '분야의 거장들'이 있다. 저자들은 이 거장들이 오랜 기간에 걸쳐 이루어 낸 헌신적인 업적에 대하여 감사 드린다(만약 우리가 거장들의 이름을 구체적으로 열거하다 보면 불가피하게 누군가의 이름은 누락시킬 수 있다. 그래서 우리는 용기를 내어 '거장'이라고 일반화하려 한다).

저자들은 또한 이 프로젝트가 결실을 맺을 수 있도록 수업에서 이 책의 각 장의 내용을 검증해 준 학생들과 문헌 탐구에 관여해 준 Sara Kacin과 Kelly Unger에게 크게 감사 드린다. 저자들은 우리의 가족 모두가 이 책의 출간에 정신적 지지는 물론 그 이상으로 지원해 주었음을 밝힌다. Jayne Klein과 Leslie Klein은 많은 도표를 작성하기 위해서 자신들의 시간을 할애하고, 컴퓨터 기술을 제공하였으며, Charles Elder는 다양한 의견을 제시해 주었다. 마지막으로, James Quinn은 이 책의 일부를 자신의 수업에서 사용하고, 이를 통해 매우 중요한 피드백을 제공해 주었다. 이 책을 위해 많은 도움을 준 이들 덕분에 이 책의 수준이 향상되었기에 감사를 표한다.

평소와 마찬가지로 본 프로젝트가 진행되는 과정에서 저자들은 Routledge와 Taylor & Francis의 직원들에게 큰 도움을 받았다. 본 프로젝트의 태동을 지원해 준 Sarah Burrows와 완성하는 데 도움을 준 Alexandra Sharp, Alex Masulis에게 특별히 감사 드린다. 저자들은 또한 최종 산출물을 도출하는 데 있어 자신들의 시간과 노고를 아끼지 않았던 익명의 검토자들에게도 감사의 마음을 전한다.

| 차 례 |

■ 역자 서문 _ 3
■ 저자 서문 _ 9
■ 감사의 글 _ 15

제1장 교수설계 지식기반의 영역 21

1. 교수설계: 개관 _ 25
2. 지식기반의 특징 _ 29
3. 교수설계 지식기반의 토대 _ 40

제2장 일반체제이론 43

1. 일반체제이론의 속성 _ 46
2. 일반체제이론과 교수설계 _ 55
3. 체계적 교수설계의 동향 _ 66
4. 연구, 일반체제이론 및 교수설계 _ 75
5. 요 약 _ 78

제3장 커뮤니케이션이론 81

1. 커뮤니케이션에 대한 대안적 관점 _ 84
2. 커뮤니케이션이론과 교수설계 _ 98
3. 커뮤니케이션 관련 교수설계의 동향 _ 106
4. 연구, 커뮤니케이션이론 및 교수설계 _ 112
5. 요 약 _ 114

제4장 학습이론 119

1. 학습이론과 교수설계 _ 122
2. 교수설계에 대한 학습이론의 적용 및 동향 _ 144
3. 연구, 학습이론 및 교수설계 _ 148
4. 요 약 _ 151

제5장 초기 교수이론 155

1. 교수설계이론의 배경 _ 158
2. 초기 교수이론과 교수설계 _ 168
3. 초기 교수이론에 대한 연구 _ 174
4. 요 약 _ 179

제6장 매체이론 183

1. 매체와 학습 _ 186
2. 매체이론과 교수설계 _ 198
3. 연구, 매체이론 및 교수설계 _ 212
4. 요 약 _ 216

제7장 조건기반이론 221

1. 조건기반이론의 기초 _ 224
2. 조건기반 교수설계이론의 개선 _ 244
3. 조건기반 교수설계이론에 대한 연구 _ 256
4. 요 약 _ 262

제8장 구성주의 설계이론 267

1. 구성주의 설계이론의 본질 _ 271
2. 구성주의와 관련된 철학적 이슈 _ 279
3. 구성주의 설계이론의 적용 _ 280
4. 구성주의 교수설계의 동향 _ 288
5. 구성주의 교수설계에 대한 연구 _ 294
6. 요 약 _ 298

제9장 수행성과 향상이론 303

1. 수행성과 향상의 이론적 기초 _ 306
2. 수행성과 향상 모형 _ 308
3. 수행성과 향상의 철학적 지향 _ 325
4. 수행성과 향상과 교수설계 _ 326
5. 수행성과 향상의 교수설계에의 적용 동향 _ 330
6. 연구, 수행성과 향상이론 및 교수설계 _ 334
7. 요 약 _ 337

제10장 교수설계 지식기반의 분류체계 341

1. 분류체계의 특성 _ 344
2. 교수설계 지식기반 영역의 분류체계 _ 347
3. 교수설계 지식기반 분류체계의 사용 _ 366
4. 정리하며 _ 369

■ 용어 해설 _ 371
■ 참고문헌 _ 387
■ 찾아보기 _ 424

제1장

교수설계 지식기반의 영역

1. 교수설계: 개관
2. 지식기반의 특징
3. 교수설계 지식기반의 토대

제1장 교수설계 지식기반의 영역

오늘날 교수설계(Instructional Design: ID)는 확립된 전문직(profession)인 동시에 학문 탐구(study)의 한 영역이다. 전문직으로서의 교수설계는 크게 두 가지 요소, 즉 일련의 잘 정의된 역량(competencies)과 갈수록 더 복합적이고 복잡한 환경에서 근무하고 있는 활동적인 그룹의 실천가들(practitioner)로 구성되어 있다. 한편 학문 영역으로서의 교수설계는 더욱 더 다양해진 관점에서 고찰되고, 날로 성장하고 있는 토대를 기반으로 한 연구와 이론을 가지고 있다. 교수설계의 실천과 연구는 두 가지 방식, 즉 특정 산출물(product)을 창출하기 위한 전략을 통해서, 그리고 총괄적인 설계 과정의 실행과 관리를 통해서 살펴볼 수 있다. 이들 두 가지 견해 모두 교수설계를 설계 과정의 하나로 간주한다. 엄밀한 의미에서 교수설계는 교수 자료의 실제 제작에 해당되는 개발 과정과 차별화된다.

교수설계 분야의 가장 최근의 효시는 제2차 세계대전 중에 제작된 훈련

자료에 대한 연구와 개발 그리고 프로그램 수업(programmed instruction) 운동이라고 볼 수 있다(Reiser, 2007a). 그러나 교수설계 분야는 공식적으로는 1960년대에 이르러서야 고등교육 분야에서 알려지기 시작하였으며, 더욱이 교수설계라는 용어가 통상적으로 사용된 것은 1970년대에 이르러서였다. 따라서 많은 교수설계자들이 자신들을 교육심리학자나 매체 전문가나 어쩌면 훈련 설계자라고 여기고 있었을 것이다(Dick, 1987). 1980년대부터 교수설계는 민간 부문, 주로 기업과 산업 환경에서 활발히 실천되기 시작하였다. 그러나 이에 덧붙여 설계자들은 정부, 군대, 보건복지기관, 유치원과 초·중·고등학교, 심지어 비영리기관과 지역사회 관련 단체에서도 일하고 있었다. 이에 상응하여 수백 개의 학교에서 이들 설계 전문가들을 교육하고 훈련시키기 위한 프로그램을 개발하였다.

교수설계자들은 직원 교육 워크숍, 온라인 및 웹기반 수업, 강사 양성 프로그램(train-the-trainer) 등을 포함한 모든 유형의 수업(instruction) 관련 분야에서 일하고 있다. 더욱이 최근 교수설계자는 훈련이 적절한 해결책이 아닌 업무 현장에서 발생한 문제에 대한 해결, 즉 비교수적 중재(intervention)도 다루고 있다.

이 책은 어떻게 교수설계를 하는가가 아니라 교수설계의 지적 토대, 즉 교수설계의 지식기반에 대해 탐구하고 있다. 본 저자들은 현재 교수설계 분야를 형성하고 있는 교수설계의 이론적·개념적 토대를 폭넓게 다룰 것이다. 이를 위해서 저자들은 이론의 8개 클러스터(cluster), 각 이론 클러스터의 근본이 된 철학적 지향점, 이들 사고의 진화 그리고 이론을 지원하는 연구에 대해 검토할 것이다. 이에 덧붙여 교수설계에서 각 이론의 전통적인 적용과 새로이 대두되고 있는 적용에 대해 탐구할 것이다. 상기 과제를 다루기 전에 본 저자들은 먼저 다음의 주제에 대해 논의하고자 한다.

- 교수설계의 영역
- 이론과 모형의 역할을 포함한 학문적 지식기반의 속성

1. 교수설계: 개관

교수설계는 하나의 확립된 분야임에도 불구하고 때때로 여러 관점에서 조망된다. 이 절에서는 먼저 교수설계의 대안적 정의에 대해 검토하는 한편, 이 장에서 사용하는 정의를 제시한다. 이에 덧붙여 교수설계 분야의 범위와 같은 분야의 주요 관심사에 대해 살펴보고자 한다.

1) 교수설계의 정의

교수설계는 지난 수년간에 걸쳐 다양한 측면에서 정의되어 왔다. 대부분의 정의는 과정(process)을 강조하고 있다. Smith와 Ragan(2005)의 정의는 상당히 일반화되기는 했지만 여전히 이 유형에 속한다. 이들의 정의에서 교수설계란 "교수-학습 원리를 교수 자료, 활동, 정보 자원 및 평가를 위한 계획으로 옮기는 체계적이고 성찰적인 과정"(p. 4)이다. 이 정의는 교수설계의 과학적 토대와 교수설계 프로젝트로부터 창출되는 산출물을 강조한다. 그러나 과정 지향 정의의 대부분은 전통적인 교수체제 설계(Instructional Systems Design: ISD)의 과정(즉, 분석, 설계, 개발, 실행 및 평가)과 긴밀하게 연결되어 있다. Dick, Carey와 Carey(2009)는 간단명료하게 교수설계(ID)는 교수체제 설계(ISD)라고 말하고 있다. 반면 다른 이들은 이와 같이 직접적으로 표현하지는 않으나 본질적으로 이러한 접근에 동의하고 있다(Morrison, Ross & Kemp, 2007; Piskurich, 2006; Seels & Glasgow, 1998 참조).

한 가지 예외가 있다면 Reigeluth(1983)의 관점인데, 그는 교수설계를 교수(instruction)의 한 양상, 즉 "특정 교과 영역과 특정 학습자 집단에서 학생의 지식과 기능(技能, skills)의 바람직한 변화를 이끌어 낼 수 있는 최적의 교수 방법을 결정하는 과정"(p. 7)으로 이해하고 있다. Reigeluth의 관점은 전략 선택을 강조하는 반면, 분석 단계는 강조하지 않는다. 또한 이러한 접근은 현재 중요하게 여겨지고 있는 비교수적 중재와도 부합하지 않는다. 그럼에도 불구하고 Reigeluth의 관점에서도 설계는 계획 활동의 하나로 간주되고 있다.

교수설계에 대한 몇몇 정의는 과정(process)보다는 기능(機能, function)을 강조하고 있다. Gustafson과 Branch(2007)는 "교수설계는 일관되고 신뢰할 수 있는 방식으로 교육과 훈련 프로그램을 개발하는 데 운용되는 체계적 과정"(p. 11)이라고 설명하고 있다. Piskurich(2006)에 의하면 "교수설계는 본질적으로 효율적인 방식으로, 효과적인 훈련 프로그램을 창출하도록 지원하는 과정에 불과하다"(p. 1). 교수설계를 기능(function) 지향적으로 해석하고 있는 또 다른 정의가 Reigeluth(1983)에 의해 제시되고 있다. 그는 교수설계를 "성취와 감성 등 원하는 결과를 최적화하기 위한 교수 활동을 처방하는 지식체계"(p. 5)로 설명하고 있다.

앞에서 살펴본 것과 같이 다양한 정의에서 대안적인 주안점이 제시되었음에도 불구하고, 저자들이 보기에 이들 학자 간에는 교수설계의 본질적 속성에 미세하지만 근본적인 의견 차이가 있다. 저자들은 대부분의 학자들이 Smith와 Ragan(2005)의 관점, 즉 "설계는 계획, 개발 및 평가 과정에서 적용되는 정확성, 용의 주도성 그리고 전문성의 수준에서 교수 계획의 다른 형태와 차별화된다."(p. 6)는 데 동의할 것이라고 상정한다. 이러한 입장에 동조하면서, 저자들은 다음과 같은 정의를 제안한다. 교수설계는 학습과 수행을 촉진하는 환경의 개발, 평가 및 유지를 위해 상세한 명세서(specification)를 창출하는 과학이자 예술이다.

2) 교수설계의 범위

교수설계는 분석에서부터 평가에 이르기까지 넓은 범위의 활동을 포괄하고 있다. 이들 활동에는 프로젝트의 초기 계획 단계와 중재 프로그램의 지속 가능한 운영을 위한 절차 창출의 작업이 포함된다. 때로는 설계 과제와 개발 과제가 명료하게 구분되지 않는다. 일부 설계자들은 훈련자용 가이드, 워크시트(work sheet) 혹은 업무 보조물(job aid)과 같은 자료를 개발하기도 한다. 그러나 일반적으로 설계자는 매체 선정에 대한 의사결정을 하며, 매체기반 수업에 관한 최종 자료를 제작하는 경우는 매우 드물다. 많은 이들이 평가를 독립적인 활동으로 보고 있으나, 설계자들은 전형적으로 테스트 항목을 작성하고 수행 데이터를 확보한다. 또한 설계자들은 종종 기존 제품(산출물)에 대한 평가를 실시하기도 한다. 설계자들은 수업의 실시 과정에 밀접하게 관여하지만, 이들이 교사나 훈련자일 필요는 없다.

많은 설계자에게 있어 교수설계 과정은 대부분 다양한 설계 단계와 동일하게 간주되고 있다. 그러나 교수설계 지식(그리고 결과적으로 총체적인 지식 기반)은 이들 설계 국면에서 절차적 단계 그 이상의 것을 말하고 있다. 교수설계 지식은 설계 과정의 여러 부분에 영향을 미치는 다양한 주제와 관련된다. 저자들은 교수설계 지식을 다음과 같이 여섯 가지 영역으로 상정하고 있다.

- 학습자와 학습 과정
- 학습과 수행 맥락
- 내용 구조 및 계열
- 교수적 · 비교수적 전략
- 매체와 전달체제

• 설계자와 설계 과정

상기 주제는 대부분의 주요한 교수설계의 개념, 과정, 연구를 포괄한다.[1] 설계는 학습 및 학습자와 밀접하게 관련된다. 일련의 교수적 · 비교수적 전략은 종종 인간이 어떻게 배우고 수행하는가에 대한 것과 이들의 배경이 어떻게 학습과 수행에 영향을 미치는가에 대한 이해에 따라 좌우된다. 교수설계 과정은 또한 콘텐츠의 속성, 학습 환경의 유형, 특정 설계에 통합될 수 있는 다양한 매체와 전달 선택권 등에 좌우된다. 게다가 교수설계 과정은 설계자 자신의 특성에 의해 어느 정도 영향을 받기도 한다.

앞에서 제시한 여섯 가지 영역은 교수설계에서 중요한 역할을 수행하는 특정 요소를 광범위하게 포함하고 있다. 예를 들면, 학습 맥락이란 교수 환경이나 조직의 분위기를 일컫는다. 각각의 교수설계 영역은 다양한 방식으로 전통적 설계 단계에 영향을 준다. 그러나 이들 영역은 그 자체만으로는 뚜렷하게 구별되지 않으며, 많은 경우 이들은 서로 중복된다. [그림 1-1]은 교수설계 지식기반의 주요 영역을 제시하고 있다.

이 책의 전체에 걸쳐 저자들은 교수설계 지식기반을 상세하게 살펴보면서 이러한 프레임워크를 구축해 나갈 것이다. 저자들은 교수설계의 많은 요소를 확인할 것이며, 또한 교수설계 지식의 주요 자원(resource)을 검토함으로써 이들 영역을 확장해 나갈 것이다.

1) 평가는 통상 교수설계 과정의 한 부분으로 간주되지만, 저자들은 일반적인 평가 분야를 설계자들이 작업을 수행할 때 도출해 내는 연구와 실천의 독자적인 영역으로 보고 있다. 저자들은 이 책의 여러 부분에서 평가 주제에 대해 논의하나, 이를 교수설계의 뚜렷한 영역으로 간주하지 않는다.

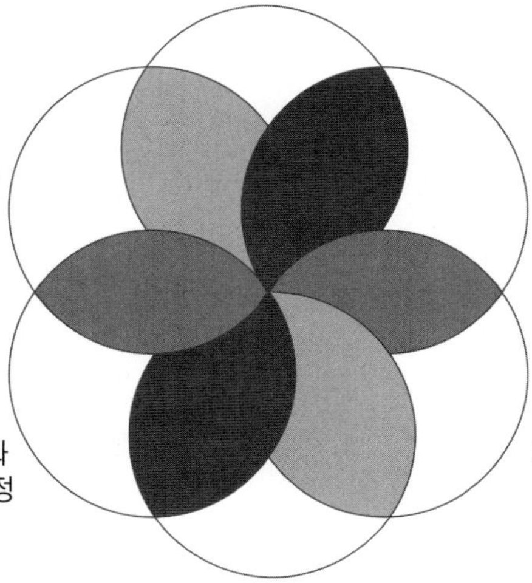

[그림 1-1] 교수설계 지식기반의 영역

2. 지식기반의 특징

이 절에서 저자들은 일반적인 맥락에서 지식기반에 대해 논의할 것이다. 먼저 우리의 관점에서 지식기반이란 무엇인가에 대한 검토를 시작으로 논의를 전개하고자 한다. 이론이란 어느 학문 분야에서나 그 분야의 지식기반의 주요 구성 요소로 간주되는데, 다음에서는 다양한 형태의 이론과 이들 이론의 적용에 대하여 서술하고자 한다. 그러나 교수설계 분야에서는 다양한 형태의 모형이 사고방식을 지배하기도 한다. 따라서 저자들은 이들 모형의 본질에 대해서도 살펴볼 것이다.

1) 학문 분야 지식의 속성

가장 단순하게 설명하면, 지식기반이란 학문 분야가 오랜 세월에 걸쳐 자체 분야에 관해 학습해 온 것이라 할 수 있다. 따라서 지식기반은 항상 성장하고 있으며 정지 상태에 있는 경우는 없다. 곧 지식기반에는 진화적인 특성이 있다고 말할 수 있다. 지식기반은 해당 분야에서 일해 오거나 혹은 연구해 온 이들의 집단적인 독창성에 좌우된다. 지식기반은 또한 관련된 타 학문 분야의 발전에 의해 영향을 받을 수도 있는데, 이는 학문 분야는 결코 고립된 독립체가 아니기 때문이다. 마지막으로, 지식기반에는 학문 분야의 역사를 통해서 분야를 정의해 온 일련의 문제나 이슈 그리고 이들 이슈에 관한 다양한 관점이 녹아 있다.

(1) 지식기반의 구성 요소

보다 단순하고 구체적인 용어로 표현하자면, Lundvall과 Johnson(1994)은 지식기반에 다음의 네 가지 구성 요소가 존재한다고 보았다.

- 무엇인지 아는 것(know-what)
- 왜 그런지 아는 것(know-why)
- 어떻게 하는지 아는 것(know-how)
- 누구인지 아는 것(know-who)

이러한 관점은 교수설계 지식에 적용할 수 있다. 설계 영역은 멘탈 모형 혹은 학습 위계의 정의와 같은 여러 가지 주제와 관련된 사실적 지식(factual knowledge)으로 구성되어 있다. 또한 이러한 지식기반은 정보처리이론이나 최근의 뇌 기반 연구의 결과 그리고 연구 결과가 형식적 학습에 미치는 영향과 같은 과학적 지식으로 구성되어 있다. 연구로부터 도출된 지식은 특정 방법 내에서 설계 문제를 해결하기 위한 근거를 제공한다. 물론 설계자는 교수설계의 부분이 되는 여러 과제를 어떻게 해결하는가에 대한 기술을 가지고 있다. 예를 들면, 설계자는 어떻게 과제 분석을 실시하는가 혹은 설계서를 어떻게 구성하는가에 대해 반드시 알아야 한다. 마지막으로, 설계자(특별히 학문적 훈련을 받은 자)는 교수설계 분야에 공헌해 온 인물과 그 지식기반에 대해 알고 있어야 한다. 예를 들면, 설계자는 Robert Gagné의 공헌에 대해 알아야 한다.

교수설계 지식기반의 구성 요소는 두 가지 방법, 즉 이론적 지식과 실제적 지식에 의해 살펴볼 수 있다. Wallace(1979)는 이들 두 개념을 다음과 같이 구별하였다. "이론적 지식은 단지 진리의 획득이라는 목적을 지니고 있는 데 반해, 실제적 지식은 목적 달성을 위한 수단으로서 진리를 추구하며, 이는 곧 진리를 실천하고 적용하기 위한 것이다" (p. 263). 다시 말하면, 지식이 목적 그 자체일 수 있으며, 혹은 모범이 되는 실천이 목적일 수도 있다. 그러나 이러한 접근들이 상호 배타적인 것은 아니다. 이론은 실제적이고 적용 가능한 동시에 추상적이며, 실제적 지식은 이론적 지식에 기반을 둘 수 있다. Wallace(1979)는 이 학문 분야를 이론과 실천을 아우르는 '실천 과학(practical sciences)'이라고 지칭하고 있다. 이는 John Dewey의 매우 초기 논의에서 대두된 학습이론과 교육 실제를 연결한 '연계 과학(linking sciences)'과 유사하다(Reigeluth, 1983, 1997).

여러 측면에서 교수설계는 실천의 범주 혹은 연계 과학에 속한다. 교수설계는 궁극적으로 실천의 개선을 추구하고, 따라서 교수설계 지식기반은 실천가의 경험에 의해서 그리고 이론과 교수설계의 기초 연구에 의해서 형성된다. 때때로 이론과 경험은 서로 상충하는 것처럼 여겨지기도 하였는데, 이러한 불일치로 인해 많은 설계자들은 도전에 직면하였다. 불일치를 다루는 방법 중 하나는 Kaplan(1964)의 통찰, 즉 '우리는 경험에 의해서가 아니라 경험을 통해서 배운다.'는 식견에 귀를 기울이는 것이다. 경험에 성찰을 더하여 교훈을 창출하는 것이 교수설계 지식기반의 일부가 되어야 한다.

(2) 지식의 대안적 관점

앞에서 살펴본 지식기반에 대한 논의는 어떤 유형의 지식이 적절한 것인가에 대한 것이었으나, 혹자는 지식기반을 정보가 통합되는 방식의 측면에서 생각해 볼 수 있을 것이다. Diesing(1991)에 의하면 지식에는 다음의 세 가지 유형이 있다.

- 사회의 상호 연결된 규칙을 설명하는 법체제
- 삶의 방식, 공동체, 인간, 신념 체제 혹은 과학 공동체의 신념 등에 관한 내부로부터의 진술
- 특정 사례 속에서 전형화된 구조 모형, 수학적 혹은 언어적인 역동적 과정 (p. 325)

지식에 대한 이들 세 가지 접근은 전통적인 양적 연구, 이론 형성 및 질적 연구, 참여 관찰 그리고 모형 구축 등의 다양한 탐구 방식을 시사한다. 이들 방법론은 모두 교수설계 문헌에서 찾아볼 수 있다. 탐구에 대한 이들 대안적 접근은 또한 수년간 과학철학을 지배해 온 진리와 지식의 속성에 대한 대안적 관점을 반영하고 있다.

21세기 전반부에는 논리적 경험주의 혹은 논리적 실증주의 교리에 대한 공통적인 지지가 있었다. 이러한 사고(thinking)는 진실을 규명하는 수단으로서 감각 데이터의 가치를 인정한 반면, '사물의 본질'을 강조하는 외부 세계의 설명을 도외시한 것이었다(Diesing, 1991, p. 4). 이러한 생각은 경험적 관찰이나 증명에 기초하지 않은 현실에 대한 어떠한 연구도 수용하지 않았다. 논리적 실증주의에 바탕을 둔 탐구를 통해 도출된 이상적 산출물은 모든 것에 공통되는 보편적 일반화로 상정하였다. 그러나 이와 같은 사고는

문화와 역사 그리고 개인적 특성에서 비롯되는 영향을 고려하지 않았기에 결국에는 일반의 지지를 받지 못하게 되었다. 후기 실증주의자들은 이들 요인이 미치는 영향을 인식하였으나 아직도 경험적 관찰과 조건부 일반화(conditional generalization)를 중요하게 여기고 있었다. Diesing이 사회규범을 설명하는 법체제를 강조하는 것은 후기 성향과 그 맥을 같이하고 있다.

반면, 과학에 대한 해석학적 접근은 "과학자와 연구 맥락의 분리 혹은 과학자의 중립성을 요구하지 않을 뿐 아니라, 관여와 심지어 저자의 문화 맥락에서의 참여를 요구한다"(Diesing, 1991, p. 122). 이러한 관점에서 지식은 대규모 집단에게 일반화되는 것이 아니라 개인에게 종속되는 것이다. 지식이란 개인이 이미 알고 있는 것이 작용, 즉 기능하는 것이다. 그리고 탐구란 맥락 속에서 행동에 대한 연구에 관여하는 것이다. 연구자는 '정보원(informants)'과의 대화를 통해 의미를 확인하고 결정한다. 이와 같은 관점은 Diesing의 두 번째 유형의 지식인이 지니고 있는 특정 신념에 대한 내부 진술과 연결된다. 해석학자는 "데이터를 종합하는 것에 대해 회의적이다. 그는 양적 측정은 공유된 의미에 대한 사전 이해에 기초를 두어야 한다고 언급하고 있다"(Diesing, 1991, p. 145). 궁극적으로, '공유된 의미'에 대한 관심사는 모든 일반화가 중요하다는 관념에 대해 회의적으로 생각하게끔 만들고 있다. 이러한 입장은 계속해서 논쟁을 일으키고 있다.

모형에 대한 강조(Diesing의 지식에 대한 세 번째 관점)는 실용적 접근에서 문제 해결과 오퍼레이션 리서치(operation research)라는 경영 효율성을 높이기 위한 연구로 진화되었다. 이는 지식에 대한 응용과학적인 지향을 반영한다. 지식은 반드시 그러한 방향에서 설정되어야 일상의 문제를 해결하는 데 유용하다는 것이다. 이는 또한 복잡한 상황을 작은 부분으로 쪼개고 한 번에 한 부분에 대해 서술하는 방식의 접근법을 반영한다. 다시 말하면, 이러한 접근은 수량화를 강조한다(Diesing, 1991).

지식을 조망하거나 재현하는 것에 대해 앞서 언급한 다양한 방식은 모두 교수설계 문헌에서 찾아볼 수 있다. 시간이 경과하면서 어떤 관점이 다른 관점에 비해 더 우세하기도 하였으나, 교수설계 지식기반은 진리의 의미에 대한 모든 해석과 이해를 반영하고 있다. 또한 지식기반은 여러 형태의 연구와 많은 모형에 기초한 매우 다양한 이론을 포함한다. 많은 학자들이 과학의 성장을 위해서는 연구에 대한 다양한 접근과 세상에 대한 다양한 관점이 필수적이라고 주장해 오고 있기에, 교수설계는 유용하다.

2) 이론의 속성

Hoover와 Donovan(1995)에 의하면, 이론이란 "일련의 사태를 설명하려고 시도하거나 때때로 예측하고자 하는, 서로 연결된 명제다" (p. 69). 그러나 Kaplan(1964)은 다음과 같은 매우 귀중한 통찰력을 제공하고 있다. "이론을 형성한다는 것은 숨겨진 사실을 단순히 발견하는 것이 아니다. 이론이란 사실을 검토하는, 혹은 사실을 조직하고 재현하는 하나의 방식이다" (p. 309). 이를 위해서는 관찰 이상의 것이 필요하며, "창의적 상상력의 발휘가 요구된다" (p. 308).

(1) 이론의 유형

Hoover와 Donovan의 정의는 이론을 공식적이고 상당히 서사적인 형식을 통해 설명하고 있다. 문헌에는 명제적인 형태로 기술되지 않았음에도 불구하고 '이론' 이라고 지칭되는 것이 상당히 많다. 이는 특히 현행 교수설계이론에서 사실로 나타나고 있다. 과학 분야의 많은 학자와 철학자들은 이론의 다양한 유형과 수준을 인식하고 있다. 예를 들면, Snow(1973)는 형성적 가설로부터 공식적 공리이론으로 진전되는 여섯 수준의 이론을 제시하고 있다. 각 이론의 목적은 사태에 대한 실증기반의 설명, 즉 모든 관련 변인과 변인 간의 관계에 대해 명료하게 밝히는 것이다.

그러나 일반적인 시각에서는 이론이 구축된 방식을 반영하여 이들을 귀납적(inductive) 이론과 연역적(deductive) 이론의 범주로 분류한다. 귀납적 이론은 중대한 현상을 묘사하거나 설명하는 일반적인 언어적 진술로 구성된다. 이들 진술은 통상 소그룹의 개인들이 행동하는 양식에 관한 데이터와 같은 일련의 상세한 사항에 대한 검토 후에 만들어진다.

예를 들면, 당신이 매개 수업의 효과에 관한 명제를 작성하려 한다고 가정해 보자. 당신은 이 주제와 관련된 연구 문헌을 검토할 것이다. 아마도 온라인 수업, 좀 더 이전에 있었던 컴퓨터 보조 수업 혹은 다양한 매체의 사용과 관련된 연구 결과를 찾을 것이다. 또한 당신은 문헌에서 나타난 격차(gap)를 확인하기 위해서 직접 연구를 수행할 것이다. 일반적 명제는 이들 다양한 연구로부터 확보한 결과를 통합하는 것에 의해 구성될 것이다. 이러한 하나의 명제는 매체 효과에 관한 보다 포괄적인 귀납적 이론의 한 부분이 될 것이다.

기초 연구의 가설을 고무시키는 아이디어는 종종 다른 이론으로부터 온다. 교수설계에서는 특히 이런 현상이 두드러진다. 게다가 가설은 아직 이론적 프레임워크로 조직되지 않았으나 학문 분야의 사고방식과 연구에 있어 중요한 이론적 개념에 기저를 두고 있다. 일단 검증이 되고 나면, 입증된 가설은 귀납적 이론에도 기여하게 된다. 이들 이론은 복제 연구에 뒤이어, 새로운 데이터 세트를 사용하여 광범위한 입증과 검토를 요구받게 된다.

이에 반해 연역적 이론은 연역적 논리를 사용하여 구축된다. 연역적 사고는 일련의 일반적 가정으로부터 논리적으로 명제를 이끌어 냄으로써 추가적인 명제 개발에 관여한다. 전형적으로 이들 가정은 경험적 데이터에 토대를 두고 있고, 실험과 검증 과정을 통해 입증된다. 연역적 국면은 일반적 사고로부터 특정 사고로 이동하는 데 관여한다. Blalock(1969)은 귀납적 혹은 연역적 이론 모두에 대해 주의를 요구하는 학자 중의 한 사람으로 다음과 같이 주장하고 있다.

> ……모든 이론은 반드시 경험적 데이터에 기반을 두어야 한다. 이론은 먼저 연역적 과정에 의해 도출되고, 그러고 나서(then) 검증된다고 말하는 것은 크게 오도하는 것이다. 실제 과정은 그보다 훨씬 유동적이고, 또한 의심할 여지없이 항상 귀납적인 노력을 필요로 한다. (p. 8, 원본에서 강조)

Zhao(1996)는 1960년대 후반부터 1970년대에 걸쳐 있었던 이론 및 이론 구축에 대한 인기와 일반 법칙(law)에 대한 추구로부터 현상이 일어나는 조건(condition)에 대한 추구로의 움직임에 대해 언급하고 있다. 이는 이론 구축에 있어서 방법론적 다원주의에 대한 인식과 맥을 같이한다. 이론 구축에 대한 다양한 접근은 개념 및 개념 간의 관계가 명료하게 정의되고 명제가 검증될 수만 있다면 이제는 대부분 수용된다. 그러나 경험에 의거한 검증은 예전에도, 지금도 매우 중대한 요인인데, 이는 "좋은 예감(hunch)과 좋은 이론 간의 차이가 전자는 직관에 바탕을 두고, 후자는 실증적 증거에 바탕을 둔다는 점에 있다" (Zhao, 1996, p. 316).

(2) 이론의 기능

이론은 그 형태에 상관없이 다양한 기능을 행하고 있다. Hoover와 Donovan(1995)은 이를 간단명료하게 설명하고 있다. 그들은 사회과학적 사고에서 이론의 네 가지 주요 사용에 대해 다음과 같이 제시하고 있다.

> - 이론은 데이터의 해석을 위한 **패턴**(patterns)을 제공한다.
> - 이론은 하나의 연구를 또 다른 연구와 **연결한다**(links).
> - 이론은 개념과 변인의 **특별한 의미**(special significance)를 확인할 수 있는 **프레임워크**(frameworks)를 제공한다.
> - 이론은 우리 자신과 다른 이들을 위해서 우리가 도출한 결과에 대한 보다 **큰 의미**(larger meaning)를 이해할 수 있도록 한다. (p. 40, 원본에서 강조)

따라서 이론은 유용하다. 이론은 복잡한 활동에 대한 혹자의 해석이 검증될 수 있는 구조를 제공한다. Littlejohn(1989)은 이론의 유용성에 대해 "이론의 첫 번째 기능은 지식을 조직화하고 요약하는 것이다."(p. 21)라고 간결하게 설명하였다. 이는 매우 넓은 범위의 연구를 포괄할 뿐 아니라 매우 다양한 상황에 적용되는 교수설계와 같은 분야에서 특히 중요하다.

'이론'에 대한 Hoover와 Donovan의 일반적 정의는 전반적인 설명적 역할에 대해 이야기한다. 그러나 이러한 설명의 기저는 서술(description)이다. 종종 명제의 구성을 위한 토대를 만드는 연구는 서술적 속성을 지니고 있다. Dubin(1969)은 "서술적 지식이 보다 심오하면 할수록, 보다 더 훌륭한 이론이 될 수 있다."(p. 237)라고 말했다. 그러므로 서술적 연구는 지식기반에서 매우 중요하다. 이는 서술적이고 설명적인 이론을 이끌어 낼 수 있다.

많은 학자들에게 있어 이론의 궁극적 기능은 사태에 대한 예측이다. 그러나 이는 전형적으로 고도의 불확실성을 내포한 인간의 행동과 관련한 이론으로서는 도달하기 어려운 정교한 수준의 발달을 요구한다. 게다가 어떤 이들은 사회적 요인과 개인차에 의해 좌우되는 인간 학습 영역에서 '예측이 가능하기는 한 것인가?'라는 의문을 가지고 있다(Jonassen, Hennon, Ondrusek, Samouilova, Spaulding, Yueh et al., 1997). 한편 다른 이들은 기존의 이론을 개선하는 동시에 새로운 예측 이론을 고안하려는 노력에서 이러한 복잡성을 환영한다.

3) 모형의 속성

모형은 어떤 문헌에서는 이론과 동일시되고 있으나, 저자들은 여기서 이 두 개념을 구분하고자 한다. 교수설계 실제에서는 매우 다양한 유형의 모형이 사용되고 있고, 이들 모형은 이론 구축에서 중요한 역할을 하고 있다.

그러나 모든 사례에서 '모형(model)'이라는 용어는 실재에 일정 수준의 구조 및 순서를 부여하여 제시하는 것을 의미하며, 모형은 실재를 이상화 및 단순화하여 조망하는 것이다.

Harre(1960)는 마이크로모프(micromorphs)와 파라모프(paramorphs)의 두 가지 유형의 모형을 제시하였다. 마이크로모프는 컴퓨터 시뮬레이션 혹은 커다란 물체의 스케일 모형과 같은 물리적 · 시각적 복제다. 반면 파라모프는 전형적으로 언어적 서술을 사용하는 상징적 모형이다. Harre(1960)가 언급한 것과 같이 파라모프의 가장 단순한 예는 언어적 비유다. 보다 일반적인 파라모프는 다음의 유형으로 분류할 수 있다.

- 개념적 모형
- 절차적 모형
- 수학적 모형

개념적 모형은 이론과 가장 혼동하기 쉬운 유형인데, 이는 이 모형이 사실에 대한 특정 관점의 일반적 · 언어적 서술이기 때문이다. 개념적 모형은 통상적으로 보다 구체적인 개념과 명제를 다루고 있는 이론에 비해 훨씬 추상적이다(Fawcett, 1989). 일반적으로 개념적 모형은 사실적인 설명은 아니나, 이 모형과 관련된 구성 요인이 제시되고 충실히 정의된다. 개념적 모형은 관련된 연구들을 종합하여 만들어 낸 산출물이다. 이는 경험 혹은 제한된 양의 데이터에 의해 지지된다고 볼 수 있다. 개념적 모형은 사실상 분석적이다. 이들 모형은 일반적으로 논리의 연역적 과정과 분석 그리고 관찰에 의한 추론 등에 기초를 둔 서로 관련이 있는 사태를 설명한다. 개념적 모형은 이론과 마찬가지로 통상 일반적이고 탈맥락적이다.

분류체계(taxonomies)는 개념적 모형이다. 교수설계 분야에서 볼 수 있는 또 다른 예는 Dale(1946)의 경험의 원추(Cone of Experience)일 것이다

(제6장 참조). 경험의 원추는 실재와의 근접성 정도에 따라 다양한 매체 간의 관련성을 묘사하는, 구체성에서 추상성으로 계속되는 연속체(continuum) 도형이다. 그러나 개념적 모형은 전적으로 서술적일 수 있고, 때때로 '개념적 프레임워크(conceptual frameworks)'라고 지칭되기도 한다. 이들 모형은 연구를 촉진할킬 수 있고, 이론 개발을 위한 지적 프레임워크로 사용될 수 있다. 더욱이 Fawcett(1989)에 따르면, 모든 이론은 기존의 개념 모형에 의존하고 있다.

절차적 모형은 보다 간단하다. 이들 모형은 과제를 어떻게 수행하는가를 설명한다. 교수설계 분야에서 이러한 절차는 대부분 무엇이 성공적인 산출물을 창출하는가에 대한 지식에 기반을 두고 있다. 이러한 지식은 일반적으로 경험기반이거나 혹은 다른 관련된 이론이나 모형으로부터 도출된 것이다. 절차적 모형은 종종 특정 문제를 해결하도록 안내하고 지도하는 데 기여한다. 대부분의 절차적 모형은 언어적이지만, 경우에 따라서 모형은 시각적일 수도 있다. 과정 플로차트는 시각적 절차 모형의 아주 좋은 예일 것이다. 그러나 교수설계 분야에서 가장 일반적인 절차 모형은 설계 프로젝트에서 수행되어야 할 단계를 규정하고 있는 교수체제 설계모형이다. 이상적으로, 절차적 모형은 전적으로 경험기반 지식보다는 입증된 이론 혹은 적어도 평가 데이터에 토대를 두고 있다.

수학적 모형은 어떤 상황을 구성하는 다양한 요인 간의 관계를 설명하는 방정식이다. 새로운 상황에서 얻은 데이터를 수학적 모형에 적용함으로써 결과를 시뮬레이션할 수 있다. 정확한 공식을 개발하기 위해서 유사한 상황으로부터 상당한 양의 데이터를 확보하여야 하고, 이를 활용하여 정확한 관계를 결정할 수 있다. 수학적 모형은 다양한 역할을 수행할 수 있다. 가장 전형적인 기능은 수량적 방식에서 이론의 원리를 반영하는 것이다. 따라서 수학적 모형은 매우 정교하지만 한편으로는 매우 추상적이 된다. 그러나 이들 모형은 모형에 대한 충분한 설명을 하기 위해서 서술적 설명에 좌우된다. 교수설계 분야에는 현재 수학적 모형이 거의 없는 편이지만, 수학적 모델링은 경제학과 같은 사회과학이나 정치학 분야에서는 이론 구축을 위한 중요한 방법이다.

3. 교수설계 지식기반의 토대

여섯 가지 교수설계 영역은 교수설계 지식기반을 위한 구조를 제공한다. 이들 영역은 교수설계 분야의 이론적 토대에 의해 충실하게 정의되고 설명될 수 있다. 교수설계는 다른 분야로부터의 이론과 모형 그리고 교수설계 분야 자체의 역사로부터 발전해 온 이론과 모형에 의존하며, 그 정의를 완성해 왔다. 따라서 교수설계 지식기반은 사실상 여러 학문 분야에 걸쳐 있는 다학제적 속성을 지니고 있다. 다른 분야로부터 도래한 이론 가운데 이 분야에서 가장 중요한 이론은 다음과 같다.

- 일반체제이론(General Systems Theory)
- 커뮤니케이션이론(Communication Theory)
- 학습이론(Learning Theory)
- 초기 교수이론(Early Instructional Theory)

이들 이론은 대부분 교수설계가 독립된 연구 분야 및 전문직으로서 자리잡기 이전에 형성되었으며, 교수설계의 지적 사표로서 기여하고 있다.

교수설계가 독자적으로 확실하게 자리를 잡게 된 이래 교수설계 분야는 자체 이론의 기저를 개발해 오고 있다. 교수설계 지식기반에 가장 중요하게 기여하고 있는 이론으로서 교수설계 분야의 학자에 의해 생성된 이론은 다음과 같다.

- 매체이론(Media Theory)
- 조건기반이론(Conditioned-Based Theory)
- 구성주의 설계이론(Constructivist Design Theory)
- 수행성과 향상이론(Performance Improvement Theory)

다음에서는 이들 여덟 가지 이론의 기저를 각각 살펴볼 것이다. 먼저 다음 제2장에서 일반체제이론에 대해 논의하기로 한다.

제2장

일반체제이론

1. 일반체제이론의 속성
2. 일반체제이론과 교수설계
3. 체계적 교수설계의 동향
4. 연구, 일반체제이론 및 교수설계
5. 요 약

제2장 일반체제이론

일반체제이론(General Systems Theory: GST)은 교수설계에 대한 이론적 근간의 핵심이 되고 있다. 전통적으로 일반체제이론의 원리는 대부분의 교수설계 절차에 대한 방향과 관점을 형성해 왔다. 일반체제이론을 의식적(혹은 무의식적)으로 따름으로써 체계적 사고가 가능해지고, 이러한 두 사고 과정은 다양한 종류의 교수설계 문제를 이해하고 해결하는 데 있어 기초를 제시하고 있다.

일반체제이론은 환경을 조망하는 하나의 관점이라고 할 수 있는데, 이는 규범화된 법칙이라기보다 다양한 분야에서 경험적인 세계의 여러 부분 간의 관계를 조직하고 설명하기 위해 활용하는 개념이자 시각이다. 이러한 측면에서 일반체제이론은 간학문적 성향을 갖는다.

일반체제이론의 뿌리는 빈(Wien)에서 이루어진 생물학 연구 및 과학철학에서 찾아볼 수 있다. 1920년대에 Weiss에 의해서 생물학적 체제이론이 대두되었는데, 당시 그는 나비 연구를 수행하는 과정에서 복잡한 유기체를 각각의 부분으로 분리시켜서 연구하는 것이 과연 타당한 방법인가에 대한 의구심을 갖게 되었다(Drack & Apfalter, 2007). 비슷한 시기에 Bertalanffy는 철학에 대한 연구를 통해 '개체생물학(organismic biology)' 사례 및 열린 체제(open system)와 평형상태(steady states) 이론을 만들고 있었다(Drack & Apfalter, 2007). 이러한 초기의 논의를 통해 현재 우리가 알고 있는 일반체제이론이 시작되었다.

다음에 나오는 일반체제이론에 대한 개요는 일반적으로 체제가 의미하는 것은 무엇이고, 이 체제가 어떻게 운영되는지에 대해 설명하고 있다. 이러한 일반적인 개념은 교수설계 분야를 포함하여 다양한 분야에 적용할 수 있다.

1. 일반체제이론의 속성

1) 체제의 정의 및 유형

'체제(system)'에 대해서는 다양한 정의가 제시되고 있고, 각 정의가 강조하는 점이 약간씩 다르게 나타나고 있지만, Hall과 Fagan(1975)의 정의는 여전히 유효하다. 이들에 따르면 "하나의 체제는 객체 간과 객체의 속성 간에 관계를 맺고 있는 여러 객체의 집합이다"(p. 52). 다시 말해서 사람의 신체도 하나의 체제라고 할 수 있는데, 이는 인체는 여러 부분으로 구성되어 있고 각 부분은 서로 관련되어 있기 때문이다(즉, 연결되어 있기 때문이다). 마찬가지로 정당도 여러 부분이 있고, 그 부분들이 함께 일하기 때문에 하나의 체제라고 할 수 있다(비록 정당의 운영은 사람의 신체에 비해 상당히 비조직적인 경우도 있지만). 반면 하나의 낙엽 더미를 체제라고 하지는 않는다. 왜냐하면, 더미 안에 있는 개별 낙엽은 우연히 같은 더미에 쓸려 담아지기는 했어도 서로 연결되어 있지는 않기 때문이다. 이 낙엽들은 어떤 하나의 기능을 함께 수행하지는 않는다.

체제에 대한 개념은 열린 체제냐 혹은 닫힌 체제냐의 관점에 따라 더 자세히 살펴볼 수 있다. 환경으로부터 독립되어 있는 체제를 닫힌 체제, 환경과 상호작용하는 체제를 열린 체제라고 한다(Bertalanffy, 1968). 예를 들어, 의회의 의원이 자료를 읽지도 않고, 다른 사람의 의견을 듣지도 않고, 유권자와 대화하지도 않고 오로지 본인의 관점만으로 투표를 결정한다면 이는 닫힌 체제라 할 수 있다. 반면 앞에서 제시한 상호작용이 일어난다면 이는 열린 체제라 할 수 있다.

Churchman(1964)의 주장에 따르면 진정한 일반(general) 체제는 닫혀 있으며, '극단적인 안정성(ultimate stability)'을 가지고 있다고 한다(p. 174). 이러한 체제는 외부 환경에서 일어나는 모든 변화에도 버틸 수 있고, 결과적으로 체제 본래의 가치를 유지할 수 있다. 체제 설계자는 그 체제의 수행에 해로운 영향을 줄 수 있는, 예상되는 환경적 변화에 대응하기 위해 그 체제를 확장(즉, 일반화)시킬 수 있다. 다시 말해서, 모든 가능한 환경적 변화를 예측할 수 있다면 체제 설계자는 영원히 닫혀 있는 일반체제를 구축할 수 있을 것이다. 하지만 그는 이런 일은 벌어지지 않을 것이라고 보고 있다.

열린 체제는 동일 결과성(equifinality)의 원리라고 불리는 현상을 보여주는 방향으로 작동한다. 동일 결과성의 원리에 따르면, 하나의 열린 체제는 주변 환경과 상호작용할 수 있기 때문에 최종 상태 혹은 목표에 여러 가지 경로를 통해 도달할 수 있다. 이와는 반대로 닫힌 체제에서 최종 목표는 절대적으로 최초 상태에 따라 결정된다. 따라서 오류에 대응하기 위한 변경이 불가능하다. 이러한 사실은 인공적인 체제에서 주변 환경 혹은 상위 체제를 구성하는 요소와의 상호작용을 위한 절차를 수립하는 것의 중요성

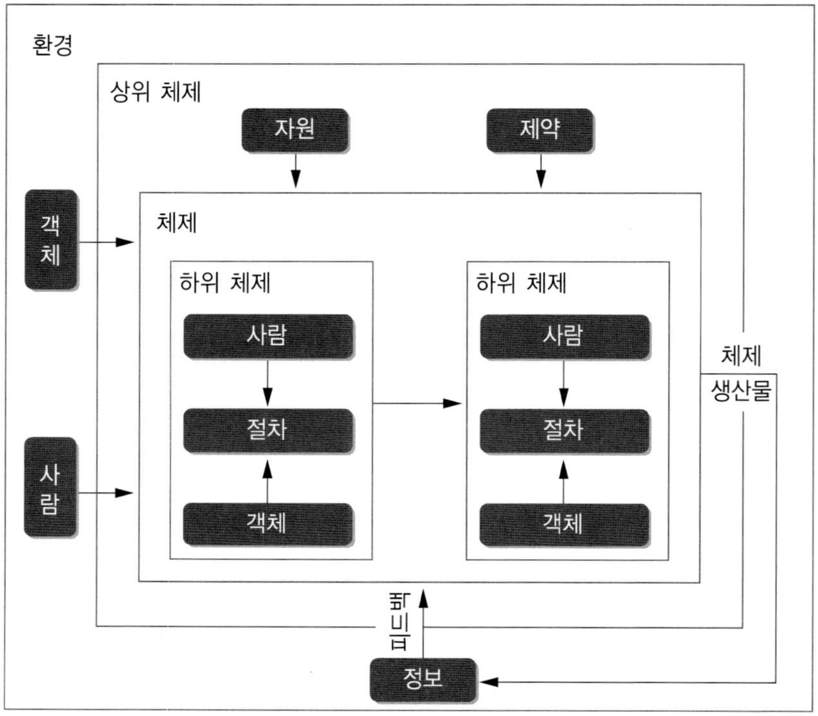

[그림 2-1] 일반체제에 대한 개관

을 재차 강조한다.

[그림 2-1]은 일반체제에 대한 개요 및 구조, 체제 원리에 내재되어 있는 주요 절차를 나타내고 있다. 이 그림은 체제 내의 다양한 부분과 그 부분 간의 관계를 시각적으로 보여 주고 있다. 다음에서는 일반체제의 구성 요소와 절차에 대해 살펴보고자 한다.

2) 체제의 환경

Hall과 Fagan(1975)은 체제의 환경을 "객체의 속성이 체제에 영향을 주고, 또한 체제의 작용에 따라 그 속성이 변하는 모든 객체의 집합"(p. 56)이라고 하였다. Miller(1978)는 이 정의를 확장하여 근접(immediate) 환경과 전체(total) 환경으로 구분하였는데, 이는 하나의 체제는 더 큰 다른 체제, 일명 상위 체제(supra-system)의 한 부분으로 기능하게 됨을 의미한다. 전체 환경은 근접 환경과 상위 체제뿐 아니라(이 논의의 주인공인 해당 체제를 제외하고), 더 높은 단계에 해당하는 모든 상위 체제를 포함한다. 더 나아가 Miller(1978)는 다음과 같이 주장하였다.

> 하나의 체제와 그 체제를 둘러싸고 있는 환경과의 관계는 중요하다. 체제가 존속되기 위해서는 환경 혹은 상위 체제의 부분과 상호작용하고, 그 환경에 적응해야 한다. 이러한 과정을 통해 그 체제와 환경은 변화해 간다. 생물체가 환경에 적응하고, 또 한편으로는 환경을 만들어 가는 것이 그리 놀라운 일은 아니다. 결과적으로 어느 정도의 상호작용이 있은 후에 어떤 의미에서는 서로의 거울이 되어 간다……. (pp. 29-30)

체제와 환경 간의 관계 및 상호작용은 개괄적으로 묘사할 수 있는데, 환경에서 체제로의 내부로 향하는 흐름과 체제에서 환경으로의 외부로 향하는 두 개의 흐름이 있다.

첫째, 환경은 체제에 투입되는 사람과 객체를 제공한다. 이런 요소들의 질이 대부분 체제 운영의 질을 결정한다. 둘째, 환경과 상위 체제는 체제에 제약을 가한다. 교육 또는 훈련과 같이 외부의 재정 지원에 의존하는 체제가 하나의 예가 될 수 있으며, 그 정도에 따라 체제의 활동을 제약하기도, 활성화하기도 한다. 셋째, 열린 체제에서 얻어진 결과물은 상위 체제로 흡수되어 환경의 일부분으로 기능한다. 결과적으로 체제는 그 상위 체제의 운영에 영향을 미친다.

3) 체제의 구조

체제 내의 구조 역시 중요하다. 체제 내에는 또 다른 하위 체제가 존재하는데, 이 하위 체제는 본 체제보다는 제한된 목적과 기능을 수행하지만 여전히 인식 가능한 수준으로 체계화된 구조를 가지고 있다. 물론 이런 하위 체제도 명확히 구분할 수 있는 여러 부분이 있고, 여러 부분 간에 명백한 관계가 존재한다.

Miller(1978)에 따르면, 한 체제 내에 존재하는 하위 체제와 체제의 개별 부품과는 차이가 있는데, 그는 단순히 구조가 하위 체제를 결정짓지는 않고 대신에 하나의 하위 체제가 되기 위해서는 그 구조와 관련 있는 절차 혹은 역할이 동반되어야 함을 강조하고 있다. 예를 들면, 특정한 교수체제 내에서 웹기반 교수 프로그램과 같은 자기주도적 학습도구가 사용될 수 있는데, 이는 체제의 하나의 부품이라고 할 수 있다. 하지만 만약 이 체제가 기능을 가지고 그 안에서 웹기반 교수 프로그램이 설계 · 개발되고 평가된다면, 이러한 측면은 단순한 부품이 아니라 교수체제의 하위 체제가 되는 것이다.

따라서 자연적으로 체제는 위계적이라고 할 수 있다(Laszlo, 1972). 체제가 가지고 있는 복잡성과 체제의 운영에 영향을 주는 요소를 이해하기 위해서는 그 체제에 대한 연구는 물론, 그 체제가 속한 환경, 그 체제와 관련된 상위 체제와 하위 체제 모두에 대한 연구가 필요하다. 이러한 특성은 자연적인 체제뿐 아니라 인공적인 체제도 마찬가지다. 위계적인 체제는 심지어 다양한 구조로 둘러싸여 있을지라도, 체제적 사고에 있어서 순서를 강조한다.

Cortes, Przeworski와 Sprague(1974)는 체제 구조의 역할을 설명하면서, 구조는 "체제의 요소에 의해 수행되는, 서로 연결되어 있는 활동을 잘 정돈된 형태로 모아 놓은 것"(p. 8)이라고 정의하였다. 즉, 체제의 기능을 좌우하는 것은 구조라는 의미다.

이 정의는 체제가 가지는 본질적 가정, 즉 하나의 체제는 서로 관련되어 있는 일련의 하위 체제로 구성되어 있다는 가정에 근거한다. 다시 말해서, 관련된 활동은 구성품이자 절차이고, 또한 결과적으로 하위 체제가 된다. 따라서 이러한 정의를 확장해 보면 체제의 궁극적인 기능은 체제 내에서 운영되는 부속 절차에 의해서 결정될 수밖에 없다. 따라서 하나의 체제를 분석할 때, 그 체제와 관련 있는 모든 하위 체제를 정확히 확인하는 것뿐 아니라 체제의 전체 기능에 각 하위 체제의 활동을 전체적으로 연결시키는 것에 특별한 주의를 기울여야 한다. 예를 들어, 수행 문제를 분석하는 교수설계자는 그 조직의 사람과 관련된 요소 및 사람과 관련되지 않은 요소를 진단하여 수행 문제의 원인이 무엇인지 찾아내야 한다. 체제를 구성하는 특정 요소는 달라질 수 있는 반면, 체제의 전반적인 조직이나 구조는 체제의 근본적인 목적 및 본질을 변화시키지 않고서는 달라질 수 없기 때문이다(Cortes et al., 1974).

4) 체제의 속성에 대한 조정

Laszlo(1972)는 자기안정화(self-stabilization)와 자기조직화(self-organization)의 원리를 체제의 기본적인 구인으로 보았다. 모든 열린 체제는 자신이 속한 환경에 잘 적응할 수 있는 능력이 있다. 체제가 스스로를 안정화하는 기본적인 방법은 피드백을 이용하는 것이다. 피드백은 체제가 주위 환경으로부터 얻어 낼 수 있는 것으로, 체제가 생산해 낸 결과물에 대한 정보다. 전형적으로 그 정보는 체제 결과물의 장점과 단점 혹은 체제에서 발생하는 오류의 원인에 대한 것이다. 피드백은 긍정적일 수도 혹은 부정적일 수도 있는데, 긍정적인 피드백이라고 해서 항상 바람직한 것은 아니며 부정적인 피드백을 반드시 피해야만 하는 것도 아니다. 이러한 용어는 단지 피드백의 다양한 기능을 표현할 뿐이다.

부정적인 피드백은 체제가 항상성을 유지하도록 도와준다. 부정적인 피드백을 통해 체제는 예정된 대로 움직이게 되고, 변함없는 결과물을 유지하려고 시도한다. 더 나아가 부정적인 피드백은 원래 계획되어 있던 대로 체제가 속한 환경에 동일한 반응을 보이도록 유지시켜 주는 역할을 하기도 한다. 예를 들어, 한 교수체제가 5학년 수준의 읽기 수업을 위해 설계되었다면, 수업 계획에 의거한 절차는 5학년 수준의 읽기에 도달하지 못한 학습자에게 적절한 처방을 제공함으로써 체제의 목표에 도달하는 것을 보장하려고 한다(당연히 체제의 목표를 유지하기 위해 5학년 수준의 읽기 능력 이상의 학습을 유도하려고 설계되지도 않는다). 일정한 결과물을 유지하기 위해 설계된 과정과 절차가 부정적인 피드백의 예라고 할 수 있다.

반면 긍정적인 피드백은 열린 체제가 그 체제가 속한 환경과의 상호작용을 통해 변화될 수 있는 기제를 제공한다. 이러한 변화는 체제의 성장으로 여겨지기도 하고, 혹은 체제 전체를 없애 버릴 수도 있다. 여기서 Laszlo의 자기조직화 개념이 나타난다. 체제는 본래 계획된 것과 같은 품질의 결과물을 유지하기 위해 조정 절차 이상의 것을 수행하게 된다. 체제는 실제로 체제 자체를 인식하고, 환경에 대한 새로운 반응을 개발해 간다. 이러한 것이 체제가 그 체제가 속한 환경과 어떻게 서로 보완하면서 성장해 가는지를 보여 주는 예다.

긍정적인 피드백의 예는 다시 5학년 수준의 읽기 교육을 위한 교수체제의 설계에서 찾아볼 수 있다. 학교 주변의 주민이 바뀌었다고 가정하고, 학교에 입학하기 전 유치원에서의 조직화된 학습 경험으로 이전의 학생들보다 높은 수준의 읽기 능력을 습득한 후에 학교에 입학하게 될 수도 있다. 이 경우 기존의 특정 내용은 덜 중요해지고 새로운 내용이 추가될 수 있을 것이다. 예를 들면, 체제의 목표도 아마 5학년 수준의 읽기가 아니라 6학년의 그것으로 변경될 것이다.

이런 식의 체제 변화는 좋을 수도 있고, 나쁠 수도 있다. 즉, 발전일 수도 있고, 체제 스스로 파괴되어 가는 것일 수도 있다. 체제 변화를 평가하는 것은 때로 가치판단의 문제가 된다. 이러한 딜레마가 예상됨에 따라 어떤 체제는 본래 설계상에 다음과 같은 질문을 고려할 수 있는 장치를 갖추고 있다.

- 체제가 더 이상 쓸모없게 되었는가?
- 환경의 변화에도 불구하고 그 체제의 본래 목적을 고수해야 하는가?
- 환경을 변화시키기 위한 또 다른 체제가 설계되어야 하는가?

체제는 정돈되어 있다 할지라도 여전히 역동적이다. 체제는 조직과 사회의 진화에 끊임없이 반응한다.

5) 일반체제이론의 철학적 지향점

일반체제이론에 대한 연구와 구체적인 적용은 우리가 살고 있는 세상에 일정한 질서가 있고 이는 논리에 따라 움직인다는 믿음에 근거하고 있다. 전형적으로 자연현상은 이러한 규범을 따르고 있다. 인간의 신체, 별, 행성 등은 각각 이러한 질서 정연한 세상의 한 예다. 많은 경우 우리는 자연현상의 질서나 자연현상이 운영되는 정확한 절차를 모두 이해하지는 못해도 이러한 현상이 무작위적인 구조가 아님은 알고 있다. 하지만 경제, 정부, 사회를 통제하는 규칙 등 인간의 조직을 검토할 때 질서보다는 혼란을 먼저 생각하게 된다. 일반체제이론의 지지자들은 이런 인공적인 체제 안에서도 질서와 합리성을 찾으려고 한다.

체제에 대한 연구는 질서의 가치에 대한 또는 우리의 삶에서 질서를 창출하기 위한 계획의 가치에 대한 기본적인 믿음의 연장선상에 있다고 할 수 있다. 그렇다고 질서를 추구하는 것이 우리의 삶을 기계화하는 것을 의미하지는 않는다. 사실 일반체제이론은 20세기 초반의 기계론적인 과학 학문을 반박하기 위한 시도였다(Hammond, 2002). 일반체제이론은 특정 절차, 태도 또는 객체가 다른 사람이나 다른 사건에 미치는 영향 및 그들 간의 관계에 대한 이해를 지향한다. Bertalanffy가 지지하는 원리에 따르면, 일반체제이론은 "열린 체제의 개념에 근거하고, 창의성과 자발성 그리고 점점 더 복잡해지는 자기조직화 체제의 점진적 출현을 강조하고 있다"(Hammond, 2002, p. 434). 체제이론가와 체제 지향 실천가 사이에는 서로 의견이 엇갈리는데, 전자는 자유의지, 간학문성, 다양한 관점을 제시하는 반면 후자는 질서, 통제, 결정론, 기술적 관리를 강조한다.

일반체제이론에 내재하는 또 다른 철학적 갈등도 있다. 예를 들면, Churchman(1965/1996)은 체제적 사고를 각각 합리적인 기저를 가지고 있으나 서로 반대되는 두 가지 철학적 지향의 연장선이라고 간주하였다. 연장선상의 한쪽 편은 한 독립체를 만들어 가는 절차가 그 독립체의 부분에서부터 시작되어야 함을 강조하고, 또 다른 편은 부분을 명확하게 하기 이전에 전체가 개념화되어야 함을 강조한다. 이는 어떤 의미에서는 분석(analysis)과 종합(synthesis) 간의 갈등을 의미하기도 한다. Churchman에게 있어서 어느 방향이 더 적절한지는 뚜렷하게 나타나고 있지 않으며, 여전히 양쪽 모두 지지자들이 존재한다. 경험론자의 경우, 이러한 논쟁을 해결하기 위해 데이터베이스식 접근을 시도하겠지만, 많은 이들이 너무 단순한 접근이라 생각할 것이다.

초기의 일반체제이론가 중 한 명인 Boulding(1964)은 다소 독특한 시각을 가지고 있었는데, 그는 일반체제를 '학설 자체라기보다는 관점'으로 바라보았다(p. 25). 따라서 그는 일반체제이론을 정형화된 이론이라기보다 철학적 지향으로 생각하였다. Boulding은 이러한 관점은 일반체제이론 옹호자들이 가지고 있는 가치에 따라 달라진다고 주장한다. 일반체제이론의 지배적인 가치는 질서, 수량화(quantification) 그리고 실증적 참고물을 지향하는 성향이라고 할 수 있겠지만, Churchman은 이러한 것을 인간이 자신들의 문제를 정의하고 해결하는 방법을 형성하는 '내부의 적(enemies within)'이라고 보았다(McIntyre, 2003, p. 490). Churchman에 의하면, 이런 관점은 체제 설계 및 의사결정을 제한할 수 있기 때문이다(McIntyre, 2003). Boulding(1964)은 일반체제이론을 체제에 대한 일반적 이론을 만드는 것뿐 아니라 일반체제를 만드는 목적을 아우르는 것으로 해석했다. 이런 일반체제는 특정한 학문적 체제와 함께 존재해야 한다. 하지만 이런 일반체제는 모호성(ambiguity), 피상성(superficiality), 진정한 무작위성의 인식 실패 등의 측면에서 위험할 수 있다.

많은 일반체제이론 옹호자들에게 있어 체제적 철학은 전통적인 과학적 사상과는 뚜렷이 대비된다. 이는 많은 사람들이 일반체제이론의 창시자라고 생각하는 Bertalanffy의 시각이다. 그의 관점에서 체제이론(그리고 그 연장선상에서의 체제 탐구)은 당시 지배적이었던 과학적 사고를 재배열하는 것이었다. 과학에 대한 이러한 일반체제이론의 시각은 "확장론자, 비선형적 역동성, 종합적으로 사고하는 방식"을 반영하는 것이다(Banathy, 1996, p. 74). 이러한 측면은 '탐구의 궁극적인 활동은 종합'이라는 일반체제이론의 입장과 일치한다. 하지만 분석적인 측면만을 강조했던 전통적 과학의 사상과는 대조적이며(Banathy, 1996), 또한 체제이론을 테크놀로지, 플로차트, 선형성 등과 같은 요소의 혼합으로 간주하는 최근의 오해와도 여러 측면에서 대비된다.

2. 일반체제이론과 교수설계

일반체제이론의 원리는 오늘날 대부분의 교수설계 프로젝트의 일반적인 방향성에 깊은 영향을 미치고 있다. 교수설계와 관련한 대부분의 절차적 모형에 있어 근본적인 이론적 기틀을 제공해 주는 것이다. 오랫동안 일반체제이론의 원리는 교수설계에 대체적으로 두 단계의 과정을 통해 적용되어 왔다. 첫째, 체제적 접근이 개념화되었고, 둘째 체제적 접근이 현재 우리가 알고 있는 교수체제 설계(Instructional Systems Design: ISD) 모형으로 절차화되었다.

1) 체제적 접근

많은 분야에서 일반체제이론을 활용하는 것은 초기에 체제적 접근으로 알려졌다. Putnam(1964)에게 있어서 체제적 접근은 기본적으로 다양한 분야에서 개별 모형을 만들고 (시뮬레이션을 통해) 검증하는 과정이었다. 반면 Ryan(1975)은 학습체제에 대해 언급하면서 체제적 접근에 대한 가장 포괄적인 정의를 다음과 같이 제시하였다.

> 체제적 접근은 하나의 조작적 개념으로, 이는 기존 체제를 연구하고, 문제를 해결하며, 기존 체제를 수정하거나 새로운 체제를 개발하기 위한 일련의 관련된 조작을 적용함으로써 한 조직 혹은 구조의 산출물을 최적화해 가는 과학적이고 체계적이며 합리적인 절차를 의미한다. (p. 121)

따라서 체제적 접근은 '질서'와 '계획'이라는 기본적인 생각을 반영하는 것으로, 새로운 구조를 창출하고 문제를 해결하기 위해서뿐 아니라 기존 구조로부터 의미를 찾기 위해서도 사용할 수 있다.

체제적 접근에 대한 초기 문헌에서는 여러 맥락에서 적용되는 과정의 다양한 절차 혹은 단계를 구분하였다. 이러한 체제적 접근의 단계는 〈표 2-1〉에 요약되어 있다.

〈표 2-1〉 체제적 접근의 단계 비교: 1968~1981년의 초기 문헌에서 발췌

참고문헌	단 계
Banathy(1968)	• 체제 분석 • 문제 해결안 • 체제 개발
Kaufman(1970)	• 체제 분석(문제 확인, 대안 결정) • 체제 종합(해결 전략 선택, 해결 전략 적용, 효과성 판단)
Silvern(1972)	• 분석 • 종합 • 모델링 • 시뮬레이션
Ryan(1975)	• 기존 체제 연구 • 문제 해결 • 체제 설계
Romiszowski(1981)	• 문제 정의 • 문제 분석 • 해결책 설계/개발 • 적용 • 조정/평가

이러한 체제적 접근에 대한 관점은 전통적인 과학적 문제 해결 방법에 의존했던 보편적인 기조와 많은 유사점을 보여 준다.

초기 문헌에 대해 보다 자세히 분석해 보면 일반체제이론의 기본 요소는 체제적 접근에 대한 이처럼 다양한 해석과 여전히 통합된다. 각각의 해석은 다음을 포함하고 있다.

• 체제에 대한 일관된 정의
• 한 체제 내의 목적에 대한 관점
• 구조에 대한 강조
• 자기조절에 대한 개념

체제적 접근에 내재되어 있는 목적성은 직면한 문제를 해결하기 위해 설계된 새로운 체제를 만들어 가는 단계에서 나타나는 움직임에 의해 구현된다. 체제적 접근의 분석 단계는 체제의 구조를 강조하는 경향이 있고, 자기조절의 개념은 평가 요소의 기본이 된다.

체제적 접근을 이해하기 위해 체제적 접근에 해당되지 않는 것을 이해하는 것도 하나의 방법이 될 수 있다. Krippendorf(1975)는 체제적 접근이 아닌 것의 예로서 단일 변인 혹은 사건을 분석하는 것을 제시하였다. 이러한 방법은 체제적 접근이 다양한 부분 간의 관계를 중시하고 있다는 사실을 무시하는 것이다. (상위 체제, 하위 체제 혹은 체제 내의 다른 개체와의 상호작용에 대한 고려 없이) 독립된 하나의 개체만을 놓고 분석하다 보면, 체제의 위계적 구조와 요소들 간의 상호 의존성을 무시하게 된다.

Kaufman(1970)은 체제적 접근을 '분석'과 '종합'의 두 단계로 요약하였고, Silvern(1972)은 분석을 두 단계—구성 요소에 대한 확인과 구성 요소와 전체 체제와의 관계에 대한 확인—를 강조하는 절차로 묘사하고 있다. 이는 체제이론을 이해하고, 체제적 접근을 적용하기 위한 기초적인 인지 전략이라 할 수 있다.

체제 부분, 즉 구성 요소를 파악하는 것은 세부 절차에 해당된다. 체제 부분에는 다음 사항이 포함된다.

- 사람
- 객체
- 절차
- 외부의 제약
- 가용 자원

이들 요소 간의 관계는 다음과 같은 형태를 취할 수 있다.

- 절차 간의 시간적 순서
- 구성 요소 간의 정보와 자료의 흐름
- 체제로 유입/유출되는 기본 자원(사람 또는 객체)

이러한 구성 요소 간의 관계와 연결은 하위 체제 내에서 혹은 하위 체제 간에 혹은 체제와 그 체제가 속한 환경 간에 이루어질 수 있다. 체제적 접근을 사용하면 분석은 여러 가지 방식으로 반복해서 이루어진다(〈표 2-1〉 참조). 예를 들면, 분석은 다음의 사항에 있어 필수적이다.

- 기존 체제에 대한 연구(Ryan)
- 문제 분석 및 정의(Romiszowski)
- 문제 확인 및 대안의 결정(Kaufman)

종합은 〈표 2-1〉에 요약되어 있는 체제적 접근의 정의에서 두 번째로 중요한 단계다. 분석에 이어서 확인된 문제를 해결할 수 있는 새로운 체제를 설계하는 것이 포함된다. 이러한 활동은 다음 중 하나를 통해 이루어진다.

- 기존의 구성 요소 간의 새로운 관계 정립
- 새로운 구성 요소의 규명 및 이들 간의 관계 생성

체제적 접근에서 이 단계는 전적으로 창의적이다. 종합은 여러 모형에서 명시적으로 언급되는 단계이며, 체제를 설계하고 개발하는 단계(Banathy, Romiszowski, Ryan) 및 해결 전략을 선택하는 단계(Kaufman)에서도 암시적으로 나타난다.

2) 교수체제 설계모형

지금까지의 체제적 접근에 대한 논의를 통해 볼 때, 교수설계 절차와 관련된 모형이 1960년대 후반부터 개발되기 시작했다는 것은 자명하다. 이러한 모형은 하나의 그룹으로 교수체제 설계모형이라고 한다. 이러한 모형은 "수업을 설계하는 데 필요한 절차를 묘사함으로써 이를 이해관계자들과 시각적으로 의사소통하기 위해"(Gustafson & Branch, 2002, p. 2) 만들어진 것이다. 이러한 절차들을 총괄하여 ADDIE 모형이 상정되었으며, 이 모형은 교수체제 설계 절차의 다섯 가지 핵심 요소인 분석, 설계, 개발, 실행, 평가를 강조하고 있다. ADDIE 모형의 취지를 시각적으로 표현하면 [그림 2-2]와 같다.

그동안 많은 교수체제 설계모형이 고안되었다.[1] 이러한 모형들은 각 모

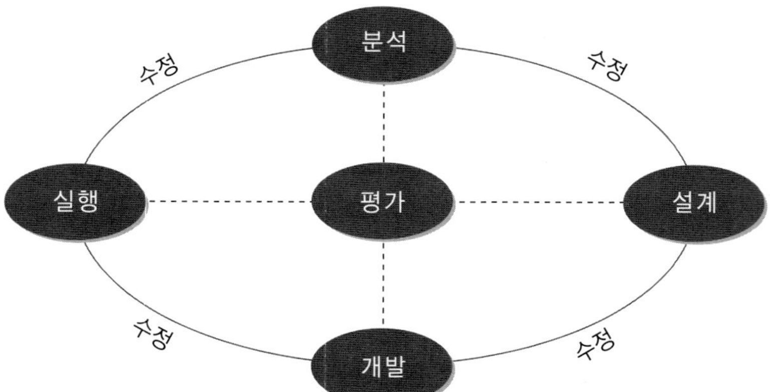

[그림 2-2] ADDIE 모형

*출처: *Survey of Instructional Development Models* (4th ed.) by K. L. Gustafson and R. M. Branch, 2002, p. 3. Public Domain, 2002, ERIC Clearinghouse on Information & Technology.

---

1) 교수체제 설계모형에 대한 보다 풍부한 확인 및 논의를 위해서는 Gustafson과 Branch(2002) 또는 Molenda와 Boling(2008)을 참조하기 바란다. 이 밖에 개별 조직에 의해 개발 · 전매됨으로써 일반적인 문헌에서는 찾아볼 수 없는 모형들도 있다.

형별로 다양한 교수 상황에서 특정한 조건에 부합하는 경향도 있고, 교수설계 자체에 대한 대안적 방향성을 강조하기도 한다. 일부는 시각적으로 표현했을 때 선형적이고 단계적인 절차로 나타나기도 하고(예: Dick, Carey, & Carey, 2009), 다른 모형들은 과정의 가변적이고 반복적인 본성을 강조하기도 한다(예: Morrison, Ross, & Kemp, 2007). 어느 모형은 초보 교수설계자에게 적합하기도 하고(Brown & Green, 2006 참조), 다른 모형들은 교수설계 전문가로서의 역량을 필요로 하는 경우도 있다(Jones & Richey, 2000). 일부 모형은 초보자와 전문가의 요소를 모두 합쳐 놓기도 한다(Cennamo & Kalk, 2005). 하지만 모든 모형은 ADDIE의 기본 요소를 반영하고 있다. 이들 요소는 전체적인 프로그램 설계뿐 아니라 단지 하나의 학습 목표를 위한 교수 자료 설계에 이르기까지 적용이 가능할 만큼 충분히 일반적이며, 어떤 특정한 교수 내용이나 전달 방법에도 사용될 수 있다. 〈표 2-2〉는 이러한 모형의 대표적인 예를 제시하고 있다.

Andrews와 Goodson(1980)은 40여 개의 교수설계 모델의 세부 내용을 검토하였는데, 매우 다양한 교수체제 설계 절차 가운데서 14개의 공통적인 과제(common task)를 찾아냈다. 이러한 과제는 최근 교수체제 설계모형의 핵심적인 내용을 설명하는 데 출발점이 될 수 있다. 두 학자가 제시한 공통 과제에 더하여 우리는 마지막 부분에 평가(형성평가와 총괄평가 모두를 아우르는 평가)를 추가하고, 용어를 정리하며, 최근의 교수설계 실무를 반영하기 위해 설계 과제를 보다 확장하였다. 〈표 2-3〉에서 이러한 공통 과제에 대한 새로운 관점을 정리하였고, 더불어 보다 일반적인 ADDIE 모형의 구성 요소와 관련지어 제시하였다.

〈표 2-2〉 대표적 교수체제 설계모형의 개관

모 형	주요 배경	독특한 강조점
Branson(1975)	군대	• 대규모 교수설계 프로젝트 • 학습자의 개인차 • 내용 분석 • 관리, 실행, 조정
Edwards(1982)	보건소 • 직원 능력 개발 • 환자교육	• 프로그램 관리 • 평가, 설치, 프로그램 유지 · 관리 • 프로그램 마케팅
Diamond(1989)	고등교육 • 종합적 교육과정 • 교과목 개발	• 기관의 우선 사항과 고려 사항 • 설계 지원팀 • 교수자의 주인의식
Seels & Glasgow(1998)	일반 제조업	• 프로젝트 관리 • 결과의 확산 • 설계 과정에서 상호작용적이고 동시에 발생하는 단계 • 다른 사용자를 위해 설계된 생산물
Smith & Ragan(2005)	모든 상황의 교수설계	• 인지심리학 • 교수전략의 선택과 개발 • 체계적인 문제 해결
Smaldino, Lowther, & Russell(2008)	유 · 초 · 중등 교실	• 학습자 특성 • 매체 선택 • 테크놀로지 통합 • 기존 자료의 수정

〈표 2-3〉 ADDIE 모형의 구성 요소와 교수체제 설계의 공통 과제 간의 비교

ADDIE 요소	교수체제 설계의 공통 과제
분 석	• 요구, 문제 확인, 직무 과제, 역량, 맥락 또는 훈련 요구 사항에 대한 사정 • 교육적 해결안의 필요 여부에 대한 결정 • 체제의 형성, 환경 및 조직에 대한 기술, 자원과 제한점 확인 • 학습 대상군의 특성 파악 • 학습이 필요한 목적 및 목표에 대한 분석

설 계	• 상위 목적 및 관찰 가능한 용어로 표현된 세부 학습 목표의 수립 • 학습과 수행을 촉진하기 위한 목적 및 학습 목표의 계열화 • 학습과 수행을 사정하고 평가하기 위한 계획 수립 • 대안적 해결책의 고려 • 교수 내용, 학습자 및 조직의 요구에 부응하는 교수적 혹은 비교수적 전략의 수립 • 전략 실행을 위한 매체 선정
개 발	• 설계 계획에 따라 인터벤션(intervention) 제작 및 개발
실 행	• 교수 프로그램을 운영 · 유지 · 관리, 주기적으로 보완하기 위한 절차 및 교수 자료의 개발 • 교수 프로그램의 비용 산출
평 가	• 교수 목적 및 학습 목표에 부합하는 평가도구 개발 • 학습 대상자 집단을 대상으로 코스웨어 시범 운영, 학습 및 코스웨어의 문제점 진단, 진단 결과에 근거한 코스웨어 수정 • 정규 운영 결과에 대한 평가

이러한 교수체제 설계의 공통 과제는 체제적 접근뿐 아니라 일반체제이론의 원리 자체의 영향이 반영된 것이다. 대부분의 교수체제 설계모형에서 나타나는 공통 과제와 일반체제이론의 원리와의 연관성은 〈표 2-4〉에 제시되어 있는데, 이 표는 교수설계자가 통상 수행하게 되는 다양한 단계를 뒷받침해 주는 핵심적인 이론적 근거를 보여 주고 있다.

교수체제 설계모형은 다양한 목적을 위해 사용되어 왔지만, 근본적으로는 일정 수준 이상의 품질을 확보하기 위한 교수설계의 기준을 제시하고 있다. 물론 다른 목적도 있는데, 예를 들면 최초로 널리 알려지고 사용된 Dick과 Carey(1978)의 모형의 주목적은 가르치는 도구로서, 즉 새로운 교수설계자를 훈련시키기 위한 수단으로 활용하는 것이었다. 또한 다른 많은 모형도 프로젝트 관리 및 조직을 위한 도구의 역할을 한다. 교수설계 책임자들은 이러한 모형을 활용하여 크거나 작은 규모의 프로젝트 활동을 구조화하고 계획을 세운다. 모형은 교수설계 팀뿐 아니라 고객에게 전체

〈표 2-4〉 교수체제 설계의 공통 과제와 일반체제이론의 원리 비교

교수체제 설계 공통 과제	일반체제이론의 관련 원리
◎분 석	
• 요구, 문제 확인, 직무 과제, 역량, 맥락 또는 훈련 요구 사항에 대한 사정 • 교육적 해결안의 필요 여부에 대한 결정 • 체제의 형성, 환경 및 조직에 대한 기술, 자원과 제한점 확인 • 학습 대상군의 특성 파악 • 학습이 필요한 목적 및 목표에 대한 분석	• 체제는 질서 정연하고 완전한 전체를 이룬다. • 열린 체제에서는 환경이 질을 결정하고 제한점을 설정한다. • 체제 구성 요소와 구성 요소 속성 간의 관계 • 체제는 위계적이다.
◎설 계	
• 상위 목적 및 관찰 가능한 용어로 표현된 세부 학습 목표 수립 • 학습과 수행을 촉진하기 위한 목적 및 학습 목표의 계열화 • 학습과 수행을 사정하고 평가하기 위한 계획 수립 • 대안적 해결책 고려 • 교수 내용, 학습자 및 조직의 요구에 부응하는 교수적 혹은 비교수적 전략 수립 • 전략 실행을 위한 매체 선정	• 체제는 공동의 목적을 가지고 있다. • 체제는 구성 요소와 절차로 이루어져 있다. • 체제는 질서 정연하다. • 구조가 기능을 결정한다. • 체제의 구성 요소와 절차는 서로 연관되어 있다.
◎개 발	
• 전략에 따른 코스웨어의 개발	• 구조가 기능을 결정한다.
◎실 행	
• 교수 프로그램을 운영 · 유지 · 관리, 주기적으로 보완하기 위한 절차 및 교수 자료의 개발 • 교수 프로그램의 비용 산출	• 열린 체제에서는 환경이 질을 결정하고, 제한점을 설정한다.
◎평 가	
• 교수 목적 및 학습 목표에 부합하는 평가도구의 개발 • 학습 대상자 집단을 대상으로 코스웨어 시범 운영, 학습 및 코스웨어의 문제점 진단, 진단 결과에 근거한 코스웨어의 수정 • 정규 운영 결과에 대한 평가	• 열린 체제는 안정화 및 재조직을 위해 피드백을 사용한다.

프로젝트의 계획을 설명하고 시각화하기 위해서도 사용된다. 이러한 특성은 특히 상표로 등록된 모델에서 잘 나타난다.

본래 교수체제 설계모형은 실증적으로 검증된 것은 아니다. 이들 모형의 발전은 많은 부분 확고한 전통과 실무자들의 지지를 바탕으로 하고 있다(Richey & Klein, 2007). 과학적 근거가 부족함에도 불구하고 교수체제 설계모형이 확산될 수 있었던 이유는 이러한 모형들이 특정한 조직의 관심사 및 학습자의 요구를 성공적으로 다루었기 때문이다.

교수체제 설계모형의 사용이 급증하고 있음에도 불구하고, 현재 일부에서는 불만족스러운 기류가 나타나고 있다. 이러한 경향은 다음과 같은 우려를 반영한다.

- 업무 현장의 제한점과 요구를 고려하면서 충실하게 모든 절차를 완수하는 데 있어 요구되는 시간
- 실제 업무 환경에서 교수설계 실무의 현실과 많은 교수체제 설계모형이 제안하는 선형성 간의 불일치
- 세분화된 내용을 만들어 낼 수 있는 분석적 기술에 대한 과도한 의존
- 규격화된 체계적 교수설계 절차를 따름으로써 교수설계자가 지루하고 창의적이지 않은 교수 프로그램을 만들어 내는 경향

이러한 염려로 인해 일부 경우에는 전체 교수설계 과정에 다른 접근을 취하기도 한다(Willis, 2000 참조). 이러한 문제를 해결하기 위한 연구의 필요성이 대두되면서 새로운 혹은 개선된 교수체제 설계모형이 개발되기 시작하였다. 그럼에도 불구하고 대부분의 교수설계 실무에서 교수체제의 설계는 여전히 지배적인 지향점이다.

3. 체계적 교수설계의 동향

오늘날 일반체제이론의 원리는 교수설계에서 우리가 하고 있는 대부분의 일에 대하여 여전히 자극제가 되고 있다. 비록 교수설계에서 새롭게 나타나는 문제를 해결하기 위해 수정된 혹은 완전히 새로운 모형이 개발되고 있기는 하지만, 여전히 교수체제 설계모형이 사용되고 있고, 이러한 모형과 절차는 '분석'과 '종합'이라는 전통적인 일반체제이론의 원리에 대한 새로운 해석을 반영하고 있다.

1) 분석에 대한 새로운 접근

초기의 교수체제 설계모형에서 분석은 교수 내용과 이 내용에 대한 학습자의 사전 지식에 많은 관심을 보였다. 예를 들면, Briggs(1970)의 모형에서 분석 과제의 유일한 관심은 학습 목표의 구조와 계열화에 있었다. 군대용 모형의 경우, 분석에 보다 큰 강조를 두기는 하였으나, 마찬가지로 내용 분석에 집중하였다. Branson(1975)이 제시한 Inter-Service 교수체제 설계모형은 기존 교육과정 및 직무 분석을 포함하고 있고, 해군 모형(Navy Model)은 직무 분석 및 직무 과제 분석을 포함하였다(Department of the Navy, 1980). Dick과 Carey(1978)의 초기 모형은 두 가지 분석 과정, 즉 교수 분석과 학습자의 사전 행동 확인을 제안하고 있는데, 이는 모두 내용과 관련된 분석 과정이었다. 교수 분석은 내용을 종속적 기술과 포괄적 기술로 나누고, 행동 분석은 이 가운데 학습자가 수업에 참여하기 이전에 이미 보유하고 있는 기술은 어떠한 것이 있는지를 확인하는 과정이다.

초기의 공군 교수체제 설계모형은 분석에 대해 보다 근대적인 접근법을 반영했던 몇 안 되는 모형 중 하나다(Department of the Air Force, 1979).

이 모형은 체제 요구 분석을 포함하고 있다.

- 체제 내 인적 요소의 속성 및 범주에 대한 확인
- 목적, 기능, 주요 하위 체제, 필요한 장비, 운영 정책, 환경적 제한점, 사람과 체제 간 인터페이스에 대한 정보 등 체제 및 그 체제의 운영과 관련된 자료의 세밀한 수집
- 개별 직무 수행을 위해 필요한 구체적 임무 및 과제에 대한 확인
- 훈련의 필요 여부에 대한 결정

비록 분석에 대한 이러한 접근이 통제, 위계, 구조를 강하게 의미하기는 하지만, 이러한 접근은 분석의 강조점이 전통적으로 교수 내용에 집중되었던 것을 극복하고자 하는 시도였다.

요즘의 교수설계자 역시 내용 분석 절차를 활용하고 있으며, 이는 초기의 교수체제 설계모형에서 사용되던 것과 많은 부분이 유사하다. 하지만 교수설계자는 조직의 문제, 교수 과정에 영향을 줄 수 있는 맥락, 폭넓은 학습자 특성 등을 일상적으로 분석하기도 한다.

(1) 문제 분석

전형적으로, 초기 교수체제 설계는 특정 강좌, 자기교수 활동(self-instructional activity) 혹은 하나의 교육 프로그램과 같이 교수를 위한 산출물을 만드는 것이었다. 교수설계 분야가 점차 정교해지면서, 학습이 궁극적인 목적이고 교수 산물은 단지 중간 단계에 해당한다는 것을 깨닫게 되었다. 이후 학습마저도 과정으로 보고, 훈련의 전이 혹은 학습된 것의 적용을 매우 중요한 목표로 여기게 되었다. 최근 들어서는 이것조차 충분하지 않으며, 교수설계자의 노력의 결과는 수행의 변화뿐 아니라 조직 성과의 향상과 연결되어야 한다. 교수 산출물은 조직이 가지고 있는 문제를

해결하는 데 보탬이 되어야 하는 것이다. 결과적으로 교수체제 설계에서 분석 측면은 반드시 이러한 문제에 기본적으로 초점을 맞추어야 한다. 이러한 관점은 체제의 수행을 향상시키기 위해서는 "적합한 체제의 틀에서 수행을 향상시키기 위한 분석에 집중"해야 한다는 Swanson(1999)의 의견에 부합한다.

문제 분석은 다수의 '전단 분석(front-end analysis)' 관련 용어에 내재되어 있다. Gordon(1994)은 이를 조직 분석에 포함시켰다. Piskurich(2006)는 문제 분석을 '조직의 요구 사정'이라고 표현하고 있고, Smith와 Ragan (2005)은 이러한 유형의 분석을 '문제 모형을 활용한 요구 사정'이라고 특징지어 설명하였으며, 이 과정을 다음의 네 단계로 설명하고 있다.

① 실제로 문제가 있는지 결정한다.
② 문제의 원인이 훈련 환경에서 직원의 수행에 대한 것인지 혹은 교육 환경에서 학습자의 성취도와 관련된 것인지 결정한다.
③ 성취와 수행의 문제에 대한 해결책이 학습인지 결정한다.
④ 이러한 학습 목표에 대한 교수가 현재 제공되고 있는지 결정한다. (p. 45)

이러한 문제 분석에 대한 시각은 교육과 훈련이 모든 문제를 해결하는 방법이 아닐 수 있으며, 결과적으로 교수설계자가 다루어야 하는 문제의 범위를 좁혀야 한다는 의미를 내포하고 있다. 이는 1979년의 공군 교수체제 설계모형에 내포되어 있는 관점을 반영하는 것이기도 하다.

단지 교육 내용을 강조하는 것에 반해 조직의 문제에 초점을 맞추는 것은 최근의 많은 교수체제 설계 접근에서 일정 역할을 담당하고 있다. 이는 교수체제 설계의 체제적이고 체계적인 단면을 모두 반영하고 있으며, 열린 체제의 운영에 있어서 자원과 제한점이 영향을 미치는 방식에 대해 알려 준다. 더욱이 이러한 관점은 교수체제의 기본적인 목적을 분명하게 해 준다.

(2) 맥락 분석

교수 내용에 대한 관심에 더해, 요즘의 교수설계자들은 맥락에 대해서도 동등한 관심을 기울인다. 모든 교수설계적 처치가 환경에 대해 중립적이며 어떠한 환경에서도 적용 가능하다는 관점은 더 이상 유효하지 않다. 이는 일반체제이론에서 체제의 기능에 환경이 중요하다는 원리가 직접적으로 적용된 것이다. 많은 경우, 맥락에 대한 최근의 강조에서 환경과 상위 체제에 대한 생각을 쉽게 찾아볼 수 있다.

Tessmer와 Richey(1997)는 맥락을 전반적으로 정의하면서 교수설계에 영향을 미치는 세 가지 맥락으로서 지향적(orienting) 맥락, 교수적 맥락, 전이적 맥락을 제시하였다(보다 자세한 설명을 위해서는 제4장 참조). 많은 교수체제 설계모형은 최근 들어 맥락 분석 절차를 포함하고 있다. Dick과 그의 동료들(2009)은 수행(즉, 전이) 상황에 대한 맥락 분석으로서 관리자 혹은 감독자의 지원, 학습한 기능이 활용될 현장의 물리적 · 사회적 측면, 학습한 기능과 업무의 관련성을 포함할 것을 제안한다. 그들은 또한 학습 환경에 대한 맥락 분석에서 교수 요구에 대한 교육 장소의 적합성, 즉 작업 환경을 재현할 수 있는 환경 및 다양한 교수 전략을 수용할 수 있는지에 대한 고려가 필요하다고 제안하고 있다.

Smith와 Ragan(2005) 역시 전통적인 교수 내용 분석을 넘어 학습 맥락의 분석을 포함하고 있는데, 그들은 맥락을 물리적인 장소뿐 아니라 "시간적 · 사회적 환경"(p. 43)을 포함하는 것으로 간주하였다. 맥락에 대한 이러한 해석은 교수 환경의 다양한 측면은 물론, 교육이 시행되는 조직의 철학 또는 제약을 포함한다.

Morrison과 그의 동료들(2007)은 Tessmer-Richey의 맥락 틀을 적용하여, 그들의 교수체제 설계모형에 지향적 맥락, 교수적 맥락, 전이적 맥락을 통합시켰다. 그들은 학교, 기업, 고등교육기관 등의 다양한 맥락에서 이러한 분석이 어떻게 수행될 수 있는지에 대한 사례를 제공하였다. 환경에 적응하는 것은 교수설계자가 수행하는 과제의 표준이 되어 가고 있다.

(3) 학습자 특성 분석

대부분의 경우 초기 교수체제 설계모형의 학습자 분석은 선수 기능을 측정하고 학습자들의 능력과 기능 수준에 맞추어 교수 처방을 고안하는 것이 관건이었다. 이러한 접근은 동기와 같은 교수 문제가 중요하지 않다는 의미라기보다는 사전 설계 분석에서 일반적으로 그러한 요소를 고려하지 않았다는 것을 의미한다. 오늘날에는 학습자의 다양한 특성이 분석 단계에서 보다 폭넓게 고려된다. 학습자 특성에는 다음이 포함된다.

- 교수전략을 선택하는 데 영향을 미칠 수 있는 인구통계학적 특성과 개인차
- 학습, 전이, 동기에 영향을 미칠 수 있는 신념과 태도
- 교수 방법에 영향을 미칠 수 있는 멘탈 모형(mental model)

나이, 직무 경험, 교육 수준 등 중요한 인구통계학적 특성은 교육과 훈련 프로그램에서 학습자의 태도와 수행에 영향을 미치는 것으로 입증되어 왔다(Richey, 1992). 이러한 특성은 학습자의 연령이 높아짐에 따라 더욱 중요한 역할을 수행한다. 예를 들면, 복잡한 테크놀로지를 활용하는 것은 어린 학생들에게는 일상적인 일이 될 수 있으나, 고령의 학습자에게는 학습에 대한 장벽을 야기할 수도 있다. 직원 훈련의 측면에서는 해당 분야에 대한 풍부한 직무 경험이 공식적인 교육의 부족을 극복할 수도 있다. 최근에 교수설계자들은 지식의 습득 및 전이에 있어서 인구통계학적 특성의 역할을 보다 많이 자각하고 있다.

학습자가 가지고 있는 기대나 가치와 같은 개인차 역시 교수설계에서 중요한 역할을 한다(Keller, 1983). 예를 들면, 집단에 소속되려는 경향이 강한 학습자의 경우 다른 동료와 함께 일하는 것을 선호하지만, 한편으로는 협동학습 상황에서 과제에서 벗어나려는 행동을 보이는 경향이 있다(Klein & Schnackenberg, 2000).

태도는 학습에 대한 동기뿐 아니라 학습의 양과 다른 상황으로의 전이를 예측하는 중요한 변인이다. 예를 들어, 교수에 활용된 전달체제에 대한 학습자의 태도는 학습되는 양을 직접적으로 예측한다. 지식의 전이는 학습의 양에 직접적으로 기인하기보다 오히려 학습된 내용에 대한 학습자의 태도에 기인한다(Richey, 1992).

과제의 분야와 관련하여 학습자가 보유하고 있는 멘탈 모형은 학습자가 해당 영역의 지식을 어떻게 이해할 것인가에 영향을 준다(van Merriënboer & Kirschner, 2007). 이렇듯 교수설계자들은 이제 학습자들이 전형적으로 가지고 있는 멘탈 모형을 결정하고, 교수 활동을 안내하기 위한 해당 과제 영역의 멘탈 모형을 선택하는 과정을 거치기 시작했다. 만약 학습 목표가 학습자가 해당 분야의 전문가의 멘탈 모형을 습득하는 것이라면 여러 단계의 멘탈 모형, 즉 초보자의 멘탈 모형, 중급 수행자의 멘탈 모형, 마지막으로 전문가의 멘탈 모형의 순서로 학습이 이루어질 것이다(Gordon, 1994).

학습자 분석의 새로운 유형 중 상당수는 최근의 연구에 의존하고 있다. 하지만 이러한 움직임은 체제의 다양한 구성 요소 간의 관계 및 그 구성 요소의 속성을 분석하려는 일반체제이론의 근본적인 전제를 반영한다.

2) 종합에 대한 새로운 접근

ADDIE 모형에서 종합(synthesis)은 설계와 개발 단계에서 일어난다. 이 과정은 목적과 목표를 확인하고, 교수 내용을 계열화하고, 교수전략의 선정 및 매체에 대한 결정과 코스웨어를 개발하는 것을 포함한다. 지난 몇 년간 테크놀로지가 급격하게 변화되었고, 설계 작업이 개인 혼자 수행하는 과제보다는 팀 프로젝트로 진행되는 경우가 많아졌지만 그렇다고 결과물을 창조하는 데 있어서 근본적인 접근이 변화되었을까? 여러 가지 측면에서 이 질문에 대한 답은 '아니요'이나, 일부 근본적인 측면에서 보면 종합단계에는 변화가 있다. 이러한 변화의 상당 부분은 시간적으로 짧은 기간 내에 설계 과제를 완료해야 하는 압박의 결과라고 할 수 있다. 하지만 우리가 여기서 논의하고자 하는 두 가지 변화—속성 원형 개발과 학습 객체의 사용—는 일반체제이론과 체제적 사고의 영향을 반영하고 있다.

(1) 속성 원형 개발

속성 원형 개발(rapid prototyping)은 "프로젝트 초기에 교수 혁신에 대한 분석, 설계, 개발, 평가 과정을 도와주기 위해 교수 산물의 작동 모형(Working Model)을 개발하는 것"(Jones & Richey, 2000, p. 63)이다. 원형에는 다양한 유형이 있는데, 작동 가능한 최종 산출물 버전 혹은 최종 산출물의 모습을 보여 주는 틀 등이 그 예다. 모든 속성 원형 개발 접근법은 전형적으로 설계자와 고객이 전체 프로젝트 진행 과정에 팀으로 참여하도록 한다.

Cennamo와 Kalk(2005)의 교수설계 모형은 전형적인 교수체제 설계 과정과 "속성 원형 개발에서 찾아볼 수 있는 반복적 순환"(p. 6)을 결합시키고 있다. 이 모형은 교수설계를 교수설계자가 전통적 교수체제 설계 과정에 따라 진행하더라도 다섯 가지 핵심 요소—학습자, 성과, 활동, 사정, 평가—를 지속적으로 재논의하면서 발전해 가는 과정이라고 제시하고 있다. 전체 프로젝트 과정에서 원형을 사용하므로, 설계 과정은 매우 유동적이다. 문서화되어 실행 가능한 원형이 개발되고 나면 전체 교수설계 팀, 학습자, 고객에 의해 검토된다.

이러한 속성 원형 개발 방법을 사용하는 대부분의 교수설계 프로젝트와 그 밖의 다른 유동적 접근은 많은 설계 과제를 진행할 때 개인들이 팀을 구성하여 비선형적인 방식으로 동시에 작업을 진행한다. 하지만 여전히 체제적 방향성은 잃지 않는다. 즉, 모든 팀원은 하나의 목적을 향해 함께 일한다. 원형을 사용함으로써 모든 설계 과정에서 목표가 강조되며, 고객을 포함한 모든 팀의 구성원이 프로젝트가 진행되는 과정 전반에 걸쳐 목표에 동의할 수 있도록 도와준다. 원형은 교수의 모든 부분—활동, 평가, 학습 자료—이 동일한 목적을 지향하도록 하고, 관련자들이 모두 같은 방식으로 이해할 수 있도록 한다. 설계 팀원, 학습자, 고객 등 환경으로부터 제시되는 피드백은 정기적으로, 또 지속적으로 수집되며, 체제를 안정화해 가는 기초가 된다. 이러한 노력은 교수체제가 운영될 상위 체제 내에서 새로운 교수 프로그램이 제 기능을 발휘하도록 하기 위한 것이다.

이러한 목적은 대부분의 교수체제 설계 프로젝트에서 드문 일은 아니다. 하지만 속성 원형 개발은 교수체제 설계를 보다 성취 가능하도록 만들어 주는 특정 절차를 통합한 일종의 진보다. 더욱이 전통적인 방식으로 진행되는 전형적인 프로젝트에 비해 보다 짧은 기간 내에 성취할 수 있는 방법이기도 하다.

(2) 학습 객체

학습 객체에 대한 관심이 높아짐에 따라, 이 용어에 대한 정의 역시 매우 다양해져 왔다. 우리는 Churchill의 정의, 즉 "학습 객체는 다른 교육적 맥락에서도 사용할 수 있도록 설계된 표상(representation)" (p. 484)을 사용하고자 한다. 이 정의에서 학습 객체는 "디지털, 다양한 모드의 매체 활용이며…… 학습 객체는 교육적 재사용을 위해 설계된다." (p. 484)는 점을 시사한다. 이러한 디지털 자료의 작은 부분들은 일반적으로 여러 다양한 전달 매체에서 사용이 가능한 형태로 데이터베이스에 저장된다(Barritt &

Alderman, 2004). 이들은 내용 제시, 피드백을 동반한 연습과 실습, 시뮬레이션(simulation), 개념 표상, 정보 제시, 맥락 묘사 등의 다양한 목적을 위해 사용될 수 있다(Churchill, 2007). 학습 객체는 단 하나의 학습 목표를 달성하고자 할지라도 다양한 유형의 학습자와 다양한 맥락에서 사용할 수 있도록 설계된다.

학습 객체는 테크놀로지 기반 수업의 시대에서 비롯된 교수설계 요소다. 학습 객체는 짧은 기간 안에 서로 연관된 (그러나 분리되어 있는) 수많은 교수 자료를 만들어야 하는 부담을 가졌던 교수설계자들에게는 매우 기발한 해결책이었다. 또한 국제화된 교육에 대한 요구를 수용하기 위한 방법의 하나로서 제안된 것이기도 하다(Laverde, Cifuentes & Rodríguez, 2007). 학습 객체는 다양한 학습 맥락에서 반복적으로 재사용될 수 있다. 이것은 전통적인 ADDIE 모형의 확장을 수반한다. Barritt과 Alderman(2004)은 재사용이 가능한 학습 객체(reusable learning objects: RLOs)를 포함하는 이러한 확장된 절차의 한 예를 제시하였다. 그들은 설계를 '설계 및 탐색적 추출(Design and Mine)'로 보았고, 이러한 새로운 설계 절차에 다음의 여섯 가지 요소를 포함시켰다.

- 학습 설계자의 결정
- 학습 목표의 생성
- 학습 활동의 설계
- 전달 방법의 결정
- 고차적 설계서 작성
- 기존 학습 객체(RLOs)의 재사용 및 재목적화를 위한 데이터베이스 탐색 및 추출 (p. 134)

학습 객체 자체를 찾아내는 것은 분명히 분석적 과정을 포함하고 있지만, 우리는 여기서 종합에 대한 새로운 접근을 강조하고 싶다. 종합은 교수체제 설계의 혁신적 측면이지만, 만약 이 객체가 창의적이고 흥미로우며 효과적인 학습 경험이라면, 이는 또한 가장 어려운 과정이기도 하다. 학습 객체는 설계자 및 개발자가 시간을 효율적으로 사용하고, 똑같은 일을 반복하는 것을 피할 수 있도록 도와준다.

또한 학습 객체의 사용은 일반체제이론의 원리를 반영한다. 비록 학습 객체가 교수의 작은 단위이기는 하지만, 그 효과성은 궁극적인 교수 맥락을 얼마나 전체적으로(즉, 체제적으로) 바라보는가에 따라 달라진다. Nurmi와 Jaakkola(2006)는 교실 환경에서 학습 객체의 효과성을 연구하여 다음과 같은 결론에 도달하였다.

> 학습 객체 및 학습 환경 내에서의 교수적 배열은 특정한 유형의 학습자의 학습 활동, 행동 및 성과를 촉진하기 위해 함께 상호작용한다. 따라서 학습 객체는 독립적인 하나의 교수적 해결책이라기보다 보다 큰 학습 환경의 일부분으로서 이해되어야 한다. (p. 245)

따라서 다시 한번 강조하면, 중요한 것은 체제 내 다양한 요소 간의 관계이며, 궁극적으로 교수의 질을 결정하는 것은 환경이라는 점이다. 학습 객체를 효과적으로 활용하는 교수설계자는 단순히 분리된 하나의 교수 단위보다는 전체적인 교수-학습 체제를 만들어 내야 한다.

4. 연구, 일반체제이론 및 교수설계

일반체제이론이 상당수 교수설계 분야에 적용되고 있기는 하나, 이러한 실제적인 적용이 어느 정도 검증되고 실증적으로 타당화되었는지에 대해서는 여전히 의문이다. 이러한 의문은 이 책에서 다루고자 하는 교수설계의 각 이론적 기초와 함께 다룰 계획이다. 이 절에서는 일반체제이론의 원리의 적용성을 확인할 수 있는 교수설계의 연구에 대해 논의하고, 이러한 아이디어의 실행 가능성을 지속시키기 위한 새로운 연구를 제안하고자 한다.

1) 교수설계에서 일반체제이론의 적용에 대한 실증적 지지

교수체제 설계모형은 체제적 사고가 교수설계에 적용되는 주된 방식이다. 처음에 이런 모형은 실증적인 근거가 거의 없었으며, 전통, 학문적 권고 및 실천가의 지지가 모형의 사용을 지탱해 왔다. 최근 들어 새로운 교수설계 모형에 대한 실증적 타당성 검증이 진행되고 있다. 예를 들면, Higgins와 Reiser(1985)의 연구는 매체 선택 모형에 대한 통제 실험(controlled test)을 다루고 있다. Taylor와 Ellis(1991)는 미 해군의 교육 프로그램에 적용된 교수체제 설계모형이 어떠한 측면에서 효과적이었는지를 판단하기 위해 교실 훈련을 평가하기도 하였다. Tracey(2009)는 다중지능에 대한 고려를 통해 강화된 교수체제 설계모형을 검증하였다.

일반체제이론을 근거로 한 설계 전략을 연구하고 시험하기 위한 새로운 연구 방법이 고안되고 있다. 설계 및 개발 연구(Richey & Klein, 2007), 설계기반 연구(Design-Based Research Collective, 2003) 그리고 형성적 연구(Reigeluth & Frick, 1999)는 이러한 목적을 위해 현재 사용되는 탐구 유형이다. 그럼에도 불구하고(논문에서 항상 등장하는 마지막 행을 인용하여), 추가적인 연구가 필요하다.

2) 체제적 교수설계 연구에 대한 제언

체제적 관점은 특정 환경 내에 존재하는 많은 구성 요소의 역할 및 영향을 인식하는 것이다. 일반체제이론의 근거를 바탕으로 한 교수설계 연구는 설계 환경과 학습 및 수행 환경의 다양한 요소의 영향을 탐색할 것이다. 이러한 연구는 어떤 요소가 중요하고, 그 요소들 간에 어떤 관계가 있는지를 확인할 것이다. Quiñones, Ford, Sego와 Smith(1995/1996)의 연구와 같이 양적 연구의 관점에서도 수행할 수 있다. 그들은 학습자 특성, 전이 환경의 특성 그리고 수행 기회 간의 관계를 조사하고, 결과적으로 변인 간의 관계에 대한 개념적 모형을 만들어 냈다. 이런 유형의 연구는 설계 팀의 태도, 자원 그리고 과제에 투입된 시간을 측정하여 그것들이 프로젝트의 성공에 미치는 영향을 결정하는 방식으로 진행할 수도 있다.

연구에 대한 해석적 관점 역시 유용하다. 이는 "주관론적 · 의사소통적 · 문화적 · 정치적 · 윤리적 · 심미적 관점, 즉 질적이고 논증적인 측면을 강조하는 경향이다" (Schwaninger, 2006, p. 587). 교수설계자의 의사결정에 영향을 미치는 환경적 요인을 탐색하는 형태의 연구도 가능할 것이다. 교수설계자는 촉박한 시간으로 생기는 압박감을 어떻게 다루는가(예: 자원의 역할에 대한 연구)? 고객이 조직 내 진짜 문제에 대해 이해하지 못할 때 교수설계자는 이를 어떻게 다루는가(예: 환경적 제약에 대한 연구)? 교수설계자는 이러한 분석 결과를 언제, 어떻게 그들의 프로젝트에 반영하는가(예: 절차 및 관련 변인에 대한 연구)?

교수체제 설계에 대한 일반적 관점의 근본이 되는 원리 가운데 하나는 교수체제 설계 절차는 모든 유형의 내용과 모든 작업 환경에 적용이 가능하다는 것이다. 이 원리는 본질적으로 실증적인 지지를 받지 못한다. 유 · 초 · 중등 교육 상황에서 교수체제 설계의 사용을 탐구했던 연구들은 있지만(Reiser, 1994; Young, Reiser, & Dick, 1998 참조), 교수체제 설계 절차가 다양한 직무 상황에서도 쉽게 적용될 수 있는지에 대해 체계적으로 탐색하지는 못했다. 따라서 이 원리 및 기타 일반적 교수설계의 원리에 대해 정식으로 연구해야 한다.

5. 요 약

일반체제이론은 교수설계 지식기반의 중요한 부분을 차지한다. 이 장에서는 일반체제이론의 기본적인 원리를 제시하였고, 철학적이고 경험적인 기저에 대해 탐색하였으며, 교수설계 분야에 적용되어 온 방식 및 최근 경향을 탐구하였다. 〈표 2-5〉는 이러한 내용을 요약하고 있다.

제1장에서 우리는 다음과 같은 교수설계 지식기반의 여섯 가지 주요 내용 영역을 확인하였다.

- 학습자와 학습 과정
- 학습과 수행 맥락
- 내용 구조 및 계열
- 교수적 · 비교수적 전략
- 매체와 전달체제
- 교수설계자와 설계 과정

여기서 우리는 분야에 대한 이러한 관점과 지식기반에 대한 세부 사항을 채워 가고자 한다. 일반체제이론은 여섯 가지 영역 중 다섯 가지와 관련이 있다. 〈표 2-6〉은 이 다섯 가지 영역과 일반체제이론에 대한 논의를 통해 밝힌 다양한 설계 요소를 제시하고 있다.

본질적으로 〈표 2-5〉와 〈표 2-6〉은 일반체제이론과 관련된 교수설계 지식기반의 핵심을 제시하고 있다. 앞으로 각각의 교수설계의 이론적 근거를 논의해 가면서, 이 교수설계 영역의 틀을 확장하고 이론의 핵심적인 요약을 계속해서 제공하고자 한다.

제3장에서는 커뮤니케이션이론에 대해서 다룰 것이다. 이 부분은 완전

〈표 2-5〉 일반체제이론과 교수설계에 대한 개관

□ 주요 원리

- 체제는 질서 정연하고, 완전한 전체이며, 열려 있거나 닫혀 있고, 자연적이거나 인공적이다.
- 체제는 구성 요소와 절차로 구성되어 있다.
- 다양한 구성 요소 간 그리고 그 구성 요소의 특성 간의 관계가 정의되어 있다.
- 체제는 위계적이다. 일반적으로 상위 체제인 환경 내에 존재하고, 하위 체제인 작은 단위를 포함하고 있다.
- 체제의 구조가 기능을 결정한다.
- 열린 체제에서, 환경은 체제와 관련한 제약을 설정하여 체제 결과물의 질을 결정하고, 안정화하거나 혹은 재조직화를 위한 피드백을 제공한다.

□ 철학적 강조점

- 질서, 합리성, 계획, 정량화
- 점진적 자기 구조화
- 다학제적 관점
- 비선형성과 종합적 사고

□ 기초 연구: 상호 관련된 체제의 효과를 분석한 초기 생물학 연구

□ 초기 공헌자

- 일반체제이론: Ludwig von Bertalanffy, Kenneth Boulding, C. West Churchman, Paul Weiss
- 교수체제 설계: Bela Banathy, Walter Dick, Roger Kaufman, Leonard Silvern

□ 교수설계 적용

- 교수체제 설계모형

□ 이를 지지하는 교수설계 연구

- 수행 환경 요소에 대한 확인(예: Taylor & Ellis, 1991)
- 모형 타당화에 대한 일부 연구(예: Higgins & Reiser, 1985; Tracey, 2008)

□ 관련 개념

- ADDIE
- 동일 결과성(equifinality)
- 학습 객체(learning objects)
- 속성 원형 개발(rapid prototyping)
- 체제 분석 및 종합
- 체제적 접근

〈표 2-6〉 교수설계 영역 및 일반체제이론 관련 요소

□ 학습자와 학습 과정
- 학습자 특성(인구통계학적 특성, 개인차, 신념과 태도, 멘탈 모형)

□ 학습과 수행 맥락
- 분위기(외부의 영향과 제한점, 조직 분위기, 물리적 자원)
- 환경(지향적 맥락, 교수적 맥락, 전이적 맥락)
- 상황(K-12 학교, 고등교육기관, 기업체/산업체, 건강관리, 지역사회, 정부)

□ 내용 구조 및 계열
- 교수적 계열화(직무 과제의 순서, 학습 난이도 순서)

□ 교수적 전략과 비교수적 전략
- 피드백

□ 설계자와 설계 과정
- 분석(내용, 맥락, 비용, 직무, 학습자, 문제, 조직)
- 설계 및 개발(목적과 목표, 전략과 매체 선택, 속성 원형 개발, 학습 객체)
- 교수설계자의 특성(전문성)
- 평가(형성 · 총괄 · 확인 평가)
- 교수체제 설계 절차(ADDIE)

히 다른 사고의 분야이기는 하지만, 많은 커뮤니케이션 이론가들 역시 체제적 사고의 영향을 받았다는 점을 알 수 있을 것이다.

제3장

커뮤니케이션이론

1. 커뮤니케이션에 대한 대안적 관점
2. 커뮤니케이션이론과 교수설계
3. 커뮤니케이션 관련 교수설계의 동향
4. 연구, 커뮤니케이션이론 및 교수설계
5. 요 약

제3장 커뮤니케이션이론

커뮤니케이션은 인간의 가장 기본적인 활동 중 하나이며, "인간의 본성에 대한 통찰을 제공해 주는 관점"(Heath & Bryant, 2000, p. 2)이다. 따라서 커뮤니케이션 과정에 대한 연구가 저널리즘, 심리학, 경영학, 정보과학, 정치학, 교육학 등 다양한 분야에 영향을 미쳤다는 사실이 그리 놀라운 일은 아니며, 이러한 폭넓은 적용을 통해 커뮤니케이션이론의 범위 및 커뮤니케이션이 얼마나 복잡한 인간의 활동인가에 대해 알 수 있다. 커뮤니케이션에는 생물학적 체계, 인지 체계, 사회심리학적 체계 등이 활용된다. 커뮤니케이션은 개인 간의 사적인 상호작용 이상이며, 집단 간 혹은 큰 규모의 대중 간의 (때로는 공적인) 상호작용을 포함한다. 교수설계자들은 구두나 문서 혹은 매체를 매개로 하는 다양한 형태의 커뮤니케이션에 관심을 가진다. 지연된 혹은 즉각적인 커뮤니케이션 역시 관심의 대상이다.

커뮤니케이션 과정과 관련된 다양한 개념적 모형 및 이론이 제시되고 있는데, 언어학 이론, 인간의 언어 발달에 대한 모형 등이 그 예다. 설득 및 그 적용에 대한 연구, 대중매체 분야 역시 고유의 모형과 이론을 보유하고 있다. 우리는 커뮤니케이션이 수업의 설계와 전달에 영향을 미치기 때문에 이에 대해 주의를 기울인다. 그러나 이렇듯 제한된 범위에도 불구하고 커뮤니케이션 및 이와 관련된 이론은 매우 다양한 주제와 관점을 아우르는데, 이 장에서는 다음과 같은 내용에 대해 살펴보고자 한다.

- 대표적인 정의, 모형, 커뮤니케이션에 대한 개요
- 교수설계와 관련된 전통적 커뮤니케이션이론 및 최신 이론의 적용
- 교수설계 지식기반의 한 부분으로서 커뮤니케이션이론의 실증적 기초

1. 커뮤니케이션에 대한 대안적 관점

커뮤니케이션 과정의 복잡성을 감안하면 커뮤니케이션이라는 용어의 정의(또는 관련 이론)가 계속해서 변화해 왔다는 것은 어찌 보면 당연한 일이다. Littlejohn(1989)은 이와 관련한 다양한 시각을 전달적 관점(transmissional perspective), 행동적 관점(behavioral perspective), 상호작용적 관점(interactional perspective), 교류적 관점(transactional perspective)의 네 가지로 구분하여 설명하였다. 다른 학자들이 조금씩 상이한 의견을 제안하기는 하지만, 커뮤니케이션에 대한 정의 및 이를 바탕으로 하는 모형 간에 근본적인 차이가 있다는 점에는 모두 동의한다. 커뮤니케이션에 대한 정의 및 관련 모형을 살펴보기 위해 여기서는 Littlejohn이 구조화한 방식을 활용하고자 한다.

1) 전달을 강조하는 관점

1951년에 Miller는 "커뮤니케이션은 정보를 한곳에서 다른 곳으로 전달하는 것"(p. 6)이라고 정의하였는데, 이 정의에서 도출된 이론은 정보를 전달하는 과정을 설명하고자 하였다. 이러한 관점은 대부분 Shannon과 Weaver(1949)의 기념비적인 연구를 기초로 하고 있다. Shannon은 디지털 정보처리 과정을 반영하는 커뮤니케이션의 수학적 모형(mathematical theory of communication)을 고안하였으며, Weaver는 이 이론이 어떻게 적용될 수 있는지에 대한 상세한 안내를 인간의 커뮤니케이션에 관심을 가지고 있는 다양한 분야의 사람들에게 제공하였다. Shannon-Weaver 모형의 원본이 [그림 3-1]에 제시되어 있다.

이 모델은 커뮤니케이션 체제로서 제안되었으며, 그 당시의 일반체제이론(General Systems Theory: GST)에 대한 관심을 반영하고 있다. 커뮤니케이션의 기본 절차는 정보원(사람 혹은 좀 더 정확히 표현하면 사람의 뇌)이 메시지를 선택하고, 이를 신호로 변형하여 특정 커뮤니케이션 채널을 통해 이를 전송하는 것이다. 이와 같은 전달 과정에서 메시지가 최종 목적지(예: 수신자의 뇌)에 도달하여 의미가 해석되기 전에 잡음이 방해 요인으로 작용

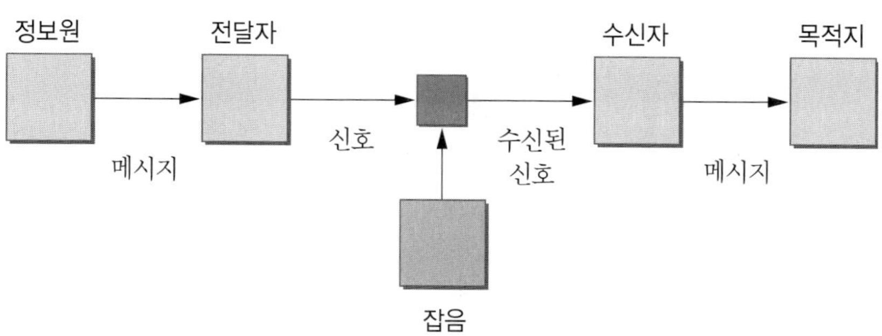

[그림 3-1] 커뮤니케이션의 수학적 모형

* 출처: *The Mathematical Theory of Communication* by C. E. Shannon & W. Weaver, 1949, p. 7의 내용을 승인하에 사용하였음. Copyright 1949 by The University of Illinois Press.

하여 메시지를 왜곡할 수 있다.

Richey(1986)는 교수설계자에게 유용한 메시지 전달 모형을 [그림 3-2]와 같이 제안하였다. 정보원은 교사, 교재, 웹사이트 등 다양할 수 있다. 어떠한 경우든 정보원은 문화, 경험 및 이로 인해 생성된 태도와 적성 등의 혼합체로 간주되어야 한다. 채널은 일반적으로 청각과 시각이 활용되며, 교수설계자는 채널을 메시지 전송을 위한 수단으로 본다. 잡음은 메시지를 방해하는 것이라면 모두 포함되는데, 예를 들면 소리, 혼동되는 이미지, 심지어 주제와 관련하여 상반되는 가치 등이 있다. 잡음이라고 해서 언제나 청각적 요소일 필요는 없다. 시각적인 것 혹은 문화적인 것 역시 잡음이 될 수 있다.

전달 과정은 표면적으로는 매우 단순하다. 커뮤니케이션은 선형적인 과정을 거치게 되며, 이때 상호작용은 송신자와 수신자가 서로의 역할을 바꾸는 것으로 설명할 수 있다. 일단 메시지를 수신하여 이를 (아마도 원래 의도했던 방향으로) 이해하고 나면, 수신자는 이번에는 송신자가 되어 또 다른 메시지를 원래의 정보원에게 보낸다. Weaver에 따르면, 이 과정은 문서,

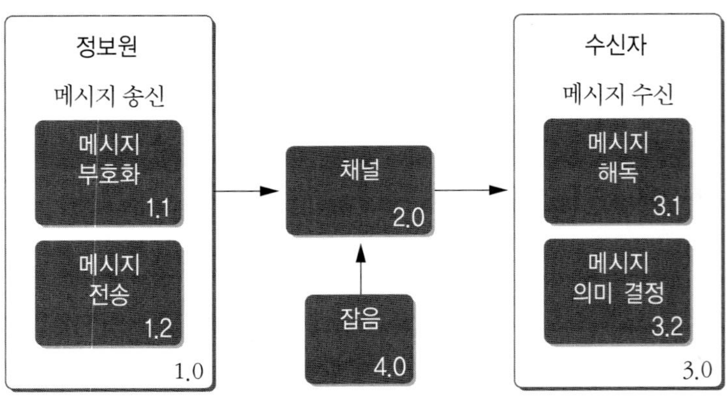

[그림 3-2] 메시지 전달 모형

* 출처: *The Theoretical and Conceptual Bases of Instructional Design* by R. Richey, 1986, p. 44의 내용을 승인하에 사용하였음. Copyright 1986 by Rita C. Richey.

구두, 음악, 시각, 심지어 예술 등 모든 형태의 커뮤니케이션에 적용할 수 있다. 이러한 해석은 커뮤니케이션을 "한 사람이 다른 사람에게 영향을 미치는 모든 절차"(Shannon & Weaver, 1949, p. 2)로 보는 Weaver의 관점을 반영한다.

그러나 Weaver는 다음과 같은 세 가지의 중요한, 때로는 중복되기도 하는 문제를 제기하였다. 첫째, 신호가 메시지를 얼마나 정확하게 전송하는가와 관련한 기술적 문제, 둘째 원래 메시지가 지니고 있는 본질을 언어가 얼마나 정확히 담아내는가와 관련한 의미론적 문제, 셋째 메시지가 원래 의도했던 효과를 발휘하는가와 관련한 효과성 문제가 그것이다. 이들은 커뮤니케이션과 관련한 하위 이론이 주요 관심을 가지는 사항이다.

다른 이론가들은 모형의 선형적 특성 및 수신된 메시지가 원래 발송되었을 당시와 동일해야만 커뮤니케이션이 효과적으로 일어났다고 보는 전제에 문제가 있다고 보았다. Heath와 Bryant(2000)는 이 과정을 다음과 같이 기술하였다. "정보원은 정보 및 기타 영향력을 수신자의 마음에 '주입'한다…… 메시지는 어떤 아이디어를 수신자의 뇌에 옮겨 놓거나 삽입하는(총알과 유사한) 의미의 '덩어리(lump)'다"(pp. 46-47). 전달 모형에 대한 이러한 반응은 커뮤니케이션에 대한 또 다른 정의 및 모형의 개발을 이끌어 냈다.

2) 행동을 강조하는 관점

커뮤니케이션의 전달 모형에 대한 대안으로서 처음 제안된 것은 행동적 모형이었다. 커뮤니케이션에 대한 행동적 관점은 여러 측면에서 전달적 관점과 유사하다. 행동적 관점은 커뮤니케이션을 기본적으로 자극-반응(S-R) 상황으로 설명하였으며, 이때 송신자는 수신자 내부의 '의미'(예: 반응)를 자극한다(Heath & Bryant, 2000). 교육과 가장 밀접한 관련이 있는 모형은

Berlo(1960)의 '송신자-메시지-채널-수신자(Sender-Message-Channel-Receiver: S-M-C-R)' 모형이며, 〈표 3-1〉에 요약되어 있다.

S-M-C-R 모형을 보면 Shannon-Weaver의 전달 모형이 연상되지만, 여기서 메시지는 송신자 자체라기보다 자극(stimulus)을 의미한다. 메시지는 커뮤니케이션 과정에서 중심적인 역할을 수행한다. 교육자 및 교수설계자에게 있어 메시지는 구두 메시지뿐 아니라 교수 처방에 내재되어 있는 문자 혹은 시각 메시지도 포괄한다. 반응은 "개인이 자극을 인지한 결과로 수행하게 되는 모든 것"(Berlo, 1960, p. 75)을 의미한다. 송신자와 수신자 모두 그들이 가지고 있는 배경, 기술, 태도 등에 따라 이해된다.

전달 모형에 대한 교수설계적 관점과 유사하게, 행동적 모형에서의 채널 역시 메시지 전달을 위한 수단이다. 채널은 S-M-C-R 모형에서 매우 중요한 위치를 차지하는데, Berlo는 이를 물리적 전송기로 간주했던 Shannon-Weaver와는 다르게 해석하였다. Berlo에 의하면 "채널은 더 이상 사물이 아니며, 메시지 해독에 사용되는 인간의 감각이라는 시각으로 보아야 한다"(Januszewski, 2001, p. 30).

피드백은 행동적 모형을 전달적 모형과 차별화시켜 주는 필수적 요소다. Berlo의 S-M-C-R 모형에서 수신자에 의한 피드백은 메시지가 어떻게 이해되었는지를 명확히 해 준다. Berlo는 학습을 자극-반응의 과정으로 보

〈표 3-1〉 Berlo의 커뮤니케이션 모형의 개요

커뮤니케이션의 주요 요소 및 하위 요소			
정보원(Source)	메시지(Message)	채널(Channel)	수신자(Receiver)
• 커뮤니케이션 기술 • 태도 • 지식 • 사회체제 • 문화	• 내용 요소 • 처치 요소 • 코드(code) 구조	• 시각 • 청각 • 촉각 • 후각 • 미각	• 커뮤니케이션 기술 • 태도 • 지식 • 사회체제 • 문화

았는데, 여기에는 자극 및 반응의 결과(예: 반응에 대한 보상이 주어졌는지의 여부)를 해석하는 활동이 포함된다.

행동적 관점의 영향을 받은 또 다른 모형으로는 Westley와 MacLean (1955)의 모형이 있다. 이들은 커뮤니케이터(예: 송신자)가 물리적으로 보이지 않는 상황에서의 커뮤니케이션 연구 모형을 개발하고자 하였는데, 매스 커뮤니케이션이 바로 전형적인 예가 된다. 교육자들은 종종 매스 커뮤니케이션 상황에 관심을 가지는데, 그 이유는 교수적 메시지가 교사 등의 커뮤니케이터뿐 아니라 교과서 및 기타 교수 자료 등의 정보 게이트키퍼(gatekeeper)에 의해서 전달되기 때문이다. Westley와 MacLean이 개발한 네 가지의 자극-반응 커뮤니케이션 모형 가운데 가장 복잡한 모형이 [그림 3-3]에 제시되어 있다.

이 모형 역시 교수설계자의 관점에서 이해할 수 있다. 메시지(x′와 x″)는 특정 사물이나 사태(X_1–X_∞)에 대하여 수신자(혹은 학습자)인 B에게 전달되며, 사태(event)는 잠재되어 있는 교수 내용을 표상한다. 이들 메시지는 A, 즉 교사나 교수 자료의 저자와 같은 기본적인 커뮤니케이터 혹은 C, 즉 교

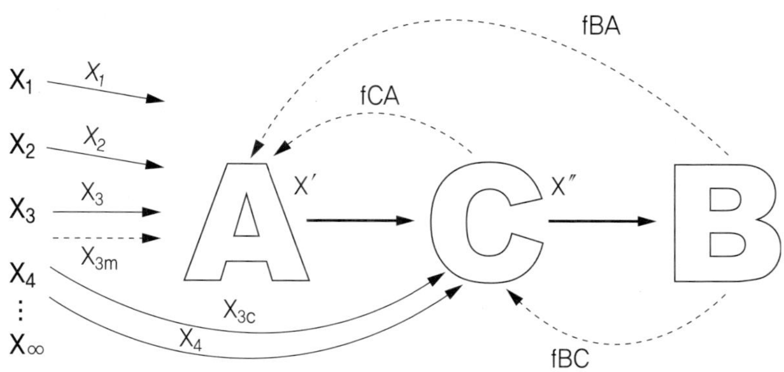

[그림 3-3] Westley와 MacLean의 자극-반응 커뮤니케이션 모형

* 출처: "A Conceptual Model for Communications Research" by B. H. Westley & M. S. MacLean, 1955, *Audio Visual Communications Review*, *3*(1), p. 9의 내용을 승인하에 사용하였음. Copyright 1955 by the Association for Educational Communications and Technology.

수 자료나 매체를 활용한 이차적 정보원으로부터 나온다. 수신자는 원래의 커뮤니케이터에게 피드백을 줄 수 있으며(fBA), 정보 게이트키퍼에게 피드백을 줄 수도 있다(fBC). 혹은 정보원이 원래의 커뮤니케이터에게 피드백을 주는 것도 가능하다(fCA).

이러한 행동적 커뮤니케이션 모형은 전달적 커뮤니케이션 모형에 비해 좀 더 과정 지향적인 반면 선형적인 측면은 덜하다. 그러나 엄밀히 말하면 상호작용적이지는 않다. 여전히 이른바 직접 효과 모형(direct effects models)에 해당하며, 상호작용적인 커뮤니케이션 과정에 대한 기술은 부족한 편이다.

3) 상호작용을 강조하는 관점

George Gerbner는 본래 교육공학자로서의 교육을 받은 커뮤니케이션 학자다. 그는 커뮤니케이션을 "메시지를 통한 상호작용"(Heath & Bryant, 2000, p. 47 재인용)이라고 보았다. 이러한 해석에 의하면 메시지는 여전히 커뮤니케이션 과정에서 주도적인 역할을 수행하는 것으로 보이지만, 정보를 한곳에서 다른 곳으로 단순히 전달하는 것은 더 이상 강조되지 않고 있다. 커뮤니케이션은 사회적 과정이며, 이는 기존의 전달적 모형과 행동적 모형을 기계적인 과정으로 보던 인식에 반대되는 관점이다.

초기의 상호작용적 커뮤니케이션 모형 가운데 하나가 바로 Schramm (1954)의 모형이다. Schramm의 모형은 커뮤니케이션을 "정보, 아이디어 혹은 태도를 공유함으로써…… 다른 사람과 '공통점(commonness)'을 만들어 나가기 위한 노력"(p. 3)으로 보았다. Schramm의 모형에 포함되어 있는 요소 중 상당수가 이미 앞서 살펴본 내용과 유사하기는 하지만(예: 정보원, 메시지), 이 모형에서 커뮤니케이션은 상호작용적일 뿐 아니라 송신자와 수신자가 실질적으로 동시에 작동한다. [그림 3-4]에 이러한 특성이

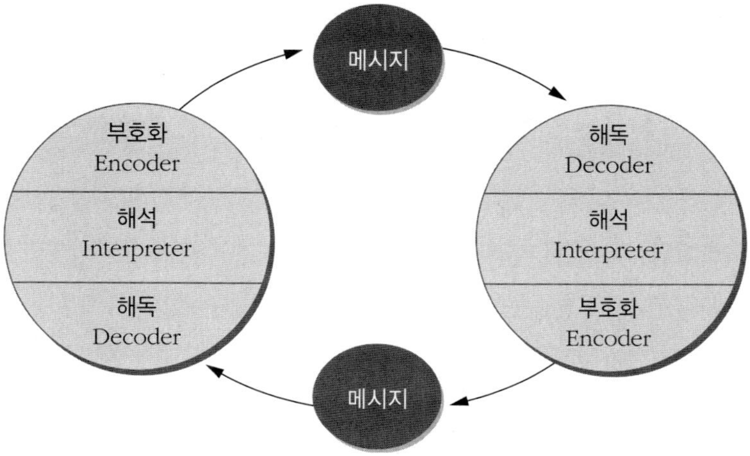

[그림 3-4] Schramm의 상호작용적 커뮤니케이션 모형

* 출처: *Human Communication Theory and Research: Concepts, Contexts, and Challenges* (2nd ed.) by R. L. J. Heath & Bryant, 2000, p. 66의 내용을 승인하에 사용하였음. Copyright 2000 by Lawrence Erlbaum Associates Publishers.

제시되어 있다.

이러한 시각에서 보면 커뮤니케이션은 비선형적이며 자극-반응을 지향하지 않는다. 오히려 두 집단 간의 상호적 반응 이상의 것이며, 지속적인 동시에 역동적인 과정이고, 피드백이라는 또 다른 과정 중에 발생한다. Schramm의 모형은 메시지가 개개인의 배경 특성이나 특정 상황에 대한 이해를 바탕으로 해석된다는 점을 시사한다. 물론 피드백은 메시지를 수신한 사람으로부터 나오는 것이며, 언어 표현, 얼굴 표정이나 행동 등의 다양한 형태를 취할 수 있다. 그러나 송신자는 메시지 자체로부터 피드백을 받을 수도 있다. 메시지를 소리로 들을 때가 그 예에 해당되는데, 이 경우 메시지에 대한 즉각적인 수정이 이루어지기도 한다.

여러 개의 메시지를 동시에 보내는 커뮤니케이션의 경우 하나가 아닌 복수의 커뮤니케이션 채널이 활용된다. 예를 들어, 소리, 인쇄 자료, 언어 표현을 동시에 사용해서 메시지를 보내는 것이다.

마지막으로, 메시지는 단순히 해독되는 것이 아니라 해석되는 것이다. 따라서 Schramm의 모형에 의하면 메시지는 자신의 배경과 특정 상황에 대한 이해를 바탕으로 개개인에 의해 이해된다.

4) 교류를 강조하는 관점

상호작용적 관점이 사회적 측면을 강조하기는 하지만, 몇몇 학자는 커뮤니케이션에서 의미를 결정하는 것이 해석의 과정이 아니라 적극적으로 참여하는 사람들 간의 의미 공유 및 창출 과정이라고 보았다. 이를 교류적 관점이라고 하며, 이러한 맥락에서 커뮤니케이션은 그 과정에 참여하는 사람들이 현재 처해 있는 상황, 문화적 배경, 이전에 경험한 것에 의해 더 크게 좌우된다.

Campos(2007)는 이 분류에 해당하는 새로운 커뮤니케이션에 대한 견해를 제안하였다. Campos에 의하면 커뮤니케이션은 "자기 자신과 외부 세계를 이해할 수 있도록 도와주는 생물학적 기제"(p. 396)다. 이 정의는 앞서 살펴보았던 모형과 매우 상이한 방향성을 보여 준다. 본질적으로 커뮤니케이션은 의미를 (전달하는 것이 아니라) 창출하는 것이며, 이는 지식 그 자체가 "맥락적으로 상황화"(p. 387)되는 것과 유사하다.

Campos의 모형은 Jean Piaget, Jean-Blaise Grize, Jürgen Habermas라는 세 명의 대학자에게서 영향을 받았다. Piaget에게 있어 커뮤니케이션은 가치를 나누는 것이었다. 이와 유사하게 Grize는 커뮤니케이션을 스키마화하는 과정(schematization process)이라고 보았으며, 이 과정은 "대화자가 자신의 세계와 서로의 세계를 해석하는 것을 도와주는 의미의 구성 및 재구성의 점진적 과정"(Campos, 2007, p. 392 재인용)이다. Habermas의 사회적 협력 모델은 이러한 이론적 기저를 완성하였다. 이 관점은 누구나 자신을 스스로가 속해 있는 사회체제와 연결지어야 한다는 것을 제안

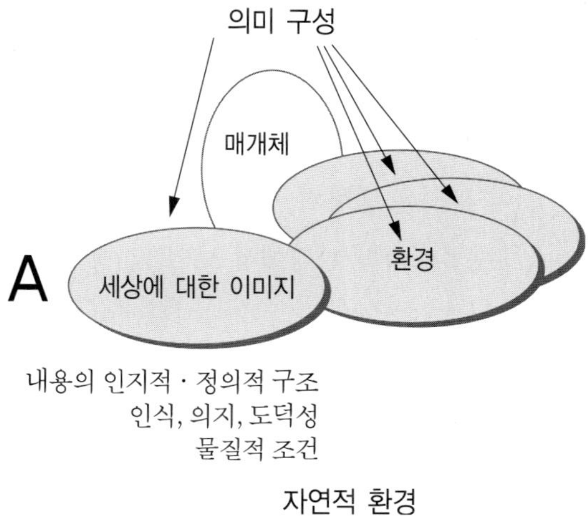

[그림 3-5] Campos의 의미의 생태학 커뮤니케이션 모형

* 출처: "Ecology of Meanings: A Critical Constructivist Communication Model" by M. N. Campos, 2007, *Communication Theory, 17*(4), p. 398의 내용을 승인하에 사용하였음. Copyright 2007 by Wiley-Blackwell, Inc.

하였다. 커뮤니케이션은 자신의 주관적 경험에 의해 좌우되며, 자신이 가지고 있는 "세상에 대한 이미지(images of the world)" (Campos, 2007, p. 395) 역시 경제적 · 정치적 상황의 영향을 받는다.

Campos의 의미의 생태학(Ecology of Meanings) 모형에서 커뮤니케이션은 참여자의 정신 작용(mental operations) 및 심상(mental images)과 서로 얽혀 있다. 의미는 세계와 사회적 환경에 대한 상호적 이해를 통해 구성되는데, 이에 대한 내용은 [그림 3-5]에 제시되어 있다.

여기서 커뮤니케이션 파트너는 Habermas의 "세상에 대한 이미지"를 함께 구성하게 되며, 이렇게 구성된 이미지는 개개인의 "의미 구성(configurations of meanings)"에 스며들 수 있다. 이와 같은 의미 구성은 Grize가 이야기한 스키마화 과정을 통해 일어난다. 또한 의미 구성은 평생에 걸친 경험을 통해 구축되며, 정의적 · 도덕적 가치, 정치적 · 경제적 제약, 지배적인 사회적 · 문화적 가정 등 자신이 속해 있는 환경의 다양한 측면을 반영한다.

그렇다면 커뮤니케이션은 개인화되고 맥락화된 지식을 다른 사람들과 협력하여 구성하는 것이 된다(이러한 접근은 제8장에서 논의될 구성주의적 설계이론과 유사하다). 이 과정은 대화의 과정 혹은 매개체(mediating object)를 통해 발생한다. 교수설계자의 관점에서 보면, 전형적인 매개체의 예로 영화, 텔레비전, 웹사이트 혹은 컴퓨터 기반 시뮬레이션 등을 들 수 있다. 그러나 이러한 매개체는 커뮤니케이션 과정에 참여하는 파트너의 의도, 의미, 견해를 반영하기도 한다.

5) 커뮤니케이션이론의 철학적 지향점

커뮤니케이션 과정에 대해 어떤 사람이 가지고 있는 시각은 지식의 본질에 대한 신념에 의한 것이라 할 수 있다(Littlejohn, 1989). 따라서 이상에서 알아본 커뮤니케이션 모형들은 부분적으로는 서로 다른 철학적 기반을 가지고 있다. 일반적으로 커뮤니케이션에 대한 네 가지 접근을 두 부류의 철학적 사고와 관련지어 설명할 수 있다. 먼저 전달적 관점과 행동적 관점은 경험주의와 합리주의로 설명이 가능하다. Littlejohn(1989)은 이를 "세계관 I(World View I)"이라고 명명하였는데, 이는 데이터를 바탕으로 하는 일반화로 정의한다. 한편 상호작용적 관점과 교류적 관점은 인본주의와 구성주의로 설명이 가능하며, Littlejohn에 의하면 이는 "세계관 II(World View II)"로 명명된다. 즉, 개개인이 상호작용하는 맥락에 부응하기 위해 세계는 지속적으로 변한다는 주장이다. 경험주의, 합리주의, 인본주의, 구성주의와 같은 서로 다른 철학은 상당 부분 연속선상에 놓여 있다. 지식 생성 및 의미화는 매우 외적인 과정이라는 견해부터 매우 내적인 과정이라는 견해까지 존재한다. 마찬가지로 진리는 보편적이라는 견해부터 개개인과 관련지을 때만 의미가 있다는 견해 역시 존재한다.

(1) 경험주의, 합리주의 그리고 커뮤니케이션

경험주의자들은 지식을 인간의 외부에 존재하는 것으로 본다. 그들에게 지식은 인간의 오감과 객관적인 관찰을 바탕으로 하는 경험을 통해 발견된다. 지식은 검증되지 않은 가정, 예측 혹은 선입견으로부터 유도해 낼 수 없다. 이러한 신념을 지키기 위해 경험주의자들은 데이터 및 통제된 환경에서의 연구에 의존하여 새로운 지식을 만들어 냈다. 실재(reality)는 훈련받은 관찰자에게서 명확하게 드러난다. 대부분의 과학적 연구는 이와 같은 객관주의적 시각에 부합하는 방식으로 수행된다.

경험주의자들 내에서 다양한 진영을 분류하는 이슈 중 하나는 사전 정보의 역할(혹은 사전 정보의 존재 여부)이다. 인간의 마음은 경험이 누적되면서 비로소 활발해지는 비어 있는 석판인가, 아니면 경험하는 데 있어 적극적인 참여자인가? 보다 극단적인 경험주의자들은 전자의 입장을 취할 것이며, 다른 경험주의자들은 인간의 마음이 적극적이기는 하나 "경험하고자 하는 의지 없이는 진리를 이해할 수 없다."(Brown, 2005, p. 244)라고 주장할 것이다.

경험주의자들과 관련이 있기는 하나, 합리주의자들은 지식의 창출 과정에 있어서 (감각 경험과 대비되는) 추론의 역할을 강조한다. 결과적으로 지식은 과학적 활동보다는 지적인 활동을 통해 창출될 수 있다. 그러나 이러한 지식을 의견과 혼동해서는 안 된다. 의견은 일반적으로 데이터 혹은 주의 깊게 개발된 논리에 의해 지지되지 않는다. 합리주의자들의 주장에 의하면 모든 명제가 실증적으로 검증되는 것은 아니며, 명제에 대한 증명은 추론에 따라 좌우된다. 아인슈타인이 상대성 이론을 수학적으로 개발한 것이 이러한 과학적 추론의 한 예다. 그는 이 과정을 '사고 실험(thought experiments)'으로 간주하였다.

경험주의자들과 유사하게, 합리주의자들은 지식을 개인의 외부에 존재하는 것으로 간주하며, 진리는 보편적이고 입증 가능하다고 믿는다. 의미화 과정에서 마음의 역할이 무엇인가에 대한 견해에 있어서는 경험주의자와 합리주의자를 구분하는 경계가 불분명해진다. 중도적인 경험주의자들과 중도적인 합리주의자들은 의미화 과정에서 마음이 적극적인 역할을 한다는 믿음을 공유한다. 그러나 경험주의자들은 선험적 진리는 없다고 말할 것이다. 양측 모두 지식의 발달을 설명하거나 존재하는 지식을 타당화하기 위해 사용할 수 있다.

커뮤니케이션에 대한 전달적 관점과 행동적 관점은 명백히 '경험주의-합리주의' 영역에 해당된다. 지식 발달의 관점에서 보면, Shannon-Weaver, Berlo, Westley-MacLean 모형은 과학적 추론을 통해 개발되었으며, 실증적 연구를 통해 검증되었다. 지식의 타당화 관점에서 보면 이들 모형은 모두 수신자 이론을 고려하였다. 다시 말하면, 이들은 커뮤니케이션이 수신자에 의해 감지되는(예: 경험되는) 메시지에 따라 좌우된다고 보았다. 더욱이 이들 각각의 커뮤니케이션 모형의 철학적 가정은 바로 진리는 메시지가 원래 의도했던 대로 수신되는 정도에 달려 있다는 것이다.

(2) 인본주의, 구성주의 그리고 커뮤니케이션

Schramm과 Campos에 의해 각각 구체화된 상호작용적 관점과 교류적 관점은 매우 상이한 지향점을 가지고 있다. 그러나 이 두 모형은 철학적인 연속선상에서 해석될 수 있는데, Schramm의 모형은 여전히 경험주의와 합리주의의 요소를 반영하는 반면 Campos의 모형은 순수한 인본주의와 구성주의적 견해를 보여 주고 있다.

대체적으로 인본주의는 인간 개개인 및 그들의 안녕과 행복에 대한 이슈를 강조한다. 역사적으로 인본주의는 종교와 과학 간의 분리를 의미했으나, 오늘날 인본주의자들은 인간의 감정과 느낌을 강조하는 경향이 있다. 인본주의자들은 "인간의 문제를 해결하기 위한 이성, 과학, 민주주의 등의 방법"(Lamont, 1984, p. 147)에 의존한다. 이들은 표면적으로는 합리주의자들과 유사해 보인다. 그러나 인본주의자들은 추론의 중요성을 기꺼이 받아들이는 데 반해 "이성이 도덕성의 기초를 제공한다는 점을 수용하지 않으며, 대신에 느낌이나 감정에 호소하려고 한다"(Lacey, 2005, p. 402).

Schramm의 커뮤니케이션 모형은 메시지의 전달보다는 공유를 강조하는 사회적 모형이며, 활동보다는 상호작용을 강조한다(Schramm, 1971). Schramm은 모든 사람들이 동시에 참여하고 활동하는 것과 개개인이 메시지를 해석하는 것의 중요성을 강조하였다. 따라서 지식은 실증주의자들이 제안하는 것처럼 사실에 대한 이해로부터가 아니라 해석으로부터 발생하는 것이다. Schramm의 모형은 그 개발 과정과 관련하여 합리주의의 요소 역시 반영하고 있다. 그러나 지식의 타당화와 관련해서는 본질적으로 인본주의와 더 가깝다. 한편 구성주의의 요소 또한 가지고 있다.

구성주의[1]는 지식 발달의 과정에 있어 특히 중요한 철학적 관점이다. 이는 단순히 개인을 강조하는 것 이상이며, 개개인마다 지식이 다르게 구성된다고 가정한다. 지식은 (그리고 좀 더 확대해 보면 진리 및 실재는) 개인의 내부에 존재한다. 따라서 당연히 상황적이며, 그 사람이 속해 있는 맥락을 반영한다. 보편타당한 진리나 실재에 대한 똑같은 이해란 존재하지 않는다(Duffy & Jonassen, 1992).

환경이나 사회가 지식의 발달 과정에 영향을 미치는 정도에 대해서는 논의의 여지가 있다. 급진적 구성주의자들에게 있어 의미화란 전적으로 개인의 견해와 경험에 따라 작동하는 것인 반면, 사회적 구성주의자들은 맥락의 중요성을 강조한다(Fox, 2008). 어떤 사람들은 이러한 두 가지 시각이

---

1) 우리는 여기서 구성주의를 철학으로 간주한다. 이에 대해서는 관련 문헌을 통해 다양한 입장이 제기된다. 어떤 연구자들은 구성주의를 학습이론으로 간주하며, 이는 '인지적 구성주의'라고 불리기도 한다. 또 다른 사람들은 구성주의를 교수 방법론이나 교수-학습 과정에 대한 접근으로 본다. 이러한 견해들은 매우 밀접하게 관련되어 있다. 지식의 발달에 대한 구성주의의 인식론적인 강조 때문에 혼동이 있을 수도 있으나, 구성주의적 철학은 많은 분야에서 연구의 기초가 되는 보편적 신념이다.

상호 보완적이라고 보기도 한다(Cobb, 1994). 한편 지식의 발달이 개인적인 활동이기는 하지만, 주로 문화화(enculturation)와 관련된 문제라는 견해도 존재한다(Duffy & Cunningham, 1996).

Campos의 커뮤니케이션 모형은 구성주의적 철학을 직접적으로 반영하고 있다. 이 모형은 메시지 수신과 메시지 해석의 역할에 대한 강조를 멀리하고 있으며, 그 대신 의미(그리고 그 사람이 실재에 대해 가지고 있는 견해)가 개인 혹은 커뮤니케이션 과정에 참여하는 다른 사람과의 협력을 통해 구성된다고 보았다. 궁극적으로 의미는 그 사람이 세계에 대해서 가지고 있는 견해의 일부분이 된다. 결국 이 모형은 환경이 미치는 폭넓은 영향을 강조하고 있다. 송신자, 수신자, 채널, 잡음 등 기존의 모형에 포함되어 있는 전통적 요소 중 상당수를 인정하지 않은 셈이다. 심지어 매개체조차 기존 모형에서의 전달 체계와는 다른 역할, 즉 의미의 형성을 도와주는 렌즈(lens) 역할을 수행한다.

2. 커뮤니케이션이론과 교수설계

모든 수업은 결국 커뮤니케이션 문제다. 교사가 구두로 전달하든, 책이나 다른 자료를 활용하여 문자나 시각언어로 전달하든, 혹은 다양한 형태의 미디어를 활용하든 마찬가지다. 이 절에서는 커뮤니케이션이론과 모형이 수업 설계에 미치는 영향에 대해서 알아보고자 한다. 커뮤니케이션이론을 교수설계에 적용하는 것은 메시지 설계 영역, 즉 "메시지의 물리적 형태의 조작에 대한 계획"(Grabowski, 1996, p. 226)에서 가장 일반적이다. 메시지 설계와 관련한 기법이나 이슈는 새로운 테크놀로지의 발달과 함께 지속적으로 변화해 왔다. 컴퓨터 기반 수업과 웹기반 수업의 발전이 이를 명확히 보여 주고 있다. 이 절에서는 수업 메시지 설계에 있어서 커뮤니케이션 관련 요소가 수행하는 역할에 대해서 논의할 것이다.

- 문자언어와 시각언어의 역할 및 의미화에 미치는 영향
- 채널이 효과적인 교수 커뮤니케이션에 미치는 영향
- 주의를 획득하는 메시지의 특징

1) 언어의 역할

"언어(language)는 사고와 학습의 기본이다"(Spector, 2008, p. 24). 그러나 언어는 말하는 데 기초가 되는 것, 그 이상의 다양한 측면을 가지고 있는 개념이다. Pettersson(1989)은 언어를, ① 말(spoken), 문자언어(written), 시각언어(visual), ② 구어(verbal)와 회화적 언어(pictorial), ③ 구어(말, 문자언어, 시각언어 포함)와 비구어(nonverbal, 소리, 시각 등)와 같이 다양하게 범주화하였다. 그러나 교수설계자는 이 가운데 문자언어 및 시각언어로 표현되는 교수 메시지에 가장 큰 관심을 가진다. 언어는 대부분의 커뮤니케이션 모형에서 메시지 부호화, 메시지 구조, 메시지 해석 등과 관련하여 중요한 요소로 언급되고 있다. 언어는 전달 모형, 행동 모형, 상호작용적 모형에서 떼어 낼 수 없는 부분이며, 심지어 교류 모형 역시 언어에 의존한다.

(1) 문자언어(written language)

교수 메시지는 단어와 문장을 사용하여 부호화되고 조직화된다. 언어의 어휘 및 문법은 문화의 영향을 받는 것으로 간주된다. 어휘는 문화, 개인의 경험, 메시지를 보내는 사람이 가지고 있는 가치관의 영향을 받으며, 심지어 문법도 메시지를 받는 사람이 메시지 표면의 잡음을 걸어 내고 실제 내용을 이해할 수 있도록 도와주는 구조를 지니고 있다(Campbell, 1982).

그러나 인간의 마음은 잘 조직화된 메시지를 더 빠르게 처리할 수 있다. Campbell(1982)에 따르면 다음과 같다.

> 정보는 질서 정연하게 정리되었을 때, 패턴이나 구조가 훌륭할 때, 서로 관련이 있을 때, 충분한 반복이 있을 때 더 쉽게 기억된다. 어수선하고 구조가 없는 정보는 잊히기 쉽다. (p. 214)

따라서 좋은 교수설계자들은 대부분 좋은 작가다. 이는 곧 종속절이 딸려 있는 긴 문장, 수동태, 추상적 표현, 예시가 없는 설명 등을 가능한 한 피해야 한다는 의미다(Hartley, 2004).

문자가 인쇄되고 나면(일반적으로 교수 메시지가 그렇듯이) 새로운 이슈가 등장한다. Hartley(2004)는 학습자가 인쇄된 문자를 더 잘 이해하도록 촉진하기 위한 텍스트 디자인과 관련된 연구를 수행하였으며, 그 결과를 바탕으로 가이드라인을 정리하였다. 여기에는 페이지 및 글자 크기, 서체, 대·소문자 및 이탤릭 등 강조체의 사용, 행간 등과 관련된 내용이 포함되어 있다. 최근에는 워드프로세서 프로그램 등이 이와 같은 텍스트 디자인 기능을 다양하게 제공하고 있으며, 이는 커뮤니케이션에 큰 영향을 미쳤다. 그러나 텍스트 디자인은 문자언어뿐 아니라 메시지의 시각적 측면과 관련된 이슈 역시 포괄한다.

(2) 시각언어(visual language)

이미지와 시각 메시지 역시 언어의 한 형태지만, 이들은 인지를 기반으로 하는 언어이며 "문자언어로부터 선형적 논리가 작동하기 이전에 우리에게 직접적인 영향을 미치고 본능과 감정을 수반한다"(Barry, 1997, p. 116). 시각언어는 형태에 있어서 설명적이고, 그 특성은 동시적이며 함축적이다(Seels, 1994). 문자언어와 같이 시각언어 역시 조직화를 위한 원리로 구성된 문법을 가지고 있다.

이러한 원리는 대부분 게슈탈트 이론에서 유래된다(상세한 내용은 제4장 참조). 여기서는 몇 가지 중요한 것들만 언급하고자 한다. 우리는 시각 자료에서 지배적인 요소에 주의를 기울이며, 세세한 것에 대해서는 대부분 관심을 기울이지 않는다. 유사한 이미지들은 그룹으로 묶으려는 경향이 있고, 이 이미지들 간의 관계와 패턴을 인식한다. 불완전한 형태의 이미지는 완전히 폐쇄된, 그리고 일관된 것으로 인지된다. 또한 우리는 보고자 하는 것을 보는데, 이때 과거에 경험했던 것이 바탕이 된다(Barry, 1997).

교수설계자들은 커뮤니케이션 도구로서, 더 나아가 학습도구로서 시각 자료에 크게 의존한다. 왜냐하면 그림이 단어보다 더 쉽게 기억된다는 점에 동의하기 때문이다. 어떤 시각 자료는 미적인 이유 혹은 오락적인 이유 때문에 사용되기도 하며, 혹은 학습자로 하여금 수업의 특정 부분에 관심을 가지도록 하기 위한 목적도 있다. 그러나 대부분의 교수설계자들은 특정 정보를 전달하기 위해 시각 자료를 활용하는데, 이 과정에 영향을 미치는 요소는 매우 다양하다.

예를 들어, 시각 자료의 충실도(fidelity)는 정확한 정보를 전달하는 데 있어 중요한 요소로 간주되어 왔다. 일반적으로 더 사실적인 시각 자료가 더 상세하다. 따라서 사진은 단순한 흑백 선화(line drawing)보다 현실에 더 가깝다. 한편 색상은 내용을 차별화하거나 주요 개념으로 주의를 집중시키기 위한 경우에 효과적이나, 그 이외에는 학습에 별 영향을 미치지 않는 경향이 있다(Fleming, 1987). 시각 자료는 교수 자료의 요소로서뿐만 아니라 교수 메시지 그 자체로 활용할 수 있다.

2) 커뮤니케이션 채널의 역할

Shannon과 Weaver(1949)는 커뮤니케이션 채널의 특성을 소개하였다.

커뮤니케이션이 무엇인지에 대한 시각은 시간이 지남에 따라 변화했으나, 커뮤니케이션 채널의 역할은 멀티미디어 기술이 더욱 복잡해짐에 따라 교수설계자에게 여전히 중요한 요소로 인식된다. 인터넷이 보편화되어 있는 오늘날, 매체를 활용한 커뮤니케이션에는 많은 감각이 사용된다. 복잡한 시각 자료는 많은 경우 애니메이션 및 다양한 색상으로 표현된다. 소리와 문자도 사용된다. 교수설계자들이 직면하는 기초적인 문제는 학습자들이 이러한 동시적 자극을 과연 수용할 수 있는지, 만약 그렇다면 얼마나 많은 양의 정보와 어떠한 형태의 정보를 이와 같은 방식으로 처리 가능한지에 대한 것이다(Moore, Burton, & Myers, 2004).

(1) 단일 채널 및 다중 채널 커뮤니케이션

시청각 교수에 대한 초창기의 관심과 함께 연구자들은 하나 이상의 감각 채널을 통해 정보를 전달함으로써 학습을 촉진할 수 있는가에 대한 이슈를 다루었다. 연구 결과는 확정적이지 않았다. 초기의 학자들은 인간은 정해진 양만큼만 정보를 처리할 수 있으며, 따라서 여러 개의 채널을 활용한 학습은 적은 양의 정보를 다룰 때 혹은 정보가 느린 속도로 전달될 때만 효과적이라고 믿었다. 그러므로 단일 채널을 활용하는 접근을 더 선호하였다(Travers, 1970). 그러나 최근 Moore, Burton 그리고 Myers(2004)는 관련 연구를 검토한 결과 "인간의 정보처리 체계는 용량에 과부하가 걸리기 전까지 다중 채널로서 작동하는 것으로 보이고…… (그리고 그 체제는) 단일 채널 체계로 되돌아가는 것 같다."(p. 998)라는 의견을 제시하였다.

이러한 이슈는 학문적 중요성 이상의 의미를 가진다. 또한 멀티미디어 수업의 활용 및 새로운 상호작용적 테크놀로지의 활용 방법에 있어서도 핵심적인 역할을 한다. 예를 들면, 다양한 방식의 교수적 자극이 어느 정도로 반복되어야 하는지, 학습자가 학습 내용이 제시되는 비율이나 유형을 어느 정도로 스스로 통제할 수 있어야 하는지, 혹은 화면 크기나 시각적 선명도가 미치는 영향은 어느 정도인지, 학습자의 테크놀로지 및 다양한 전달체제 관련 경험이 정보처리에 어느 정도로 영향을 미치는지를 설명해 주기 때문이다. 또한 교수설계자로 하여금 수업의 각 요소가 야기하는 정보 부하가 어느 정도인지를 고려하게끔 해 준다.

(2) 정보 부하

Marsh(1979)에 따르면, 메시지의 정보 부하는 정보 청크(chunk)의 개수와 해당 정보의 상대적 중요성(saliency) 혹은 해당 정보와 관련된 사전 경험의 곱이다. 따라서 단어나 개념의 개수, 문장구조의 복잡성 정도, 내용의 통합성 정도와 같은 요소들은 정보의 부하에 영향을 미친다. 이와 유사하게 그림에 포함되어 있는 상세한 요소들의 개수 혹은 색상이나 움직임의 사용은 커뮤니케이션 채널을 통해 전달되는 정보의 부하를 증가시킨다. 메시지 전달 속도나 메시지 내에 중복되는 요소가 얼마나 많은가 역시 정보 부하에 영향을 준다. 중복적인 요소가 너무 많거나 정보가 너무 빨리 제시되면, 사람이 추리거나 선택해야 하는 자극이 불필요하게 증가하기 때문이다. 반면에 정보의 제시 속도가 지나치게 느리거나 반복되는 요소가 너무 적으면, 오히려 오류나 잘못된 이해를 야기할 수도 있다.

정보 부하는 최근 연구되고 있는 인지 부하라는 개념과 관련이 있다. 정보 부하는 메시지의 구조를 강조하는 반면, 인지 부하는 메시지 구조가 인지적 처리 과정에 미치는 영향을 강조한다. 관련 문헌에 의하면 세 가지 유형의 인지 부하가 있다. 첫 번째 유형인 내재적 부하(intrinsic load)는 교수자료가 가지고 있는 본래의 특성 및 난이도에 따라 달라진다. 두 번째 유형인 외재적 인지 부하(extraneous cognitive load)는 "수업이 설계, 조직화, 제시되는 방식에 따라 좌우된다"(Moore et al., 2004, p. 983). 마지막으로, 본유적 인지 부하(germane cognitive load)는 학습자가 내용을 이해하고 스키마를 구성하기 위해서 반드시 요구되는 노력을 의미한다. 이 모든 요소가 교수설계자에게 중요하지만, "가장 적합한 교수설계를 위해서는 외재적 인지 부하를 줄이고, 본유적 인지 부하를 증가시키는 것이다"(Sweller, van Merriënboer, & Paas, 1998, p. 259).

교수 메시지의 효율성은 상당 부분 메시지의 부하와 관련이 있으나, 메시지가 청각적 채널과 시각적 채널 양쪽 모두를 통해 전달되는 경우 학습자들이 청각적 작동 기억과 시각적 작동 기억을 동시에 사용하기 때문에 학습 효과가 높아진다(Mayer, Heiser, & Lomm, 2001; Mousavi, Low, & Sweller, 1995; Seel, 2008). 교수 메시지에서 서로 연관된 청각 요소와 시각 요소가 인접하여 제시되는 경우에 특히 그러하다.

3) 메시지의 주의 획득 요소

메시지의 또 다른 주요 특징 중 하나는 학습자(즉, 메시지를 수신하는 사람)의 주의를 획득하는 요소와 관계가 있다. 주의에는 다양한 유형이 있는데, 메시지의 특정 부분을 의식적으로 인지하거나 혹은 자신도 의식하지 못한 채 인지하는 경우가 있다. 부분적 주의나 선택적 주의도 주의의 한 유형이며, 다양한 조건에 대한 반응으로서 수동적으로 주의를 기울이게 되는 환기(arousal)도 있다(Reed, 1988). 교수설계자는 이러한 모든 유형의 주의에 대하여 잘 알고 있어야 한다.

앞에서 논의한 대부분의 커뮤니케이션 모형은 잡음, 즉 수신자를 혼동시키거나 메시지를 왜곡하는 수많은 자극의 역할에 대해 인지하고 있다. 커뮤니케이션 이론가나 교수설계자 모두 관심을 가지는 사항이 바로 이러한 잡음에도 불구하고 메시지의 특정 부분은 학습자들이 잘 인지하는 반면 다른 부분은 놓치게 된다는 점이다. 이러한 선택적 주의 획득 요소는 텍스트나 시각 자료가 제시되는 방식 혹은 콘텐츠 그 자체의 특징과 관계가 있다.

(1) 큐의 제공

전통적으로 교수설계자들은 수신자의 주의를 인쇄 메시지의 중요한 부분으로 유도하기 위한 전략을 사용해 왔다. 이러한 범주에 해당되는 큐(cue)는 주로 인지를 촉진하기 위해 설계된다. 설계자들은 텍스트의 중요한 부분을 화살표로 표기하여 알려 주거나 다른 색으로 하이라이트하여 강조하기도 한다. 글자를 진하게 하거나 크기를 키울 수도 있다. Duchastel(1982)은 중요한 정보에 주의를 집중할 수 있도록 도와주는 표현 방식을 제시하였다(예: 글자체에 변화 주기, 좌우 공간에 제목 제시하기, 그림 활용하기). 이러한 것들은 타이포그래피(typography)와 관련된 큐에 해당된다. 중요한 부분을 강조하기 위해서 여백이나 제목을 활용하는 것 역시 타이포그래피와 관련된 큐다(Glynn, Britton, & Tillman, 1985). Winn과 Holliday(1982)는 학습자들이 다이어그램이나 차트를 해석할 때 도움을 주기 위한 큐, 예를 들어 개념 간의 위계적 관계를 나타내 주는 레이아웃이나 주요 개념의 범주를 강조하는 방법 등을 제안하였다.

비인쇄 매체를 통해 전달되는 메시지의 주의 획득 요소 역시 연구 대상이다. 이러한 매체에서는 문자로 기술된 텍스트보다 소리나 애니메이션 등의 요인이 더 중요하다(Lancaster & Warner, 1985). 멀티미디어 메시지는 오디오를 활용하여 언어적 큐를 제시하거나 큰 소리를 내 줌으로써 마치 인쇄물에서 큰 글자를 사용하는 것과 같은 강조 효과를 낼 수 있다. 매체를 활용한 수업에서는 기타 다른 큐의 활용도 가능하다. 예를 들어, Geiger와 Reeves(1993)는 텔레비전 시청자의 주의를 한 장면에서 다른 장면으로 전환함으로써 시각 정보의 이해를 도와주는 컷(cut)의 역할에 대해 연구하였다. 결국 텔레비전 시청 시 의미(meaning)는 메시지의 구조(예: 각 장면 사이의 컷)뿐 아니라 메시지의 비시각적 요소, 특히 메시지가 시청자의 과거 경험이나 기대와 어느 정도 일치하는가에 의해서도 좌우된다고 결론지었다.

(2) 내용 자체가 생성하는 주의 획득 요소

학습자의 과거 경험은 사전 지식 및 이해 요소에 영향을 준다. 학습자의 사전 지식과 메시지 내용 간에 관련이 있을 경우, 학습자는 이러한 친숙한 자료에 더 많은 주의를 기울이게 되는데, 이것이 바로 스키마의 활성화다(제4장 참조). 이 절차는 인지적 부하를 줄이고, 작동 기억이 받게 되는 스트레스를 최소화함으로써 새로운 정보의 처리를 조금 더 쉽게 해 준다(Seel, 2008). 이는 큐를 사용하는 주의 획득 전략과는 매우 다른 접근이며, 선택적 주의 집중을 촉진하기 위해 학습자가 이미 가지고 있는 틀 위에 새로운 것을 쌓아 올리는 것이 유용하다고 주장한다. Berlo의 모형에서 강조한 수신자의 태도, 지식, 사회적 시스템, 문화의 중요성 그리고 Campos의 모형에서 강조한 의미의 구성 등을 연상시키는 부분이다.

그러나 교수설계자들이 학습 과제와 직접적인 관계가 없는 자료를 흥미 요소로서 의도적으로 첨가하는 것이 바람직하다는 의미는 아니다. Garner, Gillingham과 White(1989)는 이를 유혹적인 세부 요소(seductive details)라고 하였다. 흥미 있는 이야기, 만화 혹은 애니메이션은 학습자의 인지 과정을 학습과는 무관한 요소를 처리하는 데 소모하도록 유도함으로써 학습을 방해할 수 있다(Mayer, Griffith, Jurkowitz, & Rothman, 2008). 다시 말하면, 멀티미디어를 활용한 수업에서 테크놀로지가 제공하는 요란한 장식 요소는 잡음이 될 수 있다는 의미다(Mayer et al., 2001).

3. 커뮤니케이션 관련 교수설계의 동향

최근에는 전달적 · 행동적 커뮤니케이션보다 상호적 · 교류적 커뮤니케이션에 더 많은 강조를 두고 있기는 하지만, 전반적으로 커뮤니케이션이론은 교수설계에 지속적으로 영향을 미치고 있다. 좋은 교수설계자는 인쇄 매체를 활용함에 있어서 이미 정립된 메시지 설계 기법을 적용한다. 멀티미디어나 웹기반 환경에서 역시 메시지 설계 원리를 적용하는 사례가 일반화되고 있는데, 이 경우 멀티미디어 요소를 어떻게 다루는 것이 더 효과적인지에 대한 실험이 종종 이루어진다. 요즘 교수설계자들의 주된 관심사는 컴퓨터를 기반으로 하는 형식의 교수 메시지를 어떻게 효과적으로 구조화할 것인가다. 이와는 매우 다른 관점에서(상호적 · 교류적 커뮤니케이션 모형이 우세한 최근의 동향을 반영할 때), 교수설계자들은 커뮤니케이션 과정에 있어 수신자와 송신자의 경험적 배경에 초점을 맞춘다. 이론가와 실천가 모두 이러한 요소들이 학습과 의미화에 어떠한 영향을 미치는지에 관심을 가지고 있다.

1) 매체를 활용한 매개 커뮤니케이션의 설계

멀티미디어 및 정교한 테크놀로지의 활용이 강조되면서 메시지 설계에 대한 새로운 이슈가 제기되고 있다. 온라인상에서 개인 간의 커뮤니케이션을 촉진하는 것에서부터 정보 조각조각이 서로 상충하여 학습자의 주의가 분산되는 것을 최소화하는 방법까지 다양하다.

(1) 온라인 커뮤니케이션

매체를 활용한 커뮤니케이션에는 이메일, 실시간 문자, 채팅, 리스트 서브, 블로그, 소셜 네트워킹 도구는 물론 휴대전화 등을 활용한 다양한 활동이 포함된다. 커뮤니케이션 채널의 특성은 지속적으로 변하고 있을 뿐 아니라, (부모들의 비공식적 의견을 포함하여) 관련 문헌에 의하면 젊은 사람들은 더 상호작용적이고 실시간 교류가 가능한 방식을 선호한다. 물론 이는 그들이 상호작용하는 대상에 따라 달라질 것이다. 사회적 커뮤니케이션의 경우 인스턴트 메시징이 압도적이다(Quan-Haase, 2007).

이처럼 새로운 커뮤니케이션 방식이 전통적인 면 대 면 수업 및 온라인 프로그램이나 기타 다른 형식의 원격교육의 일부로 통합되고 있다는 사실은 그리 놀라운 일이 아니다. 온라인 수업을 설계하는 사람들은 이러한 커뮤니케이션이 어떻게 학습을 촉진하는지, 학습자 간 협력이나 협동을 어떻게 고취시키는지, 그리고 튜터링이나 코칭을 통해 학습자를 어떻게 도와줄 수 있는지에 대해 많은 관심을 가지고 있다.

많은 교수자들이 새로운 테크놀로지를 활용함으로써 온라인 환경에서 학습자의 상호작용을 촉진하고자 하지만, 더욱더 중요한 것은 메시지의 양이 아니라 커뮤니케이션의 본질이다. 예를 들어, 학습자 간의 사회적 상호작용이 매우 활발히 일어났다 하더라도 학습 내용과 관련이 있는 메시지만 학습에 영향을 미치는 것이다. 또한 상호작용은 명시적으로 일어나야 한다. 단지 토론이 진행되는 것을 구경만 하는 것은 학습자에게 도움이 되지 않으며, 적극적인 참여를 해야만 학습자의 수행이 향상된다. 이와 유사하게, 교수자가 전달하는 메시지의 양 자체가 학습자의 수행에 도움을 주는 것은 아니다. 무엇보다도 교수자의 사회적 역할이 중요하며, 교수자의 친근한 메시지는 학습자의 동기를 유발하고 사회적 실재감을 증진시키는 역할을 한다(Gerber, Grundt, & Grote, 2008; Visser, Plomp, Amirault, & Kuiper, 2002). 교수설계자는 물리적으로 떨어져 있는 학습자 간의 커뮤니케이션 및 협력, 상호작용을 촉진할 수 있는 교수 전략 및 매체를 선택해야 한다.

(2) 주의 분산에 대한 딜레마

주의 분산(split attention)은 인지적 과정에서 부하를 야기하는 요소에 대한 탐구를 진행하는 과정에서 부수적으로 발견된 사항으로, 교수-학습 분야의 연구자들에게 매우 중요한 관심사가 되었다. 주의 분산은 학습자들이 하나의 교수 자료 내에서 서로 다른 곳에 위치한 정보를 통합해야 하는 경우에 발생하는데(Posiak & Morrison, 2008), 문제는 정보가 두 개의 서로 다른 양식, 예를 들어 시각과 청각으로 제시되는 경우에 가장 빈번히 발생한다(Mayer & Moreno, 1998). 많은 측면에서 이는 단일 채널 및 다중 채널의 학습 이슈에 대한 또 다른 방식의 탐구라고 볼 수 있다. 그러나 주의 분산 현상을 연구하다 보면 청각 채널과 시각 채널 양측 모두에 중복적으로 제시되는 정보가 학습에 어떠한 영향을 미치는가에 대한 내용으로 귀결된다.

멀티미디어 교수에서 정보의 중복은, ① 설명적 텍스트가 제공되는 애니메이션, ② 오디오 설명이 제공되는 애니메이션의 두 가지 형태 중 한 가지인 경우가 대부분이다. 최근의 연구 결과는 후자, 즉 내용 설명은 내레이션으로 제시하는 것을 지지하는데, 그 이유는 전자의 경우 시각적 작동기억에 부하가 걸리고, 학습자의 주의가 텍스트 읽기와 시각 자료 분석에 분산되기 때문이다. 다시 말하면, "학습자들은 텍스트를 읽는 동안 애니메이션을 볼 수 없고, 애니메이션을 보는 동안에는 텍스트를 읽을 수 없다" (Mayer, 2008, p. 766). 주의 분산에 대한 연구는 멀티미디어 형태의 교수 메시지 설계에 있어 매우 구체적인 원리를 제시해 주었다.

2) 학습자의 배경적 특성과 의미화

오늘날 보편적인 일반화를 추구하는 객관주의적 사고는 문화, 역사, 개인의 특성이 미치는 영향을 간과하는 경향 때문에 지지기반을 다소 잃어가고 있는 추세다. 교수(instruction)를 개개인 고유의 특성에 맞추어 조율하는 것이 최근의 교수설계자들에게 더욱 중요해지고 있으며, 이는 기업교육, 초·중등교육, 대학교육 등에 걸쳐 적용되고 있다. 결과적으로 교수 메시지를 보내고 받는 사람 모두의 문화적·개인적 배경 특성이 교수설계에서 더욱 중심적인 역할을 하게 되는 셈이다.

(1) 문화의 영향

교육과 훈련은 전 세계적으로 영향을 미치는 활동이다. 이 현상은 수업을 제공하는 수단으로서 인터넷에 의존하는 경향이 커지면서 결과적으로 학습자들이 전 세계에 분산되는 것이 가능해짐으로써 가속화되었다. 심지어 한 지역의 학생들조차 매우 다양한 민족으로 구성되어 있으므로 학습자의 문화적 배경이 학습 과정에서 중요한 역할을 수행하게 되었다.

문화에 대한 정의는 다양하지만 일반적으로 "문화는 특정 집단이 변화하는 환경에 적응하는 방식을 보여 주는 징후"(Wild & Henderson, 1997, p. 183)라고 정의된다. 좀 더 구체적으로 문화는 관습, 전통적 사고 및 생활 방식, 사회적 규범, 도덕적 기준, 언어 및 대화 방식 등을 포함한다.

교수설계자들이 문화를 다루는 방식에는 두 가지가 있다. 국제화함으로써 교수 자료에 문화와 관련된 요소가 사실상 반영되지 않도록 하거나(culture-free), 현지화 혹은 지역화함으로써 특정 집단의 요구를 직접적으로 반영하는 것이다(culture-specific). 국제화 전략을 사용할 경우 교수설계자는 유머, 약자, 구어적 표현, 특정 문화에서 사용되는 비유 등을 피해야 하며(Young, 2008), 결과적으로 이러한 수업은 다양한 문화에서 사용될 수 있다.

다른 한편으로는 문화적 요소를 수업에 통합할 수도 있다. Young(2009)은 교수설계 절차의 각 단계에서 문화적 고려 사항을 반영하는 교수설계 모형을 고안하였다. 이 모형을 적용하기 위해서는 문화적으로 예민한 설계팀이 필요하며, 이때 대상 커뮤니티를 대표할 수 있는 문화적 전문가의 참여가 요구된다. 이 모형은 새로운 교수 자료를 맞춤형으로 개발하는 경우 혹은 기존의 자료를 수정·보완하거나 평가하는 경우에 모두 활용 가능한 포괄적 모형으로서, 많은 요소를 특정 학습 대상자 및 다음과 같은 항목의 적합성과 관련하여 설명하고 있다.

- 내용(기저에 배경으로 깔려 있거나 전면에 강조된 정보를 포함함)
- 시각적 제시
- 교수 전략
- 배포 형태

학습 대상자는 다양한 방식으로 분석할 수 있다. 심미적, 경제적, 언어 및 상징 커뮤니케이션, 인구통계학적, 역사적, 신념 및 가치관 요소가 그 예다. 이 모든 요소는 학습자가 교수 메시지를 처리하고 이해하며 해석하는 방식에 영향을 미친다. 수업 그 자체가 구성되는 방식에도 영향을 줄 수 있는데, 그 이유는 교수설계자의 문화적 배경이 반영되기 때문이다.

(2) 나이의 영향

많은 사람들은 세대 간의 공통점이 문화를 창조하며, 세대 효과(generational effect)가 커뮤니케이션에 영향을 미쳐 왔다는 것에 동의한다. 이는 커뮤니케이션이 테크놀로지를 통해서 이루어질 때 더 분명히 드러난다. 결과적으로 오늘날 교수설계자들은 테크놀로지를 활용한 학습에 있어 나이가 미치는 효과에 대해 특히 잘 인식하고 있다. 한 가지 흥미로운 것은 한때 일반적으로 드러나던 성별 효과가 더 이상 젊은 세대에서는 나타나지 않는다는 점이다(Dresang, Gross, & Holt, 2007; Wang, Wu, & Wang, 2009).

이와 같은 신세대는 '넷-세대(Net-Generation)'라고 불리는데, 이들이 인터넷과 함께 나고 자라 왔다는 사실을 반영하는 명칭이다. 이들에게 있어 테크놀로지를 활용한 커뮤니케이션은 일상적인 일이다. 문자 메시지, 인스턴트 메시지, 이메일, 인터넷, 시뮬레이션, 게임을 하는 것은 별로 특별할 것이 없다. 이 세대는 "여러 개의 다양한 텍스트(예: 문자, 이미지, 비디오)를 읽을 수 있는 새로운 능력"(DeGennaro, 2008. p. 1)을 가지고 있다. 더욱이 이러한 과정을 통해 새로운 지식을 사회적으로 구성하기도 한다

(DeGennaro, 2008). 이들은 서로 협력하여 혹은 테크놀로지를 활용하여 의미를 형성한다. 발 빠른 교수설계자들은 언제, 어디서나 학습이 가능하도록 하기 위해 다양한 모바일 학습도구(예: 아이팟, 무선 노트북)를 활용함으로써 신세대의 특성을 보여 준다.

좀 더 나이가 많은 성인 학습자들은 모바일 학습에 대해 매력을 덜 느끼는데(Wang et al., 2009), 이때는 컴퓨터 기반 학습을 활용할 수 있다. 그러나 이러한 경우 메시지가 야기하는 인지 부하에 대해 각별히 주의를 기울임으로써 학습자의 작동 기억에 부하가 걸리지 않도록, 그리고 학습 속도에 대한 결정을 학습자 스스로 할 수 있도록 설계해야 한다(Van Gerven, Paas, & Tabbers, 2006). 이와 같은 문제가 고연령층 학습자 및 이들의 테크놀로지의 활용에 지속적으로 영향을 미칠지에 대해서는 확실하지 않다. Czaja와 동료들(2006)은 성인 학습자가 테크놀로지의 활용에 있어 어려움을 겪는 것은 나이가 들면서 쇠퇴하기 때문이라기보다 역사적 이유, 즉 이들이 성장한 시기가 컴퓨터가 처음 소개되었을 무렵이기 때문이라고 하였다. 만약 이것이 사실이라면, 오늘날의 젊은 세대는 향후 나이가 들어도 이들의 행동 양식이나 태도가 이전 세대와는 매우 다를 수도 있을 것이다. 테크놀로지 기반 커뮤니케이션이 업무 현장에서 일반화되고 있다는 점을 고려하면 이는 매우 고무적인 일이다.

4. 연구, 커뮤니케이션이론 및 교수설계

커뮤니케이션이론은 상당히 튼튼한 실증적 기반을 가지고 있으며, 이를 교수설계에 적용하는 것 역시 확고한 연구기반이 다져져 있다. 이러한 연구들은 커뮤니케이션 분야의 역사 초기부터 시작되어 오늘날까지 이어져 오고 있다. 이 절에서는 교수설계자에게 커뮤니케이션이론의 효과적인 적용에 대한 시사점을 제공하는 대표적인 연구를 소개하고, 후속 연구를 위한 새로운 연구 방향을 제안하고자 한다.

1) 교수설계에서 커뮤니케이션이론의 적용에 대한 실증적 지지

교수설계 분야에서는 메시지 설계를 위한 가이드라인으로서 커뮤니케이션이론을 적용하였다. 설계 원리 및 관련 연구는 텍스트와 시각 자료 그리고 최근에는 멀티미디어를 통해 전달되는 메시지에 대해 논의하고 있다. 이와 관련된 연구 주제는 다음과 같다.

- 커뮤니케이션 채널의 효과에 대한 탐구(Saettler, 1968; Moore, Burton, & Myers, 1996, 2004 참조)
- 조판(typological) 및 시각적 큐를 제공하는 전략(Hartley, 1996, 2004 참조)
- 메시지 구조 및 정보처리에 대한 영향(Pettersson, 1989; Sweller et al., 1998; Mayer, 2008 참조)

커뮤니케이션에 대한 초기의 접근은 주로 일반체제이론(GST)과 관련되어 있다. 그러나 좀 더 최근의 연구는 다른 분야의 발전을 반영하는 추세다. 예를 들어, 새로운 인지 부하 관련 문헌은 심리학 및 인지 정보처리 이론과 밀접한 관련이 있다. Voss(2008)는 정적인 시각 정보의 설계에 영향을 미치는 요인에 대한 모형을 개발하였는데, 이는 메시지 설계, 인지심리학, 신경학, 정보이론 분야의 연구를 통합하고 있다. 이와 같은 학제 간 연구는 앞으로도 꾸준히 지속될 것이다.

2) 후속 연구를 위한 제언

이 분야의 연구기반이 탄탄하다는 점을 생각해 보면, 앞으로도 이러한 추세가 지속되지 않을 이유가 없다. 우리는 향후 새로운 연구들이 상호작용적 매체 및 온라인 학습에 초점을 맞출 것이라고 생각한다. 이러한 전달 형식이 현재 너무나 지배적이기 때문이다. 이러한 맥락에서 커뮤니케이션 절차와 관련된 기술에 대한 연구도 물론 수행되겠지만, 그뿐 아니라 매체를 활용한 커뮤니케이션의 심리학적 측면 역시 다루어질 것이다. 예를 들어, 온라인 및 테크놀로지 기반 커뮤니케이션이 좀 더 확대되고, 민주적인 특성을 가지게 될 것이라는 예측이 있다. 최근 블로그의 급증을 보면 이러한 연구를 수행할 수 있는 기회가 충분해질 것으로 보인다.

또 다른 연구 영역으로는 새로운 지식이 사회적 커뮤니케이션 과정을 통해서 형성되는 방식에 대한 탐구를 제안할 수 있다. 이러한 프로젝트에서는 테크놀로지를 활용한 혹은 활용하지 않은 동시적 커뮤니케이션 활동을 탐구할 수 있다. 협력적 문제 해결, 팀워크, 분산 인지 등이 이와 관련된 연구 영역이 될 것이다. 또한 새로운 아이디어를 계발하고 받아들이는 과정에 있어서 학습자의 배경적 특성이 어떠한 역할을 수행하는가 역시 탐구 대상이며, 이러한 경향은 교육훈련이 국제화되는 한 지속될 것이다.

5. 요 약

커뮤니케이션이론은 교수설계 지식기반의 초기에 개발된 영역이며, 오늘날까지 계속해서 형성되고 있는 중이다. 이 장에서는 이러한 발전 과정을 살펴보기 위해 우선 커뮤니케이션 모형의 발달에 대해 알아보았으며, 다음으로 이러한 각각의 모형을 지식 및 의미화의 본질에 대한 이해를 다루고 있는 철학적 진화 과정과 연관 지어 살펴보았다. 또한 이러한 다양한 관점이 전통적 측면에서, 그리고 교육훈련의 새로운 측면에서 교수설계의 실제에 미치는 영향에 대해서도 기술하였다. 〈표 3-2〉는 이러한 내용을 요약한 것이다.

〈표 3-2〉 커뮤니케이션이론과 교수설계에 대한 개관

□ 주요 원리
- 커뮤니케이션 과정은 전달, 행동, 상호작용 혹은 교류적 측면에서 이해할 수 있다.
- 커뮤니케이션 과정에서 전형적인 요소는 정보원, 메시지, 채널(청각적 · 시각적), 잡음, 환경, 수신자(문화적 배경 및 사전 경험 포함), 의미의 해석, 피드백이다.

□ 철학적 강조점
- 전달 및 행동을 강조하는 모형은 경험주의 및 합리주의적 관점을 반영한다.
- 상호작용을 강조하는 모형은 인본주의적 관점을 반영한다.
- 교류적 측면을 강조하는 모형은 구성주의적 관점을 반영한다.

□ 기초 연구
- Shannon의 초기 채널 및 잡음 관련 연구: 지각과 관련된 Gestalt 연구 및 이론

□ 초기 공헌자
- 커뮤니케이션이론: David Berlo, Malcolm MacLean, Wilbur Schramm, Claude Shannon, Warren Weaver, Bruce Westley
- 교수설계의 적용: James Hartley, Robert Travers

□ 교수설계의 적용
- 문화를 기반으로 하는 교수설계
- 메시지 설계
- 멀티미디어 설계

□ 이를 지지하는 교수설계 연구
- 수업에서 주의 획득을 위한 요소(예: Frank Dwyer)
- 멀티미디어 메시지 설계(예: Richard Mayer)
- 단일/다중 채널을 활용한 정보처리(예: Robert Travers, Allan Paivio)
- 메시지 구조가 인지 과정에 미치는 영향(예: John Sweller et al.)

☐ 관련 개념
- 인지 부하
- 큐 제시 전략
- 국제화 및 현지화 교육훈련
- 정보 부하
- 단일/다중 채널 커뮤니케이션
- 주의 분산
- 시각적 언어와 학습

커뮤니케이션이론은 교수설계 지식기반에 많은 양분을 더해 주었으며, 모든 영역에 있어 시사점을 제공하였다. 〈표 3-3〉은 커뮤니케이션이론의 영향을 받은 교수설계 요소 및 이들이 교수설계 지식기반의 여섯 영역에 얼마나 잘 부합하는지를 보여 주고 있다.

〈표 3-3〉 교수설계 영역 및 커뮤니케이션이론 관련 요소

☐ 학습자와 학습 과정
- 학습자 특성(태도, 배경, 문화, 인구통계학적 특성, 동기)

☐ 학습과 수행 맥락
- 환경(메시지 맥락, 사회적 체제, 사회, 테크놀로지 기반)
- 물리적 교수 자료 및 준비

☐ 내용 구조 및 계열
- 정보 및 인지 부하
- 메시지 구조(예: 어휘, 문법, 시각적 요소, 색상)

☐ 교수적 전략과 비교수적 전략
- 잡음 제거
- 상호작용적 · 사회적 커뮤니케이션의 촉진
- 온라인 커뮤니케이션의 촉진
- 피드백 주고받기
- 주의 획득 및 유지

☐ 매체와 전달체제

- 청각적 · 시각적 전달 채널
- 새로운 테크놀로지 및 메시지 전달

☐ 설계자와 설계 과정

- 메시지 설계(예: 주의 획득, 조판, 시각적 큐의 활용)
- 멀티미디어 설계(예: 주의 분산 방지, 정보의 중복, 소리 인지)
- 텍스트 설계(예: 페이지, 글자 크기, 글자체, 대 · 소 문자의 활용)

이러한 요소를 일반체제이론과 관련된 요소에 더해 보면, 이 분야의 지식기반이 지속적으로 성장하고 있음을 알 수 있을 것이다. 교수설계 지식기반의 성장은 제4장 '학습이론'에서 계속 논의할 것이다. 학습이론은 오랜 연구의 전통을 기반으로 하는 복잡한 기저 이론이며, 교수설계에 있어 필수적인 역할을 한다.

제4장

학습이론

1. 학습이론과 교수설계
2. 교수설계에 대한 학습이론의 적용 및 동향
3. 연구, 학습이론 및 교수설계
4. 요 약

제4장 학습이론

교수설계(Instructional Design: ID)의 주된 목적은 학습을 촉진하고 수행을 증진시키는 것이다. 그러므로 학습에 대한 이론은 교수설계자 및 이 분야의 지식기반과 매우 밀접한 관련이 있다. 학습이론은 인간의 행동 및 정신 기능의 역할에 대한 이해를 도와준다. 또한 학습과 수행에 대한 괄목할 만한 설명을 제공한다. 이 장에서 우리는 다음과 같은 내용을 탐색할 것이다.

- 행동주의적 · 인지주의적 · 사회적 학습이론을 포함하는 다양한 학습이론
- 학습이론의 교수설계에 대한 적용
- 학습이론의 교수설계에 대한 적용과 관련된 실증적 지지

1. 학습이론과 교수설계

1800년대 후반부터 심리학자들이 학습 과정에 대한 연구를 시작하였으며, 학습에 대한 그들의 관점은 시간이 흐름에 따라 진화해 왔다. 초기의 정의는 주로 외부의 조건에 따른 변화에 초점을 맞추고 있으며, 이러한 관점은 "학습은 학습자가 직면하게 되는 외부 상황에 대응하는 과정에서 발생하는 변화다……."(p. 3)라는 Hilgard(1956)의 기술에 잘 드러나 있다. Mayer(1982)는 이와 같은 초기의 정의를 발전시키며 경험을 학습의 핵심 요소로 제시하였다. 학습에 대한 최근의 정의는 행동 변화보다는 지식과 기술의 습득 과정을 중요한 요소로 다루고 있다(Ni & Branch, 2008). 비록 이러한 학습의 주요 요소들이 모두 중요하기는 하지만, 우리는 Mayer(1982)의 학습에 대한 정의가 오늘날에도 여전히 의미를 가진다고 믿는다.

> '학습'은 어떤 사람의 지식이나 행동이 경험의 결과로 인해 상대적으로 오랜 기간 동안 (혹은 영원히) 변화하는 것이다. 이 정의에는 다음의 세 가지 요소가 포함되어 있다. 첫째, 변화의 기간이 장기적이다. 둘째, 변화의 대상이 학습자 기억 내에 존재하는 지식의 내용 및 구조 혹은 행동이다. 셋째, 변화의 원인이 피로, 동기, 약물, 신체적 컨디션 혹은 심리적 처치가 아닌, 어떤 환경 내에서 학습자가 겪게 되는 경험이다. (p. 1040)

학습에 대한 또 다른 관점도 물론 존재하지만, 이 장에서는 Mayer(1982)가 제시한 프레임워크 내에서 행동주의적 · 인지주의적 · 사회적 학습이론에 대해 알아보고자 한다. 또한 이들 각 이론이 ID에 어떻게 적용되는지 역시 논의할 것이다.

1) 행동주의적 학습이론

행동주의적 심리학자들은 학습을 '새로운 행동을 수행할 수 있는 능력'이라고 보았으며, 자극-반응에 초점을 맞추었다. 이들에 따르면, 행동(action)은 연구자(실제 적용 상황이라면 조력자, 교사 혹은 교수 자료)에 의해 설계될 수 있다. 이러한 학습 상황에서는 학습자로 하여금 기대되는 행동을 시연하고, 일정 기간에 걸쳐 지속적으로 수행할 수 있도록 도와주는 조건을 형성하고자 노력한다.

이제 행동주의를 기반으로 하는 세 가지 이론— 연합주의, 고전적 조건화, 조작적 조건화— 의 주요 원리를 요약한 후, 이들이 교수설계와 관련하여 어떠한 중요성을 지니는지 논의하고자 한다.

(1) 연합주의

Edward L. Thorndike는 여러 자극-반응 이론 가운데 하나를 개발하였다. 그의 이론은 결합(bond) 심리의 일종이었으며, 일반적으로 연합주의(connectionism)라 불렸다. 그는 학습을 시행착오의 과정으로 보았다. 인간은 반응하고, 그 반응이 맞았을 때 강화를 받으며, 그 결과 연합이 일어난다는 것이다.

Thorndike의 배고픈 고양이 실험이 그 유명한 예다. 고양이는 상자 안에 갇혀 있고, 상자 밖에는 먹이가 있다. 목표는 고양이가 상자의 문을 열어 먹이를 찾아내는 방법을 발견하는 것이었다. 처음에는 고양이의 행동이 무작위로 이루어졌고 시간 소모적이었으나, 우연하게 해결책을 찾아낸 다음부터 상자의 문을 여는 시간이 크게 단축되었다(Guthrie, 1960). 이 연구 결과는 Thorndike의 연합주의 이론의 바탕이 되었다.

이 이론에는 효과의 법칙(law of effect), 준비의 법칙(law of readiness), 연습의 법칙(law of exercise)의 세 가지 주요 법칙이 있다. 효과의 법칙은 일단 연합이 이루어졌을 경우 그 연합의 강도는 이후에 일어나는 일에 따라 달라진다는 의미다. 보상은 행동을 강화하고 습관화할 수 있으며, 반대로 벌은 행동을 약화시킨다. Thorndike는 벌보다는 보상이 더 중요하다고 보았다(Mowrer, 1960).

준비의 법칙은, 어떤 유기체가 행동을 취할 준비가 되어 있다면 그 연결을 유지하는 방향으로 행동을 하고, 결과적으로 연합이 이루어진다는 것이다. 그러나 유기체가 준비되어 있지 않다면 연합이 거추장스러워지며, 결국 그 연합을 제거하기 위한 행동을 하게 된다. 이는 읽기 준비도와는 다른 개념이다. 왜냐하면, 필요한 선수 기술을 가지고 있는가 혹은 충분히 성숙되었는가와는 아무런 관계가 없으며, 그보다는 특정 행동을 수행하기 위한 신체적인 준비가 되었는가에 대한 것이기 때문이다(Bower & Hilgard, 1981).

마지막은 연습의 법칙이다. 이 법칙은 연습을 통해 특정 연합을 강화하고, 다른 연합은 사용하지 않음으로써 약화시키는 것을 의미한다. 연습의 법칙은 연습과 망각의 개념에 대한 시사점을 제공한다. Thorndike는 연습을 수행한 후에 옳은 반응을 보일 경우 보상을 제공하는 것의 중요성을 강조하였다. 따라서 효과의 법칙과 연습의 법칙은 서로 관련이 있다. Thorndike는 의미 혹은 이해 등에 대해서는 전혀 강조하지 않았으며, 그의 연구는 특정 행동의 발생 빈도를 높이기 위한 방법 및 어떻게 특정 행동이 발생하는지를 이해하는 것에 집중되어 있다(Bower & Hilgard, 1981).

(2) 고전적 조건화

Ivan Pavlov는 진정한 초기 행동주의자 중 한 명이었다. 그는 개에 대한 연구를 수행하던 중에 무관한(중성적인) 자극(예: 불빛)을 사용하여 자연적인 반응(예: 침의 분비)을 이끌어 내는 상황을 찾아냈다. 이러한 현상은 원래 먹이와 관계가 없었던 자극이 먹이, 즉 반응을 이끌어 내는 데 훨씬 자연스러운 자극과 특정 기간 동안 연합된 후에 발생했다. 일반적인 상황에서 침의 분비와 같은 자연적인 반응은 무조건 자극(예: 먹이)에 대한 무조건 반응으로 일어난다. 그러나 자연적인 반응은 조건화된 자극(예: 불빛)과 여러 번 연합되고 나면 조건화된 반응이 된다.

Pavlov의 고전적 조건화(classical conditioning) 실험에 따르면, 그의 아이디어는 여러 가지 측면을 담고 있다. 그중 이 장에서 살펴볼 내용은 강화, 실험적 소거, 일반화다. 강화는 반응이 일어날 확률이 실험자로부터 제시되는 자극에 의해(반응의 빈도나 속도 측면에서) 변경될 때 발생한다. 정적 강화는 자극을 제공함으로써 실험자가 원하는 반응의 확률을 증가시키는 것이다. 반대로 부적 강화는 자극을 제거함으로써 실험자가 원하는 반응의 확률을 증가시키는 것이다.

실험적 소거는 강화가 중단된 상태에서 무조건 자극 없이, 조건화된 자극만 유일하게 제시될 때 발생한다. 침을 분비하는 개의 사례를 예로 들면, 조건화된 반응(예: 불빛이 켜지면 침을 흘리는 것)이 더 이상 일어나지 않을 때까지 무조건 자극(예: 먹이)을 제공하지 않음으로써 실험적 소거가 이루어졌다. 이 상황에서 일상적으로 발생하는 현상이 '자발적 회복'이다. 다시 말하면, 특별한 자극 없이도 조건화된 반응이 갑자기 일어날 수 있다는 것이다. 소거는 망각과는 다르다. 반응이 약해질 수는 있지만 다시 생길 수 있다(Bower & Hilgard, 1981).

일반화는 어떤 자극과 유사한 다른 자극에 동일한 결과를 보이는 것을 말한다. Pavlov의 연구에서, 개가 특정 소리에 침을 흘리는 반응을 보였다면, 유사한 다른 소리를 듣고도 침을 흘릴 수 있다는 의미다. 즉, 일반화는 유사한 자극에 동일하게 반응하는 것이다(Woolfolk, 1998).

(3) 조작적 조건화

B. F. Skinner는 20세기의 심리학자 가운데 매우 영향력 있는 인물로 손

꼽힌다. 그는 조작적 조건화(operant conditioning), 즉 행동을 확인(identify), 예측, 통제하기 위해 변인을 조절하는 것에 초점을 맞춤으로써 자극-반응 및 강화와 관련한 이론을 발전시켰다. 조작적 조건화의 목표는 특정 반응 이후에 강화를 제공함으로써 해당 반응을 더욱 강력하게 만드는 것이다.

Skinner의 이론 가운데 가장 중요한 것은 조작적 조건화 과정에서 강화의 역할이다. Pavlov와 마찬가지로 Skinner 역시 정적 강화와 부적 강화를 구분한다. 예를 들면, 음식과 물은 굶주린 유기체에게는 긍정적 강화가 된다. 이러한 자극을 제공하는 것은 원하는 행동이 일어날 확률을 높여 준다. 시끄러운 소리나 지나친 더위 혹은 추위는 혐오감을 유발하는 자극이다. 이러한 자극을 제거해 주면 원하는 행동이 일어날 확률을 증가시킬 것이다. 벌은 부적 강화가 아니다.

조작적 행동에서 강화가 항상 일관성 있게 제공되는 것은 아니다(Bower & Hilgard, 1981). 카지노가 바로 여기에 해당되는 예다. 게임을 하는 사람들은 슬롯머신에 돈을 넣고 게임을 할 때마다 매번 잭팟이 터지지 않는다는 것을 알고 있다. 그러나 슬롯머신은 잭팟이 터지는 간격을 조정함으로써 조건화가 이루어지도록 설계되어 있으며(예: 간헐적 강화), 결과적으로 반응의 강도를 높인다. 즉, 게임을 하는 사람들이 계속 게임을 하고 싶어 할 정도로만 게임에서 이기게 해 준다. Skinner가 주장한 시간 간격의 원리는 이 상황을 잘 설명해 준다. 강화와 강화 사이를 벌려 놓는 시간 간격(예: 슬롯머신에서 얼마나 자주 이기는가?)과 결과적인 행동(예: 슬롯머신을 계속하는가?) 간에는 관계가 있다. 간헐적 강화는 일반적으로 반응을 지속시켜 주는 경향이 있다.

소거는 행동을 지속시켜 주는 강화가 없어질 때 발생한다(Driscoll, 2005). 카지노의 슬롯머신에서 더 이상 돈이 나오지 않는다면, 즉 게임에서 전혀 이기지 못한다면, 그는 결국 게임을 그만둘 것이다. Skinner는 만약 반응을 제거하는 것이 궁극적인 목표라면 처벌이 그다지 효과적인 전략이 아니라는 결론을 내렸다. 카지노에서 게임하는 사람에게 그만하라고 소리 지르는 것은 게임하는 행동을 멈추게 하는 데 있어 별로 효과적이지 못하다는 의미다. 강화물(예: 돈을 따는 것)을 제거하는 것이 원하는 행동(예: 슬롯머신을 그만하는 것)을 하도록 하는 데 더욱 효과적이다.

2) 교수설계를 위한 행동주의 학습이론의 적용

조작적 조건화, 강화 및 강화 간격, 소거, 조형 등 Skinner의 이론은 다양한 상황 및 교수 맥락에 적용되어 왔다. Driscoll(2007)에 의하면 "Skinner와 그의 제자들이 연구하고 실험해 온…… 원리들은 교수설계 분야에 지대한 영향을 미쳤다"(p. 38). 교수설계에 적용된 행동주의 학습이론 중 티칭 머신(teaching machine)과 프로그램 학습, 과제 분석, 행동 목표, 연습과 피드백, 행동의 능숙도에 대해 구체적으로 살펴보도록 하자.

(1) 티칭 머신과 프로그램 수업

1950년대에 소개된 Skinner의 티칭 머신은 행동주의 원리 중 조형의 초기 적용이라고 할 수 있다. 티칭 머신을 사용하여 학습할 경우 학습자들은 사전에 처방된 순서대로 계열화된 작은 단위의 프레임을 따라가며, 해당 내용과 관련한 연습문제에 응답해야 한다(Skinner, 1958). 학습자의 답이 맞을 경우 다음 단계로 넘어가는 반면, 틀린 답을 할 경우 해당 내용을 반복하게 된다.

티칭 머신은 프로그램 수업(programmed instruction)으로 발전하게 되는데, 프로그램 수업에 사용되는 자료에는, ① 작은 단위로 쪼개져 계열화된 콘텐츠, ② 제시된 보기 중 학습자가 한 가지를 선택하는 형식이 아닌, 학습자가 직접 답을 기술하는 형식의 참여형 활동, ③ 학습자의 행동을 조형

(shaping)하고 유지하기 위한 즉각적 피드백, ④ 수업 속도에 대한 학습자의 통제가 포함되어 있다(Reiser, 2007a).

Heinich(1970)에 의하면 "프로그램 학습은 체제적 접근을 교육에 소개했다는 측면에서 지지되어 왔다"(p. 123). 그뿐 아니라, Lumsdaine(1964)은 Skinner의 프로그램 학습으로 인해 많은 심리학자들이 교육 현장의 실제적인 문제에 관심을 갖게 되었다고 하였다. 프로그램 학습은 교수 문제를 분석하는 데 있어 실증적인 접근을 취한다. 이 원리는 오늘날 교수설계자들이 과제 분석을 할 때도 마찬가지로 적용된다.

(2) 과제 분석

학습자가 교수 목적을 달성하기 위해 수행해야 할 과제를 분석할 때 행동주의 학습이론이 적용된다. Jonassen과 Hannum(1986)에 의하면 "어떤 맥락에서는, 과제 분석(task analysis)을 실시함으로써 직무 수행을 위해 반복적으로 이루어지는 단계를 목록화하는 작업이 이루어진다"(p. 2). 과제 분석은 '절차적 분석' 혹은 '직무 분석'이라고도 하며, 그것의 산출물은 관찰 가능한 단계 및 각 단계에서 요구되는 기능(skill)을 정리한 문서다(Gagné, Briggs, & Wager, 1992). 그러므로 과제 분석은 학습되어야 하는 과제를 규명 및 세분화하고, 과제를 수행하는 데 있어 요구되는 행동을 기술하는 것이다.

교수설계자는 과제 분석을 통해 과제 수행에서 요구되는 단계를 잘게 쪼갠다. 바람직한 과제가 파악되고 나면, 각 과제 수행에 이르는 단계가 결정되는 것이다. 과제 수행에 필요한 모든 단계는 문서화되고 계열화된다. 교수설계에 체제적 접근을 적용해 보면, 과제 분석의 산출물은 행동 목표의 개발을 위한 투입 요소로 활용된다.

(3) 행동 목표

행동 목표(behavioral objectives)는 학습자들이 수업 후에 어떤 것을 할 수 있게 되는지를 측정 가능한 용어를 활용하여 기록하는 정밀한 진술문이다(Mager, 1962). 목표는 학습 성과에 대한 기술이며, 일반적으로 다음의 세 가지 요소를 포함한다(Dick, Carey, & Carey, 2009; Smith & Ragan, 2005). 첫 번째는 관찰 가능한 행동 동사다(예: 해석하다, 수립하다, 협상하다). 두 번째는 학습자들이 해당 행동을 수행하게 되는 조건이다. 일반적으로 조건은 행동을 수행하기 위해 주어지는 도구 혹은 정보를 포함한다(예: 테크놀로지, 측정도구, 업무 지원 매뉴얼). 세 번째는 학습자들이 과제를 수행할 때 어느 정도로 잘해야 하는지에 대한 준거다(예: 정확도, 시간제한, 옳은 응답의 횟수). 대부분의 교수설계자들은 학습 목표를 수립할 때 이 접근을 취하며, 이는 학습 과정보다는 관찰 가능한 수행을 강조하는 행동주의자들의 주장이 직접적으로 반영된 것이다.

(4) 연습과 피드백

연습의 법칙, 즉 연습(practice)을 통해 연합이 강화되고 연습을 하지 않으면 연합이 약화된다는 원리는 수업 설계에 있어 중요한 시사점을 제공한다. 대부분의 체계적 교수설계 모델은 연습 요소를 포함하고 있다. Driscoll (2007)이 말했듯 "기대되는 행동을 목표로 기술한다는 것은 이 행동을 연습할 수 있는 충분한 기회가 주어져야 할 필요가 있다는 점을 의미한다" (p. 38). Dick과 동료들은 학습 목표와 직접적으로 관련이 있는 연습 활동을 부여함으로써 학습을 촉진할 수 있다고 제안하였다. 연구 결과 역시 연습 및 피드백이 학습에 강한 영향을 미친다는 점을 일관되게 보여 주고 있다(제7장 참조).

피드백(feedback)에 대한 초기 연구는 근본적으로 피드백이 강화와 동일하다고 간주하는 행동주의 학습 원리의 영향을 크게 받았다(Driscoll,

2007). 그러나 Kulvavy와 Wager(1993)는 "강화로서의 피드백은 이를 뒷받침하는 데이터도 없고, 기본적으로 논리적이지 않을 뿐 아니라, 심지어 Skinner가 이를 직접적으로 지지한 적도 없다."(p. 4)라고 하였다. 즉, 피드백을 보상이나 동기부여제로 사용하는 것은 학습에 거의 영향을 미치지 못한다는 것이다. 그러나 피드백을 제대로 사용할 경우 학습자에게 정보를 제공할 수 있다. 행동주의적 관점에서 보면, 정보적 피드백은 학습자에게 결과에 대한 확인을 제공하는 것이라고 볼 수 있다(Kulhavy & Stock, 1989).

(5) 행동의 능숙도

어떤 교육자들에게 있어서 학습의 목적은 단순히 새로운 행동을 습득하는 것, 그 이상을 의미한다. 이러한 행동은 적어도 수행되어야 하는데, 이것이 바로 행동의 능숙도다. 행동의 능숙도(behavioral fluency)는 만족할 만한 수행 수준으로서 갖추어야 하는 정확도와 속도의 조합이다(Binder, 1996). 능숙도를 강조하는 교육은 자동화된 혹은 매우 간단한 수준의 수행 성과를 목표로 한다(Haughton, 1972). 행동의 능숙도와 관련한 연구에 따르면, 정확한 수행을 적절한 빈도로 보이는 학습자들의 경우 학습한 내용을 더 오래 기억하고, 방해 요소에 큰 영향을 받지 않으며, 다른 맥락으로 전이하는 경향을 보였다(Binder, 1993). REAPS는 기억(retention), 유지(endurance), 적용(applications), 수행 기준(performance standard)의 약자로서, 행동 능숙도의 요소를 보여 준다(Binder, 1996). 교수설계자들은 성공적인 수행의 준거로서 정확도와 속도가 함께 요구되는 학습 내용의 경우 REAPS 원리를 적용한다. 이러한 교수설계의 원리는 연습의 중요성을 다시 한번 강조하고 있다(Binder, 1993).

3) 인지주의적 학습이론

인지주의 심리학은 행동주의와는 다른 이론적 성향을 보인다. 인지주의로의 변화가 본래 추구했던 것은 인간 과학에 있어서 '마음(mind)'의 중요성을 강조하는 것이었다(Bruner, 1990). 따라서 인지주의 심리학의 신조는 개인이 정보를 어떻게 획득 · 처리 · 활용하는가에 대한 이해를 바탕으로 하고 있다. 인지주의적 학습이론은 교수와 학습을 매개하는 인지 구조, 과정, 표상에 대한 설명에 초점을 둔다(Smith & Ragan, 2005). 인지주의적 이론가들은 학습을 설명하는 주요 요인이 학습자의 정신적 과정이라고 믿는다. 학습자가 정보를 처리하고 적용하는 방식은 그 사람의 생각과 내적인 정신 구조(mental structure)를 변화시킬 수 있다. 인지주의의 세 가지 이론적 지향, 즉 게슈탈트 이론, 정보처리이론, 스키마 이론에 대해 살펴보자.

(1) 게슈탈트 이론

학습을 자극-반응의 관점에서 이해하려는 접근에 대한 대안을 제공한 초기의 움직임은 21세기 초 독일에서 시작되었다. Max Wertheimer, Wolfgang Kohler, Kurt Koffka, Kurt Lewin은 게슈탈트 이론(Gestalt Theory)의 선구자다. 게슈탈트는 '모양 혹은 형태 그리고 전체와 부분'을 의미하며, "게슈탈트 심리학은 인간이 전체와 전체를 구성하는 부분 간의 관계를 어떻게 인지하고 이해하는가에 대한 연구"(Winn, 2004, p. 82)다. 게슈탈트 심리학자들은 행동을 별개의 사건으로 보는 대신, 개인이 특정 상황에 대해 전체적인 관점에서 잘 조직된 반응을 보인다고 믿었다(Mowrer, 1960). 뿐만 아니라, 사고 과정은 단순한 자극-반응 활동보다 더 많은 행동을 설명한다고 하였다. 따라서 게슈탈트 이론은 매우 초기의 인지주의적 학습이론으로, 정보처리이론의 선구자적 역할을 수행하였다.

게슈탈트 이론이 제시한 개념 가운데 일부, 예를 들면 유사성의 법칙(law

of similarity), 근접성의 법칙(law of proximity), 폐쇄성의 법칙(law of closure)은 학습에 직접적으로 적용된다. 이들 법칙은 학습자가 교수의 다양한 측면을 어떻게 인식하고 기억하는지를 기술하는 지각의 원리를 설명해 준다. 뿐만 아니라, 학습자들이 무엇을 인지하지 못하는지, 무엇을 기억하지 못하는지에 대한 설명을 제공한다. 유사성의 법칙에 따르면, 유사한 특징(비슷한 색상이나 형태)을 지니는 항목들은 우리의 마음속에서 한 덩어리로 묶여서 처리된다. 근접성의 법칙은 서로 근접해 있는 항목이 인지적으로 하나의 그룹을 형성하게 됨을 시사한다. 마지막으로 폐쇄성의 원칙은 물리적으로 완성되지 않은 형태를 완성하여 인지하려는 경향을 의미한다(Bower & Hilgard, 1981). 폐쇄된 형태가 보다 안정적이기 때문에 학습자는 완전하지 않은 형태를 채워서 완전한 것으로 기억하려는 것이다.

게슈탈트 원리는 대칭 및 지각적 조직화(symmetry and perceptual organization)를 각각의 부분보다 전체가 더 큰 의미를 갖는다는 개념과 비슷한 출현 속성(emergent properties)으로 설명한다. 기억 흔적(memory trace)은 대칭 및 지각적 조직의 한 예로서, 정보의 지각 및 부호화의 결과로 인해 기억체제에 변화가 생기는 것이다(Weiner, 1966). 개념 혹은 단어와 같이 기억에 저장되는 정보는 흔적 요소라 불리는 속성 혹은 특징을 지닌 꾸러미(bundles)로 표상된다. 기억 흔적은 과거에 발생한 일을 현재에 표상해 내는 것이며, 원본과는 다르게 재생되는 경향이 있다. 학습자가 과거로부터 무엇인가를 회상할 때 그것은 기억에서 인출되며, 학습자는 원래의 것을 재구조화하거나 원래 상태보다 더 조직화하여 기억할 수 있다. 학습자는 체계적으로, 그리고 점차적으로 더 '좋은(good)' 게슈탈트에 가까워진다. 기억을 좀 더 균일하게 다듬거나 중요한 세부 사항을 강조하거나 혹은 좀 더 익숙한 것에 맞추어 표준화해 가는 과정을 거치는 것이다. 흔적은 "특정 사건을 기억해 내기 위한 조건을 명시한 인지적 청사진(cognitive blueprint)"(Tulving & Watkins, 1975, p. 262)이다.

(2) 정보처리이론

정보처리이론(Information Processing Theory)은 인간의 마음이 컴퓨터와 동일한 방식으로 작동한다는 관점을 기초로 하고 있다. 즉, 데이터를 받아들여서 분석하고, 이를 저장 및 인출하는 것이다. 이러한 관점에서 학습이란 무엇인지, 인간의 마음이 어떻게 작동하는지에 대해 알아보자.

Seel(2008)에 따르면, 기억은 "과거의 경험을 간직하고 회상하는 정신적 능력"(p. 40)이다. 정보처리의 시각으로 보면 적어도 세 가지 유형의 기억이 있으며, 이들 각각은 학습 과정에서 서로 다른 기능을 한다(Atkinson & Shiffrin, 1968). 이 세 가지 기억 유형은 [그림 4-1]에 정리되어 있다.

감각기억은 정보처리의 첫 단계다(Driscoll, 2005). 정보는 이곳을 통해서 시각 혹은 청각의 형태로 들어온다. 감각기억에 들어온 정보는 주의 기제(attention mechanism)가 자신과 관계가 있는지, 혹은 무시해도 되는 것인지를 판단할 수 있을 정도로 짧은 시간 동안만 머무르게 된다.

주의 집중을 받은 정보는 두 번째 유형인 작동기억으로 이동한다. 이곳에서 정보가 조직화되며 단기적으로 유지된다. 작동기억에서 정보가 유지되는 기간은 정보의 양과 시연 과정에 따라 결정된다. 작동기억은 처리 가능한 정보의 양이 제한되어 있다. 오랜 기간의 연구에 따르면, 작동기억에는 한번에 '7±2' 단위의 정보만 유지가 가능하다(Miller, 1956). 따라서 기억 용량을 초과할 경우, 작동기억 내의 정보는 새로 들어오는 정보로 대

[그림 4-1] 정보처리 관점에서의 기억 체계

*출처: *The Theoretical and Conceptual Bases of Instructional Design* by R. Richey, 1986, p. 68의 내용을 승인하에 수정하여 사용하였음. Copyright 1986 by Rita C. Richey.

체된다. 정보가 끊임없이 작동기억으로 들어오고 나가는 과정이 반복되는 것이다.

정보가 작동기억에 머무르는 동안 학습자는 시연 과정을 거치게 된다. 시연은 정보의 저장과 인출을 촉진할 뿐 아니라, 장기기억으로 정보를 넘겨주는 새로운 인지 구조를 만들어 내기도 한다(Ericsson & Chase, 1982). 학습 상황이 보다 즉각적인 회상을 요구할 경우 더 많은 시연을 필요로 한다. 이러한 시연 활동에는 회상을 위한 보다 심층적인 처리를 촉진하기 위해 학습 내용을 처리하여 활성화된 작동기억으로 보내는 것에 대한 지원이 포함된다. 시연은 정보가 즉각적으로 회상될 수 있도록 준비시켜 주는 동시에, 기억의 세 번째 유형인 장기기억으로 전이될 수 있도록 조직화한다.

장기기억 내의 정보는 일반적으로 학습이 일어난 것과 필요에 따라 인출될 수 있는 것으로 간주된다. 장기기억은 의식적으로 통제가 가능하다. 그러나 장기기억에 저장된 정보는 반드시 유의미해야 한다. 교수설계의 목표 중 하나는 학습자가 정보를 이해함으로써 이를 장기기억에 넣어 두고 유지할 수 있도록 지원하는 수업을 개발하는 것이다. 이 과정에서 스키마가 사용된다.

(3) 스키마 이론

스키마 이론(Schema Theory)은 일반적인 개념을 표상하는 멘탈 스키마(mental schema) 혹은 자료 구조를 구성하는 것에 초점을 두고 있다(Smith & Ragan, 2005). 스키마는 장기기억에 존재하며, 우리의 지식이 기억에서 어떻게 조직되어 있는지를 설명해 준다. 스키마를 사용함에 따라 학습자들은 특정 기억에 주의를 기울이거나 이를 활성화할 수 있게 된다. 스키마는 새로운 지식을 이해하고 저장하며 인출하는 것을 도와준다. 또한 선택적 주의와 이해를 촉진함으로써 지각을 용이하게 해 주며, 학습자의 기억을 체계적으로 검색함으로써 회상을 도와주기도 한다.

학습자는 기존에 존재하는 지식을 스키마 구조로 조직화화며, 이러한 구조를 활용하여 새로운 정보를 이해한다. Piaget는 인간 발달의 특징을 스키마를 획득하고 변형하는 것이라고 하였다(Ginsburg & Opper, 1979). 그는 인간이 특정 상황에 어떻게 대처하는가를 결정하고, 개인의 총체적 지식을 반영하는 것이 스키마라고 주장하였다. 새로운 지식이 이미 형성된 스키마에 저장되면서 학습자가 세상을 바라보고 이해하는 방식이 끊임없이 재구조화되고 재개발되며 변화된다.

정보는 새로운 스키마를 만들어 내거나 이미 존재하는 스키마를 변형시킨다. Rumelhart와 Norman(1978)은 스키마를 새로 만들거나 변형시키기 위한 방법으로 다음의 세 가지를 제안했다.

- **증대**(accretion) 추상적인 개념이 이미 존재하는 스키마에 추가되며 그 본질은 바뀌지 않음
- **조율**(tuning) 이미 존재하는 스키마가 약간 변형됨으로써 인간의 경험과 일치하게 됨
- **재구조화**(restructuring) 기존의 스키마를 대체하거나 포함하는 새로운 스키마를 생성함

교수설계를 통해 충분한 연습 기회를 제공함으로써 학습자들이 스키마를 획득하고 변형해 나갈 수 있도록 지원하는 동시에 향후의 학습에서 스키마를 사용할 수 있도록 도와준다.

4) 교수설계를 위한 인지주의 학습이론의 적용

이 절에서는 정보의 저장과 인출을 촉진할 수 있는 인지 설계 전략, 즉 메시지 설계 전략 및 시연, 청킹, 기억술, 선행 조직자의 활용과 같은 교수

전략에 대해 논의하고자 한다. 또한 인지적 과제 분석 및 인지 설계 과정에 대해서도 알아볼 것이다.

(1) 메시지 설계 전략

인지학습이론이 주는 교훈 중 상당수는 좋은 수업이 어떻게 학습자의 주의를 획득하고, 회상을 촉진하는가와 관련이 있다. 게슈탈트 원리에 따라 교수설계자들은 우선 수업에 있어서 내재적 순서(inherent order) 및 조직화를 강조할 것이다. 이러한 개념적 구조는 수업을 정확히 기억하고 이를 유지하는 것을 지원한다. 뿐만 아니라, 이 구조가 학습자의 과거 경험과 일치할수록 학습에 더 많은 도움이 된다. 그러나 교수 자료의 구조 역시 지각 및 기억을 도와주는 물리적 요소를 가질 수 있다. 예를 들어, 색깔을 사용하여 부호화하거나 대칭 혹은 균형 잡힌 시각 자료를 사용할 수 있다. 교재의 각 페이지 혹은 컴퓨터 스크린의 일반적인 외관은 각 부분의 표현보다 종종 학습에 더 많은 영향을 준다.

(2) 시 연

시연(rehearsal)의 목표 중 하나는 학습자의 장기기억에 저장되어 있는 사전 경험 및 지식과 단기기억에 있는 새로운 정보를 관련짓는 것이다. 해당 주제에 대해서 이미 지식을 가지고 있는 학습자는 장기기억으로부터 많은 것을 상기시킬 수 있다. 그러나 사전 지식이 없는 학습자는 이러한 연결을 충분히 만들어 내지 못한다. 교수설계자는 중요한 내용의 반복, 질의응답의 촉진, 예측 및 재진술, 리뷰, 요약 등의 다양한 시연 전략을 사용할 수 있다. 노트 작성하기, 밑줄 긋기, 학습 안내를 위한 질문 사용하기 등의 학습 기술 역시 시연을 촉진할 수 있다.

(3) 청 킹

작동기억에는 제한된 양의 정보만 머무를 수 있으나, 청킹(chungking)을 통해 이 양을 증가시킬 수는 있다. 이미 앞에서 Miller(1956)의 고전적인 연구 결과, 즉 작동기억은 일반적으로 '7±2' 항목을 수용할 수 있다는 점을 언급하였다. 이 원리는 여전히 유효하지만, 각 항목에 담아낼 수 있는 정보의 양은 유사한 정보를 그룹화하여 묶어 냄으로써 달라질 수 있다. 예를 들어, '5513628943'과 같은 전화번호의 개별 숫자를 외우는 것은 어려울 수 있다. 그러나 이를 지역번호(551), 전화번호 앞자리(362), 마지막으로 남은 네 자릿수(8943)로 묶으면, 전화번호를 누르는 데 필요한 시간 동안은 이 숫자들을 작동기억에 잡아 둘 수 있다. Miller(1956)는 이 과정을 정보의 재부호화(recoding)로 설명하였다.

효율적인 학습과 파지를 촉진하기 위해서는 교수설계자가 학습 자료를 개발할 때 단기기억의 일반적인 용량을 고려하여 재부호화 활동을 포함시켜야 한다. 예를 들어, 15단계를 거쳐야 작동이 되는 장비의 조작 방법을 가르친다고 가정할 때, 교수설계자는 이를 논리적으로 타당한 세 가지 큰 그룹으로 나누어 이름을 붙이고, 각 그룹 내에 다섯 단계씩 포함되도록 청킹함으로써 향후 이 내용이 잘 인출되도록 도와줄 수 있다.

(4) 기억술

기억술(mnemonics)은 정보의 저장 및 인출을 촉진하는 유용한 방법이다. 서로 관계가 없어 보이는 정보를 학습할 때 이들을 기억하기 쉬운 형태로 연결 지으면 좀 더 이해가 잘된다. 기억술은 사실적 정보의 인출을 위한 큐를 제공한다(Kuo & Hooper, 2004). 예를 들어, 미국과 캐나다 국경의 5대호(Great Lakes)의 이름을 배울 때 'HOMES(Huron, Ontario, Michigan, Erie, Superior)'라는 단어를 사용하여 각 호수의 이름을 좀 더 의미 있게 만들 수 있다. 'HOMES'라는 단어는 친숙하고 논리적으로 말이 되기 때문에

5대호의 이름을 기억해 내는 데 도움이 된다. 이와 같이 기억술을 사용함으로써 교수설계자는 학습자가 가지고 있는, 상대적으로 영구적인 기억장치로부터 정보를 인출해 내기 위해 큐를 사용할 것을 독려할 수 있다.

(5) 선행 조직자

선행 조직자(advance organizer)는 학습 내용 자체보다 좀 더 일반화되고 단순화된 포괄적인 내용을 담고 있는 도입 자료다. 선행 조직자는 학습 자료에 앞서 제시되어 학습자가 이미 알고 있는 것과 학습자가 교재를 학습하기 위해 알아야 하는 것 사이의 격차를 좁혀 준다(Ausubel, 1978). 조직자의 구성은 내용의 성격, 학습자의 연령, 학습자의 사전 지식에 따라 달라지며, 주요 아이디어에 대한 개관 혹은 요약 형태를 취하되, 교재에 기술된 세세한 내용은 제외한다.

(6) 인지적 과제 분석

교수설계에 있어서 지배적인 역할을 해 온 인지주의적 관점에 힘입어 교수설계 모형의 과제 분석 및 학습자 분석 요소는 꾸준히 확대되어 왔다(Saettler, 1990). 관찰 가능한 과제의 수행에만 초점을 맞추는 대신, 교수설계자들은 학습자들이 학습해야 하는 관찰 불가능한 정신 과제(mental task)를 분석하기 위한 기법을 활용하기 시작했다. Schraagen, Chipman과 Shalin(2000)에 의하면, 인지적 과제 분석(cognitive task analysis)은 "전통적인 과제 분석 기법의 확장으로서 관찰 가능한 과제 수행의 근간을 이루는 지식, 사고 과정, 목표 구조에 대한 정보를 산출해 내는 것"(p. 3)이다.

예를 들어, 직원들의 코칭 기술에 초점을 둔 설계 프로젝트에서 교수설계자는 아마도 관리자가 코칭을 할 때 반드시 수행해야 하는 절차를 문서화할 것이다. 뿐만 아니라 부하 직원을 코칭하는 과정에서 정신적으로 수행해야 하는 과제 역시 문서화할 것이다. 이러한 과제로는 즉각적인 의사결정 및 문제 해결 등이 있다. 과제 분석의 인지적 측면과 행동적 측면을 모두 강조함으로써 더욱 포괄적인 교수 목적 및 목표를 달성할 수 있으며, 교수설계자로 하여금 학습자의 수행의 이면에 대해서 설명할 수 있도록 도와주기도 한다(Smith & Ragan, 2005).

5) 사회학습이론

사회학습이론(Social Learning Theory)은 사회적 환경의 영향에 초점을 맞춤으로써 학습에 대한 관점을 확장시켰다. 이 절에서는 Rotter와 Albert Bandura의 이론을 통해 사회학습이론을 탐구하고자 한다.

(1) 사회학습이론의 기초

Rotter(1954)는 "주된 혹은 기초가 되는 행동 양식은 사회적 상황에서 학습된다……."(p. 84)라고 주장하였다. 그의 사회학습이론은 네 가지 요인, 즉 행동 가능성(behavioral potential), 기대 강화(expectancy reinforcement), 강화 가치(reinforcement value), 심리적 상황(psychological situation)을 강조하고 있다(Rotter, Chance, & Phares, 1972). 행동 가능성은 상황에 따라 한 사람이 특정 행동을 하게 될 확률을 의미한다. 이는 관찰 가능한 행동과 관찰 불가능한 행동을 모두 포함한다. 기대 강화는 어떤 행동이 특정 강화를 유발할 것이라고 믿는 한 개인의 신념을 의미한다. 강화 가치는 또 다른 가능한 결과물과 비교했을 때 특정 결과물에 어느 정도의 가치를 두는가와 관련이 있다. 심리적 상황은 특정 행동을 하게 되는 맥락을 포함하되, 한 개인이 특정 상황을 어떻게 바라보는가에 중점을 두는 요인이며, 이는 강화 가치 및 기대에 영향을 미친다(Pintrich & Schunk, 2002).

(2) 사회인지이론

Rotter의 이론은 사회인지이론(Social Cognitive Theory), 즉 사회학습이론을 확장하여 관찰 학습에 초점을 둔 이론의 전신이었다(Bandura, 1997). Bandura와 그의 동료들은 성인의 행동이 정적 강화를 받을 경우, 아동이 그 행동을 모방한다는 사실을 발견하였다. Burton, Moore와 Magliaro(2004)가 말했듯이 "직접경험으로 인해 발생하는 거의 모든 학습 현상은 타인의 행동 및 그에 따른 결과를 관찰함으로써 대리적으로 이루어진다" (p. 12).

사회인지이론의 기본 가정은 학습자가 타인의 행동을 관찰함으로써 정보를 획득한 후, 그 행동 가운데 어떤 것을 수용할지를 결정한다는 것이다. 바로 이러한 관찰 및 의사 결정 과정은 새로운 행동을 습득하고 수행하는 데 있어 매우 중요하다. Bandura(1978)는 학습에 필요한 세 가지 요소로서 행동, 환경 그리고 개인의 지각과 행동에 영향을 주는 내적인 사건을 언급하였다. 이 세 요소들은 상호 연결되어 있다.

사회인지이론가들은 학습과 수행은 서로 다른 사건이라고 주장하는데, 그 이유는 개인이 내적으로 행동 양식을 습득할 수는 있으나, 이를 향후에 반드시 수행으로 옮기는 것은 아니기 때문이다. 학습은 향후 행동을 취하는 데 도움을 주는 안내로서 언어적 혹은 시각적 기호의 형태로 상징적 표상을 습득하는 것이다. 시각 기호는 활동, 장소, 물체와 같이 많은 양의 정보를 포함하고 있는 사건(event)의 고유한 특징을 추상화한 것이다(Bandura, 1986).

사회인지이론의 네 가지 요소는 행동 모델, 모델화된 행동의 결과, 학습자의 내적 과정, 지각된 자기효능감이다. 행동 모델의 기능은 학습자에게 정보를 전달하는 것이다. 이 정보는 학습자가 특정 행동의 수행에 대해서 현재 가지고 있는 경향성을 강화 혹은 약화시키거나, 새로운 행동 패턴을 시연하기 위한 것이다(Bandura, 1973).

조작적 조건화와 유사하게, 사회인지이론에 있어 행동의 결과는 학습에서 매우 중요한 역할을 수행한다. 결과는 대리적으로 주어질 수도 있고, 자기 스스로 줄 수도 있다. 모델이 특정 행동에 대해서 긍정적으로 강화되는 것을 관찰한 학습자는 긍정적인 반응을 대리적으로 경험하게 된다. 그러나 자기 강화는 자신의 행동으로 인한 결과에 따라 학습자 자신에 의해 주어진다. 학습자는 스스로 자신의 수행 기준(performance standard)을 정해 두는 경향이 있다. 즉, 자신의 행동이 이 기준을 충족할 경우 스스로에게 보상하거나, 기준에서 벗어날 경우 스스로를 비난할 수도 있다. 이와 같이 자기 스스로 부과한 결과는 외적 결과와 결합하여 작용한다(Gredler, 2001).

인지 과정은 사회인지이론에서 중요한 역할을 수행한다. 학습자가 자신의 경험을 기호로 부호화하고 저장하며, 미래에 발생하게 될 결과를 예측해 보는 능력은 인간 행동의 습득 및 변형에서 필수적이다. 사건의 인지적 처리 과정과 발생 가능한 결과는 학습자의 행동에서 지침이 된다. 학습과 수행을 책임지는 네 가지 과정은 다음과 같다(Bandura, 1977a).

- 주의(attention) 모델 행동의 주요 요인을 인지함
- 파지(retention) 모델 정보를 입력 및 변형시켜 보관하고, 시연 및 부호화를 통해 기억장치에 저장함
- 재생(production) 모델화된 사태의 시각적 혹은 상징적 개념(visual and symbolic conceptions)을 행동으로 변환함
- 동기화(motivation) 가치 있다고 생각되거나 긍정적인 결과가 기대되는 활동을 수행함

지각된 자기효능감은 학습자 자신이 새로운 혹은 예측이 어려운 요소가 반영된 상황에 대해 성공적으로 대처할 수 있는 능력에 대한 신념이다. 연구 결과에 따르면, 자기효능감은 학습자의 행동을 결정하는 기본 요소다.

자기효능감을 높게 지각할수록 학습에 더 많은 노력을 더 오랜 시간 기울이게 된다(Liaw, 2002). 다른 말로 하면, 자기효능감은 특정 과제를 수행하기 위해 요구되는 자신의 능력에 대한 자신감을 의미한다.

사회인지이론에 따르면, 복잡한 행동을 성취하는 데 있어 필수적인 요인이 바로 개인의 자기 조절 체계이며(Bandura, 1986), 여기에는 자신의 행동에 대한 기준, 자기 관찰, 자기 판단, 자기 반응 등이 포함된다. 학습자가 스스로 목표를 설정하고 자신의 목표와 수행을 비교해 보는 것은 매우 중요하다. 자기 조절 체계를 개발하는 것은 학습자의 행동, 환경, 지각 및 활동에 영향을 미치는 내적 사건에 따라 좌우된다(Bandura, 1978).

6) 교수설계를 위한 사회학습이론의 적용

사회학습이론의 원리가 제공하는 수업설계를 위한 시사점으로는 적절한 모델의 사용과 가치 및 자기효능감의 형성이 있다.

(1) 모델의 사용

교사, 동료 학습자, 직장 동료 등은 학습 및 수행 환경에서 살아 있는 모델이 될 수 있다. 교수설계에서 눈여겨보아야 할 사회학습이론의 적용점은 상징적 모델링(symbolic modeling)을 사용하는 것이다. 그림, 만화 이미지, 아바타 등은 디지털 미디어에서 자주 사용되는 상징적 모델이며, 이러한 전자적 형태의 상징적 모델은 학습자의 욕구에 따라 반복 재생이 가능하다.

살아 있는 모델과 상징 모델 모두 추상적인 인지 규칙, 문제 해결 전략, 통합적 운동 기술을 가르치는 데 활용이 가능하다(Carroll & Bandura, 1982). 어느 경우든 모델은 학습자가 신뢰하고 존경할 수 있어야 하며, 자신과 동일시할 수 있어야 한다. 학습자는 모델의 행동을 강화 혹은 벌로 받아들일 수 있어야 한다(Martin & Briggs, 1986).

(2) 가치 및 자기효능감의 형성

교수설계자는 학습자가 긍정적인 성과에 대해 기대를 가질 수 있도록 해야 하며, 이를 통해 학습자는 학습 과제에 주의를 기울일 수 있게 된다. 학습에 대한 수행 성과가 좋으면 긍정적인 결과가 있을 것이라는 점을 학습자가 인지할 경우, 학습에 더 높은 가치를 부여하게 된다(Bandura, 1977b). 교수설계자가 학습자로 하여금 새로운 것을 배우는 것 자체에 가치를 두도록 유도하는 것도 중요하다(Keller, 1983).

교수설계자는 학습자의 효능감 역시 촉진해야 한다. 자기효능감을 높일 수 있는 방법은 자신과 유사한 능력을 가진 동료 학습자가 성공을 경험하는 것을 관찰할 수 있는 기회를 주는 것이다. 이를 위해 상호 학습(peer tutoring)이나 집단 토론 등 학습자들이 함께 과제를 수행할 수 있는 협력적 학습 활동을 설계할 수 있다.

7) 학습이론의 철학적 지향성

대부분의 학습이론을 이끌어 주는 철학적 원리는 주로 경험주의(empiricism) 혹은 과학적 경험주의를 기반으로 하고 있다. 경험주의는 앞 장에서 논의했던 것과 같이 지식이 학습자 외부에 존재한다고 보았으며, 진실을 추구하는 과정에서 관찰과 증명에 의존한다(제3장 참조). 이는 본 장에서 논의한 모든 학습이론과 맥을 같이한다. 행동주의, 인지주의, 사회적 학습이론은 모두 경험적 연구 및 객관주의적 전통에 의해서 성립되었다. 비록 이 이론들이 학습 과정에 대해서 서로 다른 설명을 하고 있으나, 결국 객관적인 진리가 존재한다는 점에서는 뿌리를 함께하고 있는 것이다. 지식은 본래 사실적이다. 따라서 게슈탈트 법칙, Thorndike의 연습의 법칙 등 법칙을 세우려는 노력을 주로 하였다. 이러한 법칙은 반복적인 연구를 통해 검증되었다. 과학적인 태도가 이론화에 있어서 역할을 수행한 것은 사실이지만, 논리나 추론에는 우선하는 경향이 있다. 예를 들어, 정보처리 모델은 논리의 산물이며, 이를 지지하는 수많은 연구 결과가 있다.

그러나 사회학습이론은 또 다른 철학적 지향점을 반영하기도 한다. 개인의 내적 조건을 고려하기 때문인데, 이는 자기효능감과 연결 지어 설명하고, 인간의 동기와 감정을 강조하는 인본주의 원리를 반영하는 것을 통해 드러난다. 인본주의자들은 개인 및 적극적인 참여 과정을 통해 전인적 인간이 되기 위한 개인의 능력을 관심의 중심에 두었다(Lacey, 2005). 실패감을 피하고(Atkinson, 1966), 자신감과 성취감을 추구하며(Atkinson & Raynor, 1974), 소속감을 느끼고 싶어 하는 것(Pintrich & Schunk, 2002) 모두가 개인의 자기효능감에 영향을 미치는 감정의 예다. 교육자들은 학습자의 감정이 학습 능력에 영향을 미친다는 사실을 인지하고 있으며, 따라서 학습자의 태도와 가치는 수업을 설계할 때 반드시 고려되어야 한다(Weinstein & Fantini, 1970).

2. 교수설계에 대한 학습이론의 적용 및 동향

학습이론은 교수설계 현장, 특히 교수설계자들이 교수 처방을 선택하는 데 매우 중요한 요소다. 요즘은 행동주의적 원리에 대한 관심이 줄어드는 반면 학습 과정과 연관된 다양한 요인에 대한 인식이 높아지고 있다. 최근에는 학습 및 수행 환경의 영향을 설명하기 위한 노력의 일환으로 학습자 및 환경 분석이 확대되는 추세다. 학습이론을 교수설계에 적용하는 것과 관련하여 두 가지 동향, 즉 맥락 분석과 수업의 제1원리에 대해 간략히 알아보고자 한다.

1) 맥락 분석

맥락 및 환경에 대한 이슈는 내용을 강조하던 기조에서 벗어나고 있는 교수설계 분야에서 더욱 중요해지고 있다(Richey, 1995). 이러한 움직임은 학습자의 태도, 동기, 행동적 모델링의 중요성을 인정하는 학습이론 및 연구 결과와 일치하는 것이며, 동시에 학습의 전이를 요구하는 사회적 욕구, 특히 직업적 맥락에서의 욕구 역시 반영한다. 맥락은 "학습과 수행에 있어서 다양한 수준의 요인"(Tessmer & Richey, 1997, p. 87)이다. 맥락이 학습에 영향을 미침에도 불구하고 최근까지 교수설계에서 맥락 분석(context analysis)은 드문 일이었다. 맥락적 요인에는 학습자의 근무 환경, 직무(work practices), 테크놀로지, 개인의 태도 및 기타 배경의 차이 등을 포함한다. 맥락은 이제 교수설계에서 중요하게 인식되고 있으며, 수행을 기반으로 하는 학습에서의 성취에 있어서도 역시 중요하다(Tessmer & Richey, 1997). Tessmer와 Richey(1997)는 지향적 · 교수적 · 전이적 맥락의 세 가지 관점을 제시하였다([그림 4-2] 참조).

이 모델에는 세 가지 유형의 맥락이 있다. 첫째, 지향적 맥락(orienting context)은 학습 활동 이전에 일어나는 것으로서 예비 학습자의 동기 및 학습을 위한 준비에 영향을 미친다. 둘째, 교수적 맥락(instructional context)은 교수 장면에 직접적으로 영향을 주는 환경 요인이다. 셋째, 전이적 맥락(transfer context)은 학습한 것이 적용되는 환경이다. 이와 같은 세 가지 유형의 맥락에 덧붙여, 각 맥락에는 세 가지 맥락 수준—① 학습자 및 이들의 배경 특성, ② 물리적 장소 및 사건을 포함하는 근접 환경, ③ 가장 광범위한 수준의 조직 환경—이 내포되어 있다.

맥락 분석은 좀 더 총체적인 접근을 취한다. 따라서 교수설계의 요구 사정 단계에서 프로젝트와 관련된 맥락 자료를 수집하는 것 등으로 분석이 확대된다. 이러한 자료를 통해 학습과 전이를 향상 혹은 억제시키는 요인

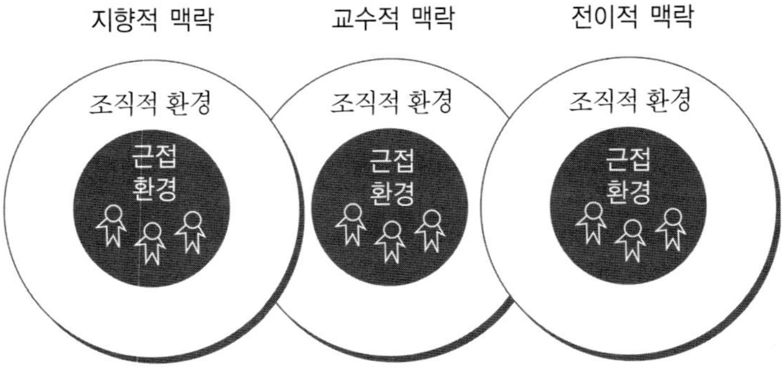

[그림 4-2] 맥락과 맥락적 수준

* 출처: "The Role of Context in Learning and Instructional Design" by M. Tessmer and R. C. Richey, 1997, *Educational Technology Research and Development, 45*(2), p. 91의 내용을 승인하에 수정하여 사용하였음. Copyright 1997 by the Association for Educational Communications and Technology.

을 구별하거나 환경 분석으로는 알 수 없는 중요한 요인을 확인할 수 있다. 이들 요인은 관찰 가능할 수도 있고(예: 내재적 혹은 외재적 보상) 관찰이 불가능할 수도 있다(예: 조직 문화). 맥락 분석을 통해 수집된 정보는 날로 중요해져 가는 교수설계의 목표인 학습의 효과적 전이를 향상시키기 위한 수업설계에 활용된다.

2) 수업의 제1원리

수업의 제1원리(First Principles of Instruction)는 연구를 기반으로 한 교수설계적 처방이다. 이 원리가 강조하는 것은 학습자가 어떻게 지식과 기능을 습득하는가에 대한 단순한 기술이 아니라, 효과적인 학습 환경과 학습 결과물을 만들어 내는 것이다(Merrill, 2002). 이 원리는 모든 주요 학습이론을 아우르고 있다. 이들 원리를 종합해 보면, 문제 해결을 중심으로 수업을 구조화할 경우 학습이 일어난다고 한다. 총 다섯 가지의 수업 원리를 제안하고 있는데, 그중 첫 번째는 문제를 중심으로 가르치라는 것이고, 나머지 네 가지 원리는 효과적 수업의 네 단계를 설명한다. Merrill(2002, pp. 44-45)이 제안한 원리는 다음과 같다.

- 학습은 학습자가 실제 세계의 문제를 해결할 때 촉진된다.
- 학습은 학습자가 이미 가지고 있는 사전 지식이 활성화(activated)되어 새로운 지식의 기초로 활용될 때 촉진된다.
- 학습은 새로운 지식이 학습자들에게 시연(demonstrated)될 때 촉진된다.
- 학습은 학습자에 의해 새로운 지식이 적용(applied)될 때 촉진된다.
- 학습은 새로운 지식이 학습자의 세계에 통합(integrated)될 때 촉진된다.

두 번째 원리는 학습을 촉진하는 과정에서 관련성이 높은 사전 경험을 활용할 것을 처방하고 있다. 관련이 있는 사전 경험을 활용하기 위해서는 학습자가 새로운 지식과 기존의 지식을 통합할 수 있도록 해 주는 정신 모형(Mental Model)을 활성화하고 이를 변형시키는 작업이 필요하다(Merrill, 2002).

사회학습이론에서는 학습자의 지식 습득과 새로운 행동의 시연을 촉진하기 위해서 바람직한 행동 모델을 제공하는 것이 중요하다고 강조한다. 이러한 내용은 세 번째 원리, 즉 새로운 지식의 습득을 위해 시연을 제공하라는 원리에 반영되어 있다. 네 번째 원리는 학습자가 학습한 내용을 적용해 보는 것이 매우 중요함을 강조한다. 마지막 원리는 새로 학습한 지식을 사전 지식에 동화시킴으로써 결과적으로 새로운 수준의 지식을 습득하게 된다는 점을 이야기한다. Merrill(2002)은 "학습자에게 있어서 진정한 동기는 학습이다. 학습자가 어떤 기능을 잘 수행하게 되면, 그들은 더욱더 잘하고 싶도록 동기화된다."(p. 50)라고 보았다. 이 원리에는 자기효능감을 설명한 사회인지이론이 직접적으로 적용되어 있다. Merrill(2002)은 적절한 조건에서는 수업의 제1원리가 언제나 참이며, 매우 다양한 프로그램 및 교육 현장에서 이를 실행에 옮길 수 있다고 주장하였다(Merrill, 2002).

3. 연구, 학습이론 및 교수설계

교수설계 영역에서 학습이론의 적용을 지지하는 연구 결과는 매우 많다. 몇몇 연구는 심리학 분야에서 진행되어 교수설계에 시사점을 제공하였으며, 대부분의 연구들은 우리 분야에서 이루어졌다. 이 절에서는 현장에서 일하는 교수설계자들에게 학습이론의 효과적인 적용 방법을 제시하는 연구에 대해 알아보고, 새로운 연구의 방향을 제언하고자 한다.

1) 교수설계에서 학습이론의 적용에 대한 실증적 지지

교수 상황에서의 학습이론의 적용 및 관련 학습의 효과에 대해서 많은 연구가 이루어졌다. 여기서는 행동주의적 · 인지주의적 · 사회적 학습이론의 적용과 관련한 대표적인 연구들에 대해 알아보기로 한다.

수업 상황에서 행동 목표를 활용하는 것에 대해서는 모순된 연구 결과들이 제시되었다. 예를 들어, 행동 목표가 학습에 미치는 영향을 분석한 초기 연구로는 학습자가 목표를 명확하게 인식하는 것이 학습을 유의미하게 향상시켰다는 결과가 있다(Doty, 1969; Olsen, 1972). 그러나 다른 연구들은 학습자가 목표를 이해하는 것이 긍정적인 영향을 미치지 않았다는 점을 발견하였다(Weinberg, 1971; Zimmerman, 1972). 이와 유사하게, Mager와 McCann (1961)은 목표를 사용함으로써 학습 시간을 단축시킬 수 있었다고 하였으나, Loh(1972)와 Smith(1971)는 목표의 사용이 학습 효율성과는 관계가 없다고 하였다.

피드백의 효과 역시 빈번히 연구되었으나, 이 또한 일관성 없는 결론을 보여 주고 있다. Mory(1996)는 관련 연구를 분석한 결과, 피드백을 강화의 요인으로 사용한 초기 연구들은 대체적으로 긍정적인 효과를 보여 주지 못했음을 발견하였다. 그러나 1970년 이후의 연구들은 피드백을 정보로 간주하였다. 이러한 연구들의 상당수는 학습자의 부정확한 반응을 교정해 줄 때 피드백이 긍정적인 효과를 보여 준다고 하였다. Mory는 이러한 연구들이 정보처리의 관점을 반영하는 경향이 있었으며, 학습자들은 자신의 실수를 교정하는 과정에 적극적으로 참여했다는 점에 주목하였다. 피드백에 대한 연구는 계속되었다. 예를 들어, Clariana, Wagner와 Murphy(2000)는 피드백 제공 시간, 즉 지연된 피드백과 즉각적인 피드백이 파지에 미치는 영향을 조사하였다. 그들은 학습자들이 지연된 피드백을 받았을 때 초기의 학습 내용을 더 많이 기억한다는 사실을 밝혀냈다.

인지주의적 이론의 적용에 대한 연구로는 선행 조직자와 기억술에 대한 것이 있다. Sui(1986)는 중국의 중학교 1학년 학생들의 내용 이해도를 높이기 위해 선행 조직자를 사용하는 방안을 연구하였다. 그 결과 본문에 선행 조직자를 사용하는 것은 읽기를 잘하는 학생과 잘 못하는 학생 모두에게 오히려 방해가 되었다. 이 결과는 선행 조직자의 사용에 대한 결정적인 지지를 보여 주지 않은 많은 논문에서 반복적으로 나타났다. 그러나 West, Farmer와 Wolff(1991)는 이 연구들이 "선행 조직자는 일반적인 개념의 장기적인 파지 및 전이에 있어서 강점을 지니고 있다는 사실을 세심하게 다루지 못했다."(p. 120)라고 주장하였다

기억술에 관한 연구 중 가장 우세한 분야는 키워드 기억술인데, 일반적으로 이 분야의 논문들은 이러한 기억술이 효과적임을 보여 준다(West et al., 1991)(앞서 언급한 HOMES 예시가 바로 키워드 기억술이다). 좀 더 최근의 연구로는 Kuo와 Hooper(2004)의 연구가 있으며, 이들은 자기만의 기억술을 만들어 낸 학습자들이 사후 검사에서 더 높은 점수를 받았으며, 더 오

랜 시간을 학습하였다고 보고했다.

사회학습이론의 적용과 관련된 연구로는 자기효능감 연구가 있다. 예를 들어, Ertmer, Evenbeck, Cennamo와 Lehman(1994)은 컴퓨터에 대한 학생의 태도와 컴퓨터를 기반으로 하는 특정 수업의 과제에 대한 자기효능감 수준의 효과를 분석하였다. 그 결과, 컴퓨터 과제 수행 시간과 학습자의 자신감 수준 간에는 직접적인 관계가 없었다. 연구자들은 이를 바탕으로 학습자가 컴퓨터 관련 활동에 참여하는 시간보다 컴퓨터에 대한 경험의 질이 자기효능감에 있어 더 중요하다고 결론지었다. 이 연구의 맥을 이어 Joo, Bong 그리고 Choi(2000)는 웹기반 학습 환경에서 자기조절 학습에 대한 학습자의 자기효능감이 미치는 영향에 대해 알아보았다. 그 결과, 학습자의 인터넷 사용에 대한 자기효능감 수준은 웹 검색을 마칠 수 있는 능력에 대한 검사 점수를 유의미하게 예측하였으나, 지필 시험 수행은 예측하지 못했다. 지필 시험 수행을 예측한 것은 일반적인 학업에 대한 자기효능감이었다. 이 연구 결과는 동기적 요인과 성취 요인으로서 자기효능감이 지니는 복잡성을 잘 보여 준다.

2) 후속 연구를 위한 제언

학습을 설명하는 데 도움을 주는 이론들은 교수설계 분야에 지속적으로 영향을 미쳐 왔다. 따라서 교수설계에 학습이론을 적용하는 것과 관련된 연구는 이 분야를 발전시키는 데 매우 중요하며, 새로운 테크놀로지의 사용이 증가함에 따라 이러한 연구의 중요성은 더욱 강조되고 있다. 예를 들어, 테크놀로지 기반 수업을 설계하는 교수설계자들은 지각 자료 및 애니메이션을 포함하고 있는 멀티미디어를 사용할 때, 행동주의 원리의 적용에 있어 새로운 가능성을 인지하고 있다(Burton et al., 2004). 뿐만 아니라 컴퓨터를 튜터로 활용하는 것은 학습자의 속도 조절, 완전학습, 빈번한 학습자 평가와 같은 프로그램 학습(programmed instruction)의 원리를 적용할 수 있는 기회가 된다(Bennett, 1999). 테크놀로지에 기반한 학습의 활용도가 증가할수록, 이와 같은 행동주의적 학습 원리의 적용에 대한 연구가 지속되어야 할 것이다.

인지주의 학습이론을 교수설계에 적용하는 것에 대한 연구 역시 수행되어야 한다. 특히, 수확이 많았던 영역은 문제 해결이다(제7장 참조). 예를 들어, Merrill(2002)이 제안한 수업의 제1원리는 학습자가 실제 세계의 문제를 해결하는 과정에 참여할 때 학습이 촉진된다는 것이다. 최근의 인지학습이론에 기초하여 이 원리가 다양한 유형의 학습자나 맥락에도 타당하게 적용되는지를 결정할 수 있는 실증적 증거가 요구된다.

마지막으로, 온라인 원격교육이 성장함에 따라 사회학습이론에 대한 심층적인 연구가 중요해졌다. 이러한 환경에서는 학습자가 고립감을 느낄 수 있으므로, 모델링이나 자기효능감의 연구를 통해 온라인 학습 환경에서 이루어지는 학습에 대한 이해를 높일 수 있기 때문이다.

4. 요 약

학습이론은 교수설계의 지식기반에 지대한 영향을 미쳐 왔다. 이 장에서는 우선 세 가지 주요 학습이론을 탐색하였으며, 행동주의, 인지주의, 사회학습이론을 교수설계의 실제에 적용하는 것에 대한 예시를 제공하였다. 그리고 학습이론의 철학적 지향점에 대해서 논의하였다. 〈표 4-1〉은 이러한 내용을 요약한 것이다.

〈표 4-1〉 학습이론과 교수설계의 개관

□ 주요 원리

- 학습은 개인이 자극과 강화된 반응(reinforced response) 간의 연결을 생성할 때 이루어진다.
- 기억 흔적은 서로 유사하거나 가깝게 제시되거나 대칭 형태를 이루고 있는 것 혹은 친숙한 것에 가까운 항목들의 묶음이다.
- 기억 유형에는 감각기억, 작동기억, 장기기억이 있다.
- 스키마는 기억에 조직화되어 있는 지식이며, 새로운 정보를 이해하고 이미 학습된 정보를 저장 및 인출하는 데 도움을 준다.
- 학습은 사회적 환경에서 타인의 행동과 그로 인한 결과를 관찰할 때 일어난다.
- 자기효능감은 학습자의 행동을 결정하는 기본적인 요인이다.

□ 철학적 강조점: 다음과 같이 일반화할 수 있다.

- 학습 과정에 대한 지식은 과학적 연구를 통해 수립되고 검증된 일반 법칙으로 기술된다.
- 사회적 환경에서 느낌과 감정은 학습에 영향을 미친다.

□ 기초 연구: Thorndike의 연합주의 관련 연구, Pavlov의 고전적 조건화 관련 연구, Skinner의 조작적 조건화 관련 연구, 인지와 관련된 Gestalt의 연구 및 이론, Miller의 기억 용량에 대한 연구, Rotter의 사회적 환경에서의 학습에 대한 연구, Bandura의 관찰 학습 관련 연구

□ 초기 공헌자: R. C. Atkinson, A. Bandura, K. Koffka, W. Kohler, K. Lewin, I. Pavlov, J. B. Rotter, R. M. Shiffrin, B. F. Skinner, E. L. Thorndike, M. Wertheimer

□ 교수설계 적용

- 선행 조직자
- 행동 목표
- 행동의 유창성
- 청킹(chunking)
- 인지적 과제 분석(cognitive task analysis)
- 맥락 분석
- 피드백
- 메시지 설계
- 기억술
- 모델링
- 연습
- 프로그램 학습
- 시연
- 과제 분석

□ 이를 지지하는 교수설계 연구
- 선행 조직자(예: Ausubel, Sui, 1986)
- 행동 목표(예: Mager & McCann, 1961; Doty, 1968; Zimmerman, 1972)
- 피드백(예: Mory의 리뷰, 1996; Clarina, Wagner & Murphy, 2000)
- 기억술(예: West, Farmer & Wolff의 리뷰, 1991; Kuo & Hooper, 2004)
- 자기효능감(예: Ertmer, Evenbeck, Cennamo, & Lehman, 1994)

□ 관련 개념
- 교수 맥락
- 직무 분석
- 지향적 맥락
- 수행 목표
- 절차적 분석
- 전이적 맥락

학습이론은 〈표 4-2〉에서 보여 주듯이 교수설계와 매우 밀접하게 얽혀 있다. 이 표는 학습이론에서 도출된 교수설계 요소 및 이들이 교수설계 지식기반에 어떻게 기여하는지를 보여 준다.

이러한 요소들을 일반체제이론과 커뮤니케이션이론에서 발전한 요소들에 더해 보면 이 분야의 지식기반이 지속적으로 성장하고 있다는 사실을 알 수 있을 것이다. 교수설계 지식기반의 성장은 초기 교수이론을 다루고 있는 제5장에서 계속 논의할 것이다.

〈표 4-2〉 학습이론과 관련된 교수설계 영역과 요소

□ 학습자와 학습 과정
- 주의와 주의 기제
- 인지 요소(기억 흔적, 멘탈 스키마)
- 학습에 영향을 미치는 요인(결과, 맥락, 정보 부하, 준비도, 강화, 보상, 인출을 위한 큐)
- 효과의 법칙, 준비의 법칙, 연습의 법칙
- 유사성의 법칙, 근접성의 법칙, 폐쇄성의 법칙
- 학습자 특성(태도, 관련 경험, 정보처리 기술, 정신 모형과 스키마, 동기, 인지)

- 학습자 행동 모델링(주의, 파지, 재생, 동기화)
- 자기효능감
- 학습의 유형(행동 모델링, 일반화, 강화인을 활용한 반응 강화, 전이)
- 기억의 유형(감각기억, 단기기억, 작동기억, 장기기억, 인지적 기억)

□ 학습과 수행 맥락
- 분위기(외적인 영향 및 제약점, 물리적 자원, 조직 문화)
- 교수 환경(교수 환경 내에서의 상호작용)
- 사용 가능한 지원(연습, 강화, 피드백)
- 맥락의 유형(지향적, 교수적, 전이적)

□ 교수적 전략과 비교수적 전략
- 선행 조직자
- 행동 모델링
- 내용 청킹
- 피드백
- 수업의 제1원리
- 기억술
- 연습과 시연
- 강화
- 조형

□ 설계자와 설계 과정
- 분석 과정(과제, 직무, 인지, 맥락)
- 내용 확인(행동/수행 목표)
- 준거 지향 평가
- 학습에 대한 가치 및 자기효능감 정립
- 메시지 설계
- 계열화(부분 과제와 전체 과제)

제5장

초기 교수이론

1. 교수설계이론의 배경
2. 초기 교수이론과 교수설계
3. 초기 교수이론에 대한 연구
4. 요 약

제5장 초기 교수이론

이 장에서는 초기 교수이론이 교수설계에 기여한 바에 대해 탐색하고자 한다. 최근의 교수설계 모형에서 찾아볼 수 있는 많은 원리는 이 장에서 논의되는 초기 교수이론에 기초하고 있다. 교수설계와 초기 교수이론은 밀접하게 일치되는 경향이 있기 때문에 일부 사람들은 이 둘을 혼동하기도 한다. 우리는 이러한 초기 교수이론을 이 책에서 다루어지는 교수설계이론 및 모형의 효시라고 본다.

교수설계 모형의 적용은 1970년대에 번창하기 시작했고, '교수설계'라는 용어도 이 시기에 보다 폭넓게 교육 분야에서 활용되었기 때문에(Dick, 1987; Reiser, 2007a), 여기서는 1970년대 혹은 그 이전에 개발된 교수이론을 탐색하고자 한다. 현대의 교수설계에 기여한 다양한 초기 이론에 대해 논의할 것이나, 이 장에서 모두 총망라하기보다는 교수설계 분야의 기초를 제공했던 몇몇 교수이론을 집중적으로 탐구하고자 한다. 이 장에서는 다음과 같은 내용을 논의할 것이다.

- 교수설계의 전신이 되었던 교수이론
- 초기 교수이론의 철학적 지향점
- 교수설계에 대한 초기 이론의 적용
- 초기 교수이론에 대한 연구

1. 교수설계이론의 배경

다음에 소개되는 교수이론들은 현재의 교수설계이론과 모형의 효시다. 오늘날 사용되고 있는 일부 교수설계의 실제는 학교에서의 교육과정 개발과 관련된 이론에 그 근간을 두고 있기도 하다. 다른 교수설계 원리들은 냉전 시대에 소련과 미국 간의 미사일 격차를 줄이기 위해 학습심리학자들이 교수 이슈에 대한 연구에 중점을 두고 있을 당시에 개발되었다(Bruner, 1960). 우리가 이 장에서 논의하는 이론들은 대부분의 경우 교수설계에 대한 중요한 초석을 제공하고 있다. 다음의 내용이 이러한 논의에 포함될 것이다.

- 교육과정 및 수업에 대한 기초 원리
- 완전학습과 개별화 교수 이론
- 교수에 대한 초기 인지이론

1) 교육과정 및 수업에 대한 기초 원리

Ralph Tyler는 1930년대의 중등교육 분야의 진보적인 교육운동에 대한 평가를 주도했는데, 이 8년간의 연구 결과를 통해 그는 교육과정(curriculum)과 수업(instruction)은 실증적인 연구로부터 얻어진 증거에 바탕을 두어야 한다는 결론에 도달했다. Tyler의 의도는 교육과정 구성에 대한 구체적인 단계를 제시하기보다는 교육과정과 수업의 문제점을 연구하기 위한 기초를 제공하는 것이었다(Tyler, 1949, 1980). 그가 제시한 기본적인 원리는 지난 60여 년간 수많은 교사와 교육과정 개발자에 의해 적용되어 왔다. 더욱이 그러한 원리들은 교수설계에 대한 체제적 접근에서 찾아볼 수 있는 많은 요소를 포함하고 있다.

Tyler(1949)의 연구는 교수설계 분야에 중요한 기초를 제공하고 있는데, Tyler는 교육과정과 수업은 다음의 네 가지 요소를 포함해야 한다고 주장하고 있기 때문이다.

- 교육 목적 확인하기
- 목표 달성에 효과적인 학습 경험 선정하기
- 경험 조직하기
- 학습 경험의 효과성 평가하기

Tyler(1949)는 교육 프로그램을 계획하고 지속적으로 개선하기 위해서는 목적과 목표의 설정이 필수적이라고 주장했다. 그는 목표를 진술할 때 다음의 세 가지 정보, 즉 ① 학생들의 요구, 관심, 발달단계를 포함한 학생에 대한 정보, ② 유의미한 결과를 규명하는 데 도움을 주는 현재 삶의 문제에 대한 정보, ③ 교육 내용 및 내용 전문가가 중요하다고 생각하는 정보가 반드시 고려되어야 한다고 주장했다. 뿐만 아니라 그는 목표 간의 관계 및 적절한 계열화 그리고 학생들이 이 목표를 성취하기 위한 조건을 결정하기 위해 학습심리학 관련 정보를 사용할 것을 제안하고 있다.

학습 경험은 "학습자가 반응할 수 있는 환경에서 학습자와 외부 조건과의 상호작용을 의미한다"(Tyler, 1949, p. 63). Tyler는 학습 경험에 대해서 다음의 일반적인 원리들을 제시하였다.

- 학습자가 특정 학습 경험에 참여하기 위해서는 적절한 소질과 사전 지식을 보유하고 있어야 한다.
- 학습자는 학습 경험에 참여함으로써, 그리고 목표상에 제시된 기대되는 행동을 습득함으로써 만족감을 얻어야 한다.
- 하나의 특정한 학습 목표를 다루기 위해 다양한 학습 경험이 사용될 수 있고, 광범위한 경험이 학습자 및 교수자의 관심을 유지하는 데 도움을 줄 수 있다.
- 학습자는 학습 목표가 의도하는 행동을 연습하고, 교육 내용을 다루어 볼 수 있는 기회를 가져야 한다.
- 모든 각각의 학습 경험은 하나 이상의 성과를 도출해 내는 경향이 있고, 가끔 원하지 않는 결과가 나타나기도 한다.

Tyler(1949)에 따르면, 학습 경험이 서로를 지원하도록, 그리고 학습에 대해 누적적이면서도 장기적인 영향을 미치도록 조직화해야 한다. 그는 학습 경험을 조직하는 데 있어 요구되는 주요 기준으로서 연속성(continuity), 계열성(sequence), 통합성(integration)의 세 가지를 제안하고 있다. 연속성은 학생들이 중요한 개념과 목표를 학습하는 것을 돕기 위해 교수와 연습이 계속해서 반복되어야 한다는 것이다. 계열성은 해당 내용이 보다 깊이 있고 폭넓게 확대될 수 있도록 학습 경험을 구성하는 것이다. 통합성은 특정 내용의 목표와 경험을 다른 분야의 내용과 연관 짓는 것이다.

끝으로 Tyler(1949)는 교육과정 개발에 있어서 평가의 중요성을 강조하였는데, 평가는 "학습 경험이 바람직한 결과를 달성할 수 있도록 개발되고 조직되었는지를 알아보기 위한 절차"(p. 105)라고 정의하고 있다. 그는 학습자가 교수 프로그램에 참여하기 이전과 참여하는 도중, 참여 이후의 검사가 평가에 포함되어야 한다고 주장한다. 또한 학습 효과가 영구적으로 유지되는지 확인하기 위해 수료자를 대상으로 추후 연구를 실시할 것을 제안하고 있다.

2) 완전학습과 개별화 교수

완전학습(mastery learning)에 대한 옹호자들은 만약 충분한 학습 시간이 주어지고, 숙달 수준을 정의하는 구체적인 기준이 있고, 교수가 체계적으로 접근되고, 학습에 어려움을 겪는 학습자들에게 교정의 기회가 제공된다면, 대부분의 학생들은 새로운 지식과 기술을 완전히 익힐 수 있다고 믿는다(Bloom, 1971).

이러한 접근을 하는 지지자들에 따르면, 전통적인 집단 교수는 개별 학습자들이 각자의 학습 속도에 맞추어 학습할 수 있도록 충분한 시간을 주는 교수 형태로 수정되어야 한다고 주장하고 있다(Joyce & Weil, 1986). 다음에서는 교수설계의 기초가 되었던 두 가지 완전학습이론에 대해 논의하고자 한다.

(1) 학교 학습 모형

John B. Carroll(1963)은 학교 학습(school learning)을 무엇인가를 배우는 데 필요한 시간과 학습자가 실제로 학습에 사용한 시간 간의 비율로 설명하였다. 학습을 나타내기 위한 공식은 다음과 같다.

$$\text{학습 정도} = f\,(\text{실제 사용한 시간} / \text{학습에 필요한 시간})$$

여기서 실제 학습에 사용한 시간은 학습을 위한 기회(opportunity)와 끈기(perseverance) 두 변인의 함수다. 끈기는 학생이 학습 활동에 기꺼이 사용하고자 하는 시간의 양, 즉 단순히 흘러간 시간과는 달리 실제로 과제에 들인 시간을 말한다. 끈기는 흥미, 자신감과 같은 동기 요소와 관련이 있다. 그리고 학습 기회는 새로운 기술을 숙달할 수 있도록 학습자에게 주어진 시간의 양을 말한다. Carroll(1963)은 학습자가 무엇인가를 학습하기 위해 필요한 시간에 비해 학습 기회가 적게 주어지는 경우가 종종 있음을 지적하고 있다.

학습에 필요한 시간은 적성(aptitude), 능력(ability), 교수의 질(quality of instruction)이라는 세 가지 변인의 함수다. 적성은 학습자가 어떤 기술을 인정받을 수 있는 수준까지 학습하는 데 필요한 시간의 양과 관련된다. 하나의 과제를 배우는 데 적은 시간을 필요로 하는 학습자는 높은 수준의 적성을 가지고 있다고 간주된다. 특정한 과제에 대한 적성은 교수의 질에 의해 좌우되고, 이는 다시 수업을 이해하는 학습자의 능력에 영향을 미친다. 교수의 질은 어느 정도로 내용이 잘 구성되고 제시되었는지를 근거로 한다. Carroll(1963)은 모형의 변인 중 교수의 질이 가장 규정하기 어려운 변인이라고 하였다. 교수를 이해하는 능력은 학습자의 일반적인 지능, 언어능력 그리고 학습 전략과 관련된다.

따라서 Carroll의 모형에 나타나는 다섯 가지 변인 중 세 가지(끈기, 적성, 교수를 이해하는 능력)는 학습자와 관련된 특성이고, 나머지 두 가지 요소(학습 기회와 교수의 질)는 환경에 의해 학습 과정에 부여된다. 전형적인 환경적 요인은 교수 자료, 매체 그리고 교수자의 수행이다.

(2) 인간의 특성과 학교 학습

Benjamin Bloom은 완전학습에 대한 그의 생각은 Carroll의 모형으로부터 영향을 받았다고 언급하고 있다. Bloom(1976)은 학습에 있어서 차이를 유발할 수 있는 세 가지 주요 변인(학습자 특성, 교수, 학습 결과)을 포

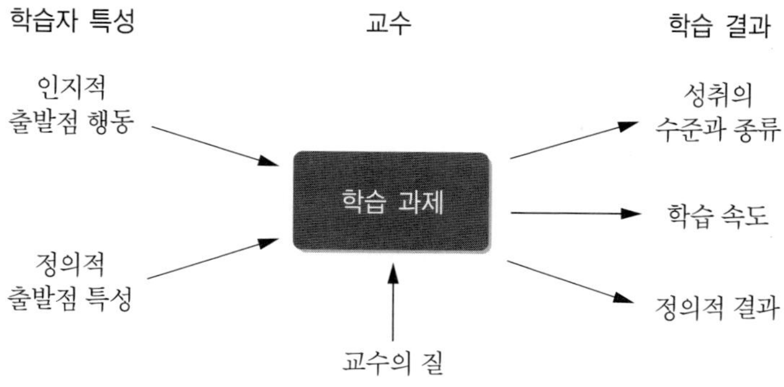

[그림 5-1] Bloom의 학교학습이론의 주요 변인

* 출처: *Human Characteristics and School Learning* by B. S. Bloom, 1976, p. 11의 내용을 승인하에 사용하였음. Copyright 1976 by McGraw-Hill.

함하여 Carroll의 이론을 확장하였다([그림 5-1] 참조).

Bloom(1976)은 학습자 특성 변인을 포함함으로써 그의 이론에서 학습자의 배경을 강조하고 있다. 이는 학습자가 학습 과제에 포함되어 있는 목표를 숙달할 수 있느냐, 없느냐에 영향을 미친다. 완전학습에 영향을 미치는 한 가지 중요한 특성은 인지적 출발점 행동(예: 선수 지식 및 기술)이다. Bloom(1976)은 "……만약 모든 학생이 특정 학습 과제를 위해 필요한 선수 조건을 갖추고 있다면, 그들은 학습의 수준 및 속도에 있어서 큰 차이 없이 학습할 수 있을 것이다……." (p. 31)라고 말하며, 이러한 특성의 중요성을 강조하였다. 인지적 기술에 더하여, Bloom은 그의 이론에서 정의적 출발점 행동의 중요성 또한 강조하고 있다. 정의적 출발점 행동은 학습자의 일반적인 학습에 대한 욕구, 내용에 대한 흥미, 자신의 능력에 대한 자신감으로 구성된다. 학습 과제를 숙달하는 데 정의적 출발점 행동 역시 영향을 미친다.

Bloom(1976)의 교수이론에서 중심이 되는 것은 학습 과제다. 학습 과제는 주로 하나의 교과목 중 특정 부분 혹은 전체 교육과정 중 하나의 주제를 의미한다. 학습 과제는 학습자가 배우는 아이디어 · 절차 · 행동으로 구성되며, 사실이나 용어에 대한 지식과 같이 단순한 교수 목표일 수도 있고, 혹은 기술의 적용을 요구하는 복잡한 목표를 포함하기도 한다.

Bloom은 복잡한 인지적 과제는 주로 위계적인 속성을 가진다는 점을 강조하면서 학습 과제들 간의 관계에 주목하였다. Bloom(1976)은 "이러한 상황에서 각각의 학습 과제는 연쇄적으로 배치된 다음 과제의 선수 조건이 되고, 거꾸로 이전 과제에서 특정 선수 조건을 성취하였는지에 따라 좌우된다."(p. 27)라고 주장하였다.

교수의 질 또한 학습자가 학습 과제를 숙달할 수 있는지의 여부에 영향을 미친다. Bloom(1976)에 따르면, "무엇보다도 가장 중요한 교수 변인은 교수의 질일 것이다"(p. 11). 그는 교수의 질과 관련하여 다음의 네 가지 핵심적인 구성 요소를 제시하였다.

- 학습자에게 제시되는 단서(cue)와 지시(direction)
- 학습자의 적극적인 참여
- 실수의 교정을 돕는 피드백
- 학습과 관련하여 학습자에게 제공되는 강화

이러한 구성 요소들은 학습에 대한 심리학적 원리에 기초를 둔 다른 많은 교수이론에서도 찾아볼 수 있다(제4장 참조).

마지막으로, Bloom(1976)은 그의 교수이론에서 학습 결과를 또 하나의 주요한 변인으로 포함하고 있다. 학습 결과는 성취의 수준과 종류, 학습 속도, 정의적 결과로 구성된다. 그는 이들 결과와 그의 이론의 다른 변인들 간의 인과적 관계를 제시하고 있다. 학습자의 인지적·정의적 특성과 교수의 질은 학습자의 학습 과제 숙달에 영향을 미치고, 이는 결과적으로 성취, 학습 속도, 정의적 결과에 영향을 미친다.

3) 교수에 대한 초기 인지이론

교수설계에 대한 기초를 제공해 주었던 또 다른 초기 교수이론은 Jerome Bruner에 의해 개발되었다. 그의 아이디어는 행동주의 학습이론에서 찾아볼 수 있는 개념을 포함하고 있으나, 상당 부분은 인지주의 학습 원리에 의존하고 있다(Richey, 1986). 따라서 Bruner는 학습과 교수에 있어서 인지주의적 변혁의 핵심적인 인물 중 한 사람이다(Driscoll, 1994).

그의 이론은 성향(predisposition), 구조, 계열, 강화의 네 가지 주요 개념을 포함하고 있다. 비록 문화, 동기, 개인적 특성의 중요성을 인식하고 있기는 하였으나, Bruner(1966)는 학습과 문제 해결은 대안을 탐색하려는 성향에 달려 있다고 말하고 있다. Bruner에 따르면, 교수는 다음의 과정을 통해 대안을 탐색하려는 욕구를 촉진하여야 한다.

① **활성화(activation)** 학습자의 호기심을 자극하는 최적 수준의 불확실성 제공하기
② **유지(maintenance)** 실수에 대한 결과가 심각하지 않을 것이라는 점을 보장하기
③ **지시(direction)** 적절한 방식으로 학습자에게 학습의 목적을 알게 하기

교수는 또한 해당 영역의 지식 및 문제에 대한 최적의 구조(optimal structure)를 다룸으로써 학습자들이 이해할 수 있도록 해야 한다. Bruner (1966)는 다음과 같이 말하고 있다.

> ……지식은…… 특정한 결과를 얻기 위한 적절한 활동의 모음(행동적 표상), 완벽한 정의 대신 개념을 상징하는 요약된 이미지 또는 그래픽의 모음(영상적 표상), 규칙에 의해 지배되는 상징 체제로부터 도출된 상징적

> 혹은 논리적 명제의 모음(상징적 표상)의 세 가지 형태로 표상될 수 있다. (p. 44-45)

이런 다양한 형태의 표상 방식(예: 행동, 그림, 상징)은 학습자의 나이와 배경에 따라 난이도와 효과성에 있어서 차이를 보인다.

교수는 학습자에게 자료를 제시하는 데 있어 가장 효과적인 계열을 명시해야 한다. Bruner(1966)는 "교수는 학습자가 배운 것을 이해하고 변형하고 전이하는 능력을 향상시켜 주는 문제 혹은 지식 체계에 대한 진술과 재진술의 계열화를 통해 학습자를 이끌어 가는 것이다." (p. 49)라고 말했다.

마지막으로 Bruner(1966)의 교수이론은 피드백과 보상의 속성 및 속도를 구체화함으로써 강화를 다루고 있다. Bruner는 효과적인 교수는 학습자들 스스로 "그곳에 도달했는지" (p. 68)의 여부를 결정할 수 있도록 한다는 점을 알아냈고, 내재적 보상과 유의미한 피드백을 사용할 것을 제안하였다.

4) 초기 교수이론의 요약 및 비교

이 장에서 논의된 초기 교수이론에 포함된 주요 요소들은 〈표 5-1〉에 요약되어 있다. 이 표의 내용은 각 이론을 비교할 수 있는 방법을 제시하고, 이 이론들이 교수설계의 기초에 어떻게 기여하였는지를 보여 준다.

앞에서 논의한 모든 초기의 교수이론들은 학습자 특성의 중요성을 특히 강조하고 있는데, 이러한 학습자의 특성에는 능력, 사전 지식, 흥미, 끈기, 성향과 같은 요소가 포함된다. 모든 이론은 적극적인 학습자 참여의 개념 역시 포함하고 있다. 대부분의 이론은 복잡한 기술 및 이들 간의 위계적 관계와 관련이 있다는 이유로 계열화를 더욱 강조하고 있다. 두 이론은 유의미한 피드백과 강화를 학습자에게 제공할 것을 주장하는 반면, 다른 두 이론은 교수 목표를 활용할 것을 제안한다. 두 이론은 목표, 학습 활동, 평가

〈표 5-1〉 초기 교수이론의 주요 요소 간 비교

요 소	이 론			
	교육과정과 수업에 대한 Tyler의 원리	학교 학습에 대한 Carroll의 모형	인간 특성과 학교 학습에 대한 Bloom의 이론	Bruner의 교수에 대한 인지이론
적극적인 참여	○	○	○	○
학습 목표, 교수, 평가의 정렬	○		○	
내용 제시를 위한 대안적 형태				○
피드백			○	○
개별화		○	○	
학습자 특성	○	○	○	○
학습 목표	○		○	
강화			○	○
계열화	○		○	○
학습 소요 시간		○	○	

간의 정렬을 언급하는 반면, 또 다른 두 이론은 학습 소요 시간에 대해 말하고 있다. 따라서 초기 교수이론에서 나타나는 대부분의 요소는 교수설계 모형에서도 역시 찾아볼 수 있다.

5) 초기 교수이론의 철학적 지향점

초기 교수이론은 논리적 실증주의와 객관주의에 기초를 두고 있다. 이러한 접근에 따르면, 지식은 학습자의 외부에 존재하고, 주변 환경은 사전에 결정된 목적의 성취를 향상시키기 위해 조정되며, 학습은 교사와 같은 외부 자원에 의해 평가된다(Hannafin & Hill, 2007).

또한 초기 교수이론은 교육과정과 교수에 대해 경험적이고 과학적인 관점을 취하였다. Gage(1978)는 "어느 누구도…… 학습을 촉진하기 위한……

모든 우여곡절을 사전에 처방할 수는 없다." (p. 15)라고 기술하고 있다. 그렇지만 잘 가르치기 위한 과학적 기초를 다지는 데 있어서, Gage는 교수를 향상시키는 법칙, 일반성, 경향을 찾아내기 위해 실증주의를 활용하는 것을 지지하였다. 이러한 철학적 지향은 이 장에서 논의되고 있는 초기 이론가들의 관점과도 맥을 같이한다. 예를 들면, Tyler에게 있어 주요 목적은 교수에서 발생하는 문제를 연구하기 위한 실증적 기초를 제공하는 것이었다(Tyler, 1980 참조). Bruner는 학습의 원리가 일상의 교육에서 어떻게 효과적으로 작용하는지를 관찰하는 것이 목적이었다(Bruner, 1960 참조). 따라서 이들 초기 교수이론가들은 "(교수의) 실제와 관련되는 사태의 영역에서 규칙적이고 실질적인 관계에 대한 지식" (Gage, 1978, p. 20)으로 구성된 실증적 기초를 제공하고 있다.

2. 초기 교수이론과 교수설계

이 장에서 논의되고 있는 교수이론은 교수설계에 대한 탄탄한 기초를 제공하고 있다. 이 부분의 초점은 초기 교수이론이 다음의 영역에 어떻게 영향을 미치는지 살펴보는 것이다.

- 교수설계 및 관리
- 교수 목표의 규명
- 학습자의 특성 분석
- 목표와 활동의 계열화
- 교수 전략의 선택

1) 교수설계 및 관리

Visscher-Voerman과 Gustafson(2004)에 따르면, 문헌에 나타나는 대부분의 교수설계 모형은 목적과 목표의 개발에서 출발하는 도구적 접근(instrumental approach)을 따르고 있다. 이러한 접근의 기본적인 원리는 목표, 교수 활동, 평가 간의 정렬이라 할 수 있다. Tyler(1949)는 교육과정과 교수를 계획하는 이러한 체제에 대한 초기 옹호자였다. 그의 아이디어는 정규 교육 환경에서 많은 학생 및 성인을 위한 교육과정과 교수설계에 활용되어 왔다(Cervero & Wilson, 1994; Kliebard, 1970). 이러한 아이디어는 직무 교육 현장에서 직원의 학습 목표, 교육 활동에의 참여, 평가 결과를 연결해 주는 학습관리 시스템(Learning Management System: LMS)을 활용함으로써 적용되고 있다(Merrill & Wilson, 2007).

Carroll(1963)과 Bloom(1976)이 제안한 완전학습과 개별화 교수이론도 교수설계 및 관리에 영향을 주었다. Walter Dick과 Lou Carey(1978)는 『체계적 교수설계(*The Systematic Design of Instruction*)』 1판에서 그들의 교수설계 모형이 개별화 교수이론에 근원을 두고 있다고 설명하고 있다. 그들은 "체계적으로 설계된 교수는…… 가능한 한 학습자 개개인에게 수업을 맞춤화하기 위해 개별 학습자의 교수적 요구를 파악하는 데 활용될 수 있다."(Dick & Carey, 1978, p. 2)라고 언급하고 있다.

전통적인 교실에서는 교수자가 직면하는 시간적 한계 및 그 밖의 제한점으로 인해 개별화 교수를 적용하는 것은 어려운 일이었다. 하지만 상호작용이 가능한 멀티미디어 기술과 웹기반 교수의 발전은 개별화 교수이론을 적용할 수 있는 기초를 제공하고 있다. 예를 들면, Reeves(1997)는 Carroll의 학교 학습 모형을 그의 월드와이드웹(World Wide Web: WWW) 학습 모형의 기초로 활용하고 있다. Reeves는 흥미, 태도, 학습 스타일, 불안, 모호함에 대한 참을성(tolerance for ambiguity)과 같이 웹기반 교수에서 수용될

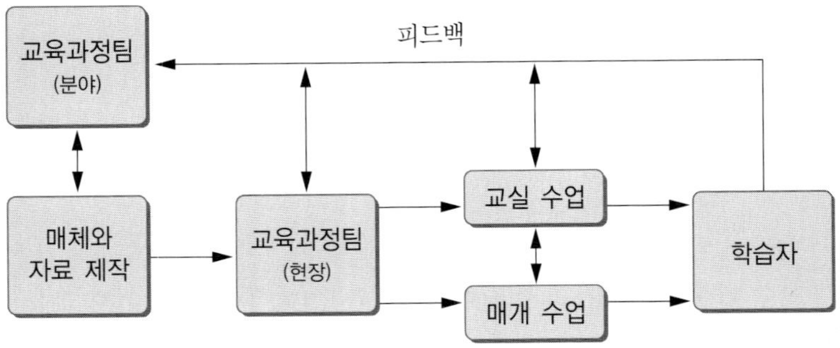

[그림 5-2] Bruner의 교육과정 구성 개념

* 출처: *Technology and the Management of Instruction* by R. Heinich, 1970, p. 149의 내용을 승인하에 사용하였음. Copyright 1970 by the Association of Educational Communications and Technology.

수 있는 개인 차이의 중요성을 지적함으로써 적성의 개념을 확장하고 있다. 그는 또한 교수의 질은 과제에 대한 주인의식, 협동, 초인지적 지원, 학습을 구성할 수 있는 기회의 영향을 받는다고 제안하고 있다. 이러한 개념은 구성주의적 철학과 연관된다(제8장 참조).

Bruner(1966)의 교수이론 역시 교육과정 설계 및 관리 모형에 적용되어 왔다. Heinich(1970)는 교수 관리에 대한 새로운 패러다임을 제시하면서 Bruner의 아이디어가 교수설계와 어떻게 관련이 있는지 묘사하고 있다([그림 5-2] 참조).

이러한 접근에서 각 분야를 대표하는 교사, 내용 전문가, 심리학자로 구성된 팀이 내용을 파악하고, 교수 활동, 자료, 매체를 준비하기 위해 함께 일하게 된다. 그러면 현장의 교육과정 팀은 이 자료를 검토하고 사용 여부를 결정한다. 만약 여기서 긍정적인 결정이 내려지면, 교실 수업 및 매개 수업이 학생들을 대상으로 적용되고 피드백을 받게 된다. 이 피드백은 체제가 적응하고 반응하도록 만든다. Heinich는 교사가 자신의 내용에 대해 충분히 아는 상태를 유지하기 위한 충분한 시간이 없기 때문에 Bruner의 이론은 교수 관리 측면에서 중요하다고 말한다. 그는 또한 Bruner의 이론은 "잘 개발된 교수 테크놀로지에 의해 가능해진 체제적 접근의 하나"(Heinich, 1970, p. 148)라고 말한다.

2) 교수 목표

목표의 규명은 체계적 교수설계 모형의 주요한 과정이다(Dick, Carey, & Carey, 2009; Gustafson & Branch, 2002; Morrison, Ross, & Kemp, 2006; Seels & Glasgow, 1998). 이 요소는 Tyler가 개발한 교육과정 및 수업의 원리에 의하여 크게 영향을 받았다. Reiser(2007a)에 따르면, "Ralph Tyler는 행동주의적 목표를 지향하는 운동의 아버지로 일컬어져 왔다"(p. 25).

행동주의적 학습이론이 교수에 많은 영향을 주기 이전이었지만, Tyler(1949)는 학생의 행동 측면에서 목표를 기술하는 데 대한 초기의 지지자였다. 그의 견해가 소개되기 이전에 대부분의 학습 목표는 학습자의 성취와는 무관하게 교사에 의해 적용되는 교수 활동의 측면 혹은 과정에서 다루어지는 내용 주제의 목록 측면에서 진술되었다. 더 나아가 Tyler는 학습 목표를 기술하는 과정에서 정보를 줄 수 있는 정보원으로서 학습자 자신, 그 시대의 일상, 내용 전문가, 학습심리학 등을 제안했다. 이러한 Tyler의 제안에 따라, 오늘날 교수설계자들은 교수 목표를 확인하는 과정에서 다양한 정보 자원을 살펴보게 되었다. 예를 들면, 은행의 새로운 컴퓨터 시스템 교육 프로그램을 개발하는 교수설계자는 은행 업무에 대한 지식을 가진 내용 전문가, 정부 규제에 대한 지식을 가지고 있는 은행 관리자, 현재 시스템을 사용하고 있는 은행원 그리고 새로운 시스템을 설계한 컴퓨터 기술자와 상의할 것이다. 또한 교수설계자는 기존의 교육 프로그램 자료, 그중에서 특히 교수 목표와 관련이 있는 서류를 살펴볼 것이다.

3) 학습자의 특성 분석

대부분의 교수설계 모형은 학습자의 특성 분석 또한 포함하고 있다. 이 장에서 논의된 초기의 교수이론가들은 모두 교수설계에서 이 요소에 대한 기초를 제공해 주고 있다. Carroll(1963)은 일반적인 능력, 특정 기술을 배우는 데 소요되는 시간, 학습자가 학습에 투자하고자 하는 시간의 양 같은 요소를 강조하였다. 특히, Bloom(1976)은 학습자가 학습을 시작하기 전에 보유하고 있는 인지적 · 정의적 출발점 행동과 같은 학습자 배경의 중요성을 강조하였다. Tyler(1949)는 학습 목표를 진술할 때 학습자의 요구, 흥미, 발달단계와 같은 정보가 반드시 고려되어야 한다고 제안하고 있다. Bruner(1966)는 특히 문제 해결이 요구되는 상황에서 학생들이 이에 대한 해결책 및 대안을 탐색하고자 하는 성향의 중요성을 강조하였다.

4) 계열화

교수설계자에게 있어 계열화는 여전히 중요한 고려 사항 중 하나다. 이는 여섯 가지 교수설계 지식기반 중 하나에 해당된다(제1장 참조). 초기 교수이론은 학습 목표와 활동의 계열화에 대한 시사점을 제공하고 있다. 예를 들면, Bloom(1976)은 복잡한 인지 과제들 간의 위계적 관계를 강조하고, 일부 기술들이 어떻게 다른 것들의 사전 조건이 되는지를 논의하고 있다.[1] 교수설계자는 과제 분석 시 하위 및 사전 기술 수준을 확인하는 과정에서 이 원리를 적용하게 된다.

Tyler(1949)와 Bruner(1966)는 교수는 누적적이고 장기적인 학습을 지원

1) Bloom은 복잡한 기술들 간의 위계적 관계에 대한 그의 견해의 근거로서 Robert Gagné의 초기 연구를 인용하고 있다. 이 주제에 대한 Gagné의 연구에 대한 보다 자세한 설명은 제7장을 참조하라.

하도록 계열화되어야 한다고 제안하고 있다. 두 이론가는 학습 경험은 서로를 기반으로 하고 있고, 특정한 개념에 대한 교수의 반복은 학습자가 지식과 기술을 습득하고 전이시키는 데 도움이 된다는 것을 지지한다. Bruner(1960)는 학습자가 기본적인 개념을 충분히 습득할 때까지 반복적으로 그 개념을 다루도록 교육과정을 개발해야 한다는 의미에서 나선형 교육과정의 개념을 제안하고 있다. 그는 이러한 나선형 교육과정은 어떠한 주제든, 어떠한 발달단계에 있는 아동에게든 사용될 수 있다고 가정하였다.

5) 교수 전략의 선택

초기 교수이론가의 연구는 교수 전략의 선택에도 영향을 미치고 있다. 완전학습 모형은 학습자들이 자신의 수준에 맞추어 학습할 수 있어야 하고, 학습에 어려움을 겪고 있는 학습자에게는 교정을 위한 수업이 제공되어야 한다는 점을 강조하고 있다(Carroll, 1963; Joyce & Weil, 1986). 초기 교수이론은 학습자들이 학습 경험에 적극적으로 참여해야 하고, 목표에서 규명하고 있는 행동을 연습할 수 있는 기회를 가져야 한다고 제안한다(Bloom, 1976; Tyler, 1949).

초기의 인지적 교수이론은 학습 내용을 동작 · 그림 · 기호와 같은 대체 형식으로 표현해야 한다고 주장하고 있다(Bruner, 1960). Bruner가 지지하는 초기 이론 역시 발견 학습, 문제 해결, 스캐폴딩(scaffolding)에 대한 기초를 제공한다. 예를 들면, Driscoll(2005)은 "Bruner는 발견의 과정이…… 문제 해결에 대한 연습을 통해…… 지적 발달에 상당히 기여한다고 믿었다."(p. 234)라고 기술하고 있다. 이후 Wood, Bruner, Ross(1976)는 문제 해결 과정에서 효과적인 스캐폴딩의 사용, 즉 "학습자가 자신의 역량 범위 내에 있는 요소에만 집중하고 완료할 수 있도록 해 주기 위해 애초에 학습자의 능력을 넘어서는 과제의 요소를 조절하는 것……"(p. 89)이 요구된다고 하였다. 스캐폴딩은 최근 들어 테크놀로지가 강화된 문제기반 학습 환경의 설계에서 사용되는 추세다(Bruch & Saye, 2000; Sharma & Hannafin, 2007; Simons & Klein, 2007)(제8장 참조).

6) 피드백

효과적인 교수의 중요한 요소 중 하나로 피드백을 꼽을 수 있다. 초기의 이론가들은 학습자가 그들의 실수를 수정하는 것을 도와주는 유의미한 피드백을 제공할 것을 제안하고 있다(Bloom, 1976; Bruner, 1966). 이 개념에 기반하여, Kulhavy와 Stock(1989)은 검증(verification)과 정교화(elaboration)라는 두 종류의 피드백을 제시하였다. 검증은 학습자가 자신의 수행에 대한 지식을 생성하는 것을 돕기 위해 확인해 주는 것이다(Dempsey & Sales, 1993). 정교화는 과제 자체에 대한 피드백과 함께 그 과제를 학습하는 과정에 대한 피드백을 제공하는 것을 의미한다. 성찰적 피드백은 학습자로 하여금 그들의 응답을 정당화할 것을 요구한다. 이 모든 피드백 전략은 초기 교수이론에 그 근원을 두고 있다.

3. 초기 교수이론에 대한 연구

이 장에서 다루고 있는 초기 교수이론은 교수와 학습에 대한 연구를 기반으로 개발되었다. 더 나아가 이 이론들에서 찾아볼 수 있는 원리에 대해 실증적인 증거를 제공해 주는 연구들도 수행되어 왔다. 다음에서는 이러한 실증적 증거에 대해 논의하고, 초기 교수이론에 대한 연구를 지속하기 위한 몇 가지 제안을 하고자 한다.

1) 초기 교수이론의 실증적 지지

수년간 교육과정 및 교수 분야의 학자들은 Tyler(1949) 모형의 유용성을 강조해 왔다. 이러한 접근의 영향력을 인정하지만, 일부 연구자들은 이를 비판하기도 한다. 예를 들면, Kliebard(1970)는 Tyler의 이론에 대해 "교육과정 분야에서 가장 끊임없이 지속되는 이론적 공식"(p. 259)이라고 기술하고 있다. 하지만 Kliebard는 학습 경험에 참여함으로써 성취하게 되는 외적인 목적으로 목표를 기술하는 것이 교육과정 개발에 있어 좋은 방법인지에 대해서는 의문을 제기하고 있다. 더욱이 Zahorik(1976)은 Tyler의 모형은 효과적이고 효율적인 교수라는 결과를 얻을 수도 있겠지만, "Tyler의 계획 모형은 학습자의 독립성, 자기주도성, 책임감을 강조하는 프로그램 및 실제(practice)에는 어울리지 않는다."(p. 488)라고 말하고 있다.

이러한 비판은 아마도 Tyler에 의해 지지되고 있는 교육과정의 원리에 대한 직접적인 실증적 증거가 부족하기 때문일 것이다. 교육과정 연구에 대한 방대한 분석에서, McNeil(1969)은 교육과정과 교수에 대한 원리가 학교에서의 교육과정 개발에 중요한 영향을 미쳤는지에 대한 견해를 지지하는 연구는 거의 없다고 지적하고 있다. 특히 Tyler의 연구를 강조하면서, McNeil(1969)은 "Tyler(1967)는 관계가 명백하게 증명되지 않으면 변화를 어떤 특정한 영향의 덕으로 돌리지 말라고 경고하고 있다."(p. 299)라고 하였다.

Carroll(1963)의 학교 학습 모형에 대한 실증적인 증거를 찾아보면, 1989년에 Carroll은 25년간의 회고록을 발간하면서 그의 모형의 요소에 대한 연구를 살펴보았다. 이러한 연구를 통해 그는 다음과 같은 결론에 도달할 수 있었다고 말한다.

- 학업과 관련한 학습 시간은 학생의 성취와 관련된 가장 중요한 요소

중 하나다.

- 학습에 사용된 시간은 성취에 대한 중요한 예측 변수다.
- 학습에 필요한 시간과 관련한 학습의 기회를 줄이는 것은 성취에 부정적인 영향을 미친다.
- 연구자들이 학생 개인의 소질(예: 학습에 요구되는 시간의 양)을 통제하더라도 끈기(perseverance)는 학생 간 성취도 차이의 원인이 된다.

Carroll(1989)은 그의 "학교 학습 모형이 교수의 질과 관련한 요소를 광범위하게 다루고 있지 않기" 때문에 "이러한 연구들에 특히 영향력이 크지는 않다."(p. 29)는 점을 인정하고 있다.

학습자의 특성이 교육적 성과에 미치는 영향에 대한 연구도 진행되어 왔는데, Bloom(1976)은 그의 이론에 대한 실증적 기초를 다지면서 그간의 연구들이 "정의적 출발점 행동 단독으로는 성취도 차이를 25% 설명하는 반면, 인지적 출발점 행동은 성취도 차이를 약 50% 설명하고 있음을 보여주고 있다."(p. 108)라고 하였다. 그는 완전학습이 가능하도록 수업을 설계하기 위해서는 학습자의 특성이 반드시 고려되어야 한다는 그의 주장을 뒷받침하기 위해 작은 단위의 연구뿐 아니라 (대규모) 종단 연구 역시 인용하고 있다.

더욱이 완전학습에 대한 연구를 검토한 결과는 일반적으로 완전학습이 효과적인 교수 방법이라는 생각을 지지하고 있다. 예를 들면, Block과 Burns(1976)의 분석에 따르면, 완전학습의 접근은 완전학습 지지자들이 주장하는 만큼은 아니지만 학생의 학습에 지속적으로 큰 영향을 미치고 있다. 또 완전학습적이지 않은 접근보다 더 많은 학생의 학습 시간을 요구한다. 그리고 정의적 결과에 긍정적인 영향을 미치고 있으나 이는 새로움에 기인하는 것으로 보인다. 종종 학생들 사이에 존재하는 개인의 인지적 차이를 좁히도록 도와주기는 하나, 그러한 차이를 완전히 제거하지는 못한다. Kulik, Kulik, Bangert-Drowns(1990)의 완전학습에 대한 메타 분석에 따르면, 이러한 접근이 대학, 고등학교, 초등학교 고학년에서 시험 성적 및 태도에 긍정적인 영향을 미치는 것으로 나타났다. 그들의 연구에서 자신의 진도에 맞춘(self-paced) 완전학습 접근은 학생들이 과제에 들이는 시간을 증가시키는 경향이 있지만, 대학생들에게는 종종 과목 이수 비율을 낮추는 결과를 초래하기도 한다. 하지만 Slavin(1987)의 집단기반 완전학습에 대한 연구를 종합하면, 실험자가 만든 측정도구를 사용했을 때는 어느 정도 단기간의 효과는 있으나, 표준화된 성취도 측정도구를 사용했을 때는 그 효과를 뒷받침하는 증거를 찾아볼 수 없었다.

마지막으로 Bruner(1966)의 교수이론에서 찾아볼 수 있는 주요 개념에도 실증적 증거가 있다. 2006년에 Bruner는 에세이, 책, 1957~1976년의 논문 모음집을 발간했는데, 이 책의 내용을 근거로 다음과 같은 결론을 내렸다.

- 인간은 행동적 · 영상적 · 상징적 발달단계에 따라 발달한다는 견해를 뒷받침하는 많은 실증적 증거가 있다.
- 내용을 제시하기 위한 다양한 형태를 사용할 때 나이와 학습자의 배경이 반드시 고려되어야 한다.
- 과제 내용의 밑바탕이 되는 원리는 교육과정에 구조를 제공해 주고, 이 구조의 맥락 안에서 학습자에게 새로운 지식과 기술이 교수되어야 한다.
- 교정적 피드백의 유용성은 학습자에 의해 받아들여지는 형태와 그것이 사용될 수 있는 조건에 달려 있다.
- 외재적 보상의 사용에 대한 많은 연구가 있지만 이러한 보상은 덜 강조될 필요가 있고, 대신 내재적 보상, 학생의 관심, 호기심이 교수설계에서 강조되어야 한다.

- 학습과 문제 해결은 위계적으로 구성되어야 한다.
- 학생들이 문제 해결을 위해 배울 때, 그들의 해결안을 생성하고 그들의 해결안과 판단 기준을 비교하여 시험해야 한다.

요약하면, 이 장에서 논의한 초기 교수이론에서 찾아볼 수 있는 많은 원리에 대한 연구 증거가 존재한다. 하지만 Bruner(1960)의 조언은 지금 시점에서도 의미가 있다.

> 아주 분명한 것은 현재의 효과적인 실제(practices)를 조사하고, 실험기반으로 시도될 수 있는 교육과정을 만들어 내고, 교수를 향상시키는 일반적인 노력을 뒷받침하고 안내해 줄 수 있는 연구를 수행하는 식으로 진행되어야 할 많은 일이 남아 있다는 것이다. (p. 32)

2) 후속 연구를 위한 제언

초기 교수이론이 실증적 연구 결과에 근간을 두고 있다는 것은 분명해 보인다. Tyler의 교육과정과 교수 원리는 그의 진보적 교육운동의 평가를 통해 축적된 증거를 기초로 개발되었고(Tyler, 1980), Carroll의 학교 학습 모형은 그의 외국어 학습에 대한 연구와 관찰을 통해 뒷받침되고 있다(Carroll, 1989). Bloom의 학습자 특성과 학교학습이론은 그와 다른 연구자들에 의해 축적된 증거로부터 개발되었고(Bloom, 1976), Bruner의 교수이론은 그와 그의 동료들 그리고 다른 인지심리학자들에 의해 수행된 연구에 기초하고 있다.

앞으로의 연구는 이러한 초기 이론과 그와 관련한 요소들의 타당성을 찾기 위해 교수설계 연구자들에 의해 진행되어야 할 것이다. 이러한 연구는 모형 타당화를 사용하여 수행될 수도 있고, 다양한 연구 기법을 사용할 수도 있다(Richey & Klein, 2007 참조). 예를 들면, 멀티미디어를 활용한 교수와 온라인 교육은 학습자가 그들의 보조에 맞추어 학습할 수 있도록 해 주는데, 이러한 교육 방법은 또한 면 대 면 학습 상황의 학습자와는 다른 인지적 · 정의적 사전 특성을 가진 학생들을 위해서도 활용할 수 있다. 이런 새로운 환경에서 Carroll과 Bloom에 의해 제안된 모형이 적용 가능한지를 판단할 수 있는 설계 및 개발 연구도 진행되어야 한다. 또한 이론과 모형의 요소를 탐색하고 확인하기 위해 설계 및 개발 연구가 활용될 수도 있다(Richey & Klein, 2007). 예를 들면, 교수설계자가 학습을 촉진할 목적으로 위키(wiki)와 블로그(blog)를 사용할 때, Bruner가 제안한 행동적 · 영상적 · 상징적 지식 표상의 적용을 탐구할 수도 있다.

4. 요 약

이 장에서는 선별된 교수이론을 검토하고, 이들 이론이 교수설계 지식기반에 어떻게 기여했는지를 제시하였다. 교육과정과 수업, 완전학습과 개별화 교수 그리고 초기 인지교수이론의 기본 원리뿐 아니라, 이들 이론의 철학적 관점까지 논의하였다. 이어서 초기 교수이론이 교수설계에 어떻게 영향을 미쳤는지에 대해 교수설계 및 관리, 교수 목표의 확인, 학습자 특성 분석, 계열화, 피드백 그리고 교수 전략의 선택을 포함하여 기술하였다. 마지막으로, 초기 교수이론가가 주장한 견해에 대한 실증적 증거를 제공하기 위해 수행된 연구들의 요약과 설계 및 개발 연구를 활용한 향후 연구를 위한 몇 가지 제언과 함께 이 장을 마무리하였다.

초기 교수이론의 주요 원리, 이론적 기초, 철학적 관점, 공헌자, 적용에 대한 요약은 〈표 5-2〉에 제시하였다.

〈표 5-2〉 초기 교수이론 및 교수설계 개관

□ 주요 원리
- 인지적 · 정의적 학습자 특성은 학습에 영향을 미친다.
- 교육과정과 수업은 상호 연관된 요소를 포함한다.
- 교수는 지식 영역 혹은 그 영역의 문제에 대한 최적의 구조와 계열을 반드시 다루어야 한다.
- 학습 목표는 교수의 기초다. 학습 목표는 교수 활동, 사정 및 평가와 일관되어야 한다.
- 교수이론은 실증적 증거에 기반하여야 한다.
- 전통적인 집단 교수는 개별 학습자가 학습에 필요한 충분한 시간을 확보할 수 있도록 수정되어야 한다.

□ 철학적 강조점: 다음과 같이 일반화될 수 있다.
- 지식은 학습자의 외부에 존재하고, 교수는 사전에 정해진 목적의 획득을 촉진한다(예: 논리적 실증주의와 객관주의).
- 교수의 실제를 향상시키는 법칙, 일반화, 경향을 수립할 수 있다(예: 경험주의).

□ 기초 연구: 조작적 조건화에 대한 연구, 기억 용량에 대한 연구

□ 주요 공헌자: Benjamin Bloom, Jerome Bruner, John B. Carroll, Ralph Tyler.

□ 교수설계의 적용
- 학습자의 특성 분석
- 교수설계 및 관리
- 교수 목표의 확인
- 목표 및 활동의 계열화
- 교수 전략의 선택

□ 이를 지지하는 연구
- 학업 학습 시간(예: Carroll과 그의 동료들)
- 인지 학습(예: Bruner)
- 학습자의 특성(예: Bloom)
- 완전학습(예: Bloom과 그의 동료들)

□ 관련 개념
- 교육과정 설계
- 발견 학습
- 개별화 교수
- 문제 해결

또한 초기 교수이론이 어떻게 교수설계 지식기반의 여섯 가지 영역과 관련되는지에 대한 개요는 〈표 5-3〉에 제시되어 있다.

〈표 5-3〉 초기 교수이론과 관련한 교수설계 영역과 요소

□ 학습자와 학습 과정
- 학습자 특성(성향, 학습에 대한 욕구와 끈기, 선수 지식과 경험 같은 능력, 적성, 태도, 배경, 신념과 가치, 기대, 동기 요소)
- 학습은 배우는 데 필요한 시간의 양과 학생이 기꺼이 학습에 사용하고자 하는 시간의 양에 의해 영향을 받는다.
- 학습과 수행 맥락
- 교실 환경

□ 내용 구조 및 계열
- 인지적 · 정의적 · 심동적 영역으로 구분된 내용
- 교수는 지식체(body of knowledge) 또는 문제의 진술과 재진술의 계열화로 구성된다.
- 많은 학습 성과는 위계적이고, 단순한 것에서 복잡한 것으로 이동한다.
- 교수 계열화는 누적되는 장기간의 학습을 지원한다.

□ 교수적 · 비교수적 전략
- 학습자가 학습 보조를 조절하도록 허용함
- 유의미한 피드백의 제공
- 적극적으로 참여하고 연습할 수 있는 기회를 제공함
- 강화의 제공
- 교정 수업과 학습자가 어려움을 느낄 때 비계(scaffolding)를 제공함
- 동작 · 그림 · 상징을 사용한 내용을 제시함
- 발견 및 문제기반 학습의 활용

□ 매체 및 전달 체제
- 교실 및 테크놀로지 기반 환경에서의 개별화 교수

□ 교수설계자 및 설계 과정
- 목적과 목표의 확인
- 학습자 분석
- 과제 분석

제6장은 주로 교수설계 공학 분야 내에서 개발한 이론의 한 영역인 매체 이론에 초점을 맞추고 있다. 여기서는 매개(mediated) 교수와 테크놀로지의 활용에 대한 기초를 제공할 것이다.

제6장

매체이론

1. 매체와 학습
2. 매체이론과 교수설계
3. 연구, 매체이론 및 교수설계
4. 요 약

제6장 매체이론

교수설계(Instructional Design: ID) 분야에서 매체는 "학습자에게 수업을 제시하기 위해 사용되는 물리적 수단"(Reiser, 2007a, p. 18)으로 정의되고 있다. 과거에 교육자들은 매체를 시청각 보조물로 간주하였다. 오늘날 교육자들은 통상적으로 매체에 대해 이야기할 때 '테크놀로지'라는 용어를 사용한다. '매체'라는 용어는 전형적으로 음향, 시각물(정적 혹은 동적), 구체적 사물 혹은 실제적인 물리적 운동 등을 수반한 학습 경험을 제공하는 기기를 의미한다. 그러나 이론에서 강조하는 것은 기계 혹은 심지어 수업을 담고 있는 소프트웨어가 아니라, 오히려 매체와의 상호작용의 결과로 발생하는 학습이다. 결과적으로, 매체이론은 학습을 촉진하는 매개 수업(mediated instruction)의 양상에 대해 다루고 있으며, 이를 위해서 매체가 관여되었을 때 어떻게 학습 과정이 일어나는가에 대해 설명한다. 이 장에서는 이러한 복잡한 절차에 초점을 두고 있다.

수년간 다양한 과학기술적 혁신은 대중을 매료시켜 왔고, 선구적인 교육자들의 상상력을 사로잡았다. 한때는 카메라, 영화, 텔레비전, 컴퓨터 그리고 웹이 교육과 훈련에서 봉착하는 대부분의 골치 아픈 문제에 대한 해답을 제공할 수 있을 것이라고 생각하였다. 매체를 활용하는 매개 수업이 이러한 가능성을 전부 실현할 수는 없었으나, 매개 수업은 이 분야의 많은 진전과 개혁을 이끌어 냈다. 매체이론은 어떻게, 그리고 왜 이러한 일이 일어났는지를 설명하고자 한다.

이 책에서 이제까지 논의해 온 다른 이론적 기저와는 달리, 매체이론은 대부분 교수설계 분야에서 집약된 학문적 노력의 직접적인 산물이라고 볼 수 있다. 그럼에도 불구하고 매체이론은 다른 분야의 연구와 이론, 특히 커뮤니케이션과 심리학에 의존하고 있다. 또한 매체이론은 이 분야의 외부 영역에 속해 있으면서도 교수-학습에서의 매체 활용에 흥미를 지니고 있는 학자들의 산출물을 활용한다. 여기서는 다음의 주제들을 중심으로 매체이론에 대해 살펴보고자 한다.

- 매체가 학습에 영향을 미치는 방식에 대한 다양한 해석
- 수년간 교수설계 분야에서 나타난 매체이론의 현상
- 이론 및 다양한 교수설계의 적용을 지원하는 연구

1. 매체와 학습

매체이론은 학습이론처럼 명료하게 정의되어 있지는 않다(제4장 참조). 그런데도 매체는 교수설계 연구 및 매체의 진화와 관련한 이론적 원리의 중심에 있어 왔다. 여기서 저자들은 수업에서 교수설계의 사고를 형성해 온 매체 활용의 주요 원리를 살펴보고자 한다. 다음에서는 이들 원리를 구조화

하기 위한 방법의 하나로 매체이론가인 Joshua Meyrowitz(1993)가 제시한 매체의 세 가지 관점을 활용하기로 한다. 이들 세 가지 비유는 매체를 콘텐츠의 전달 통로, 언어 그리고 환경으로서 제시한다.

1) 콘텐츠의 전달 통로로서의 매체: 현실의 표상

일반적으로, 교수(instruction)는 학습자가 일반화된 개념을 형성하는 데 도움을 주는 구체적인 경험을 제공하는 과정이라고 규정되어 왔다(Dale, 1946). 이들 개념은 추상적 지식(즉, 언어 정보)과 관련될 수 있고, 운동 기능 및 (인지 전략을 포함하는) 지적 기술과 관련될 수 있으며, 혹은 태도의 토대가 될 수 있다(Gagné, 1985). 매체는 이러한 개념 형성의 과정에서 한몫하고 있으며, Meyrowitz(1993)가 강조한 '메시지 의미의 전달'에 대한 설계자의 관심을 반영한다. 교수 콘텐츠를 정확하게 전달하는 데 초점이 있을 때, 매체의 일반적 특성에서 콘텐츠를 완벽히 분리해 내는 것이 용이하지 않을 때가 있는데, 특히 콘텐츠가 현실(reality), 실제 상황이나 실물을 재현하는 경우는 보다 어렵다.

(1) 사실성의 요소

매체의 기본적인 특성 중 하나는 매체가 실제 사물에 부합해서 콘텐츠를 얼마나 근접하게 제시하는가다. 1937년 Hoban, Hoban과 Zisman은 "시각 보조물의 가치는 이들 매체의 사실성(realism)의 정도에 달려 있다." (p. 22)라고 주장하였다. 수년간에 걸쳐서 대부분 매개 수업의 목적은 실제와 유사한 학습 경험을 창출하려는 것이었다. 일상의 문제를 바탕으로 하는 이러한 경험은 우리의 모든 감각(시각, 청각, 아마도 후각까지도)을 요구하는 구체적인 표상을 수반하며, 실생활에서의 활동과 사태(event)를 재생한다. 이들은 충실도(fidelity)와 정확도의 요소가 된다.

사실성, 즉 현실성의 또 다른 측면은 '그곳에 있다(being there).'고 하는 관념이다. Seels, Fullerton, Berry와 Horn(2004)은 이것을 학습자가 느끼는 현장감이라고 정의하고 있다. 이는 마치 학습자들이 "사물 혹은 사태가 거의 그 실제 현상이 발생하는 것과 동시적으로 재현"(p. 252)되는 것을 경험하는 것과 같다는 것이다. 이러한 예로는 텔레비전, 영화, 비디오 클립 그리고 웹을 들 수 있다.

사실성의 재현은 테크놀로지가 점점 더 정교하고 세련되면서 충실도와 '현장감' 측면에서 상당히 증대되어 왔다. 예를 들면, 가상현실 도구는 학습 환경에서 학습자들을 보고 듣게 할 수 있을 뿐 아니라 만질 수도 있게 한다. 가상현실 도구는 수업을 실로 경험적으로 이끌 수 있으며, 특히 의학교육과 수술 시뮬레이션 분야에서 유용하게 적용되어 왔다(McLellan, 2004). 이들 도구는 사실성의 정도에 따른 보조물의 기능에 대한 Hoban 외의 원리에 새로운 의미를 부여하고 있다.

(2) 경험의 원추

수업에서 매체의 역할을 설명하고자 했던 초기 시도 중 하나는 Edgar Dale(1946)의 '경험의 원추(The Cone of Experience)'다. Dale의 원추는 (오랫동안 알려진 바와 같이) 매체의 역할을 행함(doing, 실제적인 참여에 의한 경험)과 상징화(symbolizing, 문장 혹은 도표나 도형과 같은 시각 자료) 사이의 관계(links)로서 시각화하고 있다. 원추는 직접적·목적적 경험이 가장 구체적이고 언어기호가 가장 추상적이라는 맥락에서 그 당시의 시청각 보조물을 구체성 혹은 추상성의 차원에서 분류하고 있다. 경험의 원추에서 이들 두 양극단의 사이에는 고안된 경험, 극화된 경험, 견학, 시범, 전시, 텔레비전, 영화, 녹음, 라디오 혹은 스틸 사진(still picture) 그리고 시각적 상징이 자리를 잡고 있다. 혹자는 원추를 현대적인 테크놀로지로 대체하여 손쉽게 업데이트할 수 있을 것이다.

Dale의 원추가 제공하는 시사점 중 하나는, 추상적 개념은 구체적 예나 경험의 형태로 먼저 제시될 때 보다 용이하게 이해할 수 있다는 것이다. 원추에 대한 상세한 분석에 따르면, 이들 다양한 활동 및 보조물은 다중 감각을 필요로 하고, 전형적으로 보다 구체적인 경험은 동시적으로 발생하는 시각적 · 청각적 지각을 필요로 한다. 이들 활동은 직접경험에 보다 가까운 경향이 있다.

Dale은 원추에서 행함(doing), 관찰함(observing) 혹은 상징화함(symbolizing)과 관련된 각각의 구성 요소가 모두 중요하다는 관점의 요지를 설명하였다. 이러한 입장은 Hoban과 그의 동료들(1937)이 "단순히 구체적 경험 그 자체가 일반화를 보장하는 것은 아니다."(p. 24)라고 언급하였을 때의 입장과 동일하다. Dale의 대다수의 연구들은 매체에서 사실주의라고 지칭하는 이론의 시작이었다.

2) 언어로서의 매체: 구조적 요소

Meyrowitz(1993)의 언어로서의 매체(media-as-language) 비유는 다양한 매체가 조직되는 방식에 초점을 두고 있으며, "콘텐츠 요소가 지닌 의미와 이것의 제시를 변형하는 데 있어서 매체의 조형성을 강조한다"(p. 59). 다음에서 교수매체의 기본적인 구조적(structure) 요소, 즉 시각 자료 및 다양한 요소의 조합, 가장 전형적인 예로서 청각과 시각에 대해 논의할 것이다.

(1) 시각 자료의 역할

대부분 매체의 언어는 시각 자료(visuals)의 언어인데, 이미 1922년에 개념 학습의 40%는 시각적 경험에 기인한다는 것이 연구에서 시사되었다(Weber, 1922). 과거에는 전형적인 시각 자료라 함은 사진, 그림, 도형, 지도 그리고 영화 등이 포함된 것이었다. 오늘날에는 비디오, 컴퓨터 애니메이션, 아이콘 역시 시각 자료에 포함된다.

교수매체는 매체의 외양 혹은 기능의 관점에서 설명할 수 있다. 후자의 관점은 매체를 활용한 학습에서 시각 자료가 수행하는 역할에 보다 치중하여 설명하고 있다. Knowlton(1966)에 따르면, 그림은 사실적이거나 비유적이거나 혹은 논리적인 것 중 어느 하나에 속한다. 사실적 그림은 실제 세상을 참조한 것이다. 비유적 그림이란 시각적으로 두 사물을 비교하여 묘사한 것이다. Knowlton은 지도와 회로도를 논리적 그림의 예로 간주하였다. Duchastel(1980)은 교수적 시각 자료에 대한 또 다른 조직 체계를 제공하고 있다. 그는 시각 자료가 "주의 집중, 설명 혹은 기억 유지를 위한 역할을 수행한다."(p. 286)라고 주장했다. 이와 같은 두 가지 해석은 삽화가 동기를 유발하거나(즉, 주의 환기나 사실적), 콘텐츠에 대한 이해를 촉진하거나(즉, 비유적 · 논리적 · 설명적), 혹은 콘텐츠에 대한 회상을 지원함으로써 학습 과정을 촉진한다는 점을 시사한다.

많은 연구가 교수적 도구로서 시각 자료의 영향력을 지지하는 반면, Baker와 Dwyer(2000)가 실시한 일련의 연구는 다소 완화된 결론을 제시하고 있다. 시각 자료가 학습에 있어 상당히 긍정적인 영향을 미치고 있음에도 불구하고, 이들은 연구를 통해서 모든 시각 자료가 교수적 기능을 고려해 볼 때 동일하게 중요한 것은 아니라는 점을 발견하였다. 색상의 활용은 흥미를 불러일으키고 성취와 관련이 있으나, 때때로 그림의 사실적 세부 묘사는 학생들이 주요 과제를 수행하는 것을 방해하기도 한다는 것이다.

(2) 큐 가중 이론과 이중 부호화 이론

매체의 중요한 구조적 요소는 매체를 활용한 매개 프레젠테이션에 포함된 큐의 숫자나 자극과 관련된다. 이와 관련된 지침 원리(guiding principle)는 "가능한 큐의 수 혹은 자극이 증가할수록 학습이 증대된다."(Severin, 1967, p. 237)는 것이다. 큐란 매개 프레젠테이션에서의 세부 사항이다(예:

색상, 음향, 텍스트). 이들 요인은 제시를 보다 현실적으로 만들어 주는 경향이 있다. 이 원리는 사실주의 이론과 맥락을 같이하며, 또한 다중 채널 커뮤니케이션의 우월함에 대한 가정을 연상시킨다(제3장 참조). 큐 가중(summation) 이론이 주는 시사점 중 하나는 텍스트나 정적 이미지를 강조하는 교수 자료를 사용하는 것보다 음향을 수반한 멀티미디어를 사용하는 것이 보다 낫다는 것이다.

언어적 요소만을 활용하는 것에 비해서 시각적인 교수 자료를 활용하는 것이 더 우월하다는 것은 Paivio(1991, 2007)의 연구를 통해서 설명되어 왔다. Paivio의 이중 부호화(dual coding) 이론은 두 가지 분리된, 그러나 서로 연결된 기억체제를 제시하고 있다. 그중 하나는 언어적 정보를 위한 것이고, 다른 하나는 시각적 정보를 위한 것이다. 시각적 정보에서는 텍스트를 포함하는 경향이 있으므로 두 가지 기억체제가 사용된다. 결과적으로 시각적 정보는 단순한 언어 정보에 비해 기억이 보다 잘 유지될 수 있다.

Paivio의 이론은 통상 실증적으로 지지되어 왔다. 이는 교수-학습 상황에서 시각 자료를 사용할 뿐 아니라 보다 복합적인 멀티미디어를 제시해야 한다는 근거를 제공하고 있다. 그러나 이에 관련하여 모순된 결과를 발견한 연구도 있다. Mayer와 Anderson(1992)에 따르면, 애니메이션과 내레이션을 활용한 수업이 문제 해결에 긍정적인 영향을 미친 것으로 나타났지만, 단순 회상에 있어서는 전통적인 수업과 비교했을 때 더 우위에 있었던 것은 아니었다. 한편 다른 연구자들은 애니메이션 기반 수업이 정적 시각 자료를 사용한 수업보다 우월하다는 결과를 발견하지 못하였다(Lin & Chen, 2007). 이는 아마도 시각 자료는 애니메이션이 특별히 콘텐츠의 속성상 필요한 경우에 한하여 중요하기 때문일 것이다. 이러한 결론은 오랜 기간 지속되어 온 설계의 가정, 즉 콘텐츠, 목적 그리고 기술은 반드시 서로 맞물려 돌아가야 한다는 사실을 다시 한번 강조하고 있다.

3) 학습 환경으로서의 매체: 테크놀로지와의 상호작용

최근에는 매체를 보는 새로운 관점으로 알려진 매체 생태학이 대두되고 있다. 이러한 경향의 관점을 살펴보면 다음과 같다.

> ……매체는 인간이 사용하는 한낱 도구에 불과한 것이 아니라, 오히려 매체는 환경을 구축하며, 이러한 환경 속에서 인간은 자신들의 지각, 담론의 형태 그리고 사회 행동 패턴의 구조를 변형하고 형성한다. (Heise, 2002, p. 151)

이는 "오래된 환경에 새로운 요인을 추가하면, 오래된 환경과 이에 덧붙여 새로운 요인을 갖게 되는 것이 아니라, 새로운 환경이 조성된다" (Meyrowitz, 1993; Heise, 2000, p. 157 재인용)는 측면에서 일반체제이론 (제2장 참조)을 떠올리게 된다. 이러한 관점에서 보면 교수-학습 환경에서는 매체와의 상호작용, 특히 학습자 집단 내의 상호작용 및 학습자와 매체 도구 간의 상호작용을 검토하는 것이 보다 적절할 것이다. 이는 최근에 구분 짓기 시작한 테크놀로지로부터의 학습(learning from technology)과 테크놀로지를 활용한 학습(learning with technology)의 관점을 반영하는데(Kozma, 1991; Jonassen, Peck, & Wilson, 1999), 새로운 아이디어는 아니다.

(1) 매체-학습자 상호작용 효과

1960년대 후반과 1970년대에는 적성-처치 상호작용(Aptitude-Treatment Interaction: ATI) 효과에 대한 연구를 하는 것이 교육공학자들 사이에서 인기를 끌었다. 이러한 연구는 개별 학습자의 차이를 고려하는 최상의 방법은 학습자의 적성 유형에 맞추어 교수 방법을 조정하는 것이라는 Cronbach의 제안에서 발전하기 시작했다(Parkhurst, 1975). 이와 같은 사고는 단지 평

균 학습자만을 대상으로 하는 제안과 그에 따르는 개별 학습의 효능에 대한 신념을 야기한 연구를 받아들이지 않는 풍조를 반영한 것이다. 또한 이는 행동주의 학습이론으로부터 인지주의 학습이론으로의 변화를 반영하였다. 이와 같은 경향은 교수매체 연구와 실제에 적용되었다.

ATI 및 매체와 관련한 초기 연구 몇몇에서 시도한 것은 단순하였다. 이들 연구는 학습자 적성을 주로 지적 능력으로, 그리고 매체를 언어적 제시 대 시각적 제시 혹은 다중 채널과 동영상 제시 형태로 간주하여 고려하였다. 전형적으로, 후자의 연구는 텔레비전 혹은 영화를 다루었다(Allen, 1975 참조). 그러나 Snow와 Salomon(1968)은 학습자 특성에 보다 근대적인 해석을 반영하였으며, "어떤 학생들과 어떤 교수적 처치에서는 학습을 촉진하는 반면, 다른 학생들과 다른 교수적 처치에서는 학습을 제한하거나 혹은 방해하는 것으로 보이는 모든 개인적 차이 변인을 일컬어 '적성'이라는 용어"(pp. 347-348)로 제시하였다. 그러므로 학습자 특성에는 인구학적 변인, 배경, 태도 그리고 개인적 기질 등이 포함된다.

이러한 사고방식이 주는 실제적인 시사점은, 대안적 매체는 소그룹의 학생들을 위해 선정되어야 한다는 것(Snow & Salomon, 1968) 혹은 매개 프레젠테이션은 특정 과제를 수행하는 학생들의 지적 활동을 증대하도록 설계되어야 한다는 것이다(Salomon, 1974).

매개 수업의 ATI 효과에 대한 관심사는 아주 자연스럽게 Salomon(1994)의 매체귀인이론과 같은 견해를 취하도록 이끌었다. 요약하면 Salomon의 이론은, 매체의 내재적 특성 중 하나는 매체 자체의 기호체제(symbol system)(즉, 정보를 조직하고 제시하는 방식)[1]에 있다고 하는 관점에 기반하

1) Olson(1974)은 매체 효과는 우선적으로 매체의 근원적인 기호체제를 이해하지 않고서는 이해할 수 없다고 시사하고 있다. 더욱이 이들 기호체제는(매체와 함께) 개인의 능력과 매체의 교수적 잠재력을 증대시키는 도구로 간주되어야 한다는 것이다.

여 형성되었다. 인간의 정신은 또한 정보를 통제하기 위해 기호를 사용하는데, 이들 기호체제의 일부는 매체로부터 획득된다. 매체의 기호체제, 콘텐츠 그리고 학습자가 자신의 기억 속에서 정보를 제시하는 방식의 세 가지 요인이 서로 부합될 때, 수업에 대한 이해가 보다 용이해진다(Clark & Salomon, 1986). 더욱이 "매체의 기호적 특성은 매체에 단순히 접하는 것만으로는 자연적으로 발생되지 않는 인지적 효과를 발휘하도록 만들 수 있다" (Clark & Salomon, 1986, p. 469). 결과적으로, 특정 매체를 사용하는 것(그리고 매체가 지닌 중요한 속성의 장점을 취하는 것)은 학습자들 사이에서 새로운 인지 기술을 이끌어 낼 수 있다. 이것이 처치(즉, 매체)와 학습자 간의 복합적인 상호작용-ATI 효과가 나타난 징후 중 하나다.

(2) 분산 인지에서 매체의 역할

학습자와 매체와의 상호작용에 관한 상기 논의는, 인지는 '머릿속에서' 발생하는 어떤 것이라고 하는 가정에 뿌리를 두고 있다. 그러나 오늘날 인지는 "보통 개인적인 것이라기보다는 '분산된 것' 으로" (Cobb, 1997, p. 30) 혹은 "개인의 마음이 아니라 문화적 맥락 속에서 결합된 인지 체제로서" (Angeli, 2008, p. 272) 널리 인식되고 있다. Pea(1993)는 이를 분산 인지로 간주하며, "형태를 만들고, 활동을 가능하게 하는 의지는 사람, 환경 그리고 상황 전반에 걸쳐 분산되어 배열되는 것이라고 그 특성을 규정하고 있다. 다시 말해, 지능은 소유되는 것이 아니라 성취되는 것이다" (p. 50).

여기서 주요 관심사는 가까이 있는 물리적 학습 자원을 "단지 입력을 위한 정보원과 출력을 위한 수신기로서가 아니라 사고의 통로로서" 간주할 때 인간과 매체 간의 상호작용을 다루는 데 있다(Perkins, 1993, p. 90). 학습은 단지 공유된 활동일 뿐 아니라, 이는 교수-학습 체제로서 작동하는 인간 혹은 도구가 없이는 성취할 수 없는 활동이다.

분산 인지가 이루어질 때 매체의 기능은 무엇인가? 이에 관해 두 가지 주요 관점이 있다. 첫째, 매체(이 맥락에서 매체는 점점 컴퓨터 혹은 컴퓨터 네트워크로 간주된다)는 어려운 과제를 다루기 위한 수단으로서, 인간의 능력을 증진시키는 도구로서 볼 수 있다. 우리는 쉽게 통계 처리를 끝낼 수 있고, 혹은 질문에 대한 답을 하기 위해 방대한 양의 정보를 검색할 수 있다. 반면, 매체와 테크놀로지는 인지를 증진시키거나 "지적 기능의 재조직자(reorganizers)가 될 수 있다" (Pea, 1993, p. 57). 단지 작업을 덜 힘들게 해 준다는 것 외에, 예를 들면 컴퓨터 시각화와 시뮬레이션은 사실상 다른 추상적 개념으로 안내할 수 있다(Angeli, 2008). 지능은 더 이상 전적으로 개인적인 특성으로 간주될 수 없는데, 이는 복합적인 환경에 의한 합동 산출물이기 때문이다. 인지 과정은, 가능한 경우에 해당 환경이 일부 인지적인 노력을 하게끔 되더라도, 실제로 환경에 의해 형성된다(Hollan, Hutchins, & Kirsh, 2000). 매개 교수-학습 환경은 이와 동일한 특성을 지닌 것으로 상정할 수 있다.

4) 매체이론의 철학적 경향

수년간에 걸쳐 교수설계 분야는 기계론적이고 비인간적이라는 비판을 받아 왔다. 이러한 비판의 일부분은 교수-학습 과정에 있어서 매체와 테크놀로지의 역할에 기인한다. 가르치는 데 있어 테크놀로지를 사용하는 것은 획일화를 초래하고, 학습 의욕을 북돋우는 교사와의 접촉이 적어진다는 우려가 있어 왔다(Oettinger, 1969). 또한 교육과 훈련에서 테크놀로지를 사용하는 것은 진전해 온 반면, 가르치는 과정에 내재된 인간적인 선택의 기회를 감소시킨다는 염려 역시 있어 왔다. 이와 동시에 테크놀로지를 향한 집중적인 관심(rush)은 교육을 목적으로 개발된 소중한 자원이 증가하는 데 있어 한몫하고 있다(Taylor & Johnsen, 1986). 어쨌든 매체와 테크놀로지는 교수적 도구로서 지속적으로 확산되어 왔는데, 이는 그들이 시류의 징후이기 때문이 아니라 여러 가지 뿌리 깊은 신념과 가치에 토대를 두고 있기 때문이다.

(1) 사실주의와 대상물 조작에 대한 지지

앞에서 살펴본 것과 같이, 매체의 가치는 매체가 얼마나 사실적인가에 밀접하게 관련되어 있다. 사실주의(realism)에서의 이러한 믿음은 우리의 감각에 직접적으로 제시되는 대상물은 자연 속에 실제로 존재하는 대상물을 재현한 것이라고 하는 신념에서 유래한다. 다른 말로 하면, 대상물은 마음으로부터 독립적이라는 것이다. 철학적인 관점에서 보면, 사실주의는 물리적 속성을 가지고 있는 관찰 가능한 것이다. 이는 관념주의(idealism), 즉 "무엇이 사실인가는 어느 정도 우리 자신의 마음에 있는 콘텐츠에 국한되거나 혹은 적어도 관련된다."(Hamlyn, 2005, p. 414)라고 하는 시사점을 주는 주장과 대립될 수 있다. 사실주의는 Dale의 '경험의 원추'를 위한 철학적 토대이며, 또한 시각적 보조물과 테크놀로지를 사용하기 위해서 추상적 아이디어를 구체적인 대상물 및 경험과 연결하기 위한 철학적 토대가 되고 있다. 사실주의는 무엇이 선이고 어떤 것을 추구해야 하는가와 관련된 기준으로서의 관념주의가 아닌, 철학으로서의 관념주의를 배제한다.

매개 학습은 전형적으로 구체적인 학습 대상물에 대한 경험을 포함한다. 단순히 자신의 추리를 탐구하기보다는 보는 것, 만지는 것, 듣는 것 모두 학습의 방법이 되고 있다. 현상학의 다양한 해석과 표현은 그와 같은 입장을 추구한다. 이러한 사고는 어떻게 인간이 실제 객체를 경험하는가에 관한 Edmond Husserl의 추론에 기초를 두었다(Tomasulo, 1990). 이것은 "시간, 공간, 지각, 의미 그리고 인간의 주관성에 관한 명백히 시각적인 경험에 의해 좌우되며"(Tomasulo, 1990, p. 2), 매체에 있어서 시각물의 중요성 때문에 이는 많은 매체이론에서 특별히 흥미로운 지향점이 되고 있다. 구체적인 대상물을 조작하는 것에 대한 강조는 순수한 성찰에 의존하는 학습과는 대조적이며, 능동적 학습의 특성과 부합한다. 현상학은 또한 개인의 시각적 표상과 실제에 대한 개인의 관념의 역할을 검토하도록 한다.

(2) 개인의 테크놀로지 상호작용에 대한 지지

매개 수업은 다양한 형태의 개별화 수업을 촉진한다. 개인주의적 철학은 주요 가치를 개인에게 두는, 매우 인간적인 지향점이다. 대부분의 초창기 매체의 사용은 전통적인 강의 또는 시범 기술을 지속시키려는 경향이 있었다. 그러나 초기에도 개인의 발견학습을 촉진하기 위해 새로운 테크놀로지의 기능을 사용하는 것과 동시에 매우 다양한 개인차를 수용하고자 하는 요구가 있었다(Kilbourne, 1961 참조).

반개인주의 철학을 옹호하는 이들은 개인의 행동을 결정하는 데 있어 물리적 · 사회적 환경의 역할을 강조하는 경향이 있다(Burge, 1979). 이는 구성주의자가 궁극적으로 지식은 개인에게 있어서 내재적인 것이라고 믿고 있음에도 불구하고, 어느 정도 구성주의 원리를 반영한다. 분산 인지는 분산 학습이 "머리에서가 아니라, 사회문화적 환경의 맥락에서 개인들 간에 발생"(Schwartz, 2008, p. 395)함으로써 개인과 사회적 인지 사이를 연결하고 있는 것으로 볼 수 있다. 게다가, 이러한 사회적 결정인자들은 많은 사람들에 의해 인지체제의 부분으로서 간주되고 있다. 이는 단순히 절충적 관점이 아니라 "합리적이고 조화로운 입장"(Schwartz, 2008, p. 396)이다.

2. 매체이론과 교수설계

매체는 대부분의 수업에서 필수적인 요소이고, 또한 이와 마찬가지로 교수설계 과정에서 대단히 중요한 요소다. 저자들은 교수설계 과정에서 매체가 통합되는 두 가지 방식에 대해 논의할 것이다. 첫 번째는 대부분의 교수설계 모형에서 표준으로 제시되고 있는 매체 선정(medial selection)이다. 이는 교수전략 설계에 있어서 매우 중요한 요소다. 두 번째는 교수설계 모형에서 크게 중요하게 부각되지 않아 왔던 매체 사용(media use)이다. 그러나 이는 전달 전략 속에 통합되며, 종종 이들 전략의 지배적인 요소가 된다. 매체 사용은 매체 옹호자와 적대자 모두에게 열정을 불러일으켜 왔다. 사용 가능한 매체와 테크놀로지가 수년에 걸쳐 괄목할 만한 성장을 이룩하였지만, 매체 사용에서는 매체와 학습의 근본적인 원리를 계속해서 반영하고 있다.

1) 매체 선정

매우 다양한 매체 선정 모형이 존재한다. 초기 모형은 독학이든 혹은 그룹 학습이든 간에 전통적인 수업을 다루는 경향이 있었다. 이들 모형은 네 단계를 요약한 Gropper(1976)의 절차만큼이나 단순하기도 하고, 두 수준의 절차와 이들 각 수준별로 구축된 다양한 하위 절차로 구성된 Romiszowski (1981)의 모형만큼이나 복잡하기도 하다.

보다 최근의 모형들은 e-러닝 환경, 기업 커뮤니케이션(corporate communication) 그리고 선진 테크놀로지의 사용에 초점을 두고 있다. 그럼에도 불구하고 이전의 모형과 새로운 모형 사이에는 상당한 중복이 있고, 궁극적으로 이들 모형 모두가 학습을 촉진하는 데 있어 매체의 역할에 관여하고 있다. 각각의 모형은 시각적 수업 혹은 언어적 수업의 효과성과 같은 주제를 다루고 있는 제반 원리를 토대로 개발되었다.

(1) 매체 선정 모형의 주요 요소

대부분의 매체 선정 모형은 다음의 다섯 가지 일반적인 요인을 다루고 있다.

- 콘텐츠
- 학습자 특성
- 교수 전략
- 환경
- 관리

이들 모형에서, 매체 선정이란 기본적으로 매체와 매체의 속성을 현재 당면하고 있는 상황의 요구에 맞추는 과정이다. 저자들은 어떻게 이들 요인이 매체 선정 모형에 포함되었는지에 대해 탐구할 것이다.

교수 콘텐츠는 전형적으로 행동적 목표의 형태로 구체화되고, 대다수 모델에서 목표는 또한 목표가 제시하고 있는 학습 과제의 유형에 따라 분류된다. 전형적으로, Gagné(1985)의 인간 능력의 유형에 관한 개념화는 학습 과제를 분류하기 위해서 사용되고, 이들 학습 결과는 요구되는 수업 조건을 확인하기 위한 기저로 사용된다(이들 조건기반이론에 대한 충분한 설명은 제7장을 참조). 예를 들면, Department of the Air Force(1979)는 학습 목표, 학습 전략, 매체에 관한 안내를 제공하고 있다(〈표 6-1〉 참조).

이러한 기본적인 접근 방식은 아직도 Gagné, Wager, Golas 그리고 Keller(2005)에 의해 권장되고 있다. 그러나 이들의 매트릭스(matrix)는 학습된 능력(즉, 학습 과제 유형), 교수 사태, 교수 전달 방법과 전략 그리고 효과적 매체 등을 포함하고 있다.

매체는 학습자의 속성을 고려하지 않고서는 적합한 것으로 간주되지 않는다. Reiser와 Gagné(1983)의 모형은, 예를 들면 글을 읽는 사람과 글을 읽지 못하는 사람 모두에게 적합한 매체를 밝히고 있다. Gagné(1985)는 매체를 선정하는 의사결정에 있어 학습자의 연령의 중요성에 대해 언급하고 있다. Romiszowski(1981)는 학습 스타일, 주의 지속 시간 그리고 동기를 고려한다. Huddleston과 Pike(2008)에 따르면, 테크놀로지를 사용하는 데 있어 학습자의 자신감을 고려하는 것이 중요하다. 또한 매체 선정은 누가 해당 매체를 사용하는가를 고려하지 않고서는 성공적일 수 없다.

초창기에 교수설계자는 종종 개별화하는 것을 이상적인 교수 전략으로 보았다. 많은 매체 선정 모형은 이러한 관점을 반영하였다. Reiser와 Gagné(1983)의 모형에는 두 가지의 분리된 매체 선정 경로가 제시되어 있다. 그중 하나는 개별화 수업을 위한 것이고, 다른 하나는 그룹 수업을 위한 것이다. 이것이 바로 많은 경우 첫 번째 거시적(macro) 수준에서의 전략 결정이었다. 다른 일반적인 전략 결정은 학습 과제의 기능과 관련되었다. Air Force의 예에서(〈표 6-1〉 참조) 교수전략은 이들 전략이 지니고 있는 기능, 즉 제시, 연습 혹은 피드백의 측면에서 고찰되고 있다. 기능은 또한 매체의 능력(예: 동영상이나 음향을 제공하는 것)과 관련해서 이해되었다(Kemp, 1985 참조). 매체 선정 과정에서 교수전략을 판단하는 또 다른 관례적인 방법은 전략을 Gagné의 아홉 가지 사태의 하나로서 검토하는 것이었다. 이 전략은 1967년 5월에 Briggs와 Gagné에 의해 적용되었으나, 이는 또한 Huddlestone과 Pike(2008)의 모형의 한 부분이었다. 그러나 새로운 모형은 종종 전략과 관련된 매체에 대한 의사결정을 할 때 어떠한 상호작용이 요구되는가의 측면을 고려한다. Caladine(2008)은, 예를 들면 자료와의 상호작용, 학습자 간의 상호작용 그리고 촉진자와의 상호작용의 필요성에 대해 언급하고 있다.

〈표 6-1〉 특정 학습 목표와 학습 전략에 적합한 매체의 확인

학습 목표 / 학습 전략 요소 / 대표적 교수 매체		언어 연쇄(언어 정보)			분류, 원리 사용, 문제 해결			태도, 의견, 동기		
		제시	연습	피드백	제시	연습	피드백	제시	연습	피드백
교실 교사	강의	예	아니요	아니요	예	가능	가능	예	가능	가능
	시범	예	아니요	아니요	예	가능	가능	예	가능	가능
	튜터/코치	예	예	예	예	예	예	예	예	예
수업 보조물	OHP	예	가능	가능	예	가능	가능	예	가능	가능
	35mm 슬라이드	예	가능	가능	예	가능	가능	예	가능	가능
	칠판	예	아니요	아니요	예	아니요	아니요	예	아니요	아니요
다중 매체	필름 스트립	예	예	예	예	예	예	예	예	가능
	영화(음향)	예	가능	가능	예	가능	가능	예	가능	가능
	TV	예	가능	가능	예	가능	가능	예	가능	가능

설명 [예] 효과적 [가능] 특정 상황에서 효과적이거나 제한적 [아니요] 비효과적

출처: Department of the Air Force에 의한 교수체제 개발 AF 매뉴얼, pp. 5-14.

교수 환경(setting)의 속성 또한 많은 설계자들로 하여금 특정 매체보다 다른 매체를 선정하여 사용하도록 유도했다. 예를 들면, Leshin, Pollack 그리고 Reigeluth(1992)는 학습 맥락을 그룹 규모와 같은 요인의 측면에서 정의하면서 학습 맥락을 강조하고 있다. Romiszowski(1981)는 학습 자원의 가용성, 즉 특정 매체가 해당 환경에서 잘 적용되어 사용될 수 있는지, 교수 공간에서의 조건이 해당 매체의 원활한 작동을 허용하는지에 대해 언급하고 있다. Gagné(1985)와 Department of the Air Force(1979)는 어떻게 교수 환경이 매체의 선정을 제한하는가에 대해 살펴보았다. 특히, 이들은 교수 환경이 학습 후의 전이 환경에 가깝게 근접하여 구성되었는가에 관심을 두고 있다. 그리고 온라인 학습과 관련하여, Huddleston과 Pike (2008)는 학습 환경에서 가능한 연결성(connectivity)의 유형에 대해 파악하고자 한다.

마지막으로, 매체 선정은 통상적으로 매체 사용의 용이성을 높이기 위한 관리적 이슈에 대한 시사점을 고려한다. 종종 이들 요인은 맥락 분석과 연계하여 고려되고 있으며(Tesmer & Richey, 1997), 대다수의 모형은 단순하게 이들 모든 요인을 실현성과 관련된 이슈로 언급하고 있다. 관리 이슈 중에서 가장 주목할 만한 것은 매체의 비용 효과성이다. 비용 이슈는 Reiser와 Gagné(1983), Dick, Carey 그리고 Carey(2009), Huddleston과 Pike(2008) 등의 학자들에 의해 인식되고 있다. 그러나 매체 사용에는 다른 많은 관리 요인도 영향을 미치고 있다. Gagné, Briggs 그리고 Wager(1992)는 보관 시설, 기술적 지원, 교사 훈련 요구 사항 등을 포함한 상당한 수의 실제적 요인과 매체 사용으로 인해 야기되는 일반적인 혼란에 대해 설명하고 있다. Huddlestone과 Pike(2008)는 제한적인 데이터 통신의 정보량(bandwidth)과 기존 교실 시설을 사용하는 것과 관련한 스트레스와 같은 다종다양한 교수 관리 측면에서 고려할 사항에 대해 언급하고 있다.

광범위한 요인이 교육 매체 선정에 영향을 줌에도 불구하고, 매체 기능을 학습 과제에 부합시켜야 한다는 것이 압도적으로 강조되어 왔다. 그럼에도 불구하고, 매체를 특징짓는 다른 대안적인 방법이 있다. 그중 하나는 Daft, Lengel 그리고 Trevino(1987)의 매체 풍부성 이론(Media Richness Theory)이다. 만일 매체가 즉각적인 피드백을 제공할 수 있고, 다중 커뮤니케이션 큐, 다양한 언어 유형, 개인적인 처치 등을 포함하고 있다면 풍부하다고 여겨진다. 예를 들면, 면 대 면 커뮤니케이션은 즉각적인 피드백을 제공할 수 있고, 다중 큐가 있고(예: 몸짓언어와 음성 어조), 자연언어가 사용되고, 매우 개인적일 수 있으므로, 가장 높은 수준의 매체 풍부성을 지니고 있다고 하겠다(Sun & Cheng, 2007). 매체 선정에 있어서 또 다른 유사한 접근 방법은 사회적 실재감 이론(Social Presence Theory)에 의해 제시되었다. 여기서 사회적 실재감 요인이란, 상호작용 과정에서 다른 사람들이 물리적으로 존재한다고 느끼는 정도를 의미한다(Carlson & Davis, 1998). 이들 두 가지 이론, 즉 매체 풍부성 이론과 사회적 실재감 이론은 e-러닝 환경을 위해 특별히 개발된 최근의 두 가지 매체 선정 이론을 검토하도록 이끌고 있다.

(1) 매체 선정의 동향

많은 새로운 매체 선정 모형은 웹기반 수업 혹은 다른 유형의 컴퓨터 기반 수업을 다루는 환경에서도 언제, 어디서나 가능한 학습을 촉진시키는 e-러닝 환경에 초점을 두고 있다. 이들 환경은 전형적으로 실제적인 정적·동적 시각 자료를 운용하는 고도의 매개 학습 환경이다. 이들 수업의 상당 부분에서 색상, 음향 그리고 텍스트 모두가 매우 중요한 역할을 하고 있다. 학습은 테크놀로지 자체와의 상호작용에 의해 일어나지만, 테크놀로지는 또한 학습자와 학습자 간, 학습자와 교수자 간의 추가적인 상호작용을 제공함으로써 학습을 촉진시킬 수 있다. 이에 덧붙여, 이들 환경에서 매체는 매우 적은 단위의 수업에 운용될 수 있는데, 이는 매체는 개개의 목표를 기반으로 수업에서 꽤 손쉽게 포함될 수 있기 때문이다.

새로운 매체 선정 모형은 이 분야에서 오랜 기간 있어 왔던 이슈들을 다루는 방법 역시 제공한다. 예를 들면, Gropper(1976)는, 매체는 단지 자극 자료를 전달하는 하나의 수단으로 간주해서는 안 되고 학습자의 반응에 초점을 두어야 한다고 주장하였다. 이러한 행동주의적 관점은 더 이상 일반적으로 수용되지는 않지만, 매체는 여전히 주로 정보 제시를 위한 수단으로 간주되고 있다. 그럼에도 불구하고, 상호작용을 강조하는 새로운 모형들은 많은 측면에서 Gropper의 관심에 대해 언급하고 있는데, 이는 이러한 관심이 학습자의 활동과 참여를 보다 강조하는 경향이 있기 때문이다. 저자들은 두 개의 새로운 매체 선정 모형, 즉 Huddleston과 Pike(2008) 그리고 Caladine(2008)의 모형을 탐구함으로써 이러한 경향에 대해 검토하고자 한다.

Huddleston과 Pike는 많은 점에서 매체 선정의 전통적인 요소를 지속적으로 인정하고 있는 업데이트된 모형을 제시하고 있다. 이들의 모형은 일반적인 것으로 간주될 수 있음에도 불구하고, e-러닝의 최신 경향을 수용하기 위해서 개발되었다.

초기 매체 선정 모형과 유사하게, Huddleston과 Pike는 학습 과제를 과정을 주로 조형하는 요인으로 보고 있다. e-러닝 수업에는 다양한 규모의 팀이 활용될 수 있으며, 혹은 개별화 수업의 형태가 될 수도 있다. 그러나 팀 구성 전략은 상호작용이나 정보 전달을 지원하는 매체의 속성에 의해 좌우된다. 교수적 상호작용은 학습 경험이 동기적인가, 비동기적인가 혹은 참가자들이 언제든 동일 장소에 있는가에 따라 상당 부분 좌우된다 (Huddleston & Pike, 2008).

이 모형에서 학습 맥락은 단지 전달 맥락뿐 아니라, 지원, 관리 및 설계와 개발 같은 요인 또한 망라하고 있다. 교수 관리는 유사한 관점에서 일정 관리와 자원의 배분뿐 아니라, 학습자의 등록을 취급하고, 수업의 결과에 대한 추적과 기록을 위한 학습 관리 체제의 사용을 포함한다. 비용 효과는 투자 수익(ROI)에 대한 산정을 포함하고 있다. 이들 모든 의사결정 요인은 서로 연결되어 있고, 이들 각 요인은 다른 요인들의 작동에 영향을 미치고 있다(Huddleston & Pike, 2008).

저자들이 검토할 두 번째 현행 모형은 Caladine(2008)의 테크놀로지 선정 모형이다. Caladine의 모형은 소위 말하는 융통성 있는 학습(즉, 시간 혹은 공간 측면에서 유동적인 학습)을 지향하고 있다. 여기서 교사의 음성은 더 이상 정보 전달의 주요 수단이 아니며, 매체 체제가 수업을 관리하도록 되어 있다. [그림 6-1]에 해당 모형이 제시되어 있다.

Caladine의 모형은 상호작용과 융통성을 가능하게 만드는, 특히 웹과 같은 새로운 테크놀로지에 의해 가능하게 되었다. 그러나 웹은 전통적인

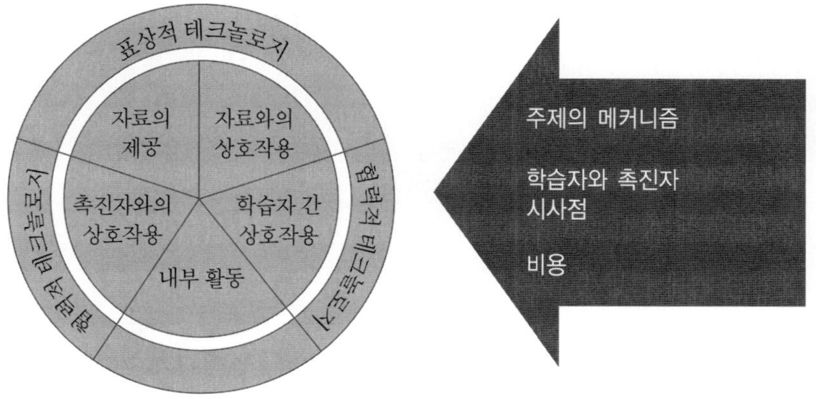

[그림 6-1] Caladine의 테크놀로지 선정 모형

* 출처: *Enhancing E-Learning with Media-Rich Content and Interactions* by Caladine, 2008, p. 138의 내용을 승인하에 사용하였음. Copyright 2008 by Information Science Publishing.

면 대 면 수업에서 사용되는 다양한 다른 매체의 사용을 지원하기도 한다. 또한 웹은 여러 분야와 여러 정보원으로부터 수집한 자료를 사용하는 것을 예전에 비해 훨씬 가능한 일로 만들어 주었다. 이와 같은 수업은 일반적으로 학습관리 시스템(learning management system)에 구조화되어 있다.

이들 새로운 매체 선정 모형은 〈표 6-2〉에 제시된 구모형의 맥락 속에 포함되어 있다. 여기서 저자들은 수년간에 걸쳐 매체 선정 과정의 발달을 제시하고 있는 일곱 가지 모형을 비교하고자 한다.[2)]

2) 이 표는 Reiser와 Gagné(1983)의 15쪽에 있는 그 당시 주요 매체 선정 모형의 비교와 유사하다.

〈표 6-2〉 표상적 매체 선정 모형과 구성 요소

구성 요소 \ 모형		Briggs, Gagné & May(1967)	Gropper (1976)	Dept. of the Air Force(1979)	Romiszowski (1981)	Reiser & Gagné (1983)	Caladine (2008)	Huddlestone & Pike(2008)
콘텐츠	행동주의 목표	○	○	○	○	○	○(사전 과제)	○
	학습 과제 유형과 요구 조건	○	○	○		○		○
학습자 특성	사전 경험		○	○	○	○	○	○
	학습 속도와 능력		○	○	○	○		○
	동기와 태도			○	○			○
교수전략	개별화/팀 구성	○		○		○		○
	교수적 기능	○	○	○	○	○	○	
	요구되는 매체 역량	○	○	○	○	○	○	○
	교수 사태	○				○		○
	요구되는 상호작용						○	○
환경	자원과 시설			○	○	○	○	○
	교수 환경의 특징			○	○			○
	학습자와 교수자의 동일 공간 배치					○	○	○
	교수자 기술과 지원			○	○		○	
관리	비용 효과			○	○		○	○
	유지와 테크놀로지 지원			○	○		○	○

2) 매체 사용

매체의 사용은 어떠한 시대든지 간에 당시 대두되었던 테크놀로지의 발달 및 가용성과 평행선을 그려 왔으나, 매체의 기능은 이에 비해서 훨씬 일관성이 있었다. 여기서는 매체가 제공해 온 두 가지 주요 기능, 즉 교수 자동화의 수단과 학습 환경에 사실주의와 상호작용을 가져다준 수단의 측면에서 매체 사용에 대해 서술할 것이다.

(1) 교수 자동화

1920년대 Sidney Pressey의 '자동 교사(automatic teacher)'에 대한 소개 이래, 개별화 교수에서 테크놀로지를 사용하기 위해, 그리고 수업에서 일상적이고 물리적인 교사의 업무를 덜어 주기 위해 다양한 시도가 있어 왔다. Pressey가 고안한 기기는 그가 보기에 복잡하게 연결되어 있는 두 가지 과정인 연습과 시험을 학생이 스스로 할 수 있는 방법을 제공하였다. 이 기계(초기에는 타자기의 부품으로 만든)는 "수업의 속도를 조절하였고, 자기 진단을 허용하였으며, 시간이 걸리는 일상의 업무로부터 교사들을 해방시켰다"(Petrina, 2004, p. 314). 학생들은 기계를 사용하여 다지선다형 시험을 보았고, 기계로부터 성취에 관한 피드백을 제공받았다. 이것이 바로 Skinner의 교수 기계(teaching machine)의 전신이었다.

Pressey의 교수 기기로부터 발전한 Skinner의 기계는 자신의 행동주의 이론을 토대로 프로그램 수업(programmed instruction)을 운용하였다. 여기서 학습된 행동은 학습자를 최종적으로 요구되는 행동으로 서서히 이끄는 일련의 아주 작게 배열된 단위(혹은 프레임)를 통해 학습하게 함으로써 개발되었다. 모든 올바른 수행은 체계적으로 강화되었다(Skinner, 1958). 학습은 자기 교수(self-instruction)와 자기 속도 조절(self-pacing)을 통해 이루어졌다. 결국 프로그램 수업은 텍스트 정보를 제시하는 것에 추가하여 청각과 시각적 자극물을 통합하였다. 교수 기계와 프로그램 수업은 수업을 광범위한 개인차에 맞추어 주는 동시에 교육과 훈련의 실패를 배제하려는 시도 중 하나였다.

Pressey와 Skinner는 교수와 학습 과정을 자동화하기 위한 단일 '기계'에 대해 생각하였다. 다른 이들은 교실 전체를 자동화하기 위해 가능한 테크놀로지와 과정을 결합하는 방안을 모색하였다. 예를 들면, Finn(1957a, 1957b, 1960)은 완전한 교실 자동화를 위한 체계적인 제안서를 만들었다. 그는 자동화를 교육의 효율성을 증진시키고, 기존의 교사 부족에 대처하는 방법 중 하나라고 보았고, 심지어 자동화가 교수의 질을 향상시켰다고 보았다. 자동화된 교실은 당시의 새로운 테크놀로지, 특히 텔레비전과 긴밀하게 연결되었다. Finn의 교실 자동화에 대한 관점은 또한 체제이론과 관련되어 있는데(제2장 참조), 이는 그가 자동화는 교수 관리 과정, 요원 및 기기장치의 조화로운 운용에 기여한다고 생각했기 때문이다. 이는 또한 분석과 장기 계획에 좌우된다.

교수를 자동화하려는 이러한 시도는 매체를 학습 환경으로 간주하는 관점을 반영하는 한편, 학습자들이 개별적으로 테크놀로지와 상호작용하는 것을 강조한다. 결국 교실을 자동화하려는 노력은 테크놀로지에 의한 실패가 아니라 기계화와 비인간화에 관한 우려와 불안으로 인하여 거의 중단되었다. 자동화는 많은 이들에게 교실에서 대량생산의 이미지를 떠올리게 하였다. 그럼에도 불구하고 이러한 혁신의 일부 요소들은 오늘날에도 아직 존속하고 있다.

(2) 사실적 · 상호작용적 학습 환경의 창출

컴퓨터 테크놀로지가 선진화되고 접근성이 높아짐에 따라, 컴퓨터 기반 매체는 수업에서 우월한 역할을 담당할 것으로 여겨졌다. 이러한 테크놀로지는 비디오, 스틸 사진, 애니메이션 그리고 수업의 모든 국면과 보조적 정보 사이의 링크를 형성하는 능력을 통합하였다. 초기 컴퓨터 기반 수업의 대부분은 종종 스키너식 교수 기계의 요소를 반영하였다. 예를 들면, 학습자들은 아직도 속도와 계열을 통제하였고, 피드백은 즉각적이었다.

월드 와이드 웹의 발전과 함께 새로운 교수전략이 대두되었다. 수업은 더 이상 시간과 공간에 얽매일 필요가 없고, 학습자와 학습자, 학습자와 교수자 사이의 의사소통은 언제라도 일어날 수 있다. 웹은 또한 이전에는 전혀 원격 가능성에 대해 고려하지 못했던 정보 자원에 대한 접근을 가능하게 하였다.

컴퓨터 기반 매체에서 선진화는 테크놀로지 혁신 그 이상의 것에 의해 영향을 받았다. 또한 선진화는 교육학과 관련한 새로운 사고와 학습에 관한 심리학적 관점에 영향을 받았다(Hannafin, Hannafin, Hooper, Rieber, & Kini, 1996). 예를 들면, 구성주의, 앵커드 수업(anchored instruction), 상황인지를 옹호하는 이들은 컴퓨터와 웹을 바로 실제 생활의 맥락에 뿌리를 두고, 교수 활동을 제공하는 방법으로서 기꺼이 받아들였다(제8장 참조).

먼저 맥락적 진술을 사실적으로 만드는 것은 단순히 테크놀로지의 관점에서 접근되었다. 예를 들면, Strang, Badt, Kauffman과 Maggio(1988)는 예비 교사들이 피드백 및 학급 운영 기술을 학습하는 것을 지원하기 위해 간단한 마이크로컴퓨터 기반 시뮬레이션을 사용했던 경험을 기술하였다. 컴퓨터는 교실의 교사와 학생들 사이에서 이루어졌던 언어적 대화를 제공하였다. 이들 연습과 교수자와 함께한 후속 보고회는 전통적인 강의 및 현장 경험 외에 추가적인 학습 활동을 제공하였다.

그렇게 되면 자료는 보다 복합적이 된다. 상호작용적 비디오 클립과 대규모 데이터 세트는 적절한 맥락적 정보를 제공하기 위해 문제 해결 수업에 활용되었고, 어떤 프로그램은 학생들이 문제 해결을 모델로 하여 연습하도록 이끌었다. 다른 수업은 실생활 활동의 본질을 포착한 고충실도(high fidelity) 이미지를 사용하는 것을 통해 맥락을 수립하였다(Hannafin et al., 1996).

또한 교수-학습 과정 중에 상호작용을 제공할 가능성은 인터넷, 웹기반 학습, 온라인 학습에 대한 소개와 더불어 급격하게 증가하였다. 예를 들면, Harris(Hill, Wiley, Nelson, & Han, 2004에서 인용한 것과 같이)는 인터넷상에서 이루어지는 여섯 가지의 개인 간 상호작용을 규명하였다. 이러한 상호작용에는 글로벌 교실(즉, 공통 주제를 함께 학습하는 교실), 전자적 출현(즉, 전자게시판에서 학습자와 게스트 간의 통신), 전자적 멘토링(즉, 초심 학습자에 대한 전문가의 멘토링)과 같은 활동이 포함되었다. 창의적인 교수자와 설계자는 학습자와 주제 전문가 사이의 상호작용을 지속적으로 확장시킬 것이다. 이들은 보다 더 협력적인 학습을 제공하며, 사회적 실재감을 증가시킬 것이다.

(3) 매체 사용의 동향

오늘날 테크놀로지는 모든 수준의 학습에 널리 퍼져 있다. 그러나 보다 복잡한 테크놀로지 기반 설계는 교실이 아니라 학습 환경과 관련되어 있는데, 이는 새로운 테크놀로지가 교수 환경의 전통적인 장애를 없애는 데 영향을 미치기 때문이다. 이들 새로운 환경은 '테크놀로지 강화 학습 환경(Technology-Enhanced Learning Environment: TELE)'으로 지칭된다. "TELE는 테크놀로지 기반 교수-학습 체제인데, 학생들은 이를 통해서 기술이나 지식을 습득하게 되며, 이때 통상적으로 교수자나 촉진자의 조언, 학습 지원 도구, 기술적 자원을 제공받게 된다"(Wang & Hannafin, 2005, p. 5).

TELE는 높은 수준의 학습자 통제를 수반하는 학습자 중심성을 지닌다. 이들 환경은 경험적이거나 상황적 학습 원리를 운용할 가능성이 높고, 주로 개별화 방법을 사용한다. 테크놀로지 자원은 학생들이 종종 세계적으로 데이터에 접근하도록 지원하고, 이들 자원은 학습 과제를 중심으로 사회적 커뮤니티를 구축한다. 또한 테크놀로지 자원은 지속적인 평가와 피드백을 제공하고, 학생들이 콘텐츠에 대해 심도 있게 이해하도록 지원한다(Chen, Calinger, Howard, & Oskorus, 2008).

최근에 Kim과 Hannafin(2008)은 TELE의 예를 제시하였다. 그들은 전문가 교사들이 개발한 테크놀로지 중강 수업 지도안 사례(case)로 구성된 웹기반 라이브러리를 중심으로 학생들이 사용하는 테크놀로지의 강화, 사례기반 학습 활동을 설명하고 있다. 이들 멀티미디어 사례는 전문가 인터뷰, 실제 맥락 데이터, 작업 샘플 및 기록(archival) 데이터를 포함하고 있다. 수업을 위해 제공되는 도구는 자기주도적이며, 실생활 맥락에 상황화(situated)되어 있다. 이들 도구는 학생을 과제 관련 활동, 성찰 및 문제 해결을 요구하는 경험에 참여하게 함으로써 학습을 촉진시킨다.

또한 TELE는 시뮬레이션, 게임, 가상현실, 온라인 세계 등과 같은 실제 세상의 경험을 재현한 다양한 테크놀로지와 몰입(immersive) 테크놀로지를 종종 사용한다. 일부 설계자들이 '시뮬레이션'과 '게임'이라는 용어를 호환적으로 사용하는 데 반해, Johnson(2008)은 시뮬레이션을 상이한 시나리오 속의 인물과 상호작용하는 한 사람에 의한 것이라고 보고 있다. Gredler(2004)는 시뮬레이션을 특정 사회나 물리적 현실에 대한 사례연구(case study)라고 간주하고 있다. 반면 게임은 시뮬레이션을 포함하고 있음에도 불구하고 경쟁적인 활동이다. "온라인 세계는 전형적으로 실세계의 3D 재현이고 이벤트나 학습 경험을 주관하는 장소다"(Johnson, 2008, p. 30). 세컨드 라이프(Second Life)는 온라인 세계에서 가장 인기가 높은 항목 중 하나다. 가상현실 또한 이들 테크놀로지와 관련이 있다. 가상현실은 "목표로 하는 한 대상을 모방한 인공적 환경을 만들기 위해서 컴퓨터와 관련한 테크놀로지를 사용한 것이라고 정의할 수 있다"(Connolly, 2005, p. 13). 학습자들은 종종 매우 실제와 같은 아바타를 통해서 이리저리 옮겨 다니고, 이들 다양한 세상을 조작할 수 있다.

총괄하여, 이들 도구는 몰입 테크놀로지라고 알려져 있다. 그러나 이들 도구는 매체와 학습의 근본적인 원리를 현대적으로 적용한 산물이다. 몰입 테크놀로지는 고도의 상호작용을 촉진하는 실제와 유사한 자료를 기반으로 한 직접 체험 학습(hands-on learning)의 가치에 대한 신념의 표출이다. 또한 이들 도구는 모든 감각에 영향을 미치는 학습 경험과 개별 학생의 요구에 부응하는 수업의 가치에 대한 신념의 표출이기도 하다. 오늘날의 테크놀로지는 과거의 매체가 그러했던 것에 비해 오랜 기간 지켜 온 이들 원리를 훨씬 더 철저하게 적용하도록 촉진한다.

3. 연구, 매체이론 및 교수설계

상당한 양의 매체 연구가 진행되어 왔다. Allen(1959)은 1919년부터 1959년에 걸쳐 지난 40년간 약 2,500~3,000편의 독자적인 교육 매체 연구가 이루어졌다고 추정하고 있다. 우리 저자들이 이 수치를 업데이트하지는 않겠지만, 연구 수는 분명히 두 배 이상 증가했을 것이다. 일반적으로 이들 모든 연구가 추구해 온 것은 다음과 같다.

- 전통적인 교수 방법과 대비하여 매체의 효과성과 우월성을 입증한다.
- 매체의 속성과 교실 사용 기법이 어떻게 학습을 촉진하는가에 대해 설명한다.
- 학습자에게 미치는 매체의 영향에 대해 설명한다.
- 교수설계와 개발 과정에 대해 문서화한다.

매체 연구에 대한 주기적 고찰 연구에서는 위의 목적이 어느 정도 성취되었는가를 확인하려는 시도가 이루어져 왔다. 이러한 예들은 Allen(1956,

1959, 1971), Lumsdaine(1963), Campeau(1967), Torkelson(1977), Wilkinson(1980) 및 Clark과 Salomon(1986)의 연구에서 볼 수 있다. 이에 덧붙여, 문헌에서 현재 널리 알려진 Clark-Kozma 논쟁의 기반이 된 고찰 연구도 있다. 여기서 우리의 과제는 거대한 양의 연구물로부터 우리가 알게 된 것이 무엇인가에 대해 간략하게 요약하는 것이다.

1) 교수설계에서 매체이론의 적용에 대한 실증적 지지

학습에 매체를 연관시키려는 노력 속에서, 하나의 매체를 다른 매체와 비교하는 많은 연구들이 이루어져 왔다. Clark과 Salomon이 1986년에 언급한 것과 같이, 이들 연구는 모든 매체 중 어느 것이 가장 우월한가의 질문에 대한 답을 찾고자 한다. 비교 연구는 이목을 집중시켰던 최신 매체와 면 대 면 환경에서 이루어지는 비매개적 전통 수업 간에 주로 이루어졌다. 이들 연구에서는 통상적으로 유의미한 차이가 없는 결과가 나타났고, 문헌에서는 이러한 연구가 중단되어야 한다는 강력한 주장이 제기되었다(Allen, 1959; Lumsdaine, 1963; Campeau, 1967; Torkelson, 1977; Clark & Salomon, 1986). 유의미한 차이가 없다는 이러한 결과로부터, 일부 연구자들은[특히 Clark(1983)과 Winn(1984)] "수업을 하기 위해서 어떤 특정 매체를 운용하는 것에서는 학습의 이득이 없다."(Clark, 1983, p. 445)라고 결론을 내렸다.

그러나 Kozma(1991)는 특정 매체의 역량은 교수 방법과 상호작용하며, 이들 둘의 결합은 학습자의 정보처리 방식에 영향을 미칠 수 있다고 주장하였다. 그러므로 매체는 영향력을 가지고 있다는 것이다. 다른 이들은 자신들의 매체 연구 고찰을 통해 특정 매체의 독특한 속성에 대한 연구의 가치를 강조하였다(Allen, 1971; Levie & Dickie, 1973; Clark & Salomon, 1986). Wilkinson(1980)은 이들 연구에서 매체 속성과 학습자의 특성을 고려하는 경우, 데이터는 매체가 학습자의 성취에 영향을 미치는 것으로 제언하고 있다고 판단을 내렸다. 전반적으로 Kozma(1991)는 이에 동의한다.

매체 연구의 이러한 관점은 근본적으로 매체 선정이 비용, 가용성 혹은 동기적 품질의 문제에 해당하는 경우, 매체의 교체 선정이 가능한가에 대해 언급하고 있다. 많은 이들이 만일 보다 새로운 테크놀로지가 지닌 속성과 역량이 매우 독특해서 교체 가능한 대상물로 볼 수 없다면 어떻게 해야 하는지에 대해 알고 싶어 한다. Clark과 Salomon은 1986년에 이를 하나의 가능성으로 보았는데, 이는 새로운 테크놀로지를 사용한 자료는 (심지어 그 당시에도) 보다 잘 준비되었고, 교과과정의 개혁을 위한 자극을 제공하기 때문이다.

멀티미디어를 활용한 학습에 관한 최근의 연구에 따르면, 콘텐츠의 다중적이며 풍부한 표상, 정보 인출의 다양한 방식, 보다 많은 인지적 융통성은 기억 유지, 문제 해결 그리고 훈련의 전이에 긍정적인 영향을 미친다(Graesser, Chipman, & King, 2008). 인터넷 기반 학습, 시뮬레이션 그리고 게임에 관한 결론은 엇갈리고 있다(Hill et al., 2004; Graesser et al., 2008).

또한 매체 설계와 개발에 특히 관심을 둔 많은 연구들이 이루어져 왔다. 일부 연구들은 특정 설계 기술(예: 애니메이션, 학습 객체, 스크린상의 문자와 그림의 배치, 내레이션과 텍스트 중 어느 것을 사용하는가)의 효과성을 입증하고 있다. 다른 연구들은 특정 산출물이나 도구를 설계하고 개발하는 전체 과정에 대해 검토하고 있다(Richey & Klein, 2007). 이들 연구는 논란의 여지가 훨씬 적었으며, 최근에 대두된 새로운 테크놀로지를 위한 설계 방향을 제공하고 있다.

2) 향후 연구를 위한 제언

매체 연구 각각에 대한 고찰과 함께 이들 연구가 새로운 초점을 가지고 지속되기 위한 제언이 있어 왔다. 이에 덧붙여, 개별 연구자들은 종종 새로운 연구의 안건에 대한 보다 구체적인 제언을 제시하였다. 최근의 제언들은 다음과 같은 주제를 포함하고 있다.

- 형식적 · 비형식적 맥락에서 모범 사례와 윤리적 고려에 대한 탐구를 포함하는 인터넷을 통한 학습에서의 연구(Hill et al., 2004)
- 가상 환경, 진지한(serious) 게임 및 학습에 관한 연구(Graesser et al., 2008)
- 학습에서의 몰입의 역할을 분석하는 시범 프로젝트(Summers, Reiff, & Weber, 2008)
- 모바일 테크놀로지와 학습에 대한 실제기반 연구(Romiszowski & Morrison, 2004)
- 컴퓨터를 인지 도구로 간주한 연구와 개발 프로젝트(Kim & Reeves, 2007)
- 상호작용적 시뮬레이션과 같이 선택된 매체에서 기존 연구에 대한 메타 분석(Graesser et al., 2008)

위의 목록은 더욱 많아질 수 있으나 이들 대표적인 프로젝트에서 몇 가지 공통점이 분명하게 드러나 있다. 각 연구 주제는 최첨단 테크놀로지를 주제로 다루고 있으며, 이들 주제에서 과거의 매체 비교 접근법을 반복하라는 제안은 없다. 저자들은 또한 매체의 속성과 매체 활용 연구가 번창할 것을 기대하고 있으며, 새롭게 대두되는 테크놀로지의 설계와 개발에 관한 상당한 양의 연구가 이루어져야 한다고 믿고 있다.

4. 요 약

오늘날 테크놀로지는 교수설계의 실제를 관장하고 있다. 이 장은 교육과 훈련에서 테크놀로지의 선정과 사용을 위한 지침을 제공하는 근본적인 매체의 원리를 설명하고 있다. 특별히 저자들은 사실주의, 시각 자료, 매체를 활용한 매개 프레젠테이션에서의 자극물, 상호작용 그리고 분산 인지에서 매체의 역할을 포함하여 교수-학습 과정에서의 매체의 위치와 관련하여 서술하였다. 다른 장과 마찬가지로, 이들 다양한 관점의 배후에 있는 논리에 대해서는 철학적 관점에서 설명하였다.

매체이론은 전반적으로 교수설계 학자들에 의한 산출물이었다. 따라서 교수설계 원리와 교수설계 실제 사이에는 밀접한 관련이 있다. 매체 선정은 e-러닝에 관한 미래지향적 사고 모형을 포함하여, 수년간에 걸쳐 제시되어 온 다양한 모델을 통해서 설명되었다. 매체 활용은 먼저 어떻게 수업이 자동화되는가의 관점에서 설명되었으며, 보다 실제적이고 상호작용적인 수업을 창출하는 것에 대한 설명이 이어졌다. 후자에 관한 노력은 TELE와 몰입 테크놀로지의 사용을 통해서 확장되었다. 〈표 6-3〉에 이러한 관점을 요약하였다.

매체이론은 교수설계 지식기반에 있어 특별한 위치에 있다. 또한 매체이론은 여러 영역에 영향을 미치지만, 〈표 6-4〉에서 볼 수 있는 것처럼 주로 매체와 전달 체제 영역, 교수적 전략과 비교수적 전략을 형성한다.

교수설계의 연구 및 실제로부터 나온 두 번째로 중요한 이론의 기저는 조건기반이론이며, 제7장에서 논의할 것이다. 이 분야의 많은 학자들에게 있어서 이 이론은 교수설계의 중심이다.

〈표 6-3〉 매체이론과 교수설계에 대한 개관

□ 주요 원리

- 학습 과정에서 매체의 가치는 매체 충실도 및 경험이 실생활 사태와 동시에 발생하는 것같이 보이는가의 정도에 좌우된다.
- 구체적 경험은 추상적 일반화에 대한 습득을 촉진한다.
- 학습은 청각과 시각 자극물의 개수가 증가하는 만큼 증대된다.
- 시각적 정보는 언어적 정보보다 오래 기억되는데, 이는 시각적 정보가 시각적 작동기억뿐 아니라 언어적 작동기억에 의해서도 처리되기 때문이다.
- 매체 선정과 설계는 학습자, 콘텐츠, 학습 환경의 특성에 부합되어야 한다.
- 매체는 학생들의 인지 기술과 정보의 내적 표상을 개발하는 데 영향을 미칠 수 있다.

□ 철학적 강조점

- 우리의 감각에 직접적으로 제시되는 대상물은 자연에 실제로 존재하는 대상물을 표상한다.
- 현실성은 구체적인 대상물에 대해 체험하거나 조작하는 것에 기반을 둘 수 있다.

□ 기초 연구: Skinner의 강화의 수반성(contingencies of reinforcement), Pavio의 이중 부호화 연구

□ 초기 공헌자: William Allen, Edgar Dale, Charles Hoban, Jr., Arthur Lumsdaine

□ 교수설계의 적용

- 자동화 수업
- 매체 선정(면 대 면과 온라인 환경)
- 멀티미디어 컴퓨터 기반 수업
- 온라인 세계
- 시뮬레이션과 게임

□ 이를 지지하는 교수설계 연구

- 매체와 학습 연구
- 매체 속성 연구
- 매체 비교 연구
- 매체 설계와 개발 연구
- 매체 사용 연구

□ 관련 개념
- 적성-처치 상호작용
- 경험의 원추
- 유연한 학습(flexible learning)
- 몰입 테크놀로지(immersive technologies)
- 교수 기계와 개별화 수업
- 테크놀로지 강화 학습 환경(TELE)

〈표 6-4〉 교수설계 영역 및 매체이론 관련 요소

□ 학습자와 학습 과정
- 학습자 특성(적성, 인구통계, 배경)
- 분산 학습 과정

□ 학습과 수행 맥락
- 교수 환경(예: 교수자와 학습자의 소재, 그룹 규모, 전달 조건, 연결성, 보관소와 시설)
- 교수 자원의 가용성
- 학습과 수행 맥락 사이의 유사성
- 가능한 지원(기술적 지원과 유지)

□ 내용 구조 및 계열
- 콘텐츠의 시각화

□ 교수적 전략과 비교수적 전략
- 활동과 몰입의 촉진
- 온라인상에서의 의사소통의 촉진
- 상호작용의 촉진(학습자 간, 학습자와 교수자 간)
- 개별화 수업
- 구체적 경험의 제공
- 실제 활동과 사태의 재창출

□ 매체와 전달 체제

- 매체 역량과 속성(예: 풍부성, 사회적 실재감)
- 매체 비용
- 매체 기능(예: 제시, 피드백, 연습, 상호작용의 관리자)
- 매체 선정(큐, 기호체제, 콘텐츠 관련성, 학습자 특성, 교수전략, 환경, 관리)
- 학습 과정에서의 역할(예: 자극물의 일부, 반응의 일부)
- 전달 유형(예: 동기적 혹은 비동기적)

□ 설계자와 설계 과정

- 온라인 학습의 설계
- 멀티미디어 설계(예: 큐의 증가, 시각 자료 대비 음향)
- 산출물 개발

제7장

조건기반이론

1. 조건기반이론의 기초
2. 조건기반 교수설계이론의 개선
3. 조건기반 교수설계이론에 대한 연구
4. 요 약

제7장 조건기반이론

교수설계의 핵심적인 원리는 조건기반이론(Conditions-Based Theory)에 그 근원을 두고 있다. 기본적으로 조건기반이론은 교수전략의 설계 및 선택과 특히 연관되는 인지적 관점이다. 이 이론은 교수설계에 관한 이론과 연구의 선구자였던 Robert Gagné의 업적과 깊은 관련이 있다. Gagné는 그의 주요 원리를 교수이론의 요소로 보았지만, 그의 업적은 조건기반 계열의 교수설계이론과 실제의 개발에 직접적으로 적용되어 오고 있다. 오늘날 많은 조건기반 교수설계이론 및 모델이 Gagné가 제시한 본래의 원리와 대부분 일치한다. 최근의 연구는 그가 제시한 본래의 전제를 확장함과 동시에 학습과 수행 향상 과정의 새로운 측면을 종종 강조하기도 한다.

조건기반이론은 본래 교수심리 연구에서 발달되었으며, 교수심리 분야와 1960년대 후반부터 1970년대에 등장한 교수설계 분야와의 직접적인 관계를 강조하였다. 이 시기쯤부터 '심리교육적 설계(psychoeducational design)'라는 용어를 사용함으로써 심리학적 원리와 개선된 실제 간의 관계를 강조하고자 하였다(Snellbecker, 1974). 오늘날 조건기반이론은 여전히 심리학적 연구에 어느 정도 기초를 두고 있지만, 교수설계 연구의 결과에도 역시 의존하고 있다.

이 장에서는 다음의 내용을 기술할 것이다.

- 조건기반이론의 기초: 조건기반이론의 핵심 요소에 대한 탐구 및 규명
- 조건기반 접근의 교수설계로의 확장
- 교수설계에 대한 조건기반 접근을 뒷받침하는 연구

1. 조건기반이론의 기초

조건기반이론은 "근래의 교수심리학 및 교수설계에 대한 사고에 있어서 보편적이지는 않더라도 적어도 흔히 볼 수 있는 것"(Ragan, Smith, & Curda, 2008, p. 384)으로 불려 왔다. 그럼에도 불구하고, 많은 학자들은 무엇이 그 이론을 구성하는지, 어떻게 하는 것이 조건기반이론의 원리를 진정으로 반영하는 것인지를 구체적으로 결정하는 데 있어 어려움을 겪어 왔다. 여기서 우리는 세 가지 주요 전제에 기초해서 조건기반이론을 기술하려 한다. 이러한 원리들은 Gagné의 연구에 근거하고 있으나, 이론에 대한 새로운 해석을 수용하기 위해 일반화되었다. 그 전제는 다음과 같다.

- 학습 결과에는 다양한 유형이 있고, 각 학습의 유형은 다른 형태의 교수를 요구한다.
- 다양한 학습 결과 간의 관계에 따라 교수의 계열화가 이루어진다.
- 교수전략은 학습의 내적 과정을 촉진해야 한다.

학자들에 따라 이 원리들을 약간 다르게 표현하고 있지만, 그 본질은 이 책에서의 해석과 근본적으로 일치한다(Wilson & Cole, 1991; Ragan et al., 2008). 본질적으로 조건기반이론은, 모든 학습은 같지 않다는 믿음을 포함하고 있다. 훌륭한 교수자는 이러한 점을 인식하고, 특히 교과 내용에서 다양한 측면의 관계와 복잡성을 유념하면서 교과 내용의 독특한 본질을 수용하기 위해 그들의 교수를 수정하게 된다. 실제로 이러한 교수에서의 다양성이 학습의 내적 조건(즉, 학습자의 마음에서 일어나는 일)과 외적 조건(즉, 교수가 전달되는 방식) 간에 어울리는 조합을 만들어 내며, 결과적으로 학습이 강화되고 보다 효율적이게 된다. 우리는 핵심적인 이론가들의 연구를 통해 이러한 각각의 개념을 탐색해 보고자 한다.

1) 학습 결과의 유형

다른 유형의 학습이 존재한다는 개념은 새로운 것이 아니다. 그러나 초기에 학자들은 이러한 차이를 학습이 어떻게 일어나는지의 관점에서 범주화하였다. 따라서 문헌은 자극-반응 학습, 우연적 학습 또는 단순 암기 학습과 같은 주제를 다루었다. 하지만 연구자들이 언어적 학습, 개념 학습 또는 지각-운동 기술(perceptual-motor skill) 학습과 같은 주제에 관심을 기울이기 시작하면서, 내용이라는 측면에서 학습의 다양성에 대해 생각하기 시작하였다. 이것이 바로 조건기반 교수설계이론에서 보는 다양한 학습 유형의 관점이다. 여기서 우리는 Benjamin Bloom, Robert Gagné, David Merrill에 의해 학습 과제가 어떻게 초기에 분류되었는지 논의하고자 한다.

(1) 교육 목적의 분류

1949년부터 1953년까지 심리, 교육, 측정 전문가들은 인지적 · 정의적 · 심체적(psychomotor) 영역에서의 교육 목적 분류체계를 찾기 위해 노력했다. 이러한 노력의 결과가 현재 일반적으로 불리는 Bloom의 분류체계다. 이 분류체계는 결과가 단순한 것에서 복잡한 것으로 이동하므로 위계적이다. 즉, 각 범주의 목표는 이전 범주의 목표를 기반으로 한다. Krathwohl, Bloom, Masia(1964)에 따르면, 교육 목표의 가장 큰 부분은 인지적 영역이 차지하고 있다. 이 범위에는 단순한 사실의 회상부터 문제를 해결할 때 새로운 생각을 종합하는 것까지 포함된다. 이 체계는 지식, 이해, 적용, 분석, 종합, 평가를 인지적 목표의 여섯 가지 주요한 범주로 포함하고 있다(Bloom, 1956). 각각의 범주는 학습 결과에 대한 하위 범주 또한 포함하고 있다. 예를 들면, 이해는 변형(translation), 해석(interpretation), 추론(extrapolation)이라는 하위 범주에 의해 뒷받침된다.

정의적 영역의 목표는 흥미, 태도, 가치, 감정, 편견을 나타낸다. 이 체계에서는 정의적 목표로 수용(receiving), 반응(responding), 가치화(valuing), 조직화(organizing), 인격화(characterization)의 다섯 가지 주요 범주를 포함하고 있다(Krathwohl et al., 1964). 심체적 목표는 운동 기능 및 특정한 작업을 위한 도구와 사물의 조작에 초점을 두고 있다. 이 분류체계가 소개될 당시에 문헌상에서 심체적 영역과 관련된 예가 많지 않았기 때문에 Bloom과 동료들은 심체적 영역에서의 범주를 만들어 내지 않았다.

Bloom과 동료들에 의해 개발된 분류체계는 체계적 교수설계에 주목할 만한 시사점을 제공하고 있다. Merriënboer가 지적했듯이, Bloom에 의해 분류된 인지적 · 정의적 · 심체적 영역은 대부분의 전통적인 교수설계 모형의 중심에 있는 지식, 기능, 태도(knowledge, skill, attitude: KSA) 목표와 대부분 일치한다. 이러한 것들은 교육 훈련 프로그램에서 다루어지는 내용에 대한 일반적인 행동적 서술어에 해당한다. 게다가 내용 분류가 단순한 것에서 복잡한 것으로 배열되기 때문에 내용 분야 간의 관계 또한 강조한다. Bloom(1956)과 동료들은 그들의 분류체계를 측정 도구 개발과 교육과정 구성의 수단으로 활용될 수 있다고 보았다(제5장에서 Bloom의 교육과정의 접근에 대한 논의 참조).

(2) 학습 영역

Robert M. Gagné는 Bloom과 동료들의 선구적인 연구를 근거로, 가르치는 교과 내용에 관계없이 학습 결과를 측정하기 위해서는 학습 영역의 다양한 범주가 필요하다고 주장하였다(Gagné, 1972/2000). Gagné의 다양한 학습 유형에 대한 초기 분류 작업은 그 당시의 행동주의 심리학의 지배적인 영향을 반영하고 있었다. 하지만 시간이 지나면서 그의 관점을 수정해 나갔다. 〈표 7-1〉은 학습 과제의 종류와 분류체계 간의 관계를 구별하기 위한 Gagné의 시도를 보여 주고 있다.

초기에 Gagné(1964)는 반응 학습(response learning), 연쇄(chaining), 언어 학습(verbal learning), 개념 학습(concept learning), 원리 학습(principle learning), 문제 해결(problem solving)이라는 학습의 여섯 가지 범주를 제시하였다. Gagné는 『학습의 조건(*Conditions of Learning*)』이라는 대표적인 책을 1965년에 발간하면서 이 범주를 다소 확장하였는데, 반응 학습은 신호 학습(signal learning)과 자극-반응 학습(stimulus-response learning)으로 구분하고, 언어 학습은 언어 연합(verbal association)으로 보기 시작했으며, 변별에 대한 관점은 개념 학습의 사전 단계로 포함하였다.

학습 과제의 유형에 대한 Gagné의 초기 접근에는 학습 과정에 대한 관심과 학습 내용에 대한 관심이 혼합되어 있다. 그는 각 유형에 대해 교과 내용 영역별로 예를 제시하였는데, 군인이 '차렷'이라는 명령을 들었을 때 주의를 기울일 수 있도록 가르치는 것은 신호 학습에 해당하고, 어린아이에게 '중간'이라는 단어의 뜻을 가르치는 것은 개념 학습에 해당한다

〈표 7-1〉 가장 단순한 것부터 복잡한 것까지 학습의 유형에 대한 Gagné의 해석 요약

<table>
<tr><th>Gagné(1964)
학습 유형</th><th>Gagné(1965)
학습 유형</th><th>Gagné(1972/2000)
학습 영역</th><th>Gagné, Briggs, & Wager(1992)
교육훈련에서의 지적 기능</th></tr>
<tr><td>반응 학습</td><td>신호 학습
자극-반응 학습</td><td rowspan="2"></td><td rowspan="3"></td></tr>
<tr><td>연쇄</td><td>연쇄</td></tr>
<tr><td>언어 학습</td><td>언어 연합</td><td>언어 정보
(혹은 선언적 지식,
Gagné, 1984 참조)</td></tr>
<tr><td rowspan="2"></td><td rowspan="2">중다 변별</td><td rowspan="3">지적 기능(혹은
절차적 지식,
Gagné 1984 참조)</td><td>변별</td></tr>
<tr><td rowspan="2">구체적 개념
규칙과 정의된 개념</td></tr>
<tr><td>개념 학습</td><td>개념 학습</td></tr>
<tr><td>원리 학습</td><td>원리 학습</td><td rowspan="2"></td><td>고차적 규칙</td></tr>
<tr><td>문제 해결</td><td>문제 해결</td><td>문제 해결</td></tr>
<tr><td rowspan="3"></td><td rowspan="3"></td><td>인지적 전략</td><td rowspan="3"></td></tr>
<tr><td>운동 기능*</td></tr>
<tr><td>태도*</td></tr>
</table>

*복잡성의 위계가 없는 영역

(Gagné, 1965). 하지만 Gagné는 학습의 다양한 유형을 결정하기 위한 두 가지 근거—① 범주들 간에 단순한 것에서 복잡한 것으로의 관계를 보여 줄 것(Bloom과 다르지 않게), ② 각 유형의 학습을 촉진하는 일반적인 상황(즉, 외적 조건)을 보여 줄 것—를 제시하였다. 즉, 그는 학습이 어떻게 일어나는지와 학습 내용의 속성 모두에 관심을 가지고 있다.

이렇듯 Gagné가 두 가지 모두에 대해 관심을 가지고 있었다는 것은, '학습 유형'에서 '학습 영역'으로 전환하는 과정을 통해 더욱더 분명히 나타난다. 그가 제시한 초기의 영역은 운동 기능(motor skills), 언어 정보(verbal information), 지적 기능(intellectual skills), 인지 전략(cognitive strategies), 태도(attitudes)였다(Gagné, 1972/2000). 이 범주체계는 표면적

으로는 보다 내용 지향적인 것으로 보이고, 실제로도 그는 이 영역을 '교수 목표의 분류(classes of instructional objectives)'로 간주하였다(Gagné, 1972/2000, p. 103). 이 영역들은 Bloom의 분류체계와 어떤 측면에서는 유사하다. 하지만 Gagné는 여전히 학습이 어떻게 일어나는지에 큰 관심을 가지고 있었고, 이러한 학습 목표의 분류는 "효율적인 학습을 보장하기 위해서 각각 다른 결정적인 조건"(Gagné, 1972/2000, p. 103)을 가지고 있다고 보았다. 따라서 각 범주는 물리를 가르치든, 문학을 가르치든 관계없이 같은 방식으로 가르칠 수 있다는 것이다. 또한 Bloom과 유사하게, 각 영역은 학습 결과의 측정을 위한 다른 방식을 요구하는 경향이 있다.

Gagné는 지적 기능의 영역을 확장해 나갔는데, 궁극적으로 그는 지적 기능을 (역시 단순한 것에서 복잡한 것으로 배열하는 방식으로) 변별(discrimination), 구체적 개념(concrete concept), 규칙 및 정의된 개념(rule & defined concept), 고차적 규칙(higher-order rule), 문제 해결(problem solving)로 보았다. 이 분류체계는 그가 초기에 제시한 학습 유형으로부터 도출되었다.

학습 유형에 대한 Gagné의 견해는 교수설계의 실제에 큰 영향을 미쳐 왔다. 학습 과제의 분류는 교수설계자에게는 전형적인 첫 번째 단계의 과제 중 하나다. 이 결정은 이후의 많은 설계 단계에서, 특히 전략 선택에 있어서 방향을 제시해 준다. 학습 유형에 대한 Gagné의 입장은 모든 학문 영역에 걸쳐 사용될 수 있는 일반적인 학습의 유형이 있을 수 있다는 그의 신념(예: '과학 학습의 유형 혹은 수학 학습의 유형이라는 것은 존재하지 않는다.')을 형성해 주었다(Gagné, 1984). 이러한 가정은 교수설계 자체가 모든 학문에 적용될 수 있는 포괄적인 절차라는 것을 뒷받침해 준다.

(3) 수행-내용 매트릭스

Merrill과 Boutwell(1973), Merrill(1983)은 '수행-내용 매트릭스(Performance-Content Matrix)'라고 알려진 또 다른 학습 과제의 분류 형태를 제안하였다. 이 매트릭스에 따르면, 학습 과제는 내용 범주나 학습 목표에 도달했을 때 학생들이 보여 주는 행동이라는 두 가지 서로 독립된 현상의 조합이다. 이 체계는 학습이 어떻게 일어나는지를 직접적으로 다루지는 않는다.

내용의 유형(사실 · 개념 · 절차 · 원리)은 언어적 정보, 지적 기능, 인지적 전략의 변형된 형태로서 Gagné의 분류를 기반으로 하고 있다(Gagné & Merrill, 1990). 학생 행동의 다른 유형은 기억 · 발견 · 활용이다. Merrill과 Boutwell(1973)은 학습 결과를 유형화하는 이 체계가 이전에 제안되었던 분류체계보다 더 완전하다고 보았다. 이 체계는 "학습의 종류는 하나 이상 존재하고, 하나 이상의 기억 구조가 있다."(Merrill, 1983, p. 30)는 근본적인 기본 가정을 반영하고 있다. 따라서 Merrill은 다양한 형태의 학습뿐 아니라 내재적 학습의 조건에 대한 관점도 지지하고 있다.

1992년에 Merrill, Jones, Li는 13개의 교수적 교류(instructional transac-

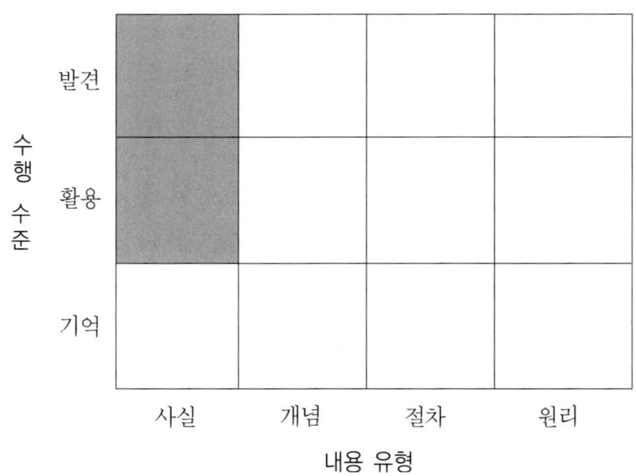

[그림 7-1] 수행-내용 매트릭스

*출처: "Component Display Theory" by M. D. Merrill, 1983. In C. M. Reigeluth (Ed.) *Instructional-Design Theories and Models: An Overview of Their Current Status*, p. 286의 내용을 승인하에 사용하였음. Copyright 1983 by Lawrence Erlbaum Associates, Publishers.

〈표 7-2〉 교수적 교류의 범주

내용 요소(component) 교류 작용	
파악(identify)	특정 사물의 부분에 대한 정보를 명명하고 기억함
실행(execute)	특정 활동의 단계를 기억하고 실행함
해석(interpret)	사건을 기억하고 절차상의 원인을 예측함
추상화(abstraction) 교류 작용	
판단(judge)	사례 정리하기
분류(classify)	사례 구분하기
일반화(generalize)	사례 묶기
결정(decide)	해결안 선택하기
전이(transfer)	절차 혹은 사건(event)을 새로운 상황에 적용하기
연합(association) 교류 작용	
전파(propagate)	다른 기술이 활용되는 맥락에서 하나의 기술을 습득하기
비유(analogize)	다른 활동 혹은 절차와 비유하여 절차 혹은 활동의 단계를 습득하기
대체(substitute)	하나의 활동을 확장하여 다른 활동을 배우기
설계(design)	새로운 활동을 만들어 내기
발견(discover)	새로운 절차를 발견하기

* 출처: "Instructional Transaction Theory" by M. D. Merrill, 1999. In C. M. Reigeluth (Ed.) *Instructional-Design Theories and Models, Volume II: A New Paradigm of Instructional Theory*, p. 405의 내용을 승인하에 사용하였음. Copyright 1999 by Lawrence Erlbaum Associates, Publishers.

tion) 범주를 제시하였는데, 이는 Merrill이 그의 이론적 입장을 개발하는 사전 단계가 되었다. Merrill(1999)은 교수적 교류를 "학생이 어느 특정한 종류의 지식과 기능을 습득하기 위해 필요한 모든 학습상의 상호작용"(p. 402)으로 정의하고 있다. 이러한 교류 작용을 〈표 7-2〉에 정리하였다.

중요한 것은, Merrill은 그의 매트릭스에서 수행 요소를 확장하였다는 것이다.

(4) 통합적 목표

또한 Gagné와 Merrill(1990)은 그들의 분류체계를 확장하기 위해 함께 연구하였다. 보편적이면서 통합적인 목적을 추구하는 다양한 유형의 학습 과제를 포함하는 포괄적인 활동을 강조하는 교수를 추가한 것이다. Gagné와 Merrill은 이러한 형태의 활동을 하나의 엔터프라이즈(enterprise)라고 하였으며, 다음과 같이 제안하였다.

> ……다양한 엔터프라이즈의 다른 통합적 목표는 다른 종류의 인지적 구조로서 기억에 표상된다……. 그 엔터프라이즈 범주의 목적 혹은 목표를 반영하는 스키마, 그 엔터프라이즈를 수행하기 위해 필요한 다양한 지식과 기능 그리고 그 엔터프라이즈가 각각의 지식과 기능을 언제, 어떻게 필요로 하는지를 나타내 주는 시나리오……. (p. 25)

엔터프라이즈의 통합적 목표는 특히 전이에 관심이 많은 교수설계자에게는 매우 중요하다. 엔터프라이즈 시나리오는 다양한 지식과 기능 목표를 최종 목적과 때로는 이러한 목적을 포함하는 더 큰 프로젝트와 연결 지어 준다. 이런 형태의 교수는 다수의 학습 결과를 하나의 전체적이고 통합된 교수-학습 활동으로 포함하고, 독특한 학습 조건과 교수전략을 만들어 낸다(Gagné & Merrill, 1990).

2) 학습 결과의 계열화

조건기반이론의 관점에서 보면, 교수 계열화는 많은 부분에서 학습 과제의 본질 및 그 과제와 관련한 다른 과제와의 관계에 의해 결정된다. 초기의 학습 과제 분류체계는 다양한 학습 결과 간의 선행 관계를 시사하였다. 계열화에 대한 이러한 조건기반의 지배적인 관점은 초기에 Gagné에 의해 제시되었고, 이 같은 생각은 Charles Reigeluth와 같은 이론가에 의해 확장되었다.

(1) 학습 위계와 누적학습이론

Gagné의 기본적인 신념 중 하나는 "행동 발달은 학습의 누적된 효과로부터 기인한다."(Gagné, 1968/2000a, p. 40)는 것이었다. 그는 학습이란 이전의 학습을 기초로 하여 새로운 학습이 형성되는 과정을 수반하는 하나의 순차적인 절차라고 주장하였다. 이러한 원리는 Gagné와 그 밖의 많은 학자들의 연구에 의해 실증적으로 뒷받침되고 있다(Gagné, 1973 참조). 누적학습이론(Theory of Cumulative Learning)의 구성 요소는 특히 다양한 지적 기능에 있어서 〈표 7-1〉에 제시된 바와 같은 인간 수행의 위계적 분류라고 할 수 있다.

누적학습이론은 교수 계열화에 대해 명확한 시사점을 제공하고 있으며, 이는 Gagné(1973)가 학습 계열화와는 주의 깊게 구분 짓고 있는 것이다. 하지만 교수 계열화는 의도한 교수의 결과에 종속되어 있는 지식과 기능을 먼저 확인하고 도해화(diagramming)하는 것에 의존한다. 이 도해를 '학습 위계'라고 한다. Gagné(1973)에게 있어서 학습 위계는 "연속적으로 성취 가능한 지적 기능의 서술이며, 이들 각각은 수행 유형으로 진술된다"(p. 21). [그림 7-2]는 이러한 위계의 일반화된 예를 보여 주고 있다.

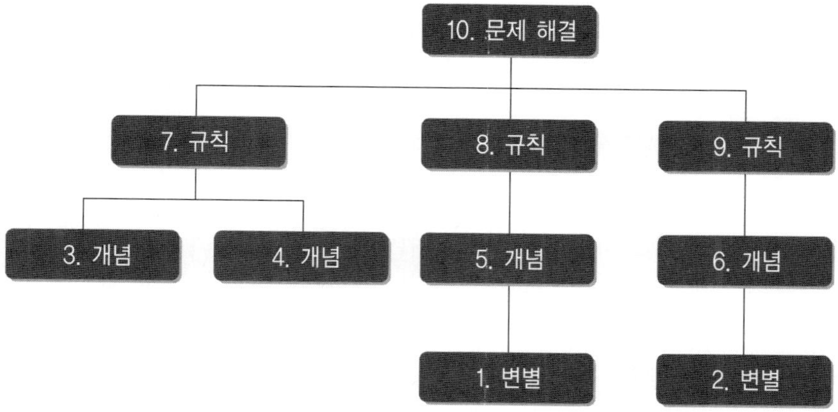

[그림 7-2] 학습 위계의 예

이 예는 모든 과제의 상대적 복잡성을 보여 주고, 보다 상위 과제의 필수적인 선행 과제를 알려 준다. 또한 세 가지의 기능 줄기에서 과제 간의 관계를 보여 준다(예: 3–4–7–10, 1–5–8–10, 2–6–9–10).

이 학습 위계는 가장 효과적인 교수 계열을 결정하는 데 활용될 수 있다. 하지만 Gagné(1968/2000b)는 이러한 위계가 제시하고 있는 계열만이 학생들이 최종 목표를 달성하는 유일한 길은 아님을 분명하게 지적하고 있다. 교수(instruction)가 선행 학습의 체계적인 회상을 요구하는 경우에 효율성이 증가한다는 증거는 있지만(Gagné, 1973), 폭넓은 개인차를 고려할 때 위계 중심의 계열이 특정한 학습자에게 반드시 가장 효과적인 과정이라고는 할 수 없다. 그보다는 학습 위계 계열화를 통해 "전체 학습자 표본에 있어서 가장 긍정적인 전이를 기대"(Gagné, 1968/2000b, p. 69)할 수는 있을 것이다.

(2) 정교화 이론

Reigeluth의 정교화 이론은 주로 교과목 수준과 같이 큰 단위의 교수 계열화에 대해 많은 아이디어와 방향을 제시해 주고 있다. 초기의 정교화 이론은 개별 수업의 세부 설계를 주로 다루고 있는 Merrill의 초기 교수설계 이론을 확장한 것이었다. 더욱이 정교화 이론은 본래 Bloom의 인지적 영역과 전적으로 관련되어 있었고, "Bloom이 제시한 분류체계의 모든 단계 및 '초인지(meta-cognition)'라고 불리는 단계를 추가적으로"(Reigeluth & Darwazeh, 1982, p. 23) 포함하고 있었다. 이후 이론에 대한 설명에서, Reigeluth(1999)는 계열화에 대한 이러한 접근이 전체적인 동시에 학습자 중심임을, 그리고 견고한 인지적 기초 및 유의미하고 동기화된 학습을 구축하는 데 있어서 큰 역할을 하고 있다는 점을 강조하였다. 이는 계열화되는 개념 간의 관계(예: 상위 · 등위 · 하위 관계) 때문에 가능해진다. 그러한 관계는 이론적 분석을 통해 가장 먼저 확인되어야 하며, 그 결과 교수해야 하는 개념 및 원리의 위계적 구조가 파악된다(Reigeluth, 1999).

본질적으로 정교화 이론은 일반적인 것에서 상세한 것으로 순차적으로 규정되고, 이는 단순한 것에서 복잡한 것으로 접근하는 방식의 또 다른 변형이다. 제시되는 초기의 일반성은 '정수(epitome)'라고 하는데, 이는 내용을 개관하는 특정한 방법 중 하나다.

> 정수화(epitomizing)는 항상 매우 **일반적**이거나 매우 **단순한**, 하지만 **추상적인 것은 아닌**, 아이디어를 찾아가는 과정을 수반한다……. 무엇이 되었든 매우 관련 있는 다른 형태의 내용을 포함하여(선수 학습을 포함하여) 소수의 가장 기초적이고, 대표적이며, 일반적이면서 단순한 아이디어를…… (제시한다). (Reigeluth & Stein, 1983, p. 346, 원문으로부터 강조)

예를 들면, (수요와 공급의 법칙과 같은) 다양한 경제학 원리들은 경제학원론 수업의 정수가 될 수 있고, 가격과 공급 수량과 같은 개념은 뒷받침해 주는 내용일 수 있다(Reigeluth & Stein, 1983).

정수는 다양한 단계의 내용 정교화로 이어지는데, 각 단계는 내용의 상세한 부분 혹은 복잡성을 추가적으로 제시한다(Reigeluth & Stein, 1983). 이러한 정교화는 바로 적용할 수 있도록 보다 포괄적인 과제의 형태를 제공하며, 이 형태는 이전 단계에서 제시한 예시보다 더 복잡하고 더 현실적이며, 또는 보다 덜 대표적인 사례를 보여 준다(Reigeluth, 1999). 예를 들면, 경제학 수업에서 정교화는 공급 일정의 변화가 가격에 미치는 영향을 포함할 수 있다(Reigeluth & Stein, 1983). 이러한 정교화 과정은 그때까지의 수업을 다시 살펴보고, 맥락을 재설정하기 위해 일반적인 정수로 다시 돌아가야 해서 중단될 수도 있지만, 추가적인 내용에 대한 정교화가 일어날 수도 있다. Reigeluth와 Stein(1983)은 이러한 과정을 '줌 렌즈(zoom-lens)' 접근이라고 명했다.

수업은 내부 요약자와 내부 종합자의 사용으로 마무리된다. 요약자는 본래의 일반성, 구체적인 예 그리고 몇 가지 자기 진단식 실습 상황 등을 다시 확인하고, 종합자는 수업에서 다양한 아이디어 간의 관계를 보여 주게 된다(Reigeluth & Darwazeh, 1982).

정교화 이론 자체는 다면적인 이론적 기초를 가지고 있다. 정교화 이론은 다양한 종류의 학습 과제가 있고, 교수는 학습 과제의 종류에 따라 달라진다는 가정에 기초를 두고 있기 때문에, 조건기반이론의 한 유형이라고 할 수 있다. 더욱이 정교화 이론은 선수 기능을 가르쳐야 하는 지점을 확인함으로써 Gagné의 계열화에 대한 위계적 접근을 이론의 구조에 통합하고 있다. 이 이론은 Merrill의 '일반성–사례–연습'의 패턴을 확장한다. 또한 이 이론은 Ausubel의 포섭적 계열화의 관점(제4장 참조)과 Bruner의 나선형 교육과정의 개념(제5장 참조)도 반영하고 있다(Reigeluth & Darwazeh, 1982; Reigeluth & Stein, 1983).

3) 학습자 내부의 학습 과정 촉진하기

조건기반이론의 세 번째 주요 전제는 교수전략이 학습자 내부의 학습 과정을 촉진해야 한다는 것이다. 이 점은 여러 가지 측면에서 조건기반이론의 핵심에 해당한다. 효과적인 외적 교수 조건(예: 교수전략, 교수 자료, 학생 활동)은 근본적으로 내적 과정인 학습을 촉진한다. 하지만 이러한 외적 조건은 학습 과제의 유형과 학습 활동의 순서에 달려 있다. 이에 대한 논의는 신기원을 이룬 Robert Gagné의 연구에서 다시 한번 시작된다. 또한 학습에 대한 새로운 인지적 해석과 새로운 테크놀로지를 반영하기 위해 Gagné의 견해를 확장한 David Merrill의 이론으로 이어진다.

(1) 교수 사태

학습에 대한 Gagné의 견해는 주로 인지주의 관점을 반영하고 있으며, 보다 구체적으로는 정보처리이론을 근거로 하고 있다. 결과적으로 학습 과정은 감각 등록, 단기기억, 장기기억으로의 부호화 및 저장, 장기기억으로부터의 정보 회상(retrieving)으로 나타난다(인지주의 학습이론에 대한 보다 자세한 논의는 제4장을 참조). 효과적인 교수는 이러한 다양한 학습 과정을 촉진하는 활동으로 구성된다. Gagné(인지주의)는 이러한 활동을 교수 사태로 요약하고 있다. 교수 사태는 학습자의 주의를 획득하는 것에서 시작하여 학습자에게 수업의 목적이 무엇인지, 학습자가 이미 알고 있는 것과 그 목적이 어떻게 관련되는지 알려 주고, 내용을 제시하고, 복잡한 측면이 있을 때 학습자를 도와주며, 연습할 수 있는 기회와 학습자가 수행을 잘하고 있는지에 대한 정보를 제공하고, 평가하고, 학습자가 배운 것을 기억하

〈표 7-3〉 Gagné의 외적 교수 사태와 내적 학습 과정 간의 관계

교수 사태	학습 과정
1. 주의 획득하기	• 감각등록기에서 자극 수용
2. 학습자에게 학습 목표 알리기	• 기대와 인지 전략
3. 선수 학습의 회상 자극하기	• 장기기억에서 단기기억으로 회상
4. 내용 제시하기	• 독특한 특징에 대한 선택적 지각
5. 학습 안내 제시하기	• 장기기억에 저장하기 위한 부호화 • 회상을 위한 단서
6. 수행 유도하기	• 반응 조직 활성화
7. 피드백 제공하기	• 강화 자극 • 오류 수정
8. 수행 평가하기	• 장기기억으로부터 회상 • 반응 조직 • 강화와 피드백
9. 파지 및 전이 증진하기	• 회상 및 기억을 위한 단서 • 전이를 위한 일반화

고 사용할 수 있도록 도와주는 과정을 포함한다. 이러한 수업 사태는 교사가 모든 수업에서 따르게 되는 일반적인 단계로, 외적 학습 조건에 해당된다. 〈표 7-3〉은 이러한 아홉 가지 수업 사태를 제시하고 있으며, 각 사태가 인지적 관점에서 학습 과정과 어떻게 관련되는지를 보여 주고 있다.

이 사태들의 순서는 수업에서 전형적으로 따르게 되는데, Gagné는 모든 수업에서 반드시 이 순서에 따라 모든 사태를 적용해야 한다고 주장하지는 않는다(Gagné et al., 1992). 대신에 교수설계자들이 스스로에게 '학습자가 이 과제를 학습하기 위해 이 단계에서 지원이 필요한가?'라는 아주 단순한 질문을 해 보아야 한다고 말하고 있다(Gagné et al., p. 190).

교수 사태가 일반적인 설계 방식을 제공하고 있지만, 다른 유형의 학습과 관련한 다른 교수 조건과 맞추기 위해 그 프레임워크가 수정되기도 한다. 통상 이러한 수정은 세 번째 사태(선수 학습 상기하기), 네 번째 사태(자극 자료 제시하기), 다섯 번째 사태(학습 안내 제시하기)에서 나타난다. 예를 들면, 지적 기능은 사전에 알아야 하는 사실, 규칙, 개념의 회상에 의존하는 반면, 인지 전략은 그것을 구성하는 과제의 회상에 달려 있다. 개념 학습은 그 개념에 대한 많은 예를 제시하는 안내를 필요로 하지만, 언어적 정보에 대한 학습은 기억술 안내와 같은 기억을 도와주는 방법을 사용하게 된다(Gagné et al., 1992).

교수 사태는 교수설계자들이 교수설계의 분석 단계를 마치고 학습자의 학습을 촉진하기 위해 사용하는 전략을 결정해 가면서 따라야 하는 기본적인 구조다. 표면적으로 교수 사태는 단순하고 교수에 대한 거의 직관적인 접근 방식이지만, 자세히 살펴보면 인지주의 학습이론의 원리와 일상의 교수설계의 실제를 연결해 주고 있음을 알 수 있다.

(2) 내용요소 제시이론과 교수적 교류이론

Merrill은 학습을 촉진하기 위한 외적 조건을 사용하는 조건기반이론의 이상을 적용하는 두 번째 접근법을 제시하였다. 그는 내용요소 제시이론(Component Display Theory: CDT)과 교수적 교류이론(Instructional Transaction Theory: ITT)의 두 가지 주요 교수설계이론을 개발하였다. 이러한 이론이 개발되는 과정에서 ID2라고 하는 두 이론 사이를 연결하는 설명이 있었다. 새로이 대두되었던 이 두 가지 이론은 각각 본질적으로 학습 결과의 유형에 따라 교수전략이 변한다는 조건기반의 관점을 따르고 있다(이전에 논의된 Merrill의 '수행-내용 매트릭스'를 참조).

Merrill의 내용요소 제시이론의 핵심적인 특징은 모든 교수 내용이 그가 '기본적인 내용 제시 양식(primary presentation from)'이라고 명명한 일련의 방식으로 제시할 수 있다는 것이다. 이러한 내용 제시 양식은 모든 유형의 학습이 다음의 두 가지 측면에서 표현될 수 있다는 진술에 근거한다.

- 주제에 대한 일반성 혹은 특정한 사례를 제시함으로써
- 설명적인(말하기) 혹은 탐구적인(묻기) 기법을 활용함으로써

〈표 7-4〉는 일반적 교수전략에 대한 분류 유형을 형성하기 위해 Merrill이 어떻게 이러한 요소를 결합시켰는지를 보여 주고 있다.

각각의 내용 제시 양식은 더 상세화될 수 있는데, 예를 들면 설명적 내용 제시는 사전 지식, 추가적인 내용 정보 혹은 기억술 지원을 제공함으로써 확장될 수 있다. 탐구적 내용 제시는 피드백 또는 추가적인 사례를 통해 정교화될 수 있다. 이러한 정교화를 '부수적인 내용 제시 양식'이라고 한다.

이러한 내용 제시 양식은 목표로 하고 있는 수행 수준과 내용을 내용 제시 유형과 혼합하는 '전시(display)'의 역할을 한다. 더욱이 Merrill(1983)은 다양한 전시들은 그것 자체로 연결된다는 것을 확인하였다. 교수설계자는 내용에 대한 적절한 전시를 결정하고, 각 전시가 독립적으로 혹은 다른

〈표 7-4〉 기본적인 내용 제시 양식의 분류

제시 유형	제시 기법 유형	
	설명적	탐구적
일반성	교수자가 규칙 혹은 일반성을 말하거나 보여 주거나 묘사하거나 혹은 시범을 보여 준다.	학생이 일반적 진술문을 완성함으로써 일반성에 대한 이해를 확인하고 실행한다.
사례	교수자가 사례 혹은 특정한 경우를 말하거나 보여 주거나 묘사하거나 혹은 시범을 보인다.	학생이 주어진 일반성을 특정한 경우에 적용하여 이해를 확인하고 실행한다.

*출처: "Component Display Theory" by M. D. Merrill, 1983. In C. M. Reigeluth (Ed.) *Instructional-Design Theories and Models: An Overview of Their Current Status*, p. 306의 내용을 승인하에 수정하여 사용하였음. Copyright 1983 by Lawrence Erlbaum Associates, Publishers.

전시와 연관되어서 언제 제시되어야 하는지를 결정함으로써 교수전략을 선택하게 된다.

Merrill(1983)은 학습 활동을 구조화하는 데 있어서 내용요소 제시이론의 접근법으로, 처음에 일반성, 다음에 사례, 이어서 연습을 제시하는 순서를 제안하였다. 예를 들어, 침엽수에 대한 개념을 가르칠 때, 첫 번째 단계는 그 단어의 일반적인 뜻을 제시하는 것이다. 다음으로 침엽수의 구체적인 예를 제시하고, 마지막으로 학습자들은 많은 종류의 나무 중에서 침엽수를 골라내는 연습을 하게 될 것이다. 하지만 교수 순서에 대한 이러한 접근의 실증적인 연구 결과는 일관적이지 않다. 가장 신뢰할 만한 연구 결과에 따르면, 사례 이전에 일반성을 제시하고 연습을 포함하는 것이 가장 좋지만, 이들이 일어나는 순서가 결정적인 것은 아닌 것으로 나타났다(Merrill, 1983).

Merrill은 이후에 기본적인 내용 제시와 부수적인 내용 제시 양식에 대한 견해를 교수적 교류의 개념으로 확장하였다. 교류는 "정보의 교환이 이루어지는 교수 체제와 학습자 간의 공동의, 역동적인, 실시간 주고받기로 특징지어진다"(Merrill, Li, & Jones, 1990, p. 9). 이는 전형적으로 학습자와의 다양한 상호작용과 전시로 구성된다. 다양한 형태의 교류가 있지만, 이들은 교수전략의 많은 전통적인 측면을 반영하고 있다. 교류는 (지식 구조로 알려진) 내용, 내용 제시 기법, 연습 기회, 학습자 안내를 포함하고 있다(Merrill, 1999).

Merrill과 그의 동료들이 교류 방식으로 전환한 두 가지 주요한 이유가 있다. 첫 번째 이유는 "학습은 기억 속에서 멘탈 모형(Mental Model)이 조직되고 정교화될 때 성과가 있다는 가정"(Merrill et al., 1990, p. 9)과 관련된다. 결과적으로 교수는 특정한 멘탈 모형을 습득하는 것을 촉진하기 위해 필요한 모든 것을 포함해야 한다는 것이다. 이러한 모형은 일반적으로 복잡하기 때문에, 학습자와 교사 혹은 교수 자료 간의 통합된 교수적 상호작용이 많아야 한다(Merrill et al., 1990). 따라서 통상 학습자의 단일 응답을 요구하는 단순한 전시에 비해 보다 복잡한 교류가 요구된다.

반면 교류를 사용하는 두 번째 이유는, 교류의 속성상 단순히 정보를 학습자에게 전달하기보다는 상호작용을 강조하기 때문이다. 교수-학습 과정에서 학습자의 상호작용의 복잡한 유형을 증진하는 한 가지 방법은 빠르게 성장하고 있는 교수 도구인 컴퓨터 기반 교수를 사용하는 것이다. Merrill은 그러한 교수를 설계하기 위한 새로운 방식을 탐구하였고, 그러한 과정을 통해 '교수설계 전문가(ID Expert)'라고 불리는 컴퓨터 기반 교수설계 체제의 개발에 관여하게 되었다. 이러한 체제는 "적절한 전달 체제를 통해 학습자에게 전달되었을 때, 하나의 교류 혹은 여러 교류의 모음을 유발하는 컴퓨터 코드의 조각"(Merrill, Li, & Jones, 1991, p. 8)인 교류 틀(transaction shells)을 사용하였다. 교수설계 전문가는 교수설계 과정의 자동화뿐 아니라 학습자에게 적응적으로 맞추어지는 학습 환경의 개발을 추구하였다. 즉, 개별 학습자의 특징 및 요구에 따라 즉각적인 맞춤화가 이루어질 수 있었다(Merrill, 1999). 교수적 교류이론은 많은 유형의 지식 및 기능의 습득을 촉진할 뿐 아니라, 진정한 개별화 교수를 추구하는 수업을 산출해 낸 컴퓨터화된 설계 및 개발 체제와 연합하여 개발되었다.

4) 조건기반이론의 철학적 지향점

교수설계에 대한 다양한 접근은 지금까지 논의된 이론뿐 아니라 교수설계자의 신념 및 가치 체계의 영향을 받게 된다(Smith & Ragan, 2005). 조건기반이론을 옹호하는 학자들은 만약 연구를 통해 뒷받침만 된다면 어떠한 입장이든지 지지하는 사람이라고 단언할 수도 있을 것이다. 실제로 그들은 경험주의자였다. 이러한 입장은 학습이론가, 초기의 커뮤니케이션이론가 등 순수한 추론보다는 주로 연구에 근거를 두고 있는 이론가들의 입장과 유사하다. 특히, 조건기반이론에 대한 이러한 입장은 지식의 습득과 새로운 상황으로의 학습 전이를 촉진하는 학습 과정과 교수 활동을 실증적으로 뒷받침해 주는 설명을 의미한다.

하지만 Strike(1972)는 인간의 수행을 연구하는 학자들을 위한 경험주의 관점의 복잡성을 지적하고 있다.

> 사회과학자가 어떤 행동을 이해했다고 주장할 때, 그는 그 행동이 특정한 규칙에 의해 통제된다고 봄으로써 그 의미를 파악한다. 하지만 행동을 규칙(rule)을 따르는 것이라고 보는 것은, 행동을 일정한 규칙성(regularity)과 법칙(law)의 사례로 보는 것과는 매우 다르다. 규칙은 깨질 수 있지만, 법칙은 그럴 수 없다. 규칙은 행동에 의미를 부여하고, 법칙은 행동이 일어나는 조건과 관련지을 뿐이다. 따라서 행동을 이해한다는 것은 행동에 대한 과학적인 **설명**(scientific explanation)을 제공한다는 것과는 전혀 다르다. (p. 41, 원문의 강조를 표기함)

아마도 이러한 점이 오늘날 법칙의 측면에서 구성되는 교육이론을 거의 볼 수 없는 이유일 것이다. 아마도 이러한 이유로, 조건기반이론의 교수설계 '규칙'은 학습 위계에 내포되어 있는 것과 부합하지 않는 교수 계열화의 효과성을 확인하는 것과 같은 주의가 필요하다고 자주 언급된다.

특히 Gagné와 Merrill의 연구를 살펴보면, 그들의 이론이 시간이 흐르면서 진화했다는 것이 분명해 보인다. 이러한 점은 "경험주의 연구자들은 끊임없이 이론화하고⋯⋯ 이론이 발달함에 따라 추정을 바탕으로 그 이론을 정교화해 간다."(p. 73)는 Petie(1972)의 경고와 맥을 같이한다. 하지만 이러한 추정은 경험주의자에게 흥미로운 유혹이 될 수 있다. 왜냐하면, 추정은 전적으로 증거를 기반으로 하기보다는 개인적인(혹은 학문 분야의) 가치의 영향을 받을 수 있기 때문이다. Strike(1979)는 "사실과 가치는 개념적 패키지로 통합된다."(p. 14)라고 주장하고 있다.

조건기반이론가들은 어느 정도 공통의 가치를 공유하고 있는 것으로 보인다. Smith와 Ragan(2005)은 이러한 가치 혹은 가정으로서, ① 학습 목표는 활동 및 평가를 결정하는 데 원동력의 역할을 수행해야 한다는 관점(p. 23), ② 교수 원리의 포괄적인 역할, ③ 교수의 효과성과 효율성의 중요성을 제시하였다. 이러한 가치는 일반화 및 객관주의적 관점의 경향을 수용하는 것처럼 보인다. 조건기반이론가들의 시각이 철학적 경험주의를 반영하고 있다고 볼 수 있다. 혹은 Smith와 Ragan(2005)이 다시 제안했듯이, 조건기반이론에는 다소 실용적인 경향의 관점이 있다. 이러한 측면에서 교수설계자는 "'가정으로서는 진실'인 가설을 검증하고, 보편적인 경험 및 해석에 비추어 이를 수정해야 함을 암시할 때 그 진실을 수정하거나 포기함으로써 지식이 구축된다."(p. 22)라고 제안하는 사람으로 간주된다.

2. 조건기반 교수설계이론의 개선

이론가들은 최근의 학습, 동기, 교수이론에서 다루고 있는 원리들을 포괄하기 위해 조건기반 교수설계의 관점을 확장해 왔다. 이는 인지심리, 사회적 학습이론(제4장 참조), 구성주의(제8장 참조)의 발전과 관련이 있다. 이제 다음과 같은 조건기반이론의 발달을 논의하고자 한다.

- 주입식(supplantive) 교수와 생성적(generative) 교수
- 복잡한 학습
- 문제 해결
- 동기화 설계

이러한 각각의 이론적 접근은 조건기반 교수설계이론의 요소를 포함하고 있는데, 다양한 유형의 학습 결과의 복잡성과 그 관계를 인정하고, 학습의 내적 과정을 강조하며, 교수의 외적 조건에 대한 시사점을 제공하고 있다.

1) 주입식 전략과 생성적 전략

조건기반이론의 핵심적인 발전은 Patricia Smith와 Tillman Ragan의 연구에서 찾아볼 수 있는데, 이들은 학습자에게 학습 안내를 제시하기 위한 전략을 강조함으로써 Gagné의 이론을 확장하려 했다. Smith와 Ragan (2005)은 "정보처리의 통제 소재가 무엇이 되어야 하는가, 교수인가 혹은 학습자인가?" (p. 141)라는 질문을 강조하고 있다. 그들은 이 질문에 대한 대답이 학습 과제, 학습자의 사전 지식의 양, 학습자가 보유하고 있는 학습

전략의 다양성과 양에 의해 결정된다고 주장한다. 그들은 이러한 쟁점을 다루기 위해 주입식-생성적 교수전략의 연장선을 제안하고 있다.

주입식 교수전략은 생성적 전략에 비해 보다 많은 지원을 학습자에게 제공한다. Smith와 Ragan(2005)은 주입식 전략은 학습자가 그들의 학습을 구성하는 책임을 줄여 주기 때문에 사전 지식수준이 낮고 학습 전략을 거의 갖추고 있지 않은 초보자에게 적절하다고 주장한다. 하지만 주입식 전략이 잘못 사용되면 학습자들은 내적인 학습 과정에 보다 적게 관여하게 될 수 있음을 경고하고 있다. 주입식 전략의 예는 설명식 교수 방법에서 찾아볼 수 있다.

생성적 교수전략은 학습자가 "그들 스스로 교육 목적, 조직, 정교화, 내용의 계열화, 내용에서 강조해야 할 부분 등을 생성하고, 이해도를 점검하고, 다른 상황으로 전이하는 것"(p. 141)을 통해 교수로부터 그들만의 의미를 구성하는 것을 가능하게 한다(Smith & Ragan, 2005). Smith와 Ragan(2005)은 풍부한 사전 지식과 잘 개발된 학습 전략을 가진 학습자에게는 자신의 학습에 대한 통제권이 주어져도 된다고 말하고 있다. 그들은 학습자가 그들에게 많은 교수 사태를 제공해 주는 생성적 환경을 사용할 것을 제안하고 있다. 생성적 전략의 예는 문제기반 학습(Problem-Based Learning: PBL)과 같은 학습자 중심의 환경에서 찾아볼 수 있다.

연구 결과에 따르면, Ragan과 동료들(2008)은 교수는 가능한 한 많은 생성적 전략을 사용해야 한다고 제안하고 있다. 하지만 사용 가능한 교수 시간이 한정되어 있거나 생성적 전략이 학습자의 불만, 불안 혹은 위험을 야기할 수 있다면, 학습자에게 안내를 제공해 주는 주입식 전략이 더 적절할 수도 있다고 주의를 주고 있다. 그들은 교수설계자가 "맥락, 학습자, 학습 과제에 대한 세심한 고려에 근거하여 교수 사태에 요구되는 인지적 지원의 양"(p. 392)을 결정하기 위해 문제 해결 접근을 사용할 것을 권하고 있다(Ragan et al., 2008).

2) 복잡한 학습을 위한 설계

조건기반 교수설계이론의 또 다른 확장은 Jeroen van Merriënboer와 동료들의 연구에서 찾아볼 수 있는데, 그들은 복잡한 학습을 성취하기 위해 교수설계를 어떻게 해야 하는지에 중점을 두고 있다. van Merriënboer와 Kirschner(2007)에 따르면, 다음과 같이 설명할 수 있다.

> 복잡한 학습은 지식 · 기능 · 태도의 통합, 즉 질적으로 다른 **구성 기능**(constituent skill)*의 조직화와 학교에서, 혹은 훈련 상황에서 학습한 것을 일상과 근무 환경에 전이하는 것을 수반한다. (p. 4, 원문에서 강조)

복잡한 학습은 통합적인 학습 목적과 직무 혹은 일상에서 찾아볼 수 있는 과제를 구성하는 다양한 수행 목표에 집중하고 있다. 이러한 조직적인 목적과 목표는 복잡한 학습을 구성하는 기능(skills)의 적용과 전이를 증진시키게 된다(van Merriënboer, Clark, & de Croock, 2002). 이는 Gagné와 Merrill(1990)이 그들의 분류체계를 확장하기 위해 제안했던 통합적인 목적과 유사하다.

복잡한 학습을 설계할 때는 계열화에 대한 결정이 중요하다. van Merriënboer와 동료들(2002)은 "학습 과제의 순서는 복잡한 학습을 목적으로 하는 모든 훈련 프로그램의 근간이 된다."(p. 43)라고 하였다. van Merriënboer와 동료들(2002)은 복잡한 학습을 설계할 때 반드시 고려해야 하는 기능 간의 두 가지 관계 유형의 근거가 되는 위계를 제안하고 있다. 위계상 첫 번째 관계 유형은 순차적일 수 있는 조직화된 기능 간의 수평적 관계다(예: 먼저 이것을 하고, 다음에 저것을 하는 것). 위계상 두 번째 관계 유형은 위계의 아랫부분의 기능이 윗부분의 기능을 가능하게(혹은 선수 학습이 되는) 하는 수직적 관계다. van Merriënboer는 복잡한 학습 과제를 위한 계열화에 대한 그의 생각에 Gagné의 학습 위계에 대한 연구가 영향을 주었다고 밝히고 있다.

복잡한 학습은 반복적(recurrent) 및 비반복적(nonrecurrent) 기능 모두를 포함하고 있다. 교수설계자는 이 두 가지 기능 유형에 대하여 다른 수행 목표를 규명해야 한다(van Merriënboer et al., 2002). 반복적(즉, 일상적인) 기능은 유사하게 복잡한 상황에서 적용될 수 있는 것이다. 이들은 한 상황에서 다른 상황으로 일반화되는 규칙으로 구성된다. 비반복적(즉, 새로운) 기능은 상황에 따라 달라진다.

van Merriënboer와 그의 동료들(2002)에 따르면, "복잡한 기능의 비반복적 측면 및 복잡한 기능을 전체적으로 보면, 증진되어야 하는 주된 학습 과정은 스키마의 형성과 관련된다" (p. 42). 스키마는 일반화된 구체적인 지식을 포함하고 있기 때문에 한 상황에서 다른 상황으로 기능을 사용하도록 촉진한다(스키마에 대한 논의는 제4장을 참조). 학습자가 스키마를 형성하고 재형성하는 것을 돕기 위해, 학습자에게는 구체적인 경험이 제공되며 '상세한 것으로부터 정보를 추출'하도록 촉진된다(van Merriënboer & Kirschner, 2007, p. 20).

van Merriënboer와 그의 동료들은 다른 내적 학습 과정 역시 강조하였다. 새로운 스키마가 형성될 때, 멘탈 모형은 내용이 구성되어 있는 측면을 반영하기 때문에 멘탈 모형이 추론 과정을 촉진한다고 가정한다. 또한 인지적 전략 역시 문제 해결에 영향을 미치는데, 이는 문제에 접근하는 데 영향을 주기 때문이다. 예를 들면, 변별과 일반화 과정은 기존의 스키마를 새로운 경험에 일치시키기 위해 재구성하는 것에 영향을 주게 된다(van Merriënboer et al., 2002).

van Merriënboer와 그의 동료들은 복잡한 학습을 구성하는 통합되고 조직화된 기능에 초점을 맞춘 4C/ID(Four-Component Instructional Design) 모형을 개발했다(van Merriënboer et al., 2002; van Merriënboer & Kirschner,

〈표 7-5〉 4C/ID 모형의 요소와 해당 단계

4C/ID의 요소	복잡한 학습의 10단계
학습 과제	1. 학습 과제를 설계한다. 2. 과제 유형을 계열화한다. 3. 수행 목표를 설정한다.
지원 정보	4. 지원 정보를 설계한다. 5. 인지 전략을 분석한다. 6. 멘탈 모형을 분석한다.
절차적 정보	7. 절차적 정보를 설계한다. 8. 인지 규칙을 분석한다. 9. 선수 지식을 분석한다.
부분 과제 연습	10. 부분 과제 연습을 설계한다.

출처: *Ten Steps to Complex Learning: A Systematic Approach to Four-Component Instructional Design* by J. J. G. van Merriënboer & P. A. Kirschner, 2007, p. 10의 내용을 승인하에 수정하여 사용하였음. Copyright 2007 by Lawrence Erlbaum Associates, Publishers.

2007). 이 모형은 복잡한 학습을 다루기 위해 교수설계자가 따라야 하는 10가지 단계를 포함하고 있다(〈표 7-5〉 참조).

복잡한 학습을 위한 학습 과제는 실제 혹은 가상 환경에서 수행될 수 있으며, 학습자에게 복잡한 기능을 구성하는 모든 구성 기능(constituent skill)의 전체 과제(whole-task)의 연습을 제공한다(van Merriënboer et al., 2002; van Merriënboer & Kirschner, 2007). 이러한 실제적 전체 과제 경험은 반복적 과제에 대한 규칙의 일반화를 촉진하고, 비반복적 과제에 대한 스키마의 형성을 지원한다.

지원 정보(supportive information)는 "학습자의 사전 지식과 학습 과제 사이를 연결하는 다리 역할을 한다"(van Merriënboer et al., 2002, p. 43). 지원 정보는 새로운 정보와 사전 지식 간 관계의 정교화를 통해 스키마의 형성을 도와주는 데 활용된다. 각각의 연속되는 과제에 대한 지원 정보는 이전에는 할 수 없었던 것을 학습자가 할 수 있도록 도와주는 이전 정보의 정교화라고 할 수 있다. 이러한 유형의 정보로 설명적 혹은 탐구적 전략을 사용할 수 있다. 이는 앞에서 논의한 Merrill(1983)의 내용요소 제시이론을 확장하는 것이다. 지원 정보는 또한 학습자가 문제 해결에 대한 접근법과 해결안의 품질에 대해 성찰하도록 유도하는 인지적 피드백도 포함하고 있다. 인지적 피드백은 학습자의 인지적 학습 전략의 사용을 증진하기 위해서도 제공된다(van Merriënboer & Kirschner, 2007).

절차적 정보(procedural information)는 학습자가 반복적인 기능을 수행하는 데 필요한 단계를 제공해 준다. 절차적 정보는 "즉시적(just-in-time) 정보"(van Merriënboer et al., 2002)라고도 하며, 학습자가 반복적인 과제를 진행하는 데 필요한 단계를 제공해 준다. 절차적 정보는 규칙과 절차가 어떻게 적용되는지에 대한 시범뿐 아니라 실수에 대한 교정을 위한 피드백도 포함하고 있다(van Merriënboer & Kirschner, 2007). 절차적 정보는 정보 제시라고 불리는 작은 단위로 구성되어 있다. Merrill의 내용요소 제시이론과 교수적 교류이론(1983, 1999)에 근거하여, van Merriënboer와 그의 동료들(2002)은 정보 제시가 일반성과 사례로 대부분 구성되어야 한다고 제안하고 있다.

> 예를 들면, 규칙은 다양한 상황에서 적용될 수 있다는 측면에서 일반적이고, 선수 개념은 사물 혹은 사건의 범주로 간주될 수 있다는 측면에서 일반적이다. 그러한 일반성을 묘사하고 사례화하는 예를 제시하는 것이 바람직하다. 규칙에 관해서는 시범이 그러한 예이며, 개념 · 계획 · 원리에 관해서는 사례가 그 예가 된다. (p. 52)

4C/ID 모형에서 마지막 구성 요소는 부분 과제(part-task) 연습이다. 부분 과제 연습은 많은 양의 연습을 필요로 하는 규칙과 절차의 강화를 지원한다(van Merriënboer et al., 2002). 전체 과제 접근법이 스키마의 형성을

촉진하기 위해 사용되는 반면, 부분 과제 접근법은 복잡한 과제를 구성 부분으로 나누어 각 부분이 별도로 학습된다. 그런 후에 다양한 부분이 전체 과제로 통합된다. van Merriënboer와 Kirschner(2007)는 이러한 접근을 통해 규칙에 대한 학습을 촉진할 수 있다고 생각하고 있다.

3) 문제 해결을 위한 설계이론

조건기반 교수설계이론의 또 다른 발전은 David Jonassen의 문제 해결에 대한 연구에서 찾아볼 수 있다. 그의 연구 결과가 다음과 같이 말하고 있기 때문에 그의 공헌은 조건기반이론의 관점에서 볼 수 있다.

- 각 유형별로 서로 다른 교수 지원을 필요로 하는 문제의 분류체계(typology)
- 문제의 구조, 복잡성, 구체성의 관점에서 문제 유형 간의 관계 규명
- 문제 해결 학습에 영향을 주는 내적 과정과 개인차

Jonassen(1997)은 문제의 구조, 복잡성, 추상성의 관점에서 그 유형이 다양하다고 말하고 있다. 그는 또한 구조화된(well-structured) 문제와 비구조화된(ill-structured) 문제를 구분하고 있다. 구조화된 문제는 고정된 숫자의 개념 · 규칙 · 원리의 적용을 필요로 하는 정해진 해답을 가지고 있는 반면, 비구조화된 문제는 다양한 해답과 정해지지 않은 요소 그리고 개념 · 규칙 · 원리 간에 일관되지 않은 관계를 가지고 있다. 비구조화된 상황의 사례는 설계 문제(예: 신축 이음 교량의 건설)와 딜레마(예: 전쟁의 막바지에 어떻게 철수하는가)를 포함하고 있는 반면, 구조화된 문제의 유형은 논리와 이야기 문제를 포함하고 있다. 문제의 유형 또한 문제 해결에 있어서 포함되는 변인과 쟁점의 수 관점에서 정의되는 문제의 복잡성에 따라 달

라진다(Jonassen, 1997). 단순한 문제는 복잡한 문제에 비해 적은 인지 작용이 포함된다. 단순한 문제는 또한 복잡한 문제에 비해 보다 정적이다. Jonassen(2000)은 "가장 복잡한 문제는 동적이다. 다시 말해서, 복잡한 문제의 과제 환경과 그것의 요인이 시간에 따라 변한다."(p. 68)라고 하였다. 그는 또한 문제는 영역 특수적이고, 상황적이며, 특정한 맥락에 내재되어 있다고 생각하였다. [그림 7-3]은 문제 유형의 예시와 그것들이 Jonassen의 분류체계에 따라 어떻게 다른지를 보여 주고 있다.

문제 해결과 구조적 관계를 논의함에 있어서, Jonassen(2000)은 자신의 이론과 계열화에 대한 이론을 구별하고 있다. 그는 Gagné와 Merrill이 지지하는 지적 기능의 위계적 구조는 문제 해결에서 보이는 복잡한 관계를 적절하게 다루고 있지 못한다고 믿었다. Jonassen(2000)은 다음과 같이 기술하고 있다.

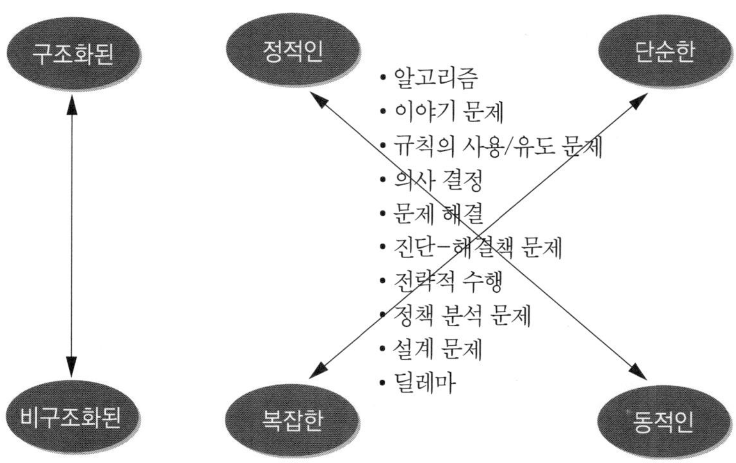

[그림 7-3] 문제의 분류체계

* 출처: *Learning to Solve Problems: A Handbook for Designing Problem-Solving Learning Environments*, by D. Jonassen, 2011, p. 12의 내용을 승인하에 사용하였음. Copyright 2011 Taylor & Francis.

> 하나의 활동으로서 문제 해결은 그것을 구성하고 있는 부분의 합보다 복잡하다. 의심할 여지없이, 문제 해결은 필연적으로 명제적 정보, 개념, 규칙, 원리와 같은 다양한 인지적 요소를 포함한다……. 하지만 문제 해결은 구조적 지식…… 초인지적 기능…… 동기/태도적 요소…… (그리고) 자신에 대한 지식 또한 포함하고 있다. (p. 64)

이번 장에서 논의된 조건기반이론가들과 마찬가지로 Jonassen도 학습자 내부의 요소가 각기 다른 유형의 문제를 어떻게 해결하는가에 영향을 미친다고 말하고 있다. Jonassen(2000)은 "문제 해결 기술은 특정한 유형의 문제를 해결하는 스키마에 의존한다"(p. 65)라고 가정하며, 학습자가 구조적 · 절차적 · 전략적 · 성찰적 지식으로 구성된 멘탈 모형을 구성한다고 주장한다(Jonassen & Henning, 1999). Jonassen(2000)은 개별 학습자 사이의 개인차가 문제 해결을 매개한다고 하였는데, 여기에는 다음의 요소들이 포함된다.

- 일반적인 문제 해결 기술
- 문제 유형과의 친밀성
- 해당 분야에 대한 지식
- 구조적 지식(즉, 한 영역의 개념들이 서로 어떻게 연결되어 있는지에 대한 지식)
- 인지적 · 초인지적 과정
- 정의적, 동기, 의지와 관련한 요소

문제의 분류체계, 문제 해결에 영향을 미치는 내적 조건 그리고 문제를 어떻게 해결하는지에 대한 지식을 근거로, Jonassen(1997)은 구조화된 문제 해결과 비구조화된 문제 해결을 위한 교수설계 모형을 제안하였다. 이 모형은 교수설계자가 두 가지의 주요 문제 유형(구조화된 문제, 비구조화된

〈표 7-6〉 Jonassen(1997)의 문제 해결 교수설계 모형

구조화된 문제	비구조화된 문제
1. 선행 요소인 개념 · 규칙 · 원리를 검토한다. 2. 문제 영역의 개념적 · 인과적 모형을 제시한다. 3. 예제를 사용하여 문제 해결 수행의 모델을 제시한다. 4. 연습 문제를 제시한다. 5. 해결책 탐색을 지원한다. 6. 문제 진술 및 해결에 대해 성찰한다.	1. 문제 상황을 명확화한다. 2. 문제 상황의 제한점을 소개한다. 3. 학습자를 위한 사례를 찾고, 선택하고, 개발한다. 4. 지식기반의 구성을 지원한다. 5. 논증의 구성을 지원한다. 6. 문제 해결안을 평가한다.

문제)을 위한 교수 프로그램을 개발할 때 반드시 따라야 하는 단계와 활동(즉, 외적 조건)을 제시하고 있다(〈표 7-6〉 참조). 그는 또한 실제적 사례, 시뮬레이션, 모델링, 코칭 그리고 문제기반 학습(PBL)을 포함하여 학습자가 문제 해결에 참여하도록 유도하는 몇 가지 교수전략을 제안하고 있다.

Jonassen(2010)은 만약 학생들이 실제로 문제를 해결하기를 기대한다면 단순히 문제 해결에 대한 것을 학습자에게 가르치는 것만으로는 충분하지 않다고 생각하였다. 학생들에게 요구되는 결과가 문제를 해결하는 방법을 배우는 것이라면, Jonassen은 직무 과제 혹은 실제 일상의 활동을 다루는 문제에 학습자가 적극적으로 몰두해야 한다고 믿었다.

4) 교수에 대한 동기 설계

또 다른 조건기반 교수설계이론의 발달은 John Keller의 동기 설계 문헌에서 찾아볼 수 있다. [그림 7-4]에 제시된 바와 같이, 그의 동기, 수행, 교수적 영향의 모형은 다음을 포함하고 있다(Keller, 1983).

- 노력, 수행, 결과, 만족감으로 구성되는 교수 성과

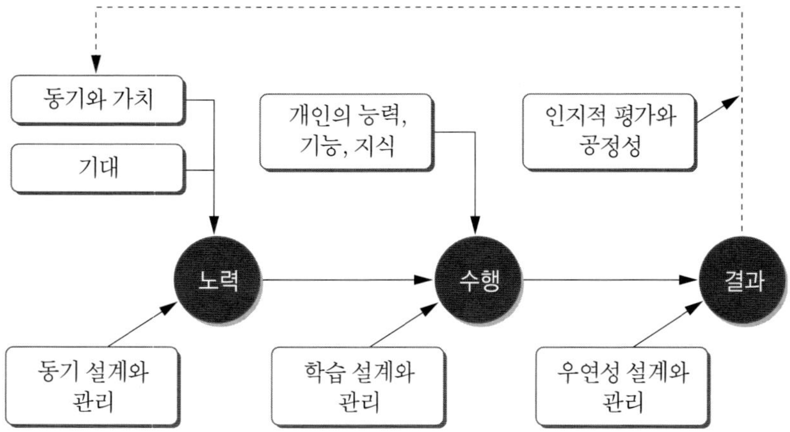

[그림 7-4] 동기, 수행, 교수적 영향 모형

* 출처: "Motivational Design of Instruction" by John M. Keller, 1983. In C. M. Reigeluth (Ed.) *Instructional-Design Theories and Models: An Overview of Their Current Status*, p. 392의 내용을 승인하에 수정하여 사용하였음. Copyright 1983 by Lawrence Erlbaum Associates, Publishers.

- 기대, 가치, 선수 지식, 기능과 같은 학습자의 내적 특성
- 동기 설계, 학습 설계, 우연성 관리를 포함하는 환경적 투입

Keller(1983)에 따르면, "이 이론의 주된 관심사는…… 동기 설계 모형에 대한 체계적 기초를 설명하는 것이다"(p. 384). 다른 교수설계이론가들과 마찬가지로, Keller(1979)도 개인의 능력, 기능, 선수 지식과 함께 학습 설계가 어떻게 학습과 수행에 영향을 미치는지를 설명하고 있다. 하지만 그의 아이디어의 대부분은 학습자의 동기를 다루기 위한 교수설계에 집중되어 있다. Keller(1983)가 정의한 것처럼, 동기는 학습자가 과제를 할 것인지, 말 것인지를 선택하는 것 그리고 과제를 끝마치기 위해 노력을 기울이는 것이다. 그는, 노력은 학습자의 호기심, 흥미, 이유, 가치, 기대의 영향을 받는다는 이론을 제시하고 있다. 교수설계자는 동기 설계의 원리에 따름으로써 학습자의 노력에 영향을 미칠 수 있다. 노력은 결과적으로 긍정

적 혹은 부정적 결과로 연결되는 수행에 영향을 미친다. 결과는 학습자에 의해 평가되는데, 이들은 그 결과에 대해 만족 혹은 불만족스러운 느낌을 갖게 된다(Keller, 2010).

동기 설계 모형(Keller, 1987a, 2010)은 대부분의 교수설계 일반체제이론에서 찾아볼 수 있는 유사한 요소들을 포함하고 있다(제2장 참조). 동기 설계 모형은 다른 교수설계 모형과 결합되어 사용될 수 있는 덧씌우기 모형으로, 학습자의 노력과 만족감에 긍정적인 영향을 미치는 교수설계를 위한 단계를 포함하고 있다. 이 모형에 따라 교수설계자는 혹 존재할지도 모르는 동기상의 문제를 규명하기 위해 교수 환경과 학습자를 분석한다. 교수설계 절차는 환경과 전달 체제를 포함하여 과정에 대한 정보 수집으로 시작된다. 학습자 분석은 학생의 태도, 학습 이유, 기대를 중점으로 동기 개요서를 구성하는 것으로 완성된다. 기존의 교수 자료도 분석하는데, 학습자들을 동기화시키기 위해 사용되는 전략에 대한 분석을 주로 한다. 다음으로 동기 목표, 측정, 전략이 설계되고 적용된다. 이러한 것들은 교수 자료로 통합되고, 이후에 평가되고 시험됨으로써 다시 개선된다.

동기 문제와 전략은 Keller의 주의, 관련성, 자신감, 만족감(ARCS) 동기 모형의 네 가지 주요 요소와 관련이 있다.

- **주의(attention)** 학습자의 관심과 호기심은 반드시 유발되고 유지되어야 한다.
- **관련성(relevance)** 학습자는 교수 상황에서 자신의 개인적인 요구가 충족된다고 인식하여야 한다.
- **자신감(confidence)** 학습자는 자기 자신, 다른 사람 그리고 교과 내용에 대한 적절한 기대를 가져야 한다.
- **만족감(satisfaction)** 학습자는 교수를 통해 적절한 내재적·외재적 보상을 받아야 한다.

Dick, Carey와 Carey(2009)에 따르면, Keller의 연구는 체제적 접근을 따르는 교수설계자들이 종종 학습자들에게 매력적이지 않은 교수 자료를 만들어 낸다는 비판에 대응하고 있다. 따라서 Keller의 아이디어는 조건기반 교수설계 개념을 확장하고, 교수설계 분야에 중요한 기초를 제공해 주고 있다고 생각된다.

3. 조건기반 교수설계이론에 대한 연구

이 장에서 논의된 조건기반 교수설계이론의 많은 변인들은 실증적으로 연구되었다. 특정한 이론의 전체적인 교수설계 적용을 조사한 연구가 많지는 않지만, 대부분의 연구는 하나 이상의 구성 요소를 탐구하는 연구로 진행되어 왔다. 다음에서는 교수설계 실천가에게 조건기반이론과 관련한 중요한 결과를 알려 주는 대표적인 연구들을 요약하여 제시하고자 한다. 그런 후에 이러한 유형의 교수설계이론을 뒷받침해 줄 수 있는 새로운 연구 방향을 제안하고자 한다.

1) 교수설계에 대한 조건기반 적용의 실증적 지지

조건기반 교수설계이론에 대한 대부분의 연구는 학습자에게 적은 수의 교수 사태 혹은 요소를 제시함으로써 진행되어 왔다. 아주 적은 수의 연구만이 요소들의 조합에 대한 효과를 시험하는 연구로 진행되었다. Sasayama (1984)는 Merrill의 내용요소 제시이론에 근거하여 개념 · 원리 · 절차를 학습하는 데 있어서 규칙 · 예시 · 연습을 제공하는 것의 효과를 비교한 결과, 규칙 · 예시 · 연습을 포함한 수업이 규칙만, 예시만, 혹은 규칙과 예시만 포함한 수업보다 효과적이었다고 보고하였다. Coats(1985)는 실험 집단에

Gagné의 아홉 가지 교수 사태를 모두 제시하고 다른 두 개의 통제 집단에는 이 중 일부만을 제시하여 실험한 결과, 성취도 측면에서 세 집단 간에 유의미한 차이를 찾지 못했다. Martin, Klein과 Sullivan(2007)은 컴퓨터 기반 수업에서 목표, 연습, 예시, 복습을 포함하여 Gagné의 사태 중 몇 가지 효과를 비교하였는데, 교수 요소 중 연습이 학습자의 성취도와 태도에 가장 큰 영향을 미친다고 보고하였다.

Martin과 Klein(2008)에 따르면, "교수 사태 중 몇 가지는 대부분 혹은 모든 교수 사태가 포함된 완전한 수업 맥락보다는 개별적인 요소로서 연구될 때 다른 효과를 만들어 낸다"(p. 172). 컴퓨터 기반 교수에 대한 연구 결과에 따르면, 피드백을 동반한 연습이 특히 목표 및 복습할 기회를 제공하는 것과 비교했을 때 학습에 매우 큰 영향을 미친다는 점을 지속적으로 보여 준다(Hannafin, 1987; Hannafin, Phillips, Reiber, & Garhart, 1987; Martin & Klein, 2008; Martin et al., 2007; Phillips, Hannafin, & Tripp, 1988).

앞에서 인용한 연구 외에 Ragan과 Smith(2004)는 조건기반 교수설계이론의 다른 실증적 연구를 분석하고 요약하였는데, 그들의 종합적인 분석 결과는 다음과 같다.

- 학습 위계의 타당성 및 하위 기능과 선수 기능 간의 관계를 정확하게 묘사하는 정도에 대한 강한 실증적 지지
- 특히 서술적 · 절차적 학습 성과와 관련하여, 다른 교수 사태는 다른 유형의 학습을 유도한다는 관점에 대한 강한 지지
- 내용요소 제시이론과 정교화 이론의 원리에 따라 설계된 교수의 효과성에 대한 일부 지지
- 학습의 내적 과정과 다른 학습 결과의 습득 간의 가설적 관계에 대한 약한 지지

주입식 학습과 생성적 학습에 대한 연구를 살펴보면, Grabowski(2004)는 이러한 전략에 대한 실증적 연구들을 포괄적으로 검토한 후에 다음과 같은 결론을 제시하였다.

- 어떤 연구들은 학습자가 생성한 조직적 스키마가 교수자가 제공한 전략보다 효과적이었음을 보여 준다.
- 인지 능력은 학습자가 생성하는 조직 전략의 효과성에 영향을 미친다.
- 학생이 생성한 예시 및 질문은 파지와 전이를 증진시키지만, 교수자가 제공한 상세한 설명보다 항상 더 효과적인 것은 아니다.
- 혼합된 생성적 전략이 사용될 때는 반드시 과제의 난이도가 고려되어야 한다.
- 학습자가 생성적 활동과 관련한 발달상의 준비가 되어 있지 않다면 어려움을 겪게 될 수도 있다.

4C/ID 모형의 타당화를 위한 연구 역시 진행되었다. van Merriënboer와 Kester(2008)는 van Merriënboer와 그의 동료들에 의해 진행된 연구들의 결과를 요약하여 다음과 같이 제안하고 있다.

- 4C/ID 모형의 사용을 교육받은 교사는 그렇지 않은 교사보다 질적으로 좋은 설계안을 개발하였다(전문가에 의해 평가된 바에 따르면).
- 낮은 성취 수준의 학습자는 혼자보다 팀으로 학습했을 때, 4C/ID 모형을 적용하여 개발된 역량기반 교수로부터 더 많은 혜택을 보았다.
- 복잡한 과제를 학습하는 데 있어서 전체 과제 연습이 부분 과제 연습보다 더 효과적이었다.
- 초보 학습자와 상위 학습자는 전체 과제 훈련을 받았을 때, 전체 과제 수행 및 전이 수행에서 더 좋은 결과를 보여 주었다.

Jonassen(2000)은 문제 해결에 대한 설계이론을 제안하면서 다음과 같이 말했다.

> 이 논문에 제시된 분류체계는 완성된 이론으로 발표하는 것이 아니라 개발 중에 있는 이론이라는 점에 주목해야 한다. 문제 해결 교수를 위한 완성된 혹은 완성에 근접해 있는 이론을 타당화하기 위해, 이러한 문제 유형 및 발표 예정인 모형에 대한 실험 · 평가 · 논의가 필요하다. (p. 82)

기념비적인 글을 발표한 이후로, Jonassen과 그의 동료들은 그의 이론의 몇몇 구인을 타당화하기 위한 실증적인 연구를 수행해 왔다. 이러한 연구의 많은 부분은 과학과 공학 맥락에서 이루어졌는데, 이러한 연구로부터 도출된 결과들은 구조화된 문제와 비구조화된 문제가 필요로 하는 구성 기능은 다를 수 있다는 점을 시사하고 있다.

- 영역에 대한 지식과 타당화 기술은 두 종류의 문제를 해결하는 것과 모두 관련되어 있다(Shin, Jonassen, & McGee, 2003).
- 자기 조절 및 과학에 대한 태도는 비구조화된 문제 해결과 관련된다(Shin et al., 2003).
- 초인지와 논증은 시뮬레이션에서의 비구조화된 문제 해결과 관련된다(Hong, Jonassen, & McGee, 2003).
- 팀에서의 의사소통 형태는 팀이 구조화된 문제를 해결할 때와 비구조화된 문제를 해결할 때 각각 다르다(Cho & Jonassen, 2002; Jonassen & Kwon, 2001).

연구 결과는 전문가가 문제 해결에 어떻게 접근하는지에 대해서도 다음과 같이 보여 준다.

- 문제 해결 전문가는 그들의 과거 경험을 사용하여 그들의 지식을 색인화한다(Hung & Jonassen, 2006).
- 전문가는 문제를 해결할 때 구조의 이용, 대안의 선택, 가설의 검증, 제한점 파악, 해결안 제안을 위해 해당 영역의 지식을 사용한다 (Wijekumar & Jonassen, 2007).

이와 더불어 Jonassen은 교수에서의 이야기식 문제에 대한 같은 시기의 연구들을 분석한 후에 다음과 같은 점을 제시하였다.

- 이야기식 문제는 문제의 맥락, 구조적 관계, 처리 과정의 측면에서 다양하다.
- 이야기식 문제는 학습자에게 문제의 유형을 정의하는 구조적 관계, 문제의 상황적 특성 그리고 문제를 해결하는 데 필요한 구조적 · 상황적 특성의 조율을 포함하는 개념적 모델을 형성할 것을 요구한다.

Keller의 동기 모형은 행동적 · 인지적 · 동기적 이론과 연구에 대한 그의 포괄적인 검토에 기초하고 있다. 이러한 연구는 호기심, 요구, 동인, 가치, 기대, 보상에 대한 연구를 포함한다(Keller, 1979, 1983, 2010 참조). 더욱이 몇몇 연구는 그의 모델의 사용을 탐구하기 위해 실시되었는데, 이에 대한 검토 결과는 다음과 같은 증거를 보여 준다.

- Keller의 동기 설계 모형은 다른 교수설계 모형과 함께 사용할 수 있다는 그의 주장(1987a)에 대한 실증적 증거다(Main, 1993; Okey & Santiago, 1991; Shellnut, Knowlton, & Savage, 1999).
- ARCS 원리를 사용하여 효과적인 동기 메시지를 설계하기 위한 다양한 방법에 대한 증거다[예: 재사용 가능한 동기적 객체의 사용과 설계에 대한

Oh(2006)의 연구, 동기적 직무 보조에 대한 Tilaro와 Rossett(1993)의 연구]
- ARCS 모형의 적용이 학습자의 동기를 높여 줄 수 있다는 증거다(Visser & Keller, 1990; Means, Jonassen, & Dwyer, 1997; Song & Keller, 2001; Visser, Plomp, Amirault, & Kuiper, 2002; Kim & Keller, 2008).
- 학습자들이 그들의 동기를 높이기 위해 ARCS 전략의 활용법을 배울 수 있다는 약간의 증거다(Klein & Freitag, 1992).

2) 후속 연구를 위한 제언

앞에서 언급한 바와 같이, 조건기반이론에 대한 대부분의 연구는 전체 이론을 살펴보기보다는 각 이론의 특정한 요소의 탐구를 목적으로 한다. 이러한 점은 교수설계 실무자가 이러한 이론을 교수설계 프로젝트에 적용할 때 이 이론을 타당화할 수 있도록 추가적인 연구가 진행되어야 함을 제안하고 있다. 이러한 유형의 연구에 대해 특히 유용한 접근은 설계 및 개발 연구다(Richey & Klein, 2007). 이러한 유형의 연구는 각각의 조건기반이론의 사용에 대한 이점과 제한점에 대한 질문에 답해 줄 수 있을 것이다.

또한 앞에서 제시된 연구 결과들은 또 다른 유익한 추가적인 연구 분야를 제안하고 있다. 조건기반이론의 기본적인 원리는 내적 과정이 학습 결과에 영향을 미친다는 점이다. 하지만 다양한 학습의 인지적 과정과 조건기반이론에서 다루어진 학습 결과에 대한 습득 간의 가설적 관계에 대한 실증적인 증거는 거의 없다(Ragan & Smith, 2004). 이러한 쟁점에 대한 향후 연구는 학습자가 정보를 어떻게 처리하는지를 검토하기 위한 '소리 내어 생각하기(think-aloud protocols)'와 같은 질적 연구 방법을 사용하여 진행되어야 할 것이다.

마지막으로, 조건기반이론에 대한 향후 연구는 지식의 적용과 기능의 전이에 중심을 두어야 한다. 이 제안은 특히 복잡한 학습, 문제 해결, 동기 설계와 관련한 이론에 적합하다. 수행 향상에 대한 교수설계 분야의 관심 증가(제9장 참조)는 이러한 이론의 개인, 그룹, 조직 성과에 대한 영향을 좀 더 연구할 것을 요구하고 있다.

4. 요 약

이번 장에서는 조건기반이론과 그 이론이 교수설계 지식기반에 기여한 바를 검토하였다. 조건기반이론의 세 가지 핵심 요소를 확인하고 탐색하여 조건기반이론의 기초에 대한 논의로 시작하였다. 다음으로 생성적 교수전략, 복잡한 학습, 문제 해결에 대한 논의를 통해 조건기반 접근의 이론을 살펴보았다. 마지막으로, 교수설계에 대한 조건기반이론의 접근을 지지하기 위한 실증적 연구를 검토하고, 이 분야에서의 향후 연구를 위한 제안을 하였다.

〈표 7-7〉은 주요 원리, 이론적 기초, 철학적 관점, 초기 공헌자, 조건기반 교수설계이론의 적용에 대한 요약이다. 또한 〈표 7-8〉은 조건기반이론의 요소가 교수설계 지식 영역과 어떻게 연관되는지에 대한 개요를 제시하고 있다.

〈표 7-7〉 조건기반이론과 교수설계에 대한 개관

□ 주요 원리
- 학습 결과는 유형이 다양하고, 각각의 학습 유형은 다른 유형의 교수를 요구한다.
- 교수 계열화는 다양한 학습 결과 간의 관계에 의존한다.
- 교수전략은 학습의 내적 과정을 촉진하여야 한다.

□ 철학적 강조점: 다음과 같은 일반화가 가능하다.
- 조건기반이론은 많은 실용적인 적용을 포함하는 실증주의적 철학에 근거하고 있다.
- 실증적으로 도출되지는 않았더라도 이러한 이론을 지지하는 보편적인 믿음과 가치가 있다.
- 목적 지향 교수, 효율, 효과, 일반화 과정을 강조한다.

□ 기초 연구: Gagné의 누적 학습에 대한 연구, 선행 지식과의 관계에 대한 연구

□ 초기 공헌자: Benjamin Bloom, Robert Gagné, M. David Merrill

□ 교수설계의 적용
- 학습 영역
- 교수 사태
- 생성적 · 주입식 전략
- 문제 해결
- 학습 위계
- 수행–내용 매트릭스
- 복잡한 학습
- 동기 설계

□ 이를 지지하는 교수설계 연구
- 학습 위계(Gagné와 동료들)
- 교수 사태(Hannafin과 동료들, Klein과 동료들)
- 생성적 전략(Wittrock)
- 복잡한 학습에 대한 설계(van Merriënboer와 동료들)
- 과학과 공학에 있어서 전문성과 문제 해결, 이야기식 문제(Jonassen과 동료들)
- 동기 설계(Keller와 동료들)

□ 관련 개념
- 누적학습이론
- 교수교류이론
- 엔터프라이즈 시나리오(Enterprise Scenario)
- 문제기반 학습
- ARCS 동기
- 내용요소 제시이론
- 정교화 이론
- 생성적 학습
- 4C/ID

또한 초기 교수이론이 어떻게 교수설계 지식기반의 여섯 가지 영역과 관련이 있는지에 대한 개요는 〈표 7-8〉에 제시되어 있다.

〈표 7-8〉 조건기반이론과 관련한 교수설계 영역과 요소

□ 학습자와 학습 과정
- 모든 학습은 같지 않다.
- 학습의 내적 조건
- 학습자 특성(동기와 같은 정의적 특성, 배경, 학습 전략, 멘탈 모형, 선수 지식, 스키마)

□ 학습과 수행 맥락
- 복잡한 학습 및 문제 해결을 위한 실제적 혹은 가상의 환경

□ 내용 구조 및 계열
- 학습 과제 분류(예: 인지적, 정의적, 심동적)
- 교수 계열화(예: 단순한 것에서 복잡한 것으로)
- 복잡한 학습을 위한 반복적 · 비반복적 요소 기능 간의 수평적 · 수직적 관계
- 문제 해결은 구조적 지식, 초인지 기능, 동기 요소를 포함한다.

□ 교수적 · 비교수적 전략
- 외적 교수 조건은 내적 학습 조건과 부합하여야 한다.
- 교수 사태(예: 학습 안내 제시)
- 학습 과제의 유형에 전략을 맞추어야 한다.
- 기본적인 내용의 제시 양식(일반성 혹은 사례, 설명적 혹은 탐구적)
- 부수적인 내용의 제시 양식(예: 기억술 보조)
- 생성적 전략은 학습자가 그들 스스로의 의미를 구성할 수 있도록 한다.
- 주입식 전략은 직접적 교수 지원을 제공한다.
- 부분 혹은 전체 과제 연습
- 동기 유발을 위한 전략

□ 매체와 전달 시스템
- 학습자와 교수 간의 복잡한 상호작용을 촉진하기 위한 컴퓨터 기반 교수의 사용
- 문제 해결의 결과를 위한 시뮬레이션의 사용

□ 교수설계자와 교수설계 과정

- 분석(개념의 이론적 분석, 선수 지식의 관계 결정)
- 설계(교수 사태, 기본적 혹은 부수적 내용 제시 양식, 지원 혹은 절차적 정보, 통합적 교수 목표, 부분 또는 전체 과제 계열화, 동기 설계)
- 설계 도구(학습 위계, 교수설계 전문가)

제8장에서는 교수설계 지식기반의 기초로서 구성주의적 설계이론에 대해 알아볼 것이다. 구성주의는 교수설계자가 학습 과정을 어떻게 촉진할 것인지 그 해석의 기반을 두는 여러 방식에 따라 지식 개발의 새로운 방법을 제시함으로써 교수설계의 범위가 확장되고 있다.

제8장

구성주의 설계이론

1. 구성주의 설계이론의 본질
2. 구성주의와 관련된 철학적 이슈
3. 구성주의 설계이론의 적용
4. 구성주의 교수설계의 동향
5. 구성주의 교수설계에 대한 연구
6. 요 약

제8장 구성주의 설계이론

최근 교수설계 분야의 많은 이론가와 실천가들이 스스로를 구성주의자로 인식하고 있다. 이들이 만들어 내는 산출물은 지식이 개인에 의해 구성되며, 각각의 개인에게 고유한 의미를 지닌다는 구성주의 철학의 영향을 받았다. 따라서 이들에게 있어 가장 효과적인 학습은 학습자들이 자신의 경험과 자신이 속해 있는 맥락으로부터 적극적으로 의미를 이끌어 낼 때 비로소 일어날 수 있다. 그러나 구성주의에 대한 해석과 그 형태는 다양하게 존재한다. 가장 일반적으로 논의되는 두 가지는 개인의 의미화(meaning-making)를 강조하는 개인적 구성주의(individual constructivism, 인지적 구성주의로 'cognitive constructivism'이라고도 알려져 있음)와 지식을 개발해 나가는 과정에서 사회적 상호작용을 강조하는 사회적 구성주의(social constructivism)다. 이 두 가지 구성주의적 지향은 교수설계에 강력한 영향을 미쳐 왔다.

Smith와 Ragan(2005)은 이 두 가지 기조를 특징짓는 주요 가정을 제시하였다. 이들에 따르면, 개인적 구성주의자들은 다음과 같은 신념을 가지고 있다.

- 지식은 경험으로부터 구성된다.
- 학습은 지식에 대한 개인적 해석의 결과다.
- 학습은 경험을 바탕으로 의미가 형성되는 적극적인 과정이다. (p. 19)

이러한 입장은 개개인의 심리학적 과정을 강조하며, 학습을 인지적 재구조화로 간주한다(Duffy & Cunningham, 1996). 이 접근에 따르면, 지식은 각각의 개인에게 있어 고유한 의미를 가진다.

한편 사회적 구성주의자들은 학습과 의미화에 대한 이러한 주장을 확장하였다. 이들은 "학습은 협력적이며 다양한 관점으로부터 협상된다." (Smith & Ragan, 2005, p. 20)라고 전제한다. 이 입장은 사회적 · 문화적 과정의 역할을 강조하며, 따라서 학습은 문화적 적응(acculturation)에 대한 것이다(Duffy & Cunningham, 1996). 지식은 학습자 공동체에 의해 공유된다. 구성주의의 개인적 관점과 사회적 관점 양 진영 모두 실생활 맥락을 통합하는 것의 중요성을 강조하는 사람들도 있다.

이러한 구성주의적 아이디어와 맥을 같이하여, 교수설계 및 학습이론에 대한 새로운 접근이 대두되었다. 이러한 신념은 교수설계자들이 기본적인 업무(예: 분석, 전략 선정, 평가)를 수행하는 방식 및 일반적인 교수-학습 관련 문제를 해결하는 방식에 영향을 미쳤다. 이 장에서는 다음과 같은 내용을 논의할 것이다.

- 구성주의적 설계 원리
- 구성주의와 관련된 철학적 이슈

• 구성주의가 교수설계의 실제에서 나타나는 방식
• 구성주의적 설계의 경향
• 구성주의적 설계이론에 대한 대표적인 연구

1. 구성주의 설계이론의 본질

구성주의 및 학습 과정에 대한 구성주의적 이해에 대하여 점차 많은 관심을 가지기 시작하며 새로운 설계이론이 대두되었다. 이 이론은 다음의 세 가지 기초 원리를 바탕으로 하고 있다.

• 학습은 경험에 대한 개인적 이해의 결과다.
• 학습은 실제적이고 관련이 있는 상황에서 이루어지는 적극적인 과정이다.
• 학습은 다양한 관점에 대한 탐색의 결과다.

이 원리들은 Smith와 Ragan(2005)의 원리들에 더해지며, 개인적 구성주의와 사회적 구성주의 양측 모두를 아우른다. 이러한 두 입장을 포괄함으로써 일반적인 교수설계의 실제를 반영할 뿐 아니라, Cobb(1994), Fox(2001)의 연구 등에 의해 이론적으로도 지지된다. 예를 들면, Cobb은 "사회문화적 상황과 개인적 사고 간의 질적인 차이점을 구별해 내는 것은 적절하지 않다. 왜냐하면, 학교에서 수행하는 과제에 대한 학생들의 해석에 있어서의 차이는 학생들이 속해 있는 공동체의 질적인 차이를 반영하기 때문이다." (p. 15)라고 하였다. 이와는 다소 다른 입장에서 Fox(2001)는 학습자들이 개인적인 학습과 "보편적인 지식의 공유" (p. 30)를 모두 할 수 있음을 주장하였다. 우리는 이러한 입장이 대부분의 교육 훈련에 있어서 적용 가능하다고 믿으며, 통합적 원리를 제안한다. 이 절에서는 이상에서 언급한 각각의 구성주의적 설계의 원리에 대해 알아보고자 한다.

1) 경험의 개인적 해석

많은 학자들은 Piaget를 구성주의의 시초로 본다. 1980년대에 Piaget는 다음과 같이 말하였다.

> 50년의 경험이 우리에게 가르쳐 준 것은 내용 측면에서 구조화하는 활동(structuring activity) 없이 관찰한 것을 단순히 기록한다고 해서 지식이 생성되는 것이 아니라는 점이다. 선험적인 혹은 내재된 인지적 구조도 존재하지 않는다. 지능의 기능은 유전적이며, 사물에 대해 행해지는 연속적인 행동의 조직화를 통해서만 구조를 생성한다. (Piaget as cited in Phillips, 1995, p. 6)

von Glaserfeld는 Piaget의 생각을 확장하며 "우리가 지식이라고 부르는 것은 독립적인 실재에 대한 표상을 만들어 내기 위함이 아니며, 이러한 목적을 가질 수도 없다. 대신 지식은 적응적인 기능(adaptive function)을 가진다."(von Glaserfeld as cited in Fox, 2001, p. 27)라고 하였다. 이러한 결론은 다음과 같은 우리의 첫 번째 구성주의적 설계 원리의 기반을 제공한다.

▣ 학습은 경험에 대한 개인적인 해석의 결과다.

구성주의에 대한 다양한 해석이 존재하지만, 대부분의 학자들은 개인이 자신의 경험을 이해하기 위해 노력하는 과정에서 그 개인에 의해 지식이 구성된다는 관점에 동의한다(Driscoll, 2005). 우리는 학습자들이 어떻게 스스로 지식을 구성하는지, 수업이 어떻게 학습을 촉진하는지에 대한 관점에서 이 원리를 논의할 것이다.

(1) 자기 인식의 개발

Duffy와 Cunningham(1996)은 자아 세계(self-world)라는 개념을 제안하며, 이를 "유기체가 개인적으로, 그리고 협력적으로 창출하는 세계이자, 그 안에서 그들의 경험을 매개해 주는 세계" (p. 178)라고 하였다. 개인적 구성주의와 사회적 구성주의를 혼합하는 맥락에서, 이러한 자아 세계는 한 사람의 개인적인 학습의 역사와 보편적인 지식을 결합한다(Fox, 2001). 이것이 바로 자기 인식(self-knowledge)의 본질이다. 이러한 지식에 대한 내적 표상과 개인적 해석은 지속적으로 변화한다(Bednar, Cunningham, Duffy, & Perry, 1992). 따라서 학습은 진화한다.

자아 세계는 새로운 지식을 구성하는 데 사용되는 사전 지식으로서의 역할을 한다. 그러나 사전 지식은 단순한 정보 그 이상이며, 가치 · 경험 · 신념뿐 아니라(Smith & Ragan, 2005), 자아 성찰 기능(self-reflective skill), 즉 학습자가 새로운 지식을 구축하는 데 있어 중요한 역할을 하는 요소인 성찰 역시 포괄한다.

한 사람의 자기 인식에는 지식의 구성이 어떻게 작동하는지에 대한 인식 역시 포함된다. Duffy와 Cunningham(1996)은 이를 "어떻게 아는지를 아는 것(knowing how to know)" (p. 181)이라고 하였다. 이러한 자기 인식은 학습 환경 안에서 격려되고 향상될 필요가 있는데, Driscoll(2005)은 이러한 과정을 구성주의적 학습 환경의 기본적인 조건이라고 하였다. 자신의 지식 구성을 이해하는 것은 학습자로 하여금 지식에 대한 주인 의식뿐 아니라, "자신의 신념에 대한 통제권과 책임감" (Duffy & Cunningham, 1996, p. 182)을 가질 수 있도록 도와준다. 구성주의적 설계는 학습자에 의해 통제되는 환경과 활동을 창출하는 것이며, 스스로의 지식이나 신념을 통제하는 것은 성숙한 학습자로서 수행해야 하는 궁극적인 임무다.

(2) 학습의 촉진

근본적으로 구성주의적 교수설계자는 수업을 "지식의 소통보다는 (지식의) 구성을 도와주는 과정"(Duffy & Cunningham, 1996, p. 171)으로 간주한다. 따라서 학습자는 수동적으로 정보를 받아들이고 기억하며 회상해서는 안 되며, 대신에 적극적으로 생각하고 분석하며 이해하고 적용해야 한다(Gordon, 2009).

교수자와 교수설계자는 이처럼 적극적으로 학습 환경을 구축하기 위해 다양한 기능을 활용하며, 때로는 테크놀로지를 활용한 기능을 활용한다. Shirvani(2009)는 다음과 같은 환경을 만들 것을 제안하였다.

- 학생들이 자유롭게 질문하고, 자신의 의견을 표현하며, 스스로 의미를 생성해 내고, 교실의 통제권을 공유할 뿐 아니라, 학습에 대해 긍정적인 태도를 개발하도록 허용하는 분위기
- 학습자의 상호작용을 최대화하고, 학습자가 새로운 경험과 기존의 경험을 연결시킬 수 있도록 안내하며, 평가 및 피드백을 자주 제공하고, 학습자의 생각을 존중하고, 학습자의 자율성을 격려하는 교사
- 관련이 있고, 도전적이며, 큰 상위개념에 초점을 맞추고, 고차적 사고를 권장하는 활동

물론 학습 환경을 설계하는 또 다른 접근 역시 이러한 전략을 활용하기도 하지만, 하나의 특정한 학습 환경에서 이러한 전략을 집중적으로 활용하는 경우 일반적으로 구성주의로 간주된다.

2) 적극적 · 실제적 · 맥락적 학습

20세기 초반, "John Dewey는 학교가 추상적인 관념 위주의 권위주의

적 교실에서 실험, 연습, 실제 세계에 대한 노출을 통해 학습이 이루어지는 환경으로 변화할 것이라고 주장하기 시작했다"(Karagiorgi & Symeou, 2005, p. 24). 구성주의는 이러한 생각을 기초로 다음의 두 번째 원리를 제안한다.

■ 학습은 실제적이고 맥락적인 상황에서 이루어지는 적극적인 과정이다.

이 원리는 구성주의자들이 강조하는 적극적이고 실제적이며 맥락적인 학습 환경의 창출을 반영한다.

(1) 적극적 학습

고전적인 구성주의의 학습 환경은 교수자 주도의 정보 전달이 아닌 학습자가 적극적으로 주어진 과제에 참여하는 환경을 선호하였다. 그렇다고 많은 학습이론 및 교수설계이론이 적극적 학습의 노선을 지지하지 않은 것은 아니다. 행동주의적 심리학자들은 학습 과정 전반에 걸쳐 명시적인 수행을 강조하였다. 발견학습은 1960년대와 1970년대에 특히 강조되었던 인지 전략이었다(Bruner, 1966). 이 접근은 'learning-by-doing' 전략으로 간주된다. 이러한 전략들은 실제적인 맥락에서 학습자의 기술 개발 및 정보 습득을 촉진하는 방법으로 각광받았다(Schank, Berman, & Macpherson, 1999).

그러나 구성주의적 관점에서의 적극적 학습은 다른 접근과 차이가 있는데, 그 주된 이유는 여타 접근의 경우 교수자가 결정한 내용을 다루는 경향이 있기 때문이다. Duffy와 Cunningham(1996)이 발견학습과 비교하여 설명하였듯이, "발견학습에서 학습자는 교사가 이미 알고 있는 답을 발견해야 한다"(p. 182). 구성주의에서의 적극적 학습은 교재 혹은 교수자가 제공한 정보를 처리하는 것과 사전에 결정된 학습 활동에 물리적으로 참여하는 것 이상을 포함하고 있다.

구성주의적 관점에서의 적극적 학습은 보다 높은 수준에서 정보와 상호작용하고, 이 정보를 정교화하며, 자신의 사전 지식 및 경험에 비추어 이를 해석하는 것이다(Perkins, 1992). Wu와 Tsai(2005)는 오랜 기간의 연구를 통해 여러 가지 구성주의적 교수전략을 사용함으로써 지식의 습득뿐 아니라 학습자의 인지 구조 발달 및 고차적 정보처리 전략의 보다 발전된 사용을 촉진할 수 있다는 점을 발견하였다.

(2) 실제적 · 맥락적 학습 활동

구성주의자들은 수업을 실생활 맥락으로 상황화할 것을 강조하는데, 이를 통해 보다 흥미 있고 동기부여되는 수업을 만들 수 있을 뿐 아니라, 또 다른 상황으로 전이하거나 적용할 수 있는 가능성을 높여 준다고 주장한다. 이러한 접근은 "지식 및 그 지식이 사용되는 조건이 서로 분리될 수 없도록 연결되어 있다."(Hannafin, Hannafin, Land, & Oliver, 1997, p. 109)는 믿음을 바탕으로 하고 있다. Smith와 Ragan(2005)은 이러한 유형의 수업이 '앵커드 교수(anchored instruction)'에 해당한다고 하였으며, 학습의 결과는 '실제적 혹은 상황적 학습(authentic or situated learning)'이라고 하였다. Young(1993)에 따르면, 실제적인 상황이란 다음과 같다.

> 상황은 실생활의 문제 해결과 관련된 중요한 속성, 즉 비구조화된 복잡한 목적, 관련 있는 정보 및 관련 없는 정보를 감지할 수 있는 기회, 문제를 찾아내고 정의하는 과정 및 해결하는 과정에서의 적극적 · 생성적 참여, 학습자의 신념이나 가치관의 반영 그리고 여러 사람 간의 협력적 활동에 참여할 수 있는 기회 등을 반영해야 한다. (p. 45)

Brown, Collins와 Duguid(1989)는 실제적 활동을 "일관되고, 유의미하며, 합목적적인…… 문화의 일상적인 실천(ordinary practices)"(p. 34)이

라고 정의하였다. 그들은 이러한 행동들이 "학습을 활동 안에 포함시키고, 사회적이고 물리적인 맥락을 의도적으로 사용하도록 한다."(p. 34)라고 받아들이기 시작했다. 실제적 활동의 맥락은 교실이나 훈련 상황이 아닌, 실천가들의 맥락이다. 따라서 실제적인 학습 활동은 일상 언어, 일상의 문제 그리고 일상적인 상황을 바탕으로 구성된다. 이러한 실제적 활동은 대부분 복잡하다. 즉, 단순화된 활동이 아니며, 전통적인 교실에서 그러하듯 가르쳐야 할 정보만을 별도로 분리해 낸 것도 아니다. 실제적 활동은 실제 세계를 기반으로 하고는 있지만, 가상으로 꾸밀 수도 있고 종종 컴퓨터를 매개로 하기도 한다.

3) 다양한 관점에 대한 탐색

구성주의 설계이론의 세 번째 원리는 다음과 같다.

▣ 학습은 다양한 관점에 대한 탐색의 결과다.

이 원리는 Vygotsky의 사상에 굳은 기반을 두고 있는 구성주의의 사회적 측면을 반영한다. 그의 입장은 흔히 언급되는 다음의 문장에 제시되어 있다. "아동의 문화적 발달에 있어서 모든 기능은 두 차원에 걸쳐, 즉 우선 사회적 차원에서, 그다음 개인적 차원에서 나타난다"(Vygotsky, 1978, p. 57). 다양한 관점에 대한 강조는 구성주의적 설계에 있어서 두 가지 주요 요소를 포함하는데, 풍부한 학습 환경과 협력적 학습 환경이 바로 그것이다. 이 두 요소 모두 본질적으로 사회적 성격을 가진다.

(1) 풍부한 학습 환경

Karagiori와 Symeou(2005)에 따르면, 풍부한 학습 환경이란 "다양한 학습 스타일 및 상이한 개념과 사례에 대한 관점으로부터 생성된 지식의 다양한 표상을 촉진하는"(p. 20) 환경을 의미한다. 풍부한 학습 환경은 말 그대로 다양한 관점을 제공하며, 풍부한 정보를 가지고 있다. 그러나 이러한 환경 가운데 상당수는 "학습자가 사회적으로 협상된 과제를 수행하기 위해 해당 분야와 관련된 실제에 참여하는" 환경을 의미하기도 한다(Hay & Barab, 2001, p. 282). 이러한 상황은 대부분 프로젝트를 기반으로 하거나 맥락화되어 있거나 실제적인 경우가 많다.

풍부한 학습 환경이 "지식의 웹(knowledge web)"(Albion & Maddux, 2007)에 대한 충분한 접근을 가능하게 하기 위해 네트워크화되어 있다는 점은 그리 놀랍지 않다. 결과적으로 이러한 환경에서는 교수 내용에 대한 다양한 해석과 다양한 투입 자원이 존재할 수 있다.

(2) 협력적 학습 환경

구성주의적 학습 환경의 특징 중 하나는 바로 "학습자들이 서로 공유하고 협력적으로 성찰"(Hay & Barab, 2001, p. 283)한다는 것이다. 그러나 협력적 학습은 단순히 "업무를 분담하거나 동의에 이르는 것이 아니라, 학습자들이 해당 이슈에 대한 다양한 관점을 개발하고 비교하며 이해하는 것이다"(Karagiori & Symeou, 2005, p. 21). 따라서 협력은 공유, 토론 혹은 논쟁, 성찰 그리고 때로는 협상을 수반한다. 이러한 학습 환경은 대규모, 소규모 혹은 실천 공동체(community of practice)를 대상으로 구성될 수 있다.

협력적 학습 환경은 다양한 협력적 학습 도구(예: 온라인 토론 게시판)를 활용하는 전자적 환경인 경우가 많다. 이러한 도구를 사용한다고 해서 자동적으로 구성주의적 학습 환경이라고 지정되는 것은 아니지만, 구성주의적 목적을 달성하기 위해 사용될 수는 있다. 이는 온라인 학습의 경우에도 점차 많이 볼 수 있는 현상이다. 온라인 환경에서의 학습이 개인적인 활동일 수 있으나, 어떤 경우에는(특히, 프로젝트를 기반으로 하는 경우) 학습이 그룹 전체에 분산된다. 한 사람이 중요한 지식을 모두 습득하는 것은 아니지만, 그룹으로 보면 특정 과제를 수행하기 위해 충분한 학습이 일어난 것이다. 이러한 분산 인지(distributed cognition)의 틀에서 보면 학습의 개념이 확장되며, "인지는 마음에서 마음으로, 마음에서 도구로, 그리고 도구에서 마음으로 전파되고, (또한 인지는) 그룹의 구성원들 간에 공유된다" (Schwartz, 2008, p. 390). 이것은 협력의 고유한 형태다.

2. 구성주의와 관련된 철학적 이슈

우리는 구성주의를 근본적으로 철학, 즉 학습에 대한 특정 관점 및 이를 바탕으로 하는 교수설계에 대한 접근을 제시하는 일련의 신념으로 간주한다. 그러나 구성주의적 사고는 기타 철학적 지향점 및 논쟁과도 역시 관련되어 있다. 우리는 앞 장에서 이미 합리주의가 관찰보다는 연역적 사고를 기반으로 하는 진리관을 가지고 있음을 논의했다. 이는 상당 부분 추론(reasoning)을 통해 발달해 온 구성주의적 철학의 진화와 일맥상통한다. 심지어 Smith와 Ragan(2005)은 구성주의를 합리주의의 부분집합으로 볼 것을 제안하였다.

구성주의는 인본주의적인 지향과도 공유하는 부분이 있다. 인본주의가 주로 개개인의 안녕에 관심을 두는 데 반해, 구성주의는 개개인의 지식에 관심을 둔다. 따라서 구성주의적 철학이 가지고 있는 인본주의적 요소는 주관성(subjectivity)에 있으며, 이는 곧 진리는 사람에 따라 혹은 문화에 따라 다양하다는 관점을 반영한다. 그러나 이러한 주관성은 "인식론적인 상대주의, 즉 절대적인 진리는 없으며, 어떠한 진리든 또 다른 진리와 마찬가지로 유효하다."(Liu & Matthews, 2005, p. 388)는 주장의 일정 부분에 대한 논란을 가져왔다. 이와 유사한 시각에서 Phillips(1995)는 어떤 구성주의자들은 지식을 "사회정치적 절차 혹은 합의"(p. 11)로 간주한다고 하였다. 이

해석은 검증 가능한 실재 혹은 환경에 적응하는 지식이라는 개념과 일치하지 않는다(Kevinen & Ristelä, 2003). 이와 같은 논쟁은 개인적 혹은 사회적 구성주의 모두와 관련이 있을 수 있으나, "지식은 자기 충족적(self-sufficient) 독립체가 아니다." (Liu & Matthews, 2005, p. 387)라고 주장한 극단적 구성주의자들의 입장에 좀 더 가깝다고 할 수 있다.

마지막으로, Phillips(1995)는 구성주의자들이 종교와 유사한(quasi-religious) 혹은 이데올로기적인 열정을 가지고 있다는 점을 비난했으며, 이를 변화의 추한 이면이라고 칭하였다. 그는 다양한 구성주의의 "종파(sect)" 및 "믿지 않는 자에 대한 불신" (p. 5)에 대해서도 언급하였다. 이러한 열의가 최근 가라앉기는 하였으나, 구성주의 및 구성주의적 설계이론은 분명 개인적 가치에 의해 영향을 받았으며, 이러한 이론을 검토하는 것은 종종 강한 감정이 개입되는 매우 위험한 일이 되곤 한다.

3. 구성주의 설계이론의 적용

기본적인 세 가지 구성주의 설계이론(예: 경험에 대한 개인적 해석, 적극적이고 현실적이며 관련이 있는 맥락, 다양한 관점에 대한 탐색)은 교수설계 관련 실천가들에게 시사점을 제공하고 있다. 다음에서는 구성주의의 적용이 분석, 교수전략, 평가에 어떠한 영향을 미치는지에 대해 알아보고자 한다.

1) 분 석

구성주의자들이 분석을 실시하는 방법에 대해서 여러 학자들이 기술하였다(Bednar et al., 1992; Hannafin & Hill, 2007; Karagiorgi & Symeou, 2005; Perkins, 1992). 이 저자들은 종종 교수체제 설계(Instructional Systems

Design: ISD) 방법이 제시하는 분석을 구성주의적인 접근과 비교하였다. 예를 들어, 체제적 접근을 따르는 교수설계자들은 선수 지식, 기술, 태도를 규명하기 위해, 혹은 목적 달성에 요구되는 활동의 순서를 결정하기 위해 교수 목적을 분석한다. ISD의 분석 절차가 수행되는 과정에서 과제는 하위 요소로 세분화된다. 더 나아가 분석이 이루어지는 동안 목적 달성에 요구되는 하위 사실, 개념, 원리, 절차 등이 규명된다.

구성주의 설계이론을 지지하는 실천가들 역시 분석을 실시하는데, 이들은 주로 "……지식이나 언변뿐 아니라 이해를 보여 주는 과제"(Perkins, 1992, p. 52)에 초점을 맞추었다. 구성주의적 설계자들은 보통 사전에 내용을 명세화하지 않는데, 그 이유는 개개인이 지식에 대한 자신의 해석을 구성해야 한다는 원리를 지키고자 하기 때문이다. "내용의 상호 의존성에 대한 논리적인 분석을 바탕으로 지식 영역을 구분 짓는 대신, 구성주의적 관점은 실제로 사람이 특정 지식 영역에서 하는 일이 무엇인지에 관심을 둔다"(Bednar et al., 1992, p. 23).

따라서 구성주의적 관점에 따르면, 내용이 아니라 맥락이 분석의 초점이 된다. 구성주의적 교수설계자는 "지식, 기술 그리고 복잡성이 자연스럽게 존재하는 환경"(Karagiorgi & Symeou, 2005, p. 19)을 분석한다. 이는 학습이 현실적이고 관련이 있는 상황 안에서 이루어진다는 구성주의적 원리를 반영한다. 분석은 풍부한 학습 환경의 범위를 규명하기 위해 필요한 정보를 제공한다. "맥락의 생성을 안내해 주기 위해, 교수설계자는 문제의 기술…… 및 문제와 관련한 주요 개념의 규명에 초점을 맞춘다"(Hannafin & Hill, 2007, p. 58).

구성주의적 교수설계자들에게 있어서, 분석은 교수 목표의 명세화보다는 실제적인 과제와 관련이 있는 일반적인 학습 목적을 규명하는 것으로 연결된다. Bednar와 그의 동료들(1992)은 다음과 같이 기술하였다.

> 구성주의자들에게 있어서 내용 영역에 내재하는 학습 목표 및 수행 목표(예: 원리를 적용한다)는 존재하지 않는다. 대신 우리는 실제적인 과제를 찾고, 보다 구체적인 목표가 생성되어 실제 세상의 과제를 해결하는 데 있어 학습자 개인에게 적합하게끔 실현될 수 있도록 유도한다. (p. 25)

체제적 접근과 구성주의적 접근 모두 학습자 분석을 포함한다. ISD 접근을 따르는 교수설계자들에게 있어서 가장 중요한 과제는 특정 학습의 목표 달성에 영향을 미치는 속성을 규명하는 것이다(Morrison, Ross, & Kemp, 2007). 이러한 요인에는 일반적인 특성(예: 연령, 성별, 관련 경험, 민족/국적), 학습 스타일, 선수 지식 및 기술 등이 포함된다. 구성주의적 교수설계자들 역시 학습자의 선수 학습 수준을 점검한다. 그러나 그들은 집단의 특성보다는 학습자 개개인이 학습 환경에 들어올 때 지니고 오는 고유한 관점에 초점을 맞춘다(Bednar et al., 1992). 구성주의자들에게 있어서 필수적인 선수 요소는 자기 인식, 즉 학습자가 지식을 구성하는 과정에서 자신이 수행해야 하는 역할을 스스로 아는 능력이다(Duffy & Cunningham, 1996).

2) 교수전략

체제적 교수설계와 구성주의적 교수설계가 분석에 대하여 상반된 시각을 가지고 있으나, 이 두 관점의 교수설계자들은 모두 교수전략을 학습이론에 기반하여 선택하는 것의 중요성을 이해하고 있다. 다음에서는 구성주의적 원리와 관련 있는 전략에 대해서 논의하기로 한다.

(1) 인지적 도제

학습은 실제적이고 관련성 있는 상황에서 이루어지는 적극적인 과정이라는 구성주의적 접근은 "탈맥락적인, 누구에게나 적용 가능한(one-size-fits-all) 관점"(Cobb, 1994, p. 19)을 포기한다는 것을 의미한다. 수업을 맥락화하는 대표적인 전략으로서 인지적 도제를 활용해 왔다. 인지적 도제(cognitive apprenticeship)는 학습자들이 단순히 전문가가 수행하는 절차를 배우거나 전문가의 지식을 추상적인 방법으로 습득하는 것이 아니라, 전문가가 과제를 수행하는 실제 세계에 참여할 수 있는 기회를 학습자에게 제공하는 학습 환경을 말한다. 학습자들은 전문가의 문화에 몰입하게 되며, 실제적인 과제 수행에 참여하는 동안 기술을 개발할 수 있다. 교사가 전문가의 역할을 수행할 수도 있으나, 정보 전달자보다는 코치로서의 역할을 수행하게 된다. Duffy와 Cunningham(1996)은 '장인(master)-도제(apprentice)'의 관계가 인지적 도제의 핵심이라고 보지 않는다. 그보다는, 학습자가 "큰 실천 공동체의 구성원으로서, 합법적 주변인으로서의 참여(legitimate peripheral participation) 및 환경의 지원을 거치며, 그 공동체 내에서 보다 큰 책임을 맡게 되는 것"(p. 184)을 중요한 요소로 제시하였다.

(2) 문제기반 학습

문제기반 학습(Problem-Based Learning: PBL)은 학습자들이 좋은 문제해결자(problem solver)가 될 수 있도록 준비시키기 위해 사용하는 교수전략이다.[1] Hoffman과 Ritchie(1997)에 따르면, PBL은 "맥락화, 실제 세계의 반영, 비구조화된 상황을 제시하는 학습자 중심의 교육전략으로서, 학습자가 내용 지식 및 문제 해결 기술을 개발하는 동안 학습 자원, 안내, 수업, 성찰의 기회를 제공한다"(p. 97). PBL의 가장 중요한 본질은 학습자가 문제를 풀기 전에 해당 분야의 지식에 노출되도록 하는 대신, 학습을 상황화하기 위해 문제를 사용하는 것이다(Albanese & Mitchell, 1993; Hmelo &

1) 여기서 우리는 문제 해결을 다양한 관점에서 접근할 수 있는 학습 산출물로, 문제기반 학습을 구성주의적 설계 원리를 충실히 지키는 교수전략으로 간주한다.

Evensen, 2000). 그러나 학습자들이 완벽한 해결책을 제시하는 것이 PBL의 목표는 아니다. 그보다는 학습자가 문제의 원인을 이해하고, 또 다른 문제 상황에 전이될 수 있는 지식을 적극적으로 구축해 나가는 것을 강조한다(Hmelo & Evensen, 2000).

(3) 비계 형성

비계 형성(scaffolding)의 개념은 Vygotsky(1978)의 이론을 바탕으로 하고 있다. 그는 학습자가 알고 있으며 혼자서 할 수 있는 것과 학습자가 보다 높은 수준의 능력을 가진 사람의 도움을 통해 잠재적으로 성취할 수 있는 것 사이에 인지적 차이가 있음을 주장하였는데, 이것이 바로 근접발달영역(Zone of Proximal Development: ZPD)이다. 비계 형성은 학습자들이 적절한 정도의 지원을 통해 ZPD를 거쳐 자신의 능력을 새로운 영역으로 확장하는 것을 도와주기 위해 사용된다(Arts, Gijselaers, & Segers, 2002). 여기서 적절한 정도의 지원이란 비계 형성이 학습을 지원하더라도 학습이 여전히 도전적이고 독립적인 사고가 가능해야 한다는 의미다(Rommetveit, 1974).

비계 형성은 독려, 설명, 모델링, 질문 등의 다양한 형태를 취할 수 있다(Hogan & Pressley, 1997). 내용 비계(content scaffold)는 학습자의 내용 이해를 돕기 위해 사용된다(Reid, Zhang, & Chen, 2003; Pedaste & Sarapuu, 2006). 예를 들어, 학습자가 문제에 접근하기 위해 특정 정보를 수집하는 과정에서 내용 비계를 활용하여 학습자의 주의를 중요한 용어나 원리에 집중시킬 수 있다(Su, 2007). 초인지적 비계(metacognitive scaffold)는 학습자가 학습 활동을 계획하고 모니터링하거나 스스로의 학습을 평가하고 성찰하는 것을 촉진하기 위해 사용된다(Reid et al., 2003; Pedaste & Sarapuu, 2006). 예를 들어, 초인지적 비계는 학습자가 프로젝트를 마친 후에 학습한 내용을 요약하고 성찰하며 보고하는 것을 독려할 수 있다(Su, 2007).

Saye와 Brush(2002)는 유연성을 기준으로 하여 두 가지 유형의 비계를 제안하였다. 연성 비계(soft scaffold)는 교사로 하여금 학습자들을 지속적으로 진단하고 그에 따른 시의적절한 지원을 제공하도록 요구하는 역동적이고 상황적인 지원 메커니즘이다. 경성 비계(hard scaffold)는 정적인 지원으로서, 학습자들이 학습을 진행하는 과정에서 겪게 될 것이라고 미리 예상되는 전형적인 문제점을 기반으로 사전에 계획된다(Saye & Brush, 2002).

(4) 협 력

다양한 관점을 탐색하는 과정에서 학습이 이루어진다는 구성주의적 원리를 고수하다 보면 많은 경우 협력(collaboration)을 사용하게 된다. 협력은 학습자들이 함께 학습을 수행하는 것을 독려하는 다양한 교수전략을 지칭하는데, 여기에는 동료 교수(peer teaching), 그룹 토론, 학습 공동체 등이 포함된다(Goodsell, Maher, Tino, Smith, & McGregor, 1992). 협력학습과 협동학습은 흔히 혼용된다. 그러나 협력학습(collaborative learning)은 협동학습(cooperative learning)에 비해 덜 구조화된 것이며, 열려 있거나 유연한 해결책이 요구되는 비구조화(ill-structured)된 과제와 명확히 정의되지 않은(ill-defined) 영역의 지식 및 기능의 습득과 관련이 있다(Eastmond, 1995; Webb & Palincsar, 1996).

몇몇 구성주의자는 학습자들이 동료 학습자와 의견을 나누며 협력할 때 효과적인 학습이 일어난다고 하였다(Jonassen & Kwon, 2001; Kanuka & Anderson, 1998). 이러한 신념은 개인적인 지식 구성에서 학습 공동체의 지식 구축으로의 변화를 가져왔다(Chou, 2001; Ravits, 1997). 구성주의적 교수설계자들이 자주 사용하는 협력 전략은 컴퓨터 매개 협력(Computer-Mediated Collaboration: CMC)이다. CMC는 대화와 논쟁의 기회 및 공동체 의식을 확장하는 데 기여한다(Naidu, 1997; Oliver & Omari, 2001). 이론가들은 다른 형태의 상호작용에 비해 CMC가 문제 해결 및 고차적 사고력에 더 큰 영향을 미칠 수 있다고 생각한다(Adelskold, Alklett, Axelsson, &

Blomgren, 1999; Jonassen, Prevish, Christy, & Stavulaki, 1999). 그러나 문제 해결을 촉진하기 위한 CMC의 활용에 대한 실증적 증거는 매우 부족하다(Murphy & Collins, 1997; Uribe, Klein, & Sullivan, 2003).

3) 평 가

구성주의는 학습자의 학습 평가에도 시사점을 제공한다. Jonassen(1992)에 따르면, "학습에 대한 평가와 관련하여 구성주의가 제공하는 명백한 시사점은, 평가는 탈목적적(goal-free)이어야 한다."(p. 139)는 것이다. Scriven(1991)의 탈목적 프로그램의 평가 원리를 바탕으로, Jonassen은 학습 목적이 사전에 알려질 경우 학습 과정 및 과정에 대한 평가에 편견이 작용할 것이라 하였다. 구성주의자들은 학습자들로 하여금 문제를 해결한 후에 자신의 해결책을 설명하고, 이를 방어하도록 요구함으로써 학습자의 사고 과정을 평가할 것을 제안하였다(Bednar et al., 1992). 또한 구성주의적 교수설계자들은 학습자 스스로 구성한 지식을 이해하고 사용할 수 있는지를 확인하기 위해 개방형 문항을 사용한다(Perkins, 1992). 구성주의자들은 다양한 관점에 대한 탐색의 결과로 학습이 일어난다고 믿기 때문에, 평가 절차 역시 하나의 정답보다는 다양한 관점을 허용해야 한다(Jonassen, 1992). 따라서 구성주의적 교수설계자들은 학습자들에게 문제에 대한 대안적인 해결책과 자신의 입장에 대한 논거를 제시할 것을 요구할 것이다. 이러한 신념은 체제적 접근을 따르는 교수설계자들이 사용하는 준거 지향 평가 방식이 구성주의적 학습을 평가하는 데는 적합하지 않음을 말해 준다.

4) 요 약

구성주의적 설계이론 가운데 많은 개별적 요소들이 수업에 대한 다른 접

〈표 8-1〉 교수체제 설계와 구성주의 교수설계의 차이점 비교

과 제	교수체제 설계	구성주의적 교수설계
분 석	• 내용(과제, 절차) • 문제와 조직화 • 학습자(선수 요소, 특성, 학습 스타일) • 맥락(지향적, 교수적, 전이)	• 맥락(실제적 상황) • 문제 • 학습자 개인(자기 인식, 관점)
설 계	• 행동적 목표 • 계열화(위계적, 단순한 것에서 복잡한 것으로) • 매체 선정 • 실행 계획	• 실제적 과제와 관련된 일반적 목적 • 학습자가 통제하는 계열화 • 풍부한 학습 환경
개 발	• 교수 활동 • 교수 자료	• 네트워크화된 환경 • 전자적 협력 도구 • 소셜 네트워킹 도구
실 행	• 다양한 전략(예: 협력적, 컴퓨터 기반, 대규모 학습자를 위한 직접 교수, 개인화) • 교수자 역할(전달, 촉진과 안내, 평가)	• 활동적이고 실제적인 학습 전략(예: PBL, 인지적 도제, 컴퓨터 매개 협력, 학습 공동체) • 비계 • 교수자 역할(코치, 촉진자, 안내자, 지원자)
평 가	• 준거 지향 평가 • 형성평가, 총괄평가, 확인적 평가(프로그램, 학습 자료)	• 지속적 진단 • 탈목적적 평가 • 개방형 평가 • 다양한 관점

근에서도 종종 사용된다. 그러나 핵심 원리를 함께 적용하면 고유의 학습 환경을 설계할 수 있다. 〈표 8-1〉에 구성주의적 설계와 교수체제 설계의 차이점을 비교하여 제시하였다.

4. 구성주의 교수설계의 동향

구성주의 설계이론은 교수설계에 대해서 접근하는 방법을 꾸준히 확장하고 있다. 본래 일반적인 철학적 관점에서 시작하여 새로운 교수 방식으로, 그리고 수업설계 및 개발로 진화하였다. 이제 구성주의적 설계이론은 설계 과정 그 자체와 구성주의적 목적의 달성에 있어서 테크놀로지의 역할을 재검토하기 위한 촉진제로서의 기능을 수행한다. 여기서는 이 두 가지 사항에 대해서 논의할 것이다.

1) 구성주의 교수설계 모형의 등장

"교수-학습에 대한 다른 관점을 반영하는 새로운 이론적 입장과 모형"(Larson & Lockee, 2004, p. 32)을 채택해야 한다는 요구가 있다. 이러한 요구에는 실제적인 문제 해결 기술을 활용하는 비선형적 · 순환적 · 반복적 설계 절차로의 움직임이 포함된다(Willis, 2009a; Hakkinen, 2002). 구성주의 교수설계 모형(Constructivist-ID Models, C-ID Models)은 이러한 요구에 대한 하나의 답이 될 수 있다.

C-ID 모형을 옹호하는 사람들은 교수설계자들이 설계 프로젝트의 실제 맥락에 초점을 맞추고 협력적인 개발 절차를 강조할 것을 권하였다. 또한 이들은 순환적 설계 과정을 제안하였다. ISD 절차를 실행하는 많은 교수설계자들 역시 순환적인 방법을 적용하기는 하지만, C-ID 모형과 ISD 모형 간에는 근본적인 차이가 있다(Willis, 2009a). ISD 모형을 사용하는 대부분의 교수설계자들은 실증적 연구를 통해 지지되어 온 학습 과정에 대한 일반적인 설명을 고수하는 객관주의자인 경우가 많다. 그러나 C-ID 모형은 "인간의 행동이나 학습에 있어 다양한 상황에 확실히 일반화될 수 있는 절

대적 법칙은 없다."(Willis, 2009a, p. 24)는 가정을 바탕으로 하고 있다. 각각의 설계 프로젝트가 지니는 맥락적 고유성에 따라 의사결정이 이루어지고, 무엇이 통하고 무엇이 통하지 않을지를 결정하는 것이다. C-ID 모형에 따라 설계된 수업은 수업이 진행되는 과정에서 다양한 관점이 존재할 것이며, 교수설계자가 할 수 있는 최선은 학습자들이 가능한 한 많은 관점을 접해 볼 수 있도록 도와주는 것이라는 가정에 따라 실행된다(Willis, 2009a). 이는 다양한 관점을 탐색함으로써 학습이 이루어진다는 시각을 반영하며, 여기에 대해서는 이미 앞에서 논의하였다. C-ID 모형을 활용할 경우, 문제해결이나 인지적 도제와 같은 활동을 함으로써 경험에 대한 개인적인 해석을 통한 학습을 촉진하는 수업을 하게 된다. 다음에서는 C-ID 모형의 두 가지 예시, 즉 협상층 모형과 R2D2 모형에 대해서 알아보고자 한다.

(1) 협상층 모형

협상층 모형(Layers of Negotiation Model)은 구성주의적 교사 교육 프로그램에서 사용한 사례기반 상호작용적 비디오디스크를 설계 및 개발하는 과정에서 구성되었다(Cennamo, Abell, & Chung, 1996). 이 모형은 성찰, 다중적 목적하에 여러 차례 이루어지는 정보의 검토와 의미 공유에 대한 사회적 협상을 수반하는 지식의 구성 과정에 초점을 맞추고 있다(Cennamo, 2003). 이 모형은 교수설계의 분석, 설계, 개발, 평가 단계에 있어 나선형을 그리는 반복적인 절차를 채택하였다. Cennamo(2003)는 수업을 설계하는 데 있어서 다음과 같은 구성주의적 학습 환경의 요소를 적용하고자 하였다.

- 설계 과정의 복잡성을 수용한다.
- 학습 자료 설계의 필수적인 부분으로서 사회적 협상을 지원한다.
- 다양한 관점에서 수업 설계와 관련한 정보를 여러 차례 검토한다.

- 설계 과정에서 자기 반영성(reflexivity)을 키운다.
- 참여적 설계를 강조한다. (p. 15)

사회적 협상은 프로젝트 진행 전반에 걸쳐 모든 참여자를 관여시킴으로써 교수설계 과정에서 필수적인 부분이 된다. 설계 과정에 참여하는 사람들은 공유된 신념(shared belief)을 개발하게 되는데, 이는 교수 자료의 설계 및 개발에 통합된다(Cennamo, 2003). Cennamo는 이 모형을 초등학교 교사의 전문성 개발과 관련한 두 번째 프로젝트에 적용·보완하였다. Cennamo(2003)는 "설계 과정 전반에 걸쳐서 사용 가능하고 관련이 있는 데이터를 기반으로 의사결정을 하였다. 추가적인 데이터가 관련이 있어 보이면, 우리는 다시 돌아가서 이전에 내렸던 결정을 재검토하였다."(p. 16)라고 말하였다. 이후 협상층 모형은 제2장에서 논의한 Cennamo와 Kalk (2005)의 속성 원형 개발(rapid prototyping) 모형에서 개선되었다.

(2) R2D2 모형

구성주의적 교수설계의 또 다른 예로 R2D2 모형(Recursive, Reflective Instructional Design Model)이 있다. 이 모형은 NASA Johnson Space Center에서 수행된 교수설계 프로젝트에서 처음 개발되었다(Willis, 2009b). R2D2는 일련의 단계라기보다는 설계 원리를 제공하고 있다. Willis의 R2D2 모형이 제안하는 세 가지 일반적 원리 혹은 융통성 있는 지침은 반복적(recursive)·성찰적(reflective)·참여적(participatory) 설계에 대한 것이다.

첫 번째 지침은 설계가 사실상 반복적이어야 한다는 점이다. 이 접근에서 설계는 본질적으로 비선형적이다. 교수설계자에게는 설계 과정에서 특정 이슈에 대하여 여러 차례 다시 생각해 볼 수 있는 기회가 주어진다. 보다 순차적으로 진행되는 ISD 접근과는 달리, 목표, 내용, 교수-학습 활동이 초기에 구체화되는 것이 아니라 점진적으로 나타난다(Willis, 2009b).

두 번째 지침은 설계 문제를 해결하기 위한 노력이 성찰의 기회로 간주되어야 한다는 것이다. 구성주의적 설계에서 "실세계는 실천가에 의해 구성되는데, 실천가는 그렇게 구성된 실재의 범주 내에서 전문적인 의사결정을 내리게 된다"(Willis, 2009b, p. 302). Willis(2009b)는 이를 "예술적이며 성찰적"(p. 302)이라고 기술하였다.

세 번째 지침은 설계가 본질적으로 참여적이어야 한다는 것이다. 설계 프로젝트에서 "사용자는 관찰자가 아닌 참여자"(Willis, 2009b, p. 303)가 된다. 이러한 유형의 설계 프로젝트에서 (최종 사용자 및 이해관계자를 포함한) 모든 참여자는 자신이 속한 분야에서 전문가로 간주된다. 교수설계자가 전문가가 되는 것이 아니다. 결과적으로 교수설계자는 설계와 관련한 의사결정을 할 때 참여자와 협력해야만 한다(Willis, 2009b).

Willis(2009b)는 이러한 일반적인 원리가 다른 설계 분야에서 이미 널리 활용되고 있으며, 교수설계 분야에서 패러다임의 변화가 일어나면서 이와 같은 원리가 받아들여지게 되었다고 기술하였다. R2D2 모형은 정의(define), 설계 및 개발(design and development), 확산(dissemination)의 세 축을 가진 삼각형으로 설명된다(Willis, 2009c). 다른 수많은 교수설계 모형과 달리, 이 삼각형은 진입 지점이나 순차적으로 따라야 함을 의미하지 않는다. "이 모형은 교수설계자들이 세 가지 중심축 모두에 대해서 완벽한 예측이나 처방이 가능하지 않은 간헐적이고 반복적인 관여를 해야 한다는 가정에 근거하고 있다"(Willis, 2009c, p. 315). 예를 들어, ISD에서는 학습 목표를 기술하고 평가 문항을 개발하는 것이 보통 교수설계자에 의해 프로젝트 초기에 이루어진다. Willis(2009c)에 따르면, 이것은 가장 효과적인 설계 방법은 아니다. 이보다는, 교수설계자가 설계가 진행되는 과정에서 촉진자의 역할을 수행하고, 설계는 최종 사용자, 내용 전문가, 의사결정권자 등의 전체 설계 팀에 의해 이루어져야 한다고 주장한다. 설계 팀이 새로운 수업에 대한 일반적인 접근 방법을 결정하고 나면, 이 결정이 향후 개발 진행 단계에서 수정될 수 있음을 인지하는 상태에서 다음 단계로 넘어가는 것이다.

Cennamo와 Willis의 모형은 둘 다 반복적 · 성찰적 과정으로 설계에 접근한다. 그들은 모두 프로젝트의 전 단계에서 (최종 사용자를 포함한) 모든 관계자가 참여해야 함을 강조하고 있다. 그러나 교수설계자의 역할에 있어서는 이 두 모형 간에 차이가 있다. 실천가의 관점을 반영한 Cennamo (2003)는 일반적인 교수설계 전문가가 중요하다고 생각하는 반면, Willis (2009c)는 설계가 맥락에 특화되는 것이고, 따라서 교수설계자는 구성원간 그리고 절차를 진행하는 과정에서 촉진자로서의 역할을 수행해야 한다고 주장한다.

2) 구성주의적 교수설계의 온라인 학습에 대한 적용

교육 훈련 영역에서는 복잡한 주제를 다루는 것, 비즈니스 환경에서는 학습과 업무를 통합하는 것에 대한 요구가 증가하고 있다. 동시에 개개인의 요구에 부응하기 위해 시간과 장소에 있어서 보다 유연한 교육 훈련 요구 역시 존재한다. 이 장에서는 인지적 도제, 문제기반 학습, 비계 형성, 협력을 포함하여 구성주의적 설계 전략에 대해서 논의하였다. 온라인 학습은 이들을 포함하여 다양한 구성주의적 전략을 위한 학습 환경을 제공한다. 여기서는 온라인 학습에 대한 두 가지 접근, 즉 컴퓨터 기반 협력학습(Computer-Supported Collaborative Learning: CSCL) 환경과 소셜 네트워킹 학습 공동체에 대해서 알아보고자 한다.

(1) 컴퓨터 기반 협력학습 환경

CSCL 환경은 "교육적 맥락에 있어서 협력적이고, 사회적 맥락에 있어서 그룹기반이며, 테크놀로지 맥락에 있어서 컴퓨터를 매개로 하는" (Krischner, Strijbos, Krejins, & Beers, 2004, p. 50) 협력적 학습 환경을 의미한다. CSCL은 또한 "학습 환경에서의 협력을 지원하기 위해 테크놀로지를 설계 · 개발 · 활용하는 것" (Satwicz & Stevens, 2008, p. 166)을 수반한다. 테크놀로지는 사회적 맥락과 교육적 맥락 사이의 환경적 매개체다. 이러한 환경에서는 학습자들이 서로 간에 성공적으로 상호작용할 수 있는 능력이 필수적이다(Krischner et al., 2004). CSCL 환경에서 상호작용은 학습자로 하여금 실제적이고 관련이 있는 상황에서 적극적으로 학습에 참여할 수 있는 기회를 제공하며, 이는 구성주의적 설계이론의 기본적인 원리가 적용된 것이다.

CSCL 환경은 그룹 구성원 간의 사회적 상호작용에 크게 의존하는 교수-학습 활동을 지원한다. 이러한 협력적 환경은 사회적 공간 및 구성원 간의 사회적 관계를 바탕으로 하는 인적 네트워크의 생성을 촉진한다(Krischner et al., 2004). 그룹 구성원 간의 이러한 사회적 상호작용은 구성주의적 설계의 목적에 해당하는 교수 내용에 대한 다양한 관점의 탐색 및 협력을 조성한다. 고등교육에서 협력학습을 위한 테크놀로지의 활용을 검토한 후에 Resta와 Laferriere(2007)는 다음과 같이 결론지었다.

> 최근 20년간은 CSCL에 있어 매우 생산적인 시기였다. 학습 과학의 발전은, 지식사회에 대한 요구와 맞물려 유연하고(시간과 공간 측면에서) 도전적인(문제 해결 및 지식 구축에 있어서) 학습 환경에 대한 요구를 강조해 왔다. (p. 77)

테크놀로지가 지속적으로 진화함에 따라 이러한 유형의 학습 환경 역시 진화할 것이다.

(2) 소셜 네트워크 학습 공동체

소셜 네트워킹 학습 환경은 테크놀로지의 지속적인 진화 및 학습자 간의 상호작용과 협력을 도모하기 위한 테크놀로지 활용의 산물이다.

Gunawardena와 그의 동료들(2009)은 소셜 네트워킹 테크놀로지를 "참가자들이 공동의 목표를 가지고 함께 실천하는 과정에서 사회적 협상을 통한 집단 지성을 촉진하는 도구"(p. 6)라고 정의하였다. 소셜 네트워킹 테크놀로지에는 웹블로그(weblogs), 팟캐스팅(podcasting), 오디오 블로그(audio blogs), 위키(wiki)와 같은 매체가 포함된다. 이러한 도구는 학습자들이 인터넷을 활용하여 다른 학습자는 물론 교수 콘텐츠와도 상호작용할 수 있는 온라인 공동체를 제공함으로써 학습에 대한 구성주의적 접근을 지원한다. 소셜 네트워킹 공동체는 지식을 학습하고 공유하는 것에 관심이 있는 그룹을 개인이 형성할 수 있는 공간을 제공한다(Snyder, 2009). 학습자는 적극적으로 동료를 찾게 되고, 이러한 과정에서 서로 관심이 있는 분야에 대한 다양한 관점을 획득하게 된다.

온라인상에서 상호작용의 기회를 제공하는 테크놀로지를 활용하는 것은 교수설계에 있어 새로운 일은 아니다. Beldarrain(2006)은 1세대 웹 도구(예: 이메일, 채팅, 게시판)가 어떠한 방식으로 십 수년간 사용되어 왔는지를 기술하였다. 2세대 웹 도구는 상호작용성을 좀 더 실현 가능하게 해 주었다. 예를 들어, 소셜 네트워킹 도구는 매력적인 학습 공동체를 창출하기 위해 다른 도구들과 병행하여 사용할 수 있다.

5. 구성주의 교수설계에 대한 연구

조건기반 교수설계(제7장 참조)와 마찬가지로, 구성주의적 교수설계 모형의 통합적인 적용을 조사한 연구는 거의 없다. 그러나 많은 연구들이 구성주의와 관련한 교수전략을 탐색해 왔다. 다음에서는 인지적 도제, 문제 기반 학습, 비계 형성, CMC에 대한 대표적인 연구들에 대해 논의하도록 한다.

1) 구성주의적 전략에 대한 실증적 지지

Dennen(2004)은 인지적 도제에 대한 연구들을 검토한 후에 현장 연구(예: 질적 연구)와 설계 처방에 대한 실험 연구의 두 가지 방법이 빈번히 활용되고 있음을 제시하였다. 현장 연구는 특정한 맥락에서의 인지적 도제에 대해서 기록한다. Dennen(2004)이 검토한 현장 연구들의 결과에 따르면, 특정 맥락에서의 전문가 행동 및 이해에 대해 심층적으로 탐구함으로써 교사들이 학생을 도와주기 위한 모델을 도출할 수 있다. 더 나아가 모델링과 성찰은 학습자로 하여금 학습한 내용을 이해하고 내면화하는 것을 도와준다. 그러나 Dennen(2004)은 다음과 같이 기술하였다.

> 인지적 도제가 어떻게 작용하는지에 대한 다양한 이론 및 현장 연구의 결과들은 일반화의 가능성을 확보하기 위해 엄정하게 연구될 필요가 있다. 실험 연구가 부족하나마 이루어지기는 하였지만, 이들 가운데 상당수는 연속성 없이 별개로 이루어졌다. (p. 821)

그간 많은 연구들이 PBL의 효과를 평가하거나 PBL을 전통적인 수업 방법과 비교해 왔다. 이들 중 많은 경우는 PBL 관련 문헌 리뷰 혹은 연구 결과에 대한 메타 분석의 대상이 되었다(Albanese & Mitchel, 1993; Gijbels, Dochy, Van den Bossche, & Segers, 2005; Norman & Schmidt, 1992; Vernon & Blake, 1993). 이러한 연구들은 PBL에 대하여 다음과 같이 이야기하고 있다.

- 학습자의 흥미, 태도, 학습 동기를 향상시킨다.
- 선언적 지식을 즉각적으로 획득하기 어렵다.
- 정보의 장기적 파지, 기능의 적용, 자기주도적 학습을 촉진한다.

또 다른 연구에서는 PBL과 관련한 어려움을 기술하고 있는데, 특히 테크놀로지 기반 학습 환경에서 학습자가 자유롭게 다양한 자원을 탐색할 수 있는 경우가 그 예다. 예를 들어, 학습자들이 산만해지거나 PBL이 진행되는 과정에서 길을 잃을 수 있다는 것인데, 이는 종종 좌절감 및 지원이 부족하다는 느낌으로 이어질 수 있다(Edelson, Gordin, & Pea, 1999).

이 문제를 해결하기 위해서 복잡한 멀티미디어를 활용하는 PBL에서는 학습자를 지원하기 위한 비계가 자주 사용된다. 이러한 경성 비계는 고정된 도움을 제공하고, 사전에 설계되며, 학습자가 어려움을 겪을 것이라 예상되는 부분을 바탕으로 제공된다(Saye & Brush, 2002). 연구 결과에 따르면, 이러한 유형의 비계는 정보 검색, 지식 획득, 개념 통합, 비구조화된 문제 해결, 성찰 등에 긍정적인 영향을 미친다(Cho & Jonassen, 2002; Davis & Linn, 2000; Roehler & Cantlon, 1997; Saye & Brush, 2002; Simons & Klein, 2007). 그러나 또 다른 연구자들은 개방된 학습 환경에서 이러한 비계를 사용하기에는 학습자들의 초인지 기능이 부족한 편이라고 주장하고 있다(Land & Hannafin, 1997; Oliver & Hannafin, 2000).

PBL과 비계에 대한 연구뿐 아니라 협력적 전략의 활용에 대한 연구도 활발하다. 일반적으로 협력은 교실에서, 혹은 학습자들이 테크놀로지를 활용할 때 학습 및 동기에 긍정적인 영향을 미치는 것으로 보고되고 있다(Johnson & Johnson, 2004; Sussman, 1998). 그러나 대부분의 경우 협력을 이 장에서 언급된 구성주의적 설계 전략과 연계하려는 시도는 이루어지지 않았다.

구성주의적 설계자들은 문제 해결력을 개발하기 위해 CMC를 활발히 사용한다. 그러나 문제 해결력 신장을 위한 CMC의 활용과 관련한 실증적 증거는 미약한 편이다. Uribe와 그의 동료들(2003)에 따르면, CMC에 대한 연구는 선호도 설문 및 평가를 위한 사례연구에 그치고 있는 실정이다. 예를 들어, Gilbert와 Driscoll(2002)이 교수이론에 대한 수업을 수강하는 대학원생을 대상으로 수행한 사례연구는 대학원생들이 CMC를 수단으로 하여 정보를 생산하고 공유함으로써 도움을 받았다고 보고하였다. Scardamalia와 Bereiter(1996)가 실시한 또 다른 사례연구에 따르면, CMC를 활용한 초등학교 학생들이 협력을 하지 않은 학생들에 비해서 높은 수준의 지식 구성을 보여 주었다. 반면 Uribe와 그의 동료들(2003)은 CMC에 대한 많은 연구들이 학습 및 수행은 무시한 채 정의적인 산출물에 초점을 맞추고 있다고 지적하였다.

2) 후속 연구를 위한 제언

구성주의를 교수설계에 적용하는 것에 대한 관심이 증가함에 따라 연구자들은 구성주의적 설계이론이 제안하는 원리에 대하여 보다 엄격한 연구를 수행해야 할 필요가 있다. 앞서 지적했듯이, 구성주의적 철학을 고수하는 전략 중 몇 가지에 대한 연구들이 제각각 이루어져 왔다. 우리가 생각하기에 인지적 도제, PBL, 비계 형성, CMC에 대한 연구들은 앞으로도 계속되어야 하나, 그 연구 결과들은 이 장에서 언급된 구성주의적 교수설계의 기본 원리와 보다 직접적으로 연결되어야 한다.

대부분의 전략 연구들은 구성주의적 접근과 비구성주의적 접근을 비교하며, 해당 전략의 효과성 및 철학적 타당성을 입증하기 위해 노력하고 있다. 그러나 Hay와 Barab(2001) 같은 연구자들은 대안적인 학습 환경의 영향을 검증함으로써 구성주의적 설계에 대한 다양한 접근법의 상대적 효과를 연구하기 시작하였다. 이는 구성주의적 설계에 있어 보다 탄탄한 기초를 제공할 수 있는 생산적인 방법으로 보인다. 게다가 이러한 연구는 "구성주의라는 큰 범주로 종종 묶이는 대안적 이론"(Hay & Barab, 2001, p. 318)을 구별해 냄으로써 구성주의 그 자체의 본질을 명확히 해 줄 수 있다.

마지막으로, 구성주의적 교수설계의 절차 및 모형을 검증하기 위한 연구가 이루어져야 할 것이다. 분석, 사정(assessment), 평가에 대한 구성주의적 접근뿐 아니라 R2D2와 같은 모형의 적용(Willis, 2009b) 역시 실증적인 검증이 필요하다. 이러한 연구들을 위한 방법으로는 설계 및 개발 연구 혹은 설계기반 연구(design-based research)가 있을 수 있다.

6. 요 약

이 장에서는 구성주의적 설계이론의 기초 원리, 즉 경험에 대한 개인적인 해석, 적극적이고 실제적이며 관련성 있는 맥락, 다양한 관점의 탐색에 대하여 알아보았다. 우리는 구성주의가 분석, 전략 선정 및 설계, 평가와 관련한 교수설계의 실제에서 어떻게 적용되는지 역시 검토하였다. 구성주의적 교수설계의 동향 및 구성주의와 일반적으로 관련한 교수전략을 탐색하는 대표적인 연구들에 대해서도 논의하였다. 〈표 8-2〉와 〈표 8-3〉은 이 장에서 다루어진 주요 내용을 요약한 것이다.

〈표 8-2〉 구성주의 설계이론과 교수설계의 개관

□ 주요 원리
- 학습은 경험에 대한 개인적 해석의 결과다.
- 학습은 실제적이고 관련이 있는 상황에서 이루어지는 적극적인 과정이다.
- 학습은 다양한 관점에 대한 탐색의 결과다.

□ 철학적 강조점
- 구성주의는 그 자체가 철학이다.
- 구성주의는 합리주의의 원리를 반영한다.
- 구성주의에 내포된 주관성(subjectivity)은 인본주의 요소를 반영한다.

□ 이론적 기초: John Dewey, Jean Piaget, Ernst von Glasersfeld, Lev Vygotsky

□ 교수설계의 적용
- 환경, 문제, 학습자 개개인에 대한 분석
- 탈목적적, 개방형 평가
- 교수전략(인지적 도제, 문제기반 학습, 비계 형성, 협력)
- 학습 환경(컴퓨터 기반 협력학습, 소셜 네트워크 학습 공동체)

□ 이를 지지하는 교수설계 연구: 대표적 연구 분야는 다음과 같다.
- 인지적 도제(예: Dennen, 2004)
- 문제기반 학습(예: Albanese & Mitchell, 1993; Gijbels et al., 2005)
- 비계 형성(예: Cho & Jonassen, 2002; Davis & Linn, 2000; Land & Hannafin, 1997; Saye & Brush, 2002; Simons & Klein, 2007)
- 컴퓨터 매개 협력(예: Johnson & Johnson, 2004; Scardamalia & Bereiter, 1996; Uribe et al., 2003)

□ 관련 개념
- 앵커드 교수
- 개인적 구성주의
- 지식 구성
- 학습 공동체
- 상황 인지
- 사회적 구성주의

〈표 8-3〉 구성주의 설계이론과 관련한 교수설계 영역과 요소

□ 학습자와 학습 과정
- 분산 인지
- 지식 구성
- 학습자 특성(신념과 태도, 자기 인식, 자기 성찰 기술)

□ 학습과 수행 맥락
- 컴퓨터 기반 협력학습 환경
- 풍부하고 실제적인 학습 환경
- 소셜 네트워크 학습 공동체

□ 내용 구조 및 계열
- 학습자 통제(learner-controlled)를 기반으로 한 교수 계열화

□ 교수적 전략과 비교수적 전략
- 적극적 학습
- 실제적 학습 활동
- 인지적 도제
- 학습 촉진 및 개인의 지식 구성
- 상호작용적 · 협력적 학습
- 학습자 통제
- 문제기반 학습
- 비계 형성

□ 매체 및 전달 체제
- 컴퓨터 기반 협력학습
- 전자적 협력 도구
- 소셜 네트워킹 도구

□ 설계자와 설계 과정
- 분석(맥락, 학습자 개인, 문제)
- 설계 및 개발(실제적 과제와 관련한 일반적 목적, 참여적 · 반복적 · 성찰적 전략, 매체 선정)
- 사정 및 평가(다양한 관점의 수용, 탈목적적 사정, 개방형 평가)

이제 다음 장에서는 수행성과 향상(Performance Improvement: PI)이론으로 넘어가서 이 분야의 이론 및 실제가 교수설계의 지식기반에 어떠한 기초를 제공하였는지 설명할 것이다. PI의 모형을 알아본 후에 이 분야의 동향 및 연구 결과 역시 살펴볼 것이다.

제9장

수행성과 향상이론

1. 수행성과 향상의 이론적 기초
2. 수행성과 향상 모형
3. 수행성과 향상의 철학적 지향
4. 수행성과 향상과 교수설계
5. 수행성과 향상의 교수설계에의 적용 동향
6. 연구, 수행성과 향상이론 및 교수설계
7. 요 약

제9장 수행성과 향상이론

수행성과 향상(Performance Improvement: PI)[1]과 관련한 이론과 모형은 수행성과의 기회와 문제를 다루는 데 있어 체제 접근을 사용함으로써 교수설계(Instructional Design: ID)의 범주를 확장한다. PI는 조직, 과정, 개인의 수행성과를 향상시키는 데 적용할 수 있다(Rummler & Brache, 1995). PI는 측정 가능한 수행성과 및 결과 지향적인 체제 내의 요소들을 구조화하는 방법에 관심이 있다(Stolovitch & Keeps, 1999).

PI와 ID의 실천가들은 산출물과 프로그램을 분석, 설계, 개발, 실행, 평

1) 이 장에서는 수행공학(PT), 인간수행공학(Human Performance Technology: HPT) 또는 인간수행 향상(Human Performance Improvement: HPI)보다는 수행 향상 또는 수행성과 향상(PI)이라는 용어를 사용한다. 많은 사람들이 이 용어들을 동의어로 보기도 하지만, 우리는 도구(tool)보다는 성과(outcome)에 초점을 두고, 또 그 범위가 넓기에 PI를 선호한다. 그러나 문헌에서 인용할 때는 HPT 또는 HPI라는 용어를 쓰기도 한다[이 용어들에 대한 추가적인 설명은 Stolovitch (2007)의 논의를 참조하시오].

가하기 위하여 체제 접근을 따른다. ID와 마찬가지로, 오늘날의 PI의 시작은 제2차 세계대전 시기로 볼 수 있다. 그때는 사업 내 훈련(Training Within Industry: TWI) 프로젝트가 개별 작업자 훈련을 넘어 조직의 수행성과에 초점을 두었으며, 작업 지시(job instruction), 작업 방법(job method) 그리고 작업 관계(job relation)와 같은 혁신적인 도구들을 사용했다(Swanson, 1999). 게다가 PI와 ID는 동일한 이론적 기초를 많이 공유하고 있다.

PI와 ID가 같은 뿌리를 많이 공유하는 반면, PI 모형과 이론은 최근에 와서야 ID에 영향을 주게 되었다. 이 장의 목적은 PI가 ID에 공헌한 바에 대해 알아보는 것이며, 다음과 같은 내용을 논의할 것이다.

- PI의 이론적 기초
- PI의 모형
- 평가와 PI
- PI의 철학적 지향점
- PI를 ID에 적용하는 경향
- PI 연구문헌 조사와 미래 연구를 위한 제언

1. 수행성과 향상의 이론적 기초

다양한 저자들이 PI의 기초를 이루는 이론을 규명해 왔다(Foshay & Moller, 1992; Rosenberg, Coscarelli, & Hutchison, 1999; Stolovitch, 2007; Sugrue & Stolovitch, 2000). Huglin(2009)의 문헌연구에 따르면, PI의 기초로 간주되는 가장 자주 인용되는 관련 분야로 심리학, 체제이론, 조직개발, 교수체제 설계, 커뮤니케이션이론을 들 수 있다.

PI의 이론적 기초의 일부는 ID의 이론적 기초와 같다. 예를 들면, 일반체제이론(GST), 커뮤니케이션이론, 학습이론은 ID와 PI에 동시에 공헌한다. Stolovitch(2007)는 다음과 같이 행동주의 학습이론의 PI에 대한 영향을 논의하였다.

> Thomas F. Gilbert는 일반적으로 HPT(수행공학)의 아버지로 간주된다. Gilbert는 B. F. Skinner의 대학원생으로서 행동주의의 원리와 실천에 몰두하게 되었으며…… Skinner의 원리를 받아들이고 이를 현업의 영역에서 탐색하였다. (p. 139)

조직개발(Organizational Development: OD)이론 또한 PI에 영향을 준다. PI와 같이 OD는 조직의 사명과 목표를 강조함으로써 결과에 초점을 둔다(Stolovitch, 2000). 그럼에도 불구하고, OD 실천가들은 "행동주의적 전략보다는 인본주의적 측면에 초점을 둔다" (Rosenberg et al., 1999, p. 32). 이 전략은 문화, 다양성, 윤리학, 리더십 그리고 팀 빌딩과 관련이 있다(Dean, 1999; Van Tiem, Moseley, & Dessinger, 2004).

조직 변화 및 개발 관련 문헌에 대한 광범위한 분석을 한 후에, Beer와 Walton(Rosenberg et al., 1999 재인용)은 이 분야의 네 가지 관점—일반관리로서의 OD, 적응적 전략의 창출로서의 OD, 인적자원 관리로서의 OD 그리고 변화의 실행으로서의 OD—을 제안한다. 각 관점은 조직 내 개인의 복지에 초점을 둔 인터벤션(intervention)의 광범위한 분류를 제공함으로써 PI에 영향을 준다(Beer & Walton, 1987).

PI의 이론적 기초를 기술하는 또 다른 방법은 수행성과(performance)를 바라보는 렌즈를 점검하는 일이다(Swanson, 1999). Rosenberg와 동료들(1999)에 따르면, "HPT가 궁극적으로는 많은 행동주의 심리학자들의 연구에서 유래된 것이라는 데 대해 일반적으로 동의한다" (p. 26). 결과적으로 PI에 대한 초기 접근은 주로 개인들과 그들이 과제나 직무를 성취하기 위해 사용했던 과정에 초점을 맞추었다. 이 렌즈를 통하여 PI를 보는 사람은 하위 체제의 수행성과에 초점을 둔다(Swanson, 1999). 여전히 개인적인 성취에 관심이 있기는 하지만, 오늘날의 PI는 체제 수준의 향상에도 초점을 두고 있으며, 이러한 렌즈에서는 조직의 수행성과의 향상이 가장 상위에 위치하게 된다(Rummler & Brache, 1995; Swanson, 1999). 게다가 복잡한 집단 및 조직의 구조를 포함하는 수행성과 향상의 사회문화적인 측면에 초점을 두는, 보다 새로운 체제가 최근 PI 문헌에 소개되었다(Schwen, Kalman, & Evans, 2006).

2. 수행성과 향상 모형

조직, 과정, 개인의 수행성과를 향상시키는 방법을 다루는 수많은 모형이 개발되었다. 이들 가운데 다음과 같은 모형에 대해서 논의하고자 한다.

- ISPI(International Society of Performance Improvement)가 지지하는 모형
- Gilbert의 행동공학 모형(Behavior Engineering Model: BEM)
- Harless의 수행성과 향상 과정(Performance Improvement Process: PIP) 모형
- Rummler와 Brache의 수행성과 향상을 위한 프레임워크(Framework for Improving Performance: FIP)
- Kaufman의 조직요소 모형(Organizational Elements Model: OEM)

1) 종합적 수행성과 향상 모형

종합적 수행성과 향상 모형은 [그림 9-1]에 제시되어 있다. 이 모형은 원래 Deterline과 Rosenburg(1992)가 고안하였으며, ISPI에 의하여 적용되었다. Stolovitch(2007)에 따르면, "이 모형은 세계적으로 가장 잘 알려져 있다"(p. 142). 이 모형은 5개의 상호 관련된 요소, 즉 수행성과 분석, 원인 분석, 인터벤션 선정, 설계 및 개발, 실행과 변화 관리 그리고 평가로 구성된다(Van Tiem et al., 2004). 다음에서 이들 각 요소를 논의하기로 한다.

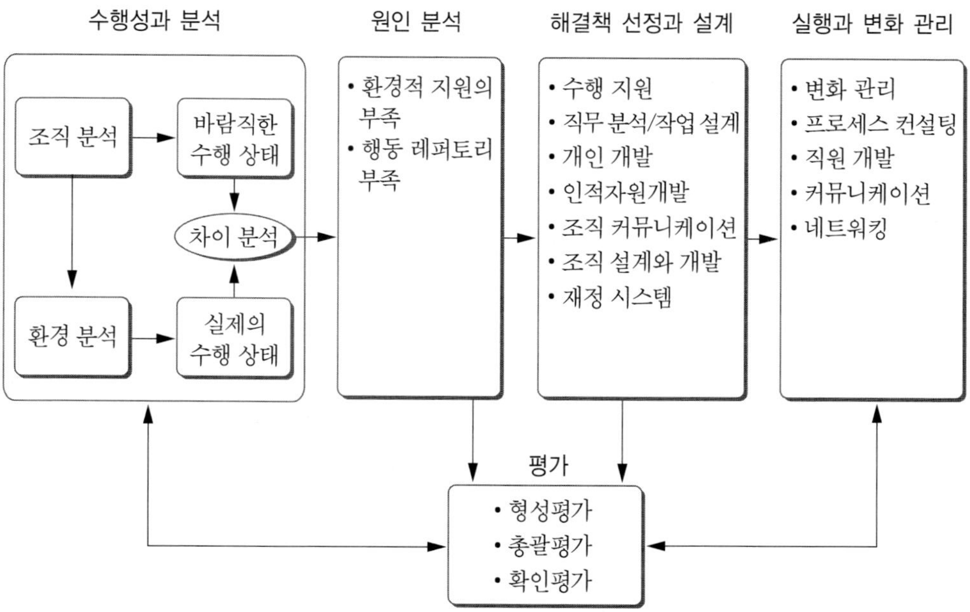

[그림 9-1] 종합적인 수행성과 향상 모형

*출처: "*Fundamentals of Performance Technology: A Guide to Improving People, Process, and Performance* (2nd Ed.)" by D. M. Van Tiem, J. L. Moseley, & J. C. Dessinger, 2004, p. 7의 내용을 승인하에 수정하여 사용하였음. Copyright 2004 by the International Society for Performance Improvement(http://www.ispi.org)

(1) 수행성과 분석

수행성과 분석(performance analysis)은 PI 종합모형의 첫 번째 요소다. Rossett(1999)에 따르면, 수행성과 분석은 조직이 원하는 방향(즉, 바람직한 수행성과)과 수행성과를 촉진하거나 방해하는 동인(즉, 현재의 수행성과)에 초점을 둔다. 이 단계 중 조직 분석은 수행성과 이슈가 발생하는 조직의 비전, 미션, 가치, 목적, 전략을 파악하기 위하여 실행된다(Van Tiem et al., 2004). 환경 분석은 수행성과 이슈와 관련한 요인들을 찾아내기 위하여 실행된다(Gilbert, 1996; Mager & Pipe, 1997). 이들 요인은 다음과 같은 내용을 포함한다.

- 조직 구성원의 지식, 기능, 동기, 기대, 역량, 능력
- 조직에서 제공한 자원, 도구, 정보, 피드백뿐 아니라 수행성과와 비수행성과의 결과, 보상, 인센티브
- 직무 과제, 과정, 정책, 절차, 조직 구성원의 책임

차이 분석 역시 최적의 수행성과와 실제의 수행성과 간의 격차 그리고 이 격차를 해소하는 데 있어서 조직 차원의 우선순위를 파악하기 위해 이 단계 중에 실행할 수 있다.

(2) 원인 분석

종합적인 수행성과 향상 모형에서 두 번째 요소는 원인 분석이다. 원인 분석은 규명된 수행성과의 차이와 이에 대한 적절한 인터벤션 간의 중요한 연결 고리다. 원인 분석은 Gilbert의 행동공학 모형(Behavior Engineering Model)에 기반을 둔다. 원인 분석은 어떤 수행성과의 문제의 원인과 왜 그 문제가 존재하는지를 결정하기 위한 것이다(Gilbert, 1996). 원인 분석은 또한 수행성과 기회에 잠재적인 장애가 되는 요인을 파악하는 데 도움을 준다

(Rossett, 1999). 가능한 원인과 장애의 범위가 수행성과 향상 프로젝트 단계에서 확인된다(Klein, 2010).

(3) 인터벤션의 선정, 설계 및 개발

인터벤션(intervention)은 인간의 수행성과를 향상시키기 위하여 사용되는 전략이다. 인터벤션은 격차를 줄이고 행동 변화를 촉진하기 위해 사전에 계획되는 처방으로서, 개인과 조직의 수행성과에 영향을 주기 위하여 행해진다.

〈표 9-1〉은 수행성과에 영향을 주고자 할 때 사용할 수 있는 28가지 인터벤션의 목록을 제공한다. 이 목록은 Langdon, Whiteside와 McKenna (1999), Sanders와 Thiagarajan(2001), Vadivelu와 Klein(2008) 그리고 Van Tiem, Moseley와 Dessinger(2001)를 포함하여 다양한 출처를 바탕으로 하였다.

인터벤션은 다양한 방법으로 분류될 수 있다(Hutchinson & Stein, 1998; Sanders & Thiagarjan, 2001). 인터벤션은 교수적(예: 교실 훈련, e-러닝, 직무 보조물)일 수도 있고 비교수적(예: 코칭/멘토링, 전자수행 지원체제, 인체공학, 인센티브, 보상)일 수도 있다. 혹은 수행성과 문제의 근본 원인, 즉 지식과 기능, 동기, 정보와 피드백, 물리적 자원, 구조와 과정 또는 건강 등에 의하여 분류될 수도 있다.

수행성과 인터벤션이 계획되고 실행되면 체계적 설계의 원리가 그 뒤를 따른다. 인터벤션의 성공에 기여할 수 있는 부가적인 요인은 비용, 존속성 그리고 책무성이다(Sanders & Thiagarajan, 2001; Spitzer, 1999). 설계자는 의뢰인(client)이 문제가 발생시키는 비용과 관련하여 인터벤션에 얼마나 많은 시간과 돈을 투자할 의향이 있는지를 고려해야 한다. 인터벤션은 비용 대비 효과적이고, 종합적이며, 체제적이어야 한다. 인터벤션의 설계와 실행을 위하여 시간과 예산이 배정되어야 하고, 인터벤션은 이를 실행하는 데 소요되는 비용보다 더 많은 예산을 절약해 줄 수 있어야 한다. 또한 전반적인 문제와 기회를 다루고, 조직에 통합되어야 하며, 성공적인 인터벤션은 쉽게 유지된다. 인터벤션은 책무성을 가지고 유지를 보장해 줄 후원자가 필요하다(Spitzer, 1999).

〈표 9-1〉 교수적 · 비교수적 수행성과 인터벤션

인터벤션	설 명
360도 피드백	조직 위계상의 부하, 동료, 관리자가 제공하는 직원 개발 피드백
가속 학습	프로젝트, 교실 수업, e-러닝, 팀빌딩 활동과 같은 다양한 매체를 사용하여 구체적인 이슈를 보다 신속하게 파지하게 하는 프로그램
액션러닝	집단 기반 문제 해결을 위한 과정
교실 훈련	특정한 기능을 개발하기 위해 실시되는 교수자 주도의 공식적 프로그램
코칭/멘토링	직원의 기능을 개발할 목적으로 직원들에게 코치와 멘토를 할당함
보상체제	직원의 동기부여를 위하여 보너스, 주식, 급여 인상 및 기타 보상을 제공함
역량 사정	직원 선발, 자격증 부여, 승진을 위하여 다양한 사정을 통해 역량을 평가함
갈등 관리	갈등을 건설적으로 다루는 시스템
문화적 변화 관리	사람이 조직 내에서 생각하고, 믿고, 상호작용하고, 직무를 수행하는 방식을 변화시키는 과정
다양성 프로그램	직원들 간의 문화적 차이를 이용함으로써 창의성을 육성하기 위하여 설계된 프로그램
e-러닝/웹기반 학습	웹(비디오, 녹화 수업, 버추얼 자원 포함)에서 학습을 가능하게 하는 프로그램
전자수행 지원체제	과제를 성취하기 위하여 필요한 주문형(on-demand) 정보를 적시에 제공하는 디지털 프로그램
직원 지원	일과 생활의 균형, 전문성 개발 그리고 개인적 이슈를 다루기 위해 설계된 프로그램
직원 오리엔테이션	새로운 직원을 환영하고 조직에 소개하여 신속히 생산적이 되도록 도와주는 프로그램
인체공학	생산성을 높일 수 있도록 물리적 작업장을 보완하는 프로그램

정보체제	연봉, 훈련 참여, 휴가 기간과 같은 직원의 정보를 저장하고 인출하는 시스템
직무 보조물	과제를 수행할 때 회상해야 하는 정보의 양을 줄이고, 실수를 최소화하기 위해 필수적인 정보를 제공하는 방법
직무 순환	직원에게 새로운 기능을 개발하는 기회를 제공하기 위하여 작업의 흐름을 바꾸는 일
리더십 개발	팀 내 개인 간의 대인적 관계에 초점을 두어 리더십 역량을 개발할 수 있게 하는 프로그램
경영/관리 능력 개발	조직 내 관리자의 역량을 개발할 수 있게 하는 프로그램
회의/대화	집단적으로 정보를 공유하고, 계획하며, 의사결정하고, 문제를 해결하기 위하여 사람들이 함께 모이는 과정
동기체제	외적 보상이나 피드백을 제공함으로써 또는 프로젝트를 개인의 흥미에 맞추어 배치하여 내적 보상을 줌으로써 직원의 수행성과를 향상시키는 과정
조직 커뮤니케이션	조직 변화를 촉진하고, 피드백을 받기 위하여 회사의 인트라넷과 커뮤니케이션 도구를 사용하는 일
물리적 자원 관리	직원에게 수행성과를 격려하기 위한 물리적 자원과 시설을 제공하는 일
수행성과 평가	직원의 수행성과를 파악하고, 평가하며, 개발하는 과정
승계 계획	주요 인물의 육성과 대체를 대비하기 위한 규정을 둠으로써 조직의 효과적인 수행성과를 계속적으로 보장하기 위하여 설계된 과정
팀빌딩	공동 목표에 전념하고, 상호 책무성을 가지며, 보완적 기능을 갖춘 사람들의 모임 창출
버추얼 커뮤니케이션	다른 지역에 있는 직원들 간의 원격 협력을 가능하게 하는 도구와 과정

Spitzer(1999)는 성공적인 수행성과 인터벤션을 설계하기 위하여 다음과 같이 제안하였다.

- 인터벤션의 목표를 확인하라. 목표를 수행성과 기회, 문제 그리고 그 원인에 맞추어라.

- 의무적으로 달성해야 하는 결과와 바람직한 결과를 구분함으로써 필요조건을 결정하고, 우선순위를 정하라.
- 여러 가지 인터벤션을 고려하고, 조직의 필요조건을 충족시키는 가장 효과적인 해결책을 구축하라.
- 높은 수준의 인터벤션을 준비하라. 제안하고자 하는 인터벤션과 그 요소들을 의뢰인에게 강조하기 위하여 시각적 · 언어적 전달 방법을 사용하여 기술하라.
- 여러 가지 대안적 설계를 개발한 후에 그중 최선을 선택하라.
- 구체적인 사건, 활동, 과제, 스케줄, 자원을 파악함으로써 상세한 인터벤션 계획을 완성하라.

(4) 실행과 변화 관리

일단 인터벤션이 선정되고 설계되면, 그 인터벤션의 실행 과정에서 변화가 관리되어야 한다. Van Tiem과 동료들(2004)에 따르면, 이러한 PI 모형의 요소들을 실행하는 방법으로 다음의 네 가지가 있다.

- 커뮤니케이션, 네트워킹, 협력체제 구축
- 직원 개발 활동
- 변화 관리
- 프로세스 컨설팅

효과적인 커뮤니케이션, 네트워킹, 협력체제의 구축은 새로운 인터벤션에 대한 지원을 획득하는 데 있어 가장 신속한 기법이다. 직원 개발에는 교육 훈련, 직무 보조물(job aids), 멘토링과 같은 전략이 포함된다. 변화 관리와 프로세스 컨설팅은 조직개발이론에 뿌리를 두고 있는데, 시간이 많이 소요되며 실행하기가 어렵다. 변화 관리는 조직의 문화 및 구조와 관계가 있고, 소유권과 권한 위임에 관심을 가지며, 다양한 핵심 이해관계자 집단을 포함한다(Van Tiem et al., 2004). 변화 관리를 위한 전술은 리더십 개발, 문제 해결, 프로젝트 관리로 구성된다. 프로세스 컨설팅은 유의미한 조직의 재구조화를 유도하는 과정 및 직무의 대폭적 재설계를 수반하는 중앙 집중적 접근이다(Van Tiem et al., 2004). 프로세스 컨설팅은 전형적으로 조직 수준의 큰 수행성과 이슈가 다루어질 때 완수된다.

(5) 평가와 측정

평가와 측정은 수행성과 향상 프로젝트 기간 내내 이루어진다(Shrock & Geis, 1999). PI의 일반 모형은 세 가지 유형의 평가, 즉 형성 · 총괄 · 확인 평가를 포함한다(Dessinger & Moseley, 2004). 형성평가는 수행성과 분석 중에 시작되어 원인 분석을 통하여 계속되며, 인터벤션 설계와 실행 중에 완료되는 하나의 지속적인 과정이다(Geis & Smith, 1992). 총괄평가는 인터벤션이 실행된 후에 인터벤션의 효과성을 결정하기 위해 시행된다(Dessinger & Moseley, 2004). 확인평가는 "지식 또는 기능의 현업 전이, 조직적 영향, 투자회수 효과(ROI)에 가치를 둔다"(Van Tiem et al., 2004, p. 158). 확인평가의 개념은 Misanchuk(1978)에 의하여 도입되었는데, 이는 형성평가와 총괄평가의 이분법을 확장하고, 교수설계자들이 프로그램이 실행되고 일정 기간 사용된 후에 그 프로그램의 효과를 결정하는 방법을 제시하기 위한 것이었다.

2) 행동공학 모형

앞서 논의했듯이, Thomas F. Gilbert의 아이디어는 PI의 실천에 심오한 영향을 미쳤다. 사실상, 일반적 PI 모형에서 원인 분석 단계는 Gilbert의 행동공학 모형(Behavior Engineering Model)을 기반으로 한다. Gilbert(1996)

는 행동주의 학습이론 원리를 고수하였으며, "모든 행동은 자극과 반응의 용어로 설명할 수 있다. 행동이 유지되려면 그 행동은 강화되어야 한다." (p. 82)라고 강조하였다. 그는 자신의 행동공학 모형에 개인의 행동 저장고와 수행성과 지원을 제공하는 환경이라는 두 가지 요소를 포함함으로써 이 원리들을 작업 현장으로 확장시켰다. 수행성과에 영향을 미치는 세 가지 개인적 요소는 지식, 역량, 동기다. 그리고 수행성과에 영향을 미치는 세 가지 환경적 요인은 정보, 자원, 인센티브다.

수행성과 문제의 원인은 환경 또는 개인 수행자에 기인한다. Dean과 Ripley(1997)에 따르면, 다음과 같다.

> Gilbert는 작업 환경에서 훌륭한 수행성과를 방해하는 가장 큰 장애물은 수행성과 지원 요인의 부재라고 주장하였다. Gilbert는 수행성과 향상은 보통 환경 지원 요소만 다루어도 성취될 수 있다고 믿었다. 그러나 전통적인 관리자나 HR 전문가들은 환경이 아니라 개인에 대한 '수리(fixing)'가 필요하다고 가정한다. 이 때문에 교육 훈련이 수행성과 인터벤션으로 간주된다. (p. 48)

3) 수행성과 향상 과정 모형

Joe Harless(1970)에 의하여 개발된 수행성과 향상 과정(Performance Improvement Process: PIP) 모형은 이 분야에 전단 분석(front-end analysis)이라는 용어를 소개했다(Dean & Ripley, 1997). Stolovitch(2007)에 따르면, "Harless는 훈련실천가, 특히 교수설계자들에게 두드러진 영향을 미쳤다. 그는 수많은 수행성과 향상 모형의 기초를 제공했다"(p. 140). Harless의 목적은 철저한 분석, 설계, 검증으로부터 창출된 인터벤션을 사용함으로써 조직의 인간 수행성과의 질을 높이는 데 있었다(Harless, 1994).

PIP 모형에는 다음의 요소들이 포함된다([그림 9-2] 참조).

- **조직 정렬** 첫 번째 단계로서 수행성과의 차이를 파악하고, 무엇을 다룰지를 결정하기 위하여 조직의 목적과 실제의 조건에 대해 검토한다.
- **프로젝트 정렬** 누가 관여하고, 어떤 전략이 사용될 것인지를 결정하는 프로젝트의 계획을 수립한다.
- **전단 분석** 의뢰인이 현재의 목적을 달성하는 데 있어 어려움을 겪고 있는지, 혹은 새로운 수행성과를 지원하기를 원하는지에 따라서 진단적 전단 분석 또는 새로운 수행성과 분석을 실시한다.
- **인터벤션 설계** 일단 전단 분석이 이루어지면, 인터벤션이 선정, 설계,

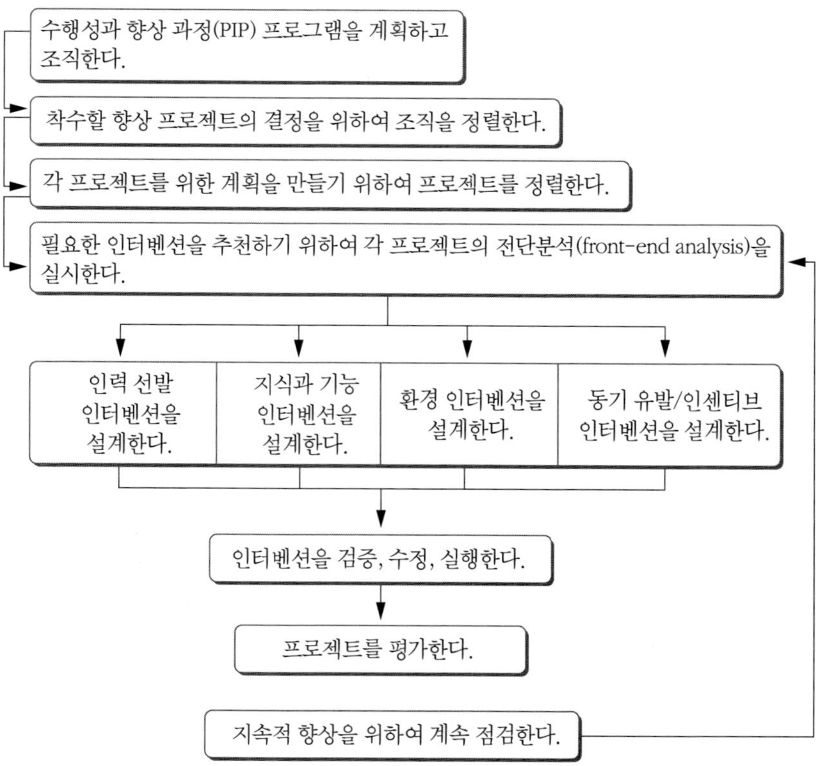

[그림 9-2] 수행성과 향상 과정(PIP) 모형

* 출처: *Performance Quality Improvement System* by J. H. Harless, 1994의 내용을 승인하에 수정하여 사용하였음.

개발된다. 여기에는 인력 선발, 지식과 기능, 환경 또는 동기/인센티브를 위한 전략이 포함될 수 있다.

- **인터벤션 검증, 수정, 실행** 이 단계는 형성평가와 유사하며, 수행 척도 설계, 타당성 검사 그리고 인터벤션의 파일럿 검증을 실시한다.
- **프로젝트 평가** 이 단계에서는 수행성과 향상 과정(PIP)이 작동되는지, 그리고 어떻게 수정해야 하는지를 결정하기 위하여 해당 PIP를 조사한다.
- **지속적 향상을 위한 점검** 마지막 단계에서는 해결책이 실행된 후에 수행성과를 점검하고, 노동력의 변화나 새로운 문제가 발생하는지를 결정하는 일이 포함된다. 변화가 있을 경우, 부가적인 전단 분석과 새로운 PIP 연구가 필요하다.

4) 조직의 여백 관리하기-Rummler & Brache 모형

Stolovitch(2007)에 따르면, HPI의 발전에서 가장 중요한 이정표 중 하나는 『수행성과 향상: 조직도상의 여백 관리 방법(*Improving Performance: How to Manage the White Space on the Organization Chart*)』의 등장이다(p. 141). Geary Rummler와 Alan Brache(1995)에 의하여 저술된 이 책은 조직 수행성과에 초점을 둔 프레임워크를 제안한다.

이 프레임워크는, 조직은 적응적 체제(adaptive system)로서 기능한다는 전제를 바탕으로 한다(Rummler & Brache, 1995). 이와 같이 조직의 각 요소(예: 사람, 도구, 과정)는 그 체제의 다른 요소들과 상호 연결되어 있다. Rummler와 Brache(1995)는 PI 실천가들이 수행성과를 향상시키기 위하여 이러한 연결을 이해해야 한다고 생각하였으며, 그들의 모형에서 수행성과의 상호 의존적인 변인을 구체화하였다.

이 모형은 체제적 관점을 수행성과의 세 가지 수준, 즉 조직 수준, 과정

수준 그리고 직무/수행자 수준에서 적용한다. 이 모형은 또한 세 가지의 수행성과 요구, 즉 목적, 설계, 관리를 포함한다. Rummler와 Brache(1995)는 이들 요인을 다음과 같이 설명하고 있다.

- **목적** 조직, 과정, 직무/수행자의 수준에서 고객의 기대를 반영하는 구체적인 기준이 제시되어야 한다.
- **설계** 조직, 과정, 직무/수행자의 수준에서 목적이 효율적으로 달성되도록 설정된 필요 요소를 포함해야 한다.
- **관리** 이 세 가지 수준 각각은 목적이 현재적이고 달성되고 있음을 보장하는 관리 실천을 필요로 한다. (p. 19)

이 틀은 세 가지 수준의 수행성과와 세 가지의 수행성과 요구를 결합하여 아홉 가지의 수행성과 변인을 생성한다. Rummler와 Brache(1995)는 조직, 과정, 개인의 수행성과를 개선하기 위하여 관리자들이 이 모형을 사용할 수 있음을 제시하였다.

5) 조직요소 모형과 메가 수준의 기획

Kaufman, Thiagarajan과 MacGillis(1997)에 따르면, 수행성과의 향상을 위한 많은 접근이 기존의 문제에 반응하는 것이기 때문에 '반응적(reactive)'이다. 이들은 수행성과 향상에 대한 '전향적(proactive)' 접근을 옹호한다. 전향적 접근은 수행성과 문제를 방지하고, 조직이 사회에 긍정적인 공헌을 하도록 설계된다.

조직요소 모형(Organizational Element Model: OEM)(〈표 9-2〉 참조)은 결과를 규명하고 정렬하는 데 사용된다(Kaufman, 2006, 2009). 이 모형에는 조직 요구(예: 수행성과의 결과)에 있어서 세 가지 수준, 즉 메가 · 매크

〈표 9-2〉 조직요소 모형

조직요소의 명칭	간략한 정의 및 초점의 수준	기획의 유형
메가(Mega)	외부 클라이언트와 사회에 대한 결과와 그 중요성 (비전 공유)	전략적 (Strategic)
매크로(Macro)	조직이 외부에 전달하는 것에 대한 결과와 그 중요성	전술적 (Tactical)
마이크로(Micro)	조직 내의 개인과 소집단에 대한 결과와 그 중요성	운영적 (Operational)
과정(Process)	수단, 프로그램, 프로젝트, 활동, 방법, 기법	
투입(Input)	사람, 자본, 물리적 자원, 기존의 규칙, 규제, 정책, 법률	

로 · 마이크로 수준 그리고 유사 요구에 있어서 두 가지 수준, 즉 과정과 투입이 포함되어 있다. 각 조직요소에는 그에 부합하는 기획 수준이 있다. 전략(메가 수준)의 기획은 사회적 맥락에서 전체 조직을 점검한다. 메가 기획은 외부의 클라이언트 및 사회와 관련한 조직의 결과 및 그 중요성에 초점을 둔다. 전술적(매크로 수준) 기획은 조직이 전달하는 것에 대한 결과와 그 중요성을 점검한다. 운영적(마이크로 수준) 기획은 조직 내의 개인과 소집단에 대한 결과 및 그 중요성에 초점을 둔다. 과정과 투입(예: 자원)상의 격차는 결과와 관련되는 정도에 따라 점검된다.

6) 수행성과 향상을 위한 평가 모형

수행성과 향상을 위한 노력의 효과를 평가하기 위하여 몇 가지 모형이 제안되었다. ID와 PI에 기초를 제공하는 다음 세 가지 모형에 대하여 알아보고자 한다.

• 4수준 평가 모형

• 평가의 통합 모형
• 수행성과 향상의 결과를 사정하는 시스템

(1) 4수준 평가 모형

Donald Kirkpatrick은 관리자가 훈련 프로그램의 효과를 결정하는 데 도움을 주기 위하여 1959년에 평가 모형을 개발했다(Kirkpatrick, 1996). 과거 수십 년간 교육 훈련의 결과를 결정하는 일 외에도, Kirkpatrick의 모형은 수행성과 향상 실천가들이 다양한 유형의 교수적 및 비교수적 수행성과 인터벤션을 평가하는 데 사용되어 왔다(Klein, 2002).

Kirkpatrick의 모형은 평가의 4수준, 즉 반응(reaction), 학습(learning), 행동(behavior), 결과(result)를 포함한다(〈표 9-3〉 참조). 반응은 인터벤션에 대한 태도 및 인식과 관계가 있으며, 일반적으로 조사법이나 설문지를 사용하여 측정된다. 학습은 지식과 기능의 습득과 관계가 있다. 즉, 직무 보조물이나 전자수행 지원체제(Electronic Performance Support System: EPSS)와 같은 인터벤션이 작업자가 새로운 지식이나 기능을 습득하는 데 도움을 주는가를 확인할 수 있다. 학습은 수행성과 사정이나 성취도 검사로 측정할 수 있다. 행동은 현업 적용(on-the-job application)과 동의어다. 인터벤션이 직무 현장에서 효과가 있는지를 결정하기 위해서는 관찰법과 인터뷰를 사용한다. 마지막으로, 결과는 인터벤션이 긍정적인 투자회수 효과(ROI)가 있는지의 여부를 결정할 때 측정된다. 여기에는 품질, 안전도,

〈표 9-3〉 Kirkpatrick의 4수준 평가 모형

수 준	측정 요인	자료 수집 기법
반 응	태도, 인식	설문조사, 인터뷰
학 습	지식, 기능	수행평가, 성취도 검사
행 동	전이, 직무 수행, 적용	관찰, 설문조사, 인터뷰
결 과	조직적 영향	비용-수익 분석, 투자회수 효과

직무 만족도와 같이 조직의 성공에 영향을 미치는 재무적 · 비재무적 성과가 포함된다.

Kaufman, Keller와 Watkins(1995)는 인터벤션이 사회 및 그 구성원에게 미친 영향을 평가하기 위해 Kirkpatrick의 모형에 사회적 수익(societal benefit)을 추가할 것을 제안한다. 자급자족, 일과 삶의 균형과 같은 변인은 인터벤션이 공동체에 미치는 영향과 관련된 지표다.

Kirkpatrick의 4수준 평가 모형은 ID와 PI에 지속적으로 지대한 영향을 미치고 있다. Dick과 Johnson(2007)에 따르면, 다음과 같다.

> Kirkpatrick 모형은 교수설계와 인간수행공학의 일부분으로 사용될 수 있다. 이 모형은 교육훈련이 끝난 후에 반응, 학습 그리고 이어지는 행동과 결과를 측정하는 데 적용된다. Kirkpatrick 모형은 수행공학적 접근과도 일치한다. 장기적 해결책은 해결책의 개발을 이끌어 내는 근원적 문제를 해결하는 것이다. 그러므로 Kirkpatrick 모형의 4수준과 조직의 수행성과 문제의 해결책에 대한 평가는 서로 부합된다. (pp. 101-102)

Kirkpatrick의 평가 모형이 수십 년간 광범위하게 활용되는 동안 이 모형에 대한 비판이 없었던 것은 아니다. 4수준 모형을 비판하는 사람들은 수행성과 향상에 대한 노력의 효과를 평가하기 위한 자신만의 접근법을 개발하였는데, Brinkerhoff의 통합 모형과 Swanson과 Holton의 수행성과 사정 시스템이 대표적 접근이다.

(2) 평가의 통합 모형

Brinkerhoff(1988)는 Kirkpatrick의 모형이 업무 현장에 쉽게 전이되는, 따로 분리되는 기능을 훈련시키는 데만 초점을 두고 있다고 하였다. 그는 어떤 프로그램은 즉각적인 결과를 낼 수 없다고 지적하면서, 이러한 노력의 효과는 4수준 평가 모형으로는 측정할 수가 없다고 주장한다. Brinkerhoff에 따르면, Kirkpatrick의 모형은 최종적인 결과(bottom-line outcome)를 지향하기 때문에 프로그램이 진행되는 과정상의 평가는 설명하지 않는다는 것이다. 이에 대응하여 그는 6단계로 이루어진 평가의 통합 모형을 제시하였다. 이 단계들은 "프로그램이 조직에 혜택을 주는지, 준다면 어떠한 혜택을 주는지를 보여 주고…… 6단계 중 어디에서 실패하는지를 추적하여 찾아낸다" (Brinkerhoff, 1988, p. 67). 이 모형의 6단계는 다음과 같다.

① **목표 설정**　조직의 요구, 문제, 기회가 규명된다. 이 단계는 대부분의 PI 모형에서의 수행성과 분석과 유사하다.

② **프로그램 설계**　어떤 전략을 사용할 것인지에 대한 주요 질문들을 탐구하고, 대안적 설계를 고려한다.

③ **프로그램 실행**　인터벤션이 조직에 설치되고, 의도대로 작동하는지를 평가한다. 이는 대부분의 교수설계 모형에서 볼 수 있는 형성평가에 해당된다.

④ **즉각적인 성과**　학습이 일어났는지 확인하기 위하여 참가자들의 지식과 수행을 측정한다.

⑤ **중간 성과 또는 사용 성과**　프로그램 또는 인터벤션의 파지와 적용을 조사하며, 어떻게 인터벤션이 적응되는지와 관련하여 알아본다. 이 단계는 총괄평가와 유사하다.

⑥ **효과와 가치**　프로그램과 인터벤션이 파악된 요구를 다루는지, 수행성과 차이를 메워 주는지, 효과가 있는지를 결정하기 위하여 평가가 실시된다. 이 단계에서 확인평가가 이루어진다.

Brinkerhoff의 모형을 따르게 되면, 프로그램의 설계나 실행이 완료된 후에 이를 평가하는 것 이상을 하게 됨이 분명하다. 수행성과 향상의 일반

모형과 같이 PI 실천가들은 분석, 설계, 실행, 평가를 체계적으로 통합한다.

(3) 수행성과 사정 시스템

Swanson과 Holton(1999)은 다음과 같이 기술하였다.

> 잘 알려진 Kirkpatrick의 4수준 평가 모형은 많은 이유 때문에 실패했다. 그중 주요 실패 요인은 조직의 근본적인 수행성과에 비하여 반응(reaction)을 너무 강조하는 데 있었다. (pp. 4-5)

이를 해결하기 위하여 Swanson과 Holton은 수행성과의 향상을 측정하는 모형인 결과사정 시스템(Results Assessment System)을 개발하였다. 이 모형은 세 가지 영역, 즉 수행, 학습, 인식 영역의 성과를 측정한다(Swanson & Holton, 1999). 수행 결과(performance result)는 조직에 초점을 맞추며, 고객이 가치를 두는 상품과 서비스와 같은 미션 관련 성과를 포함한다. 수행 결과는 또한 수행성과 향상 전략의 영향을 조직의 재무적인 성공과 관련짓는다. 학습 결과(learning result)는 필수적인 지식과 전문성을 의미한다. 이 성과는 조직 내의 개인과 관련이 있다. 인식 결과(perception result)는 참가자 및 이해관계자의 시각에 초점을 둔다. 참가자는 조직의 시스템, 과정, 산출물에 대해 직접적인 경험이 있는 사람들이다. 이해관계자는 조직의 리더 혹은 바람직한 성과 및 수행 향상의 방법에 대해 기득권을 가진 개인이다.

Swanson과 Holton(1999)은 "결과의 사정(assessment)이 핵심적인 조직적 과정이고, 평가(evaluation)는 선택적"(p. 8)이기 때문에, 이 시스템을 평가 모형으로 규정하지 않는다. 사정과 평가 간의 구별을 인지하고는 있으나 우리는 Swanson과 Holton의 시스템을 본질적으로 '평가적'이라고 생각한다. 왜냐하면, 평가는 산출물이나 과정의 장점과 가치를 결정하는 데 있어 도움을 준다는 Scriven(1991)의 아이디어에 부합하기 때문이다. 게다가 이 모형은 수행성과의 증진을 도와주는 데이터 기반 의사결정에 사용된다(Guerra-Lopez, 2007). 우리는 평가가 PI와 ID의 체계적 모형에 있어서 매우 중요하고 필수적인 요소라고 생각한다.

3. 수행성과 향상의 철학적 지향

수행성과 향상에 대한 모형, 이론, 기초를 조사하면, PI의 세 가지 주요 철학적 방향으로서 경험주의, 실용주의 그리고 인본주의가 제시됨을 알 수 있다.

경험주의는 실재(reality)를 조사하기 위하여 관찰과 입증에 의존한다(제3장 참조). PI의 모형과 이론은 경험적이고 과학적인 지향성을 보인다. Geis(1986)에 따르면, 인간의 수행성과는 예측되고 통제될 수 있는 구체적인 법칙을 따른다. 게다가 Thiagarajan(1997)은 PI에서, 평가는 대부분 과학적인 방법을 바탕으로 하고 있다고 지적한다. Stolovitch와 Keeps(1999)는 다음과 같이 기술했다.

> 수행공학(HPT)은 과학적인 이론과 가장 가용한 경험적 증거에 기초한다. 수행공학은 가능하면 과학적 연구에서 나온 또는 문헌으로 증명되는 수단을 통하여 바람직한 인간 수행성과를 성취하려고 한다. (p. 9)

따라서 ID와 같이 PI는 이론과 연구에 의해서뿐 아니라 실천가의 경험에 의해서도 영향을 받는다는 점에서 하나의 '연계 과학'이라고 할 수 있다. PI는 경험적인 연구만큼이나 실천적 경험에 의존한다(Geis, 1986; Stolovitch & Keeps, 1999). PI의 이론과 모형은 실용주의 원리에 의해서도 영향을 받는다. 즉, PI 이론은 실천적인 결과가 지식과 의미의 기초로 사용될 수 있다는 신념을 반영한다. 지속적인 향상을 관리하는 데 있어서 실용주의의 역할을 논의하는 과정에서, Emison(2004)은 다음과 같이 이야기하였다.

> 실용주의는 이론적인 조건보다는 실제적인 조건에 기반한 타당화의 필요조건과 수단(means) 및 목적(ends)을 연결하며⋯⋯ 실용주의는 직접적인 특정 경험을 기반으로 하는 지식을 추구한다. (p. 57)

PI는 또한 조직개발이론의 영향 덕분에, 인본주의 철학에도 의존한다(Dean, 1999; Rosenberg et al., 1999). Alveson(1982)에 따르면, 인본주의적 조직의 향상은 내면적인 동기와 개인의 성장 및 복지에 초점을 둔다. "인본주의적 조직이론은 보편적으로 적용 가능한 관리 전략으로서 조직 구조와 리더십 원리를 창출하는 아이디어를 강조한다" (p. 117).

4. 수행성과 향상과 교수설계

수행성과 향상(PI)과 교수설계(ID)는 같은 이론적 기초를 공유하기도 하지만, 각 영역은 서로에게 정보를 제공하고 영향을 미친다. 여기서는 PI가 ID에 미친 영향에 대하여 논의하기로 한다.

1) 교수설계 역량 개발에서 수행성과 향상의 역할

최근 수행된 Klein과 Fox(2004)의 역량 연구에 따르면, ID 분야의 학자들과 실천가들은 다음의 수행성과 향상 기능을 필수적이라고 간주한다.

- 교수적 해결책을 요구하는 수행 문제와 비교수적 해결책을 요구하는 수행 문제를 구분한다.
- 수행이 어떻게, 어디에서 변해야 하는지를 파악하기 위하여 특정 환경에 대한 수행성과 분석을 실행한다.
- 수행성과 향상 인터벤션이 문제를 해결할지를 결정하기 위하여 인터벤션을 평가한다.
- 수행성과의 차이에 영향을 주는 요인을 파악하기 위하여 특정 상황에 대하여 원인 분석을 실시한다.
- 수행성과 및 원인 분석에 의하여 노출된 요구를 충족시키는, 가능한 수행성과 인터벤션의 범위를 선정한다.
- 투자회수 효과, 작업자의 태도, 의뢰인의 피드백의 관점에서 수행성과 향상 해결책의 가치를 평가한다.
- 수행성과 향상 인터벤션을 지원하고 유지하는 절차와 시스템을 파악하고 실행한다.

더 나아가 IBSTPI(International Board of Standards for Training, Performance and Instruction)와 같은 조직은 직무 수행성과 향상과 조직 문제 해결에 대한 강조를 반영하는 교수설계 역량을 규명하였다(Rochey, Fields, & Foxon, 2001). 이 역량은 요구 사정, 환경 및 원인 분석, 비교수적 해결책 그리고 확인평가뿐 아니라, 경영 기술을 교수설계 프로젝트 관리에 적용하는 것까지도 포함하고 있다. Richey와 동료들(2000)이 지적했듯이, 수행성과 향상은 오늘날 교수설계 분야의 역량적 기초가 된다.

학위 프로그램은 학생들이 PI의 실제를 능숙하게 적용하는 데 도움을 준다(Dick & Wager, 1998; Klein, 2010; Medsker et al., 1995). 예를 들어, 건실한 11개의 대학원 ID 프로그램을 검토해 보면, 모든 기관에서 PI에 초점을 둔 코스를 적어도 하나는 운영하고 있다(Fox & Klein, 2003). 이러한 결과는 PI의 실제가 교수설계자의 레퍼토리에서 보다 흔하게 발견된다는 것을 의미한다.

2) 전단 분석의 확장

ID에 영향을 미치는 PI의 적용은 전단 분석(front-end analysis)의 확장이다. 분석이 일반적 ID 모형의 주요 요소 중 하나지만, 설계자들은 전형적으로 직무 분석, 과제 분석, 내용 분석과 같은 기법을 사용함으로써 수업에서 배워야 할 것이 무엇인지를 정의하는 분석을 실행한다(Seels & Glasgow, 1998). PI의 관점은 이러한 분석의 아이디어를 확장시킨다. Seels와 Richey(1994)는 "수행공학(PT)적 접근이 비교수적인 문제들을 파악하고, 다양한 해결책을 창출하기 위해 다른 사람들과 협업하는 것과 같이 설계자의 역할을 확대하는 이유가 된다." (p. 59)라고 주장하였다.

Rossett(1999)은 훈련 요구 사정(training needs assessment, 교수 프로그램에 무엇이 포함되고, 안 되는지를 결정하는 과정)과 수행성과 분석(performance analysis, 목적을 달성하기 위하여 무엇을 해야 하는지를 파악하는 데 의뢰인과 동반자 관계를 형성하는 과정)을 구분한다. Rossett은 훈련 요구 사정은 수업, 직무 보조물, 코칭과 같은 실질적인 해결책을 개발하는 것인 반면, 수행성과 분석은 기회와 문제를 파악하고, 해결책 시스템을 만들어 낸다고 제안한다.

Dick, Carey와 Carey(2009)도 요구 사정과 수행성과 분석을 구별한다.

> 요구 사정은 문제 해결에 반드시 필요한 도구지만, 수행공학자는 문제 상황을 접할 때 다른 사고방식을 가지고 접근할 수 있으며, 훈련을 제공해야 할지를 결정하기 전에 분석을 실시한다. 일반적인 용어로 이러한 사고방식을 '비판적 사고(critical thinking)'라 한다. 교수설계자가 효과적인 수행성과

분석자가 되기 위해서는 이러한 비판적 사고를 배양해야 한다. (p. 18)

또한 Dick과 동료들(2009) 및 Tessmer와 Richey(1997)는 설계자들이 교수적 해결책을 개발하기 전에 수행 맥락(즉, 수업에서 배운 기능이 전이되어야 하는 환경)을 분석해야 한다고 제안한다. 맥락 분석은 업무 현장, 자원, 인센티브, 관리적 지원에 대한 기능의 적절성과 기능이 사용될 환경의 물리적 · 사회적 측면 등의 요인을 조사한다. 수행 맥락 분석은 PI의 일반 모형에서 볼 수 있는 환경 분석과 원인 분석에 해당된다.

3) 전이 촉진을 위한 전략

PI의 ID에 대한 또 다른 영향은 지식과 기능을 작업 환경에 전이시키는 것을 촉진하는 교수전략에 초점을 둔다는 점이다. Rossett(1997)은 수업전 전략은 훈련과 수행성과 사이의 연계를 강화시킬 수 있음을 제안하였다. 이 전략은 참가자들로 하여금 교육에 참가하기 전에 업무 환경을 검토함으로써 훈련 기간 중에 배운 것을 전이하는 데 있어 조직이 얼마나 준비되어 있는지에 대해 생각해 볼 것을 요구한다. Garavaglia(1993)는 교수설계자들이 지식이 적용될 환경에서의 다양한 사례들을 사용함으로써 전이의 가능성을 증가시킬 수 있다고 주장한다. Sedlik, Magnus와 Rakow(1980)는 전이 연습을 활용할 것을 제안하였는데, 이는 수업 프로그램의 수행 목표 분석을 통해 도출되는 것으로서, 학습자들이 실제 상황에 적용하도록 요구한다. 마지막으로 Klein, Spector, Grabowski와 de la Teja(2004)는 유능한 교수자들은 면 대 면, 온라인, 블렌디드 등의 모든 환경에서 전이를 촉진하는 교수전략을 사용한다고 지적한다. 여기서는 기능이 적용될 환경과 관련이 있는 예시를 사용하고, 실제 환경에서 지식이 어떻게 사용될 수 있는지를 보여 주며, 참가자들에게 미래의 적용을 계획해 볼 수 있는 기회를 제공하고,

전이에 영향을 미치는 조건을 학습자들과 함께 탐구하는 일이 포함된다.

5. 수행성과 향상의 교수설계에의 적용 동향

많은 기업 및 조직이 교육훈련에서 수행성과 향상(PI)으로 옮겨 간다는 증거가 있다(Conn & Gitonga, 2004; Rossett & Tobias, 1999). 어떤 조직은 수행성과 분석, 해결책 시스템, 교차 기능(cross-functionality), 고객 기대, 공유된 지식과 같은 아이디어를 강조한다(Rossett & Tobias, 1999). 또 어떤 조직은 훈련 해결책에서 벗어나 전자수행 지원체제(EPSS)와 같은 비교수적 인터벤션을 지향하고 있다(Nguyen & Klein, 2008).

이미 10여 년 전부터 PI와 ID가 수렴될 것이라는 예측이 특히 기업 맥락에서 있어 왔다. 예를 들어, Rosenberg(1995)는 교육훈련은 PI에 의하여 촉발된 패러다임의 변화를 따라야 한다고 주장하면서, 교육 문제가 아니라 비즈니스 문제를 풀어 나가는 데 주의를 기울여야 함을 제안했다. Sherry와 Wilson(1996)은 PI와 ID가 훨씬 밀접한 관계를 맺게 될 것으로 예측했다. 그들은 "ID와 HPT 분야는 평행적으로 함께 움직이고 있으며…… 이는 학습과 수행성과를 지원하기 위한 도구와 테크놀로지에 더 크게 의존하는 방향"(p. 24)이라고 진술했다. 더 최근에 Reiser(2007a)는 다음과 같이 주장했다.

> 1990년대와 21세기에 들어와서 다양한 발전이 교수설계의 원리와 실천에 중요한 영향을 미쳐 왔다. 주된 발전은 수행공학(HPT) 운동의 영향이 점차 확대되어 온 것이다. 학습보다는 현장의 수행성과, 경영성과 그리고 수행성과 문제에 대한 비교수적 해결책을 강조함으로써, 이 운동은 교수설계 분야의 범주를 확장해 왔다. (p. 28)

우리는 이 분야의 최근 경향은 ID와 PI가 과거보다 더 밀착되고 있다는 증거를 제공한다고 생각한다. 다음에서 우리는 이러한 두 가지 주요 발전을 논의하고자 한다.

1) 다양한 인터벤션을 활용한 수행성과 향상

PI는 개인과 조직의 수행성과를 향상시키기 위한 일련의 인터벤션을 포함한다(Hutchison & Stein, 1998; Langdon et al., 1999; Sanders & Thiagarajan, 2001; Vadivelu & Klein, 2008; Van Tiem et al., 2001). 최근 교수설계(ID)의 발전은 "다양한 교수적 · 비교수적 수단을 통하여 인간의 수행성과를 향상시키려는 이 분야의 전문가들이 현장에서 많은 노력을 기울이고 있다는 점을 명백하게 강조하고 있다" (Reiser, 2007b, p. 7).

이 분야의 몇몇 리더는 교육훈련을 해결책으로 생각하는 것에서 벗어나자고 주장한다. 왜냐하면, 교육훈련이 남용되고 있을 뿐 아니라, 종종 교수적 인터벤션으로 해결되지 않는 문제에조차 교육훈련을 적용하기 때문이다. 예를 들면, Brethower(2000)는 다음과 같이 주장한다.

> 많은 수행공학자들이 수행성과 향상에 있어서 다른 방법은 효과가 없다고 판단될 때 사용할 수 있는 마지막 방책으로 교육훈련을 간주하는 것이 사실이다. 비록 수업이 필요한 상황이더라도, 수업은 어떤 문제를 다루거나 기회를 실현하는 데 사용되는 많은 인터벤션 중 하나일 뿐일 가능성이 높다. (p. 319)

그러나 훈련, 학습, 수행성과 향상 또는 조직에서 이와 유사한 기능을 하는 전문가들의 최근 조사에 따르면, 교수적 인터벤션이 비교수적 인터벤션보다 더 자주 사용된다(Vadivelu & Klein, 2008). 이 결과는 미국과 남아시

아에서 일관된 것이다. 그러나 미국의 실천가들이 훈련 또는 원격교육과 같은 교수적 인터벤션을 유의미하게 더 많이 사용하는 것으로 나타난 반면, 남아시아의 실천가들은 인적자원개발 인터벤션(예: 채용, 선발, 인사고과, 리더십 개발), 작업설계 인터벤션(예: 직무명세서, 품질 관리, 인체공학), 조직 커뮤니케이션(예: 정보 시스템과 네트워킹) 그리고 재무 시스템 인터벤션(예: 재무 예측, 자본 투자, 인수 합병)을 보다 유의미하게 많이 사용한다고 보고한다.

이 분야에서 많이 주목받고 있는 수행성과 향상 인터벤션은 수행지원 체제(performance support system)다. 지원의 특성에 따라서 이 체제는 교수적이거나 비교수적일 수 있으며(McKay & Wager, 2007), 적시 훈련(just-in-time training), 직무 보조물 그리고 EPSS의 형태일 수 있다.

훈련 개발 비용을 줄이고, 교실 또는 온라인 훈련에서 직원들이 현업에서 떨어져 있는 시간을 최소화하기 위하여, 많은 조직에서 전자수행 지원 체제(EPSS)를 사용하고 있다(Clark & Nguyen, 2007; Nguyen & Klein, 2008). 예를 들면, Pulchino (2006)는 이러닝 길드에 속하는 온라인 훈련 개발자의 69%가 소프트웨어 도구와 업무 인터페이스에 직접적으로 수행 지원이 가능하도록 준비할 계획이라고 보고하였다.

EPSS는 사용자에게 "개별화된 온라인 접근이 가능한…… 직무 수행을 지원하는 다양한 범위의 시스템"(Gery, 1991, p. 21)을 제공한다. Nguyen과 Klein(2008)에 따르면, EPSS의 공통적인 예로서 수행 문제를 해결하기 위하여 정보를 찾도록 도와주는 검색엔진, 수행자가 과제를 완성하도록 도와주는 지원 시스템, 수행 빈도가 낮은 과제를 도와주기 위해 명확하게 정의된 절차 및 인쇄 직무 보조물 또는 복잡한 과제를 단순화하거나 자동화하는 시스템 등이 있다. EPSS는 사전에 실시되는 훈련보다는 업무가 수행되는 동안 수행성과를 지원하는 데 초점을 둔다.

Nguyen과 Klein(2008)은 EPSS가 수행성과를 지원하는 데 있어 교육훈련보다도 더 효과적이라는 주장을 확인하기 위해 연구를 수행했다. 연구 결과, 절차적 과제에서 EPSS만 사용하는 사람들과 교육훈련을 받고 EPSS를 사용하는 사람들은 교육훈련만 받은 사람들보다 유의미하게 좋은 수행을 보여 주었다. 이들은 업무 환경에서 수행지원 체제의 사용이 증가됨에 따라, 이와 관련한 실증 연구를 추가적으로 실시해야 함을 주장하고 있다.

2) 평가의 변화: 조직의 성과와 지속적 향상에 대한 강조

평가는 일반적 교수설계 모형의 주요 요소 중 하나다(제2장 참조). 그러나 교수설계에 수행성과 향상이 적용되면서 평가에 대한 관점이 변화하고 있다. 예를 들면, Dick과 동료들(2009)은 수행 환경(즉, 학습된 기능이 궁극적으로 필요한 장소)에 대한 조사를 포함함으로써 형성평가의 개념을 확장시켰다. 이러한 유형의 형성평가는 수업 중에 배운 기능이 파지되고 수행 환경에서 사용되는지, 그리고 기능의 적용이 조직에 바람직한 효과를 가져왔는지에 대한 평가를 포함한다.

더 나아가 최근 PI에서는 형성평가 및 총괄평가로부터 확인평가로 이동하고 있다. Dessinger와 Moseley(2004)에 따르면, 확인평가는 형성평가와 총괄평가를 넘어서 교육훈련에서 배운 기능의 현업 적용, 조직 차원의 성과 그리고 투자회수 효과를 중심으로 이루어진다. 이들은 성과평가, 효과평가 그리고 Kirkpatrick의 4수준 평가와 같이 오늘날 사용되고 있는 평가 방법은 결국 확인평가의 다른 이름이라고 지적한다. Shrock과 Geis(1999)는 오늘날의 평가는 활용과 결과에 초점을 둔다고 하였다. Rothwell(1996)은 "최고 경영층은 책무성을 요구하고…… 교육훈련이 최종적 결과(bottom-line result)를 산출할 수 있는 변화를 만들어 냈는지에 대한 증거 역시 요구한다."(p. 283)라고 하였다

이와 관련한 수행성과 향상의 최근 경향은 지속적인 품질 향상(Continuous Quality Improvement: CQI)이다. Seels와 Richey(1994)는 품질 향상 운동은 평가 영역에 영향을 미칠 것이라고 주장했다. 최근에 Van Tiem과 동료들(2004)은 "오늘날 평가에 대한 품질 향상 운동의 영향으로 교수적 · 수행공학적 환경에 있는 실천가들은 품질 관리가 계속적인 평가를 필요로 한다는 점을 수용하기 시작했다."(p. 176)라고 하였다.

따라서 분석기법의 확장 및 다양한 교수적 · 비교수적 지원체제의 활용과 같은 PI의 다른 동향과 함께, 확인평가와 품질 향상은 교수설계자의 실천에 영향을 미친다. 다음에서 우리는 연구가 어떻게 수행성과 향상의 실천에 영향을 미치는지에 대해 논의할 것이다.

6. 연구, 수행성과 향상이론 및 교수설계

PI는 개인과 조직의 수행을 향상시키기 위해 데이터에 의존한다. 연구는 기회, 문제, 원인, 해결책을 파악하고 분석하기 위하여, 인터벤션의 설계와 실행을 결정하기 위하여, 그리고 전략과 과정이 성공적인지를 결정하기 위하여 수행성과 향상의 전 과정을 통해 진행된다. Stolovitch와 Keeps(1999)는 PI가 연구에 의해 검증된 접근 방법을 통하여 바람직한 결과를 도출한다고 주장한다. Foshay, Moller, Schwen, Kalman 그리고 Haney(1999)는 연구가 동향을 종합하는 것뿐 아니라, 수행성과 향상을 위한 새로운 모형, 과정, 테크놀로지를 발견하는 데 도움을 준다고 주장한다.

그러나 교수설계 분야와 마찬가지로 PI 모형 및 인터벤션에 대한 연구 역시 부족하다. PI 분야의 몇몇 리더는 연구 결과가 PI에 가치를 부여하기 위해서는 연구가 실제와 더 잘 통합되어야 한다고 지적한다(Brethower, 2000). 다른 리더들은 PI의 실증적 기초가 실제 상황과 보조를 맞추지 못했으며, 따라서 목표가 분명한 더 많은 연구 활동이 필요함을 주장한다(Stolovitch, 2000; Sugrue & Stolovitch, 2000). 또한 많은 전문가들이 경험기반의 연구 자료를 수집하지 않은 채 해결책을 구하기 때문에 PI가 하나의 기교(craft)가 될 위험에 처해 있다는 의견도 있다(Kaufman & Clark, 1999).

1) 수행성과 향상의 적용을 위한 실증적 지지

최근 문헌을 분석해 보면, 이 분야의 많은 사람들이 실증적인 증거를 추가적으로 요청하고 있다는 점이 무시되고 있음을 알 수 있다. 예를 들면, Klein(2002)은 1997~2000년 PIQ(Performance Improvement Quarterly)에 출판된 모든 논문 중에서 36%만이 데이터를 기반으로 결론을 도출하였다는 것을 발견했다. Marker, Huglin과 Johnsen(2006)이 실시한 Klein의 복제 연구에 따르면, 2001~2005년에 PIQ에 출판된 데이터 기반 논문의 수가 54%로 증가하였다. Conn과 Gitonga(2004)에 의해 수행된 Klein의 복제 연구에서는 1999~2003년에 ETR&D(Educational Technology Research and Development)에 출판된 논문 중에서 20%가 현장의 학습과 수행성과와 관련이 있었다. 그러나 이 ETR&D 논문 가운데 단지 5편만 실증적 데이터를 활용하였다. 종합하자면, 이 결과들은 Clark과 Estes(2002)가 제기한 다음의 문제를 다루기에 충분하지 않다.

> 가혹한 현실은 상당수의 매우 인기 있는 수행성과 산출물이나 해결책들이 실제로는 효과가 없다는 것이다. ……만약 여러분이 수행성과와 관련한 탄탄한 연구의 결과를 적용하고, 이를 여러분의 조직에서 실천적 · 비용 효과적 수행성과로 전환한다면 이런 일은 생기지 않을 것이다. (p. xi)

물론, PI 분야와 관련한 연구가 전혀 없는 것은 아니다. Klein(2002)은 PIQ에 출판된 실증적 연구들이 전문적인 실천, 훈련과 수업을 위한 전략,

훈련과 학습의 전이 그리고 현장의 다양성에 초점을 맞추고 있다고 보고하였다. 또한 PIQ에 출판된 연구의 절반 이하가 PI 인터벤션의 실행에 집중되어 있으며, 한 개의 연구를 제외하고는 교실 훈련과 같은 교수적 해결책을 다룬다고 지적하였다. Marker와 동료들(2006)은 복제 연구를 통해서 2001~2005년 사이에 PIQ에 게재된 실증적 연구 가운데 22%만이 PI 인터벤션을 다루었고, 이들 중 단 7개만이 비교수적 해결책에 초점을 두었음을 보고하였다. 심지어 Conn과 Gitonga(2004)의 복제 연구에서는 1999~2003년에 ETR&D에 게재된 논문 가운데 업무 현장을 다루고 있는 단 한 편만이 비교수적 인터벤션에 초점을 두고 있음을 보여 준다.

2) 후속 연구를 위한 제언

Foshay와 동료들(1999)에 따르면, "수행공학(HPT)에서도 연구가 가능하다. 그러나 다양한 대안적인 패러다임이 적용될 여지가 높다"(p. 895). Dean(1994)은 PI 전문가들이 양적 · 질적 자료를 모두 사용하고, 자료를 수집하기 위하여 관찰법을 사용하며, 직접적 · 비교적 · 경제적 측정도구를 활용해야 한다고 하였다. PI 문헌을 연구해 보면 이러한 생각을 확인할 수 있다. Klein(2002) 및 Marker와 동료들(2006)은 PI 연구자들이 질문에 답을 구하기 위하여 조사법, 사례연구, 실험, 평가기법, 자연주의 방법 등을 사용한다고 보고한다. PI 연구자들은 학습성과를 평가하기 위하여 참가자의 반응과 수행성과 사정을 측정하는 설문지를 자주 이용한다. 적용, 전이, 직무 수행은 몇몇 연구에서 고려되고 있지만, 직접적인 관찰을 통하여 측정되는 일은 흔하지 않다(Klein, 2002). 마지막으로, PI 문헌에서는 비용 수익 분석이나 투자회수 효과의 측정을 통해 재무성과를 조사하는 연구가 거의 없다(Guerra, 2001; Klein, 2002; Marker et al., 2006).

이러한 사실들은 PI에 관한 향후 연구 영역을 제시한다. 먼저 PI 실천가들이 가치 있게 생각하는 비교수적 인터벤션에 관한 연구에 초점을 두어야 한다. Fox와 Klein(2003)은 그 예로서, 코칭, 커뮤니케이션 전략, EPSS, 피드백과 정보 제공, 지식경영, 프로세스 향상, 보상과 인지 그리고 전략기획 등을 언급하였다.

미래의 인터벤션 연구에서는 직무 수행을 직접적으로 측정해야 한다. Foshay와 동료들(1999)은 수행성과 인터벤션의 효과는 개인 행동의 누적된 변화에 의하여 판단되어야 한다고 지적한다. 그러나 앞에서 논의된 PI 문헌을 조사해 보면, 연구자들 대부분은 자기 보고식 전이 측정에 의존한다. 관찰법이 비용이 많이 들고, 조직의 한계성 때문에 불가능한 경우가 종종 있지만, 직접적 측정치를 많이 사용할수록 실천가들에게 특정 인터벤션의 실제적인 이익에 대한 정보를 제공하는 데 도움이 된다. 뿐만 아니라, 향후 연구는 조직과 사회에 대한 교수적 · 비교수적 인터벤션의 효과를 조사하여야 한다. 앞서 언급했듯이 비용 수익 분석이나 투자회수 효과에 관한 데이터를 포함하고 있는 연구는 거의 없다.

미래의 연구는 PI 모형과 그 요소들을 검증하기 위한 시도를 해야 한다. ID 모형과 같이 PI의 많은 모형 및 과정은 엄격한 실증적 연구보다는 실천가의 경험이나 풍문에 바탕을 두고 있다. PI 모형은 설계 및 개발 연구 등의 다양한 방법을 사용하여 타당화해야 한다(Richey & Klein, 2007).

7. 요 약

이 장에서 우리는 수행성과 향상의 모형과 이론을 살펴보고, 이들이 교수설계 지식기반에 어떻게 공헌하였는지를 논의하였다. 이 장은 행동주의 학습이론 및 조직개발의 효과를 포함하는 PI의 이론적 기초에 대한 간략한 논의로 시작하였다. 다음에는, 이 분야의 가장 큰 전문 조직이 옹호하는 PI

의 종합적 모형을 논의하였다. 이 모형에는 개인 및 조직의 수행성과를 향상시키는 데 초점을 둔 상호 관련된 다섯 가지 요소, 즉 수행성과 분석, 원인 분석, 인터벤션 선정-설계-개발, 실행과 변화 관리 그리고 평가가 포함되었다. PI와 기능의 전이, 현업 적용, 투자회수 효과 그리고 사회적 결과와 같은 개념 사이의 관계를 보여 주기 위하여, 평가와 조직 기획에 대한 몇몇 구체적인 모형과 이론이 제시되었다. 다음으로, PI에 대한 철학적 방향과 PI를 ID에 적용하고자 하는 경향이 논의되었다. 그리고 PI의 연구 문헌에 대한 조사와 이 분야의 실증적 기반을 향상시킬 수 있는 미래 연구의 아이디어를 제시하는 것으로 마무리되었다.

〈표 9-4〉는 PI의 주요 원리, 이론적 기초, 철학적 지향, 초기 공헌자, 적용을 요약한 것이다. 〈표 9-5〉는 PI 이론의 요소들이 ID 영역에 어떻게 관계되는지를 요약하여 보여 주고 있다. 우리는 여러분이 PI의 원리를 이해하고 적용할 수 있다면, ID의 기초를 보다 확실하게 이해할 것으로 생각한다.

다음 제10장에서는 ID 지식기반을 종합하고, 이 분야의 개념적 틀로서 분류학을 제시한다. ID 지식기반의 영역 및 요소 그리고 ID의 개념적 모형에 대한 요약 역시 제공할 것이다.

〈표 9-4〉 수행성과 향상이론과 교수설계의 개관

□ 주요 원리

- 일반적 PI 모형의 주요 요소는, ① 수행성과 분석, ② 원인 분석, ③ 인터벤션 선정, 설계, 개발, ④ 실행과 변화 관리, ⑤ 평가다.
- PI는 결과지향 체제의 측정 가능한 성과에 관심을 가진다.
- PI는 조직, 과정, 개인의 수행성과를 향상시키는 데 적용된다.

□ 철학적 강조점

- 인간 수행성과는 예측 및 통제가 가능한 구체적인 법칙을 따른다(예: 경험주의).
- PI 이론은 실제적인 결과가 지식과 의미의 기초가 된다는 신념을 반영한다(예: 실용주의).
- 조직이론은 내재적 동기의 활용과 조직에서 개인의 성장을 강조한다(예: 인본주의).

□ 이론적 기초: 행동주의 학습이론, 커뮤니케이션이론, 일반체제이론, 교수체제 설계, 조직개발

□ 초기 공헌자: W. Deterline, T. Gilbert, J. Harless, R. Kaufman, D. Kirkpatrick, R. Mager, G. Rummler

□ 교수설계의 적용

- 평가
- 전단 분석(front-end analysis)
- 인터벤션의 설계와 실행
- 전이 촉진 전략

□ 이를 지지하는 연구 분야

- 전자수행 지원체제(EPSS): Nguyen & Klein(2008)
- 수행성과 인터벤션의 실행: Rossett & Tobias(1999), Vadivelu & Klein(2008)
- PI 연구의 리뷰: Clark & Estes(2002), Klein(2002), Marker et al.(2006), Conn & Gitonga(2002)

□ 관련 개념

- 인적자원 관리(HRD)
- 조직개발(OD)
- 수행성과 지원체제(PSS)
- 전략 기획(SP)

〈표 9-5〉 수행성과 향상이론과 관련한 교수설계 영역 및 요소

□ 학습자와 학습 과정
- 수행성과에 영향을 미치는 세 가지 개인적 요소: 지식, 역량, 동기

□ 학습과 수행 맥락
- 중요한 맥락(적응, 전이, 수행성과)
- 수행성과 맥락의 관련 측면(직무 환경, 조직의 영향, 투자회수 효과)
- 맥락적 특징(물리적 자원과 자료, 관리적 지원, 사회문화)

□ 교수적 전략과 비교수적 전략
- 업무 환경의 개선
- 인센티브, 보상
- 직무/조직 구조의 재설계
- 수행성과 피드백
- 수행성과 지원체제
- 자원/도구의 수정
- 교육훈련

□ 설계자와 설계 과정
- 설계자 특성(전문성, 역량)
- 분석(원인, 비용, 환경, 차이, 직무, 조직, 문제, 수행성과)
- 변화 관리
- 사정과 평가(형성, 총괄, 확인)
- 인터벤션의 선정, 설계, 개발, 실행

제10장

교수설계 지식기반의 분류체계

1. 분류체계의 특성
2. 교수설계 지식기반 영역의 분류체계
3. 교수설계 지식기반 분류체계의 사용
4. 정리하며

제10장 교수설계 지식기반의 분류체계

이 책의 궁극적인 목적은 교수설계 지식기반에 대해 설명하는 것이다. 이 과제는 이 분야의 주요 이론적 기초의 세부 사항을 제공하는 것뿐 아니라 이 거대한 양의 정보를 요약하고 종합하는 것 역시 필요로 한다. 우리는 앞에서 교수설계의 근간이 되는 이론들을 다루었다. 마지막 장인 이 장에서는 교수설계 지식기반에 대한 다면적인 분류체계(taxonomy)를 개발함으로써 전체 내용을 요약할 것이다.

이러한 작업을 우리가 처음으로 시도하는 것은 아니다. Caffarella와 Fly (1992)는 교수설계 및 공학(instructional design & technology) 분야 전반에 대한 분류체계를 구성하였다. 보다 작은 규모로, Carrier와 Sales(1987)는 컴퓨터 기반 수업(Computer-Based Instruction: CBI)의 설계를 위한 분류체계를 고안하였고 Knezek, Rachlin 그리고 Scannell(1988)은 교육용 컴퓨터 활용을 위한 종합적인 분류체계를 제시했다. 우리의 분야 밖에서는

Greenbaum과 Falcione(1980)가 조직 커뮤니케이션 관련 연구를 종합한 후에 그 결과를 그들 학문의 지식기반 분류체계를 개발하는 데 사용했는데, 이 작업이 우리가 하려는 것과 근접하다. 이 장에서는 다음의 내용을 다룰 것이다.

- 일반적인 분류체계의 본질을 탐구한다.
- 교수설계 지식기반에 대하여 여섯 부분으로 구성된 분류체계를 제시한다.
- 이러한 분류체계가 어떻게 교수설계 분야의 학자들과 실천가들에 의하여 사용될 수 있는지를 논의한다.

1. 분류체계의 특성

분류체계는 오랫동안 과학의 주요 요소였지만, 많은 다른 학문에서도 그 분야의 요소들을 정의하는 데 사용되었다. 예를 들면, 대부분의 교육자들은 Bloom의 분류체계에 익숙하다(제7장 참조). 교수설계 지식기반을 위한 분류체계를 제시하기 전에 우리는 분류체계가 무엇인지, 이를 어떻게 활용할 수 있는지 알아볼 것이다.

1) 분류체계의 개발

Greenbaum과 Falcione(1980)는 분류체계를 정의하기를, "특정 주제에 대한 탐구의 한 형태로서, 대상물(object)이나 개념 간의 관계를 기초로 하여 이를 정렬하는 것이며…… 해당 주제 내의 그룹을 분류, 순서화, 이름 짓는 것 등이 해당된다."(p. 2)라고 하였다. 분류체계 그 자체를 하나의 분야로 보는 사람도 있지만, 우리는 이를 '분류 연구(study of classification)'라고 생각한다(Sokol, 1974).

분류체계에 대한 두 가지 접근 방식이 있다. 첫 번째는 어떤 분류 내의 범주가 실재적이고 고정되어 있다는 관점인데, 이것은 본질주의(essentialism)라고 알려져 있다. 두 번째는 물질주의(materialism)로, 분류 내의 범주는 변화할 수 있다고 본다. 논의가 지속적으로 이루어지는 영역은 계속적으로 진화하기 때문이다(Lyman, O'Brien, & McKern, 2002). 교수설계 범주는 우리 분야의 지식과 과정이 시간이 지남에 따라 변화하기 때문에 후자에 더 가깝다.

Melton(1964)은 객체(object)와 사태(event) 간의 유사점과 차이점을 관찰함으로써 범주의 구성이 시작됨을 주목한다. 이러한 관찰을 통해 다양한 집단과 하위 집단이 도출된다. 그러나 분류체계를 최종적으로 조사하다 보면, 범주들 간의 중복이 발견되거나 범주들 간의 관계가 본질적으로 위계적일 수도, 아닐 수도 있다(Sokol, 1974). 사태에 대한 이해가 발전될수록 분류체계도 마찬가지로 변한다. 따라서 "분류체계는 과학의 발전 단계를 반영한다"(Melton, 1964, p. 328). 이것이 물질주의적(유물론적) 관점이다.

분류체계를 개발하는 것은 쉽지 않다. Bloom(1956)은 동료들과 함께 처음 교육 목표 분류체계에 관한 작업을 시작했을 때, 목표가 "물리학과 생물학 분야와 같이 현상이 구체적인 형태로 관찰되거나 조작될 수 없는 현상을 분류하는 것"(p. 5)이었기 때문에, 학습 목표를 분류해 낼 수 있을 것이라고 확신할 수 없었다. 그럼에도 불구하고, 목표에서 찾아볼 수 있는 행동은 관찰이나 기술이 가능했기 때문에 그것들은 분류될 수 있었다.

유사한 객체나 사태의 종(classes)을 설정하는 데는 다양한 방법이 있다. 문(phylla), 족(families), 종(species)을 파악하는 생물학과 같이, 객체의 과학적 연구를 통하여 분류할 수 있다. 또한 군집 분석과 같은 기법을 사용함으로써 통계적으로 할 수도 있다. Sokol(1974)은 이것을 '컴퓨터 분류'라고 하였으며, 정신의학적 질병, 경제학, 시장조사 등의 많은 분야에서 사용되고 있는 예시들을 인용한다. 이들 접근은 둘 다 소위 말하는 "경험적으로 구성된 분류체계" (Greenbaum & Falcione, 1980)를 만들어 낸다.

그러나 범주의 초안이 수집된 데이터를 기반으로 추론된 경우, 분류체계는 이론적으로도 구성될 수 있다. 이렇게 개발된 분류체계를 기존의 문헌에 대입해 봄으로써 실증적으로 검증할 수 있다(Greenbaum & Falcione, 1980). Caffarella와 Fly(1992)의 교수설계와 테크놀로지(IDT) 분류체계는 우선 이론적으로 구성된 후에, 이것이 충분히 이 분야를 대표하는지를 결정하기 위해 46개 기관 1,518편의 논문을 분류 모형에 맵핑함으로써 검증하였다. 우리의 교수설계 분류체계는 우리가 앞 장에서 설명한 이론, 연구, 실천적 적용의 분석에 기반하여 이론적으로 구성된다.

분류체계는 여러 가지 형태가 있을 수 있다. Bloom(1956)의 분류체계는 단순히 요약된 목록에 불과하다. Caffarella와 Fly(1992)의 교수설계와 테크놀로지(IDT) 분류체계는 각 셀이 그 분야의 다양한 요소를 강조하는 3차원의 입방체다. 컴퓨터 기반 수업에 대한 Carrier와 Sales(1988)의 분류체계는 일반적 변인, 변인에 대한 정의, 샘플 요소를 규명한 표다. Greenbaum과 Falcione(1980)의 분류체계는 주요 요소, 이와 관련된 주요 분류 및 하위 분류로 구성된다. 우리의 교수설계 분류체계는 Greenbaum과 Falcione의 것과 비슷하다.

2) 분류체계의 목적

분류체계는 여러 가지 목적을 지닌다. 주된 목표는 유사한 객체 간의 구조 및 유사한 항목을 모아 둔 집단 간의 관계를 보여 주는 것이다(Sokol, 1974). 예를 들면, Bloom과 동료들은 교육자들 사이의 의사소통을 촉진하기 위하여 분류체계를 구축하였다. Caffarella와 Fly의 분류체계는 교수설계와 테크놀로지(IDT)의 지식기반을 구축하고, 이 분야를 정의하고자 하는 노력의 일환이었다.

분류체계는 연구에서도 중요한 역할을 한다. Caffarella와 Fly(1992)는, 분류체계는 "지식의 격차 및 연구나 이론의 빈 공간이 드러나게 할 수 있다."(p. 98)라고 말했다. Greenbaum과 Falcione(1980)는 조직 커뮤니케이션 분야의 연구 결과를 공고히 하기 위하여 자신들의 학문적 분류체계를 구성하였다. 나아가 Sokol(1974)은 다음과 같이 제시한다.

> ……분류체계를 수립해야 하는 중요한 과학적 근거는 분류체계가 휴리스틱(heuristic, 이 용어의 전통적 의미는 '심층적인 조사를 위한 수단으로서 흥미를 자극하는……' 이다)하다는 것과 분류체계가 검증될 수 있는 가설의 진술을 이끌어 낸다는 것이다. (p. 1117)

분류(class)의 구조는 사태에 대한 일반적인 해석으로 이어지며, 따라서 분류체계는 특정 연구 프로젝트뿐 아니라 이론의 구축을 촉진할 수 있다. 우리는 교수설계 지식기반의 분류체계가 이러한 수많은 목적을 지원할 수 있다고 생각한다.

2. 교수설계 지식기반 영역의 분류체계

우리가 생각하는 교수설계의 지식기반은 다음 여섯 영역으로 이루어져 있다.

- 학습자와 학습 과정

- 학습과 수행 맥락
- 내용 구조 및 계열
- 교수적 전략과 비교수적 전략
- 매체 및 전달체제
- 설계자와 설계 과정

Greenbaum과 Falcione(1980)의 구분을 사용하면, 이 일반적인 분류는 과학적 연구를 통하여 경험적으로 고안되기보다는 우리의 문헌 분석을 기반으로 하여 이론적으로 구성되었다. 그런 후에 우리가 각각의 주요 이론 양식을 탐구하고, 이 여섯 영역과 관계되는 많은 요소를 파악함에 따라 이론적인 틀을 확장하였다. 여기서 우리의 과제는 이 요소들을(각각의 분류가 하나의 영역이 되는) 여섯 가지 분류체계로 통합하는 것이다.

이 여섯 가지 분류체계는 두 수준의 요소를 포함하는데, 1수준은 매우 일반적이고, 2수준은 매우 구체적이다. 2수준의 요소는 두 가지 방식(별개의 항목의 나열 또는 행동적 진술)으로 제시된다. 이 요소들은 주로 제2장부터 제9장까지 마지막에 포함된 영역과 요소 표에서 추출되었다. 그러나 앞장에서 사용된 것보다 더 구체적인 용어로 표현되기도 하였으며, 어떤 경우에는 앞에서 언급된 정보로부터 논리적으로 추론된 요소도 있다. 이 여섯 가지 분류체계 각각에서 우리는 다양한 요소를 지원하는 이론 기반을 규명했다. 따라서 그 지식기반의 주요 측면 및 타당성의 근원을 신속하게 파악하는 것이 가능하다.

우리는 마지막으로 한마디를 덧붙이고 싶다. 이들 분류체계가 매우 종합적이고 포괄적이기는 하지만 완전하지는 않을 것이다. 언제든 여기에 포함되지 않은 교수설계 지식기반의 다른 측면이 제시될 수 있다. 이 분야는 복잡성과 변화하는 특성을 가지고 있기 때문이다.

1) 학습자와 학습 과정

대부분의 설계자들에게 있어 교수설계의 초점은 학습자와 학습 성과다. 여기에는 학습에 관여하는 많은 중요한 인간적 차원에 대한 이해뿐 아니라, 학습 과정의 복잡성에 대한 이해 역시 필요하다. 이러한 복잡성은 첫 교수설계 분류체계인 학습자와 학습 과정에서 설명된다.

학습자는 수업의 성공을 결정하는 데 있어 중요한 역할을 하는 교육훈련의 상황에 다양한 특성과 경험을 지닌 채 들어온다. 여기에는 그들의 배경과 역량을 요약적으로 보여 주는 표준 프로파일 요인과 학습에 강한 영향을 미치는 많은 태도적 요인이 포함된다. 이러한 태도가 학습의 동기부여에 영향을 준다. 학습자들은 또한 수업 상황에 이미 학습된 선수 기능과 지식을 지니고 온다. 이러한 출발점 기능은 특정 수업 경험의 내용뿐 아니라 학습자로서의 학습 기술과도 관련된다. 이러한 인지적 · 메타인지적 기능의 혼합은 교수-학습 상황의 성공에 매우 중요하다.

학습은 형식교육(formal education)이 시작된 이래 지속적으로 연구되어 왔지만, 학습이 실제로 무엇인지에 대해 합의된 바는 거의 없다. 이렇듯 다양한 입장은 서로 다른 철학적 및 이론적 지향성과 어떤 학습 성과가 가장 중요한지에 대한 상이한 관점에서 비롯된다. 이러한 논의가 계속됨에 따라 많은 학자들이 마음과 정신 과정을 연구해 왔으며, 최근에는 학습을 이해하는 노력의 일환으로 두뇌에 대한 연구를 진행하고 있다. 또한 사람이 다양한 환경에서 학습하고 수행하는 데 영향을 미치는 많은 요인들을 규명하고 이해하기 위해 실제의 교수-학습 상황을 연구해 왔다.

우리는 이러한 많은 요소들을 학습자와 학습 과정의 분류체계로서 〈표 10-1〉에 종합하여 제시하였다. 이 분류체계는 다음과 같은 여섯 가지의 1수준 요소들로 구성된다.

- 학습자의 프로파일 특성
- 학습자의 정의적 특성
- 학습자의 출발점 특성
- 학습의 관점
- 학습의 인지적 요소
- 학습에 영향을 주는 요인

〈표 10-1〉 교수설계 지식기반 분류체계: 학습자와 학습 과정 영역

1수준 요소	2수준 요소	지지하는 기반 이론
학습자의 프로파일 특성	능력	초기 교수이론, 수행성과 향상이론
	적성	초기 교수이론, 매체이론
	배경 경험	커뮤니케이션이론, 학습이론, 매체이론
	문화	커뮤니케이션이론
	인구통계학	커뮤니케이션이론, 일반체제이론, 매체이론
학습자의 정의적 특성	태도	커뮤니케이션이론, 초기 교수이론
	신념과 가치	조건기반이론, 구성주의 설계이론, 초기 교수이론, 일반체제이론
	학습 의욕	커뮤니케이션이론, 초기 교수이론
	기대	조건기반이론, 초기 교수이론, 학습이론
	동기부여	조건기반이론, 초기 교수이론, 학습이론
	인내와 노력	조건기반이론, 초기 교수이론
	만족	조건기반이론
	자기 조절적 체제	구성주의 설계이론, 학습이론
학습자의 출발점 특성	기존 멘탈 모형과 스키마	구성주의 설계이론, 일반체제이론, 학습이론
	선수 지식	조건기반이론, 구성주의 설계이론, 초기 교수이론, 수행성과 향상이론
	선수 학습 전략	조건기반이론
	자기 지식	구성주의 설계이론
	자기반성적 기능	구성주의 설계이론

학습의 관점	내용 목표의 대안적 유형	조건기반이론, 초기 교수이론
	행동 모형	학습이론
	스키마와 멘탈 모형의 구성	조건기반이론, 구성주의 설계이론, 학습이론
	일반화	조건기반이론, 학습이론
	개인적 지식 구성	조건기반이론, 구성주의 설계이론
	지식, 기능, 태도의 통합	조건기반이론
	집단 내에 분산된 새로운 지식	구성주의 설계이론, 매체이론
	강화제로 반응 강화하기	학습이론
	외적 사태로 촉발된 일련의 내적 조건 촉진하기	조건기반이론
	전이	조건기반이론, 학습이론, 수행성과 향상이론
학습의 인지적 요소	기억의 대안적 유형	학습이론
	주의 집중 메커니즘	커뮤니케이션이론, 조건기반이론, 학습이론
	기억 흔적	학습이론
	멘탈 스키마와 멘탈 모형	조건기반이론, 구성주의 설계이론, 학습이론
학습에 영향을 주는 요인	결과	조건기반이론, 학습이론, 수행성과 향상이론
	맥락	구성주의 설계이론, 학습이론, 매체이론
	안내	조건기반이론, 구성주의 설계이론
	정보 부하	커뮤니케이션이론, 학습이론
	동기와 인센티브	수행성과 향상이론
	메시지의 조직	학습이론
	연습	초기 교수이론, 학습이론
	준비도	학습이론
	강화	조건기반이론, 초기 교수이론, 학습이론
	인출 큐(cue)	학습이론
	보상	학습이론, 수행성과 향상이론
	주의 분산	커뮤니케이션이론
	학습 집중 시간	초기 교수이론
	학습 필요 시간	초기 교수이론

이러한 여섯 가지 범주들은 분류체계의 바탕을 제공하는 46개의 2수준 요소들에 의하여 지지된다. 예를 들면, 강화로 반응을 강화하기, 외적 사태로 촉진된 내적 조건 촉진하기, 개인적 지식 구성 지원하기를 포함하는 기초적인 문헌에서 몇 가지 학습 관점이 논의된다. 이들 관점은 2수준 요소에 포함된다.

2) 학습과 수행 맥락

교수설계 프로젝트는 영유아 교육부터 군대 훈련에 이르기까지 광범위한 환경에서 진행된다. 이렇듯 넓은 적용 영역은 맥락에 특별한 주의를 기울일 것을 요구한다. 교수-학습 환경상의 특성은 수업의 반응에 크게 영향을 미친다. 특히, 그 환경이 테크놀로지 기반일 때 더욱 그러하다. 이와 같이 수업이 진행되는 맥락이 중요한 것은 물론, 설계자는 수행이 기대되는 환경, 즉 직무 현장에서 수행되는가, 또는 사회적 환경에서 수행되는가에도 주의를 기울여야 한다. 또한 학습자들은 수업 전에 태도를 형성해 주는 환경에 의하여 크게 영향을 받는다.

설계자들은 학습과 수행에 가장 많은 영향을 미치는 맥락적 요인을 인식하고, 주의를 기울이는 데 숙달되어야 한다. 학습은 학습자의 배경과 사회문화적인 효과와 같은 내적 특성에 의하여 영향을 받지만, 집단 규모나 가용한 물리적 자원 및 재료와 같은 외적 조건에 의해서도 영향을 받는다.

업무 현장에서는 경영적 지원, 보상 또는 인센티브와 같은 요인을 다르게 활용함으로써 수행을 조절하기도 한다. 그러나 학습된 것의 전이는 학습 맥락과 수행 맥락 간의 유사성에 크게 의존하며, 사회문화적 특성과 같은 요인이 중요한 역할을 한다.

이번에도 우리는 〈표 10-2〉에 제시된 분류체계를 통해 학습과 수행 맥락 요소들을 통합하였다. 이 분류체계는 다음과 같이 네 가지의 1수준 요소들로 구성된다.

- 교수설계 상황
- 맥락의 유형
- 학습에 영향을 주는 맥락적 요인
- 수행성과에 영향을 주는 맥락적 요인

또한 이 네 가지 범주는 26개의 2수준 요소들에 의해서 지지된다.

〈표 10-2〉 교수설계 지식기반 분류체계: 학습과 수행성과 맥락 영역

1수준 요소	2수준 요소	지지하는 기반 이론
교수설계 상황	기업 및 산업	구성주의 설계이론, 초기 교수이론, 일반체제이론, 학습이론, 수행성과 향상이론
	지역사회 기관	
	정부와 군대	
	건강 관련 기관	
	고등교육	
	유아 및 K-12	
맥락의 유형	수업 맥락	구성주의 설계이론, 초기 교수이론, 일반체제이론, 학습이론
	지향적 맥락	일반체제이론, 학습이론, 수행성과 향상이론
	테크놀로지 기반 학습 환경	커뮤니케이션이론, 일반체제이론, 학습이론, 수행성과 향상이론
	전이와 수행성과 맥락	일반체제이론, 학습이론, 수행성과 향상이론
학습에 영향을 주는 맥락적 요인	실제적이고 복잡한 활동	조건기반이론, 구성주의 설계이론
	집단 규모	매체이론
	상호작용과 협력	커뮤니케이션이론, 구성주의 설계이론, 학습이론, 매체이론
	학습자의 배경과 특성	초기 교수이론, 학습이론
	장소와 환경	학습이론, 매체이론

	물리적 자원과 자료	커뮤니케이션이론, 일반체제이론, 매체이론, 수행성과 향상이론
	사회문화적 특성	커뮤니케이션이론, 구성주의 설계이론, 일반체제이론, 학습이론, 매체이론, 수행성과 향상이론
	가용한 지원	조건기반이론, 구성주의 설계이론, 학습이론, 매체이론
수행성과에 영향을 주는 맥락적 요인	외부적 영향과 제한점	일반체제이론, 학습이론
	보상과 인센티브	학습이론, 수행성과 향상이론
	관리자-감독자 지원	일반체제이론, 수행성과 향상이론
	물리적 자원과 자료	커뮤니케이션이론, 일반체제이론, 수행성과 향상이론
	일터에 대한 기능의 적절성	일반체제이론, 수행성과 향상이론
	투자회수 효과	수행성과 향상이론
	학습과 수행성과 맥락의 유사성	조건기반이론, 학습이론, 매체이론
	사회문화적 특성	커뮤니케이션이론, 구성주의 설계이론, 일반체제이론, 학습이론, 매체이론, 수행성과 향상이론

3) 내용 구조 및 계열

교수설계 과정에 있어서 또 다른 중요한 요소는 내용이다. 학습자들은 수업에서 '누구(who)'에 해당되며, 내용은 학습자들이 알아야 하고 할 수 있는 '무엇(what)'에 해당된다.

오래전부터 수업 내용은 다양한 방법으로 기술되었으며, 교수-학습 장면에서 언급되는 내용의 폭을 조직하고 설명하기 위하여 분류체계가 개발되었다. 대개의 경우, 내용은 수업에서의 과제, 기능, 학습 목표 유형의 관점에서 보아 왔다. 그러나 학습 과제는 다양한 방법으로 서술되었다. 예를 들어, 사실, 개념, 원리를 가르칠 때, 그 내용은 학습자에 따라 다르게 조직되고 제시될 것이다. 때로는 문제 해결과 같은 하나의 중요한 유형의 학습 과제를 위하여 분류체계를 개발하기도 한다.

수업 내용은 다루어지는 정보의 유형과 더불어 그 구조에 따라 유형화될 수도 있다. 구두언어든 시각언어든, 언어는 내용 구조의 주요한 구성 요소다. 그러나 내용의 양과 복잡성 역시 학습자가 배워서 궁극적으로 유지할 수 있는 정보의 양에 영향을 준다. 그러므로 설계자는 성공적인 이해를 촉진하기 위하여 얼마나 많은 내용이 어떠한 형태로 제시되는지를 점검해야 한다.

내용이 제시되는 순서도 수업 과정에서 중요한 역할을 한다. 이러한 내용의 계열화는 학습 과제의 증가하는 복잡성, 일련의 단계로 구성된 고유의 순서 또는 학습 활동의 추천된 순서 등을 포함하는 수많은 요인을 기초로 이루어진다. 부가적으로, 최근에 발달된 구성주의 학습 환경에서는 학습자가 내용의 계열화를 통제할 수 있다.

우리는 이러한 요소들을 〈표 10-3〉에 제시된 내용의 구조와 계열의 분류체계에 통합하였다. 이 분류체계는 다음과 같은 세 가지의 1수준 요소로 구성된다.

- 내용 분류체계
- 내용의 측면
- 계열화의 기초

또한 이 세 가지 범주는 18개의 상세한 요소들을 제공하는 2수준 요소에 의하여 지지된다.

〈표 10-3〉 교수설계 지식기반 분류체계: 내용 구조 및 계열 영역

1수준 요소	2수준 요소	지지하는 기반 이론
내용 분류체계	인지적 · 정의적 · 심체적 학습 과제	조건기반이론, 초기 교수이론
	사실, 개념, 원리, 절차	조건기반이론
	통합된 목표	조건기반이론
	기억하기, 사용하기, 찾기	조건기반이론
	언어 정보, 지적 기능, 인지전략, 운동 기능, 태도	조건기반이론
	잘 구조화된 또는 비구조화된 문제	조건기반이론, 구성주의 설계이론
내용의 측면	정보와 인지 부하	커뮤니케이션이론, 조건기반이론, 학습이론, 매체이론
	시각언어	커뮤니케이션이론, 학습이론, 매체이론
계열화의 기초	문자언어	조건기반이론, 커뮤니케이션이론, 학습이론
	내용의 정교화	조건기반이론
	일반성, 보기, 연습, 시험	조건기반이론
	학습 과제의 위계	조건기반이론, 초기 교수이론, 일반체제이론
	직무, 과제, 절차 순서	조건기반이론, 일반체제이론
	학습자 통제의 계열	구성주의 설계이론
	아홉 가지의 수업 사태	조건기반이론
	부분 과제와 전체 과제 전략	조건기반이론, 학습이론
	단순한 것에서 복잡한 것으로	조건기반이론, 초기 교수이론, 일반체제이론
	나선형 교육과정	조건기반이론, 초기 교수이론

4) 교수적 전략과 비교수적 전략

교수설계의 중요한 부분 중 하나는 목적을 달성하는 데 사용될 전략을 선정하고 창출하는 일이다. 설계자들은 폭넓게 기능하는 많은 다른 형태의 전략을 사용한다. 게다가 전략은 독특한 특성을 가질 수 있다. 이들 전략은 전형적으로 특정 유형의 수업을 수반한다. 우리는 교수전략을 두 집단으로

구분하였는데, 하나는 일반적인 전달 접근인 거시적 교수전략이고, 다른 하나는 개별 수업에 통합된, 보다 구체적인 전술인 미시적 교수전략이다.

때로 설계자들은 그들이 다루고 있는 문제가 교수적 해결책에 부합하지 않는다는 것을 깨닫는다. 데이터가 비교수적 해결책 혹은 교수적 접근과 비교수적 접근을 혼합한 해결책의 필요성을 보여 주기도 한다. 이러한 해결책은 수행성과 향상을 위한 전략이다. 우리는 이러한 전략의 포함이 교수설계 지식기반을 반영할 뿐 아니라, 복잡하고 긴급한 요구가 있는 현장에서 일하는 설계 실천가들의 일상적인 현실을 반영한다고 생각한다.

마지막으로 수업 과정을 도와주며, 결과적으로 학습과 수행성과를 촉진하는 다른 중요한 전략도 있다. 우리는 이들을 '촉진전략(facilitation strategy)'이라고 한다. 촉진전략은 e-러닝 환경이 풍부해지고, 설계자들 가운데 구성주의적 경향이 지배적이 됨에 따라서 점차적으로 중요해졌다. 요약하면, 교수적 · 비교수적 전략의 분류체계는 다음과 같이 여섯 가지의 1수준 요소를 포함한다.

- 전략 기능
- 전략 특성
- 거시적 교수전략
- 미시적 교수전략
- 수행성과 향상전략
- 촉진전략

분류체계에는 48개의 2수준 요소가 포함된다. 이들 요소는 전략에 관련된 지식기반 부분을 보다 상세하게 설명한다. 교수적 · 비교수적 전략의 전반적인 분류체계는 〈표 10-4〉에 제시하였다.

〈표 10-4〉 교수설계 지식기반 분류체계: 교수적 · 비교수적 전략 영역

1수준 요소	2수준 요소	지지하는 기반 이론
전략 기능	지식과 기능 습득	조건기반이론, 구성주의 설계이론, 학습이론, 수행성과 향상이론
	잡음 제거	커뮤니케이션이론
	직무/조직의 구조와 과정 개선	수행성과 향상이론
	동기부여 개선	조건기반이론, 수행성과 향상이론
	작업 환경 개선	수행성과 향상이론
	수업에 대한 학습자 통제의 증가	구성주의 설계이론, 초기 교수이론
	교수적 피드백 제공	커뮤니케이션이론, 조건기반이론, 학습이론
	학습자 안내 제공	구성주의 설계이론
	수행성과 피드백 제공	수행성과 향상이론
	수행성과 정보 제공	수행성과 향상이론
	이전의 학습 재생	조건기반이론, 구성주의 설계이론, 학습이론
	피드백 수용	커뮤니케이션이론
	주의 집중 및 초점	커뮤니케이션이론, 조건기반이론, 학습이론
전략 특성	행동, 그림, 상징을 통해 표상된 내용	초기 교수이론
	학습의 내적 조건에의 합치	조건기반이론
	학습 과제 유형의 합치	조건기반이론
거시적 교수전략	교수자 주도 교육훈련의 창출	조건기반이론, 초기 교수이론, 수행성과 향상이론
	개별화 수업 창출	초기 교수이론, 매체이론
	탐구학습 창출	초기 교수이론
	문제기반 학습 환경의 창출	구성주의 설계이론, 초기 교수이론, 학습이론
	컴퓨터 매개 수업 창출	조건기반이론, 구성주의 설계이론

미시적 교수전략	내용 묶기(chunking)	학습이론
	선행 조직자 창출	학습이론
	인지적 도제 창출	구성주의 설계이론
	기억술 창출	조건기반이론, 학습이론
	문제 지향 수업 창출	구성주의 설계이론, 학습이론
	실제적 활동과 사태 창출	구성주의 설계이론, 학습이론, 매체이론
	개별화 수업	초기 교수이론, 학습이론, 매체이론
	바람직한 행동 모형	학습이론
	구체적 경험 제공	구성주의 설계이론, 매체이론
	피드백 제공	조건기반이론, 초기 교수이론, 일반체제이론, 학습이론
	협력 제공	구성주의 설계이론
	학습자 동기부여	조건기반이론, 학습이론
	학습자 연습 제공	조건기반이론, 초기 교수이론, 학습이론
	강화 제공	학습이론, 초기 교수이론
	직접 및 발달적 교수 제공	조건기반이론, 초기 교수이론
	파지와 전이 제공	조건기반이론, 학습이론
	비계 형성(scaffolding) 지원 제공	구성주의 설계이론, 초기 교수이론
	바람직한 행동 조성	학습이론
수행성과 향상전략	수행성과 지원체제 창출	수행성과 향상이론
	자원과 도구 수정	수행성과 향상이론
	인센티브 제공	학습이론, 수행성과 향상이론
	직무 재설계	수행성과 향상이론
촉진전략	적극적 참여 촉진	구성주의 설계이론, 초기 교수이론, 매체이론
	커뮤니케이션 촉진	커뮤니케이션이론
	상호작용 촉진	커뮤니케이션이론, 구성주의 설계이론, 매체이론
	학습과 개인적 지식 구성 촉진	조건기반이론, 구성주의 설계이론
	온라인 커뮤니케이션 촉진	커뮤니케이션이론, 구성주의 설계이론, 매체이론

5) 매체 및 전달체제

매체는 항상 수업의 중요한 요소였지만, 오늘날과 같은 테크놀로지 주도 사회에서는 매체가 교수설계에서 훨씬 더 핵심적인 역할을 한다. 전통적인 인쇄기반 수업과 시청각 보조물에 더하여 컴퓨터가 지닌 많은 역량이 교수-학습의 새로운 길을 제공한다. 여기에는 상호작용적인 컴퓨터 기반 자료의 사용과 인터넷, 컴퓨터 기반 시뮬레이션, 사회적 네트워킹 도구의 적용이 포함된다. 훌륭한 설계자는 과학기술적으로 능숙하다.

그러나 매체 선정은 단순한 과정이 아니다. 설계자들은 매체를 결정할 때 수많은 요인을 고려해야 한다. 이들 요인에는 내용의 특징, 기대되는 상호작용 유형, 매체가 보완해 줄 전략과 같은 교수적 이슈가 포함된다. 그리고 테크놀로지 관리 이슈와 같은 환경적인 고려 사항도 있다.

매체를 선정하고 사용할 때는 물론 학습자들이 중요한 고려 사항이다. 매체를 사용한 학습(learning with media)은 학습자의 선수 지식, 능력 그리고 이전 경험에 의해 촉진 혹은 방해가 된다. 태도와 문화 같은 정의적 요소 역시 매체 활용에 영향을 준다.

매체는 독자적인 도구가 아니다. 오히려 매체는 보다 폭넓은 수업 전달체제에 통합된다. 현재 사용되고 있는 일반적인 전달체제에는 개별화 수업, 교수자 주도 또는 촉진 수업뿐 아니라, 온라인 학습과 컴퓨터 매개 환경이 포함된다. 설계자들은 교수적 해결책을 창출할 때 매체와 이러한 전달체제 간의 상호작용을 고려해야 한다. 고려할 요인은 비용, 정비, 시설 요건과 같은 경영상의 요인도 있고, 필요한 커뮤니케이션 통로나 특별한 매체의 역량과 같은 기본적인 교수적 이슈도 있다.

매체와 전달체제 요소에 대한 종합적인 구성은 〈표 10-5〉에 제시된 분류체계에서 볼 수 있다. 이 분류체계는 다섯 가지의 1수준 요소로 구성된다.

〈표 10-5〉 교수설계 지식기반 분류체계: 매체 및 전달체제 영역

1수준 요소	2수준 요소	지지하는 기반 이론
교수 매체의 유형	컴퓨터 기반 자료	커뮤니케이션이론, 조건기반이론, 구성주의 설계이론, 학습이론, 매체이론
	인터넷과 월드와이드웹	커뮤니케이션이론, 구성주의 설계이론, 학습이론, 매체이론
	인쇄 자료	커뮤니케이션이론, 매체이론
	시뮬레이션과 가상현실	커뮤니케이션이론, 조건기반이론, 구성주의 설계이론, 매체이론
	사회적 네트워킹 도구	커뮤니케이션이론, 구성주의 설계이론, 매체이론
	텔레비전과 영화	커뮤니케이션이론, 매체이론
매체 선정 모형의 주요 요소	내용	매체이론
	큐(cue)	매체이론
	환경	매체이론
	교수전략	매체이론
	상호작용	매체이론
	학습자 특성	매체이론
	관리	매체이론
	상징체제	매체이론
매체 활용과 관련된 학습자의 특성	태도	커뮤니케이션이론, 학습이론
	문화	커뮤니케이션이론, 구성주의 설계이론
	지각	커뮤니케이션이론, 구성주의 설계이론, 학습이론,
	정보처리 역량	커뮤니케이션이론, 학습이론
	선수 지식과 경험	커뮤니케이션이론, 구성주의 설계이론, 초기 교수이론, 학습이론
	프로파일 특성과 배경	커뮤니케이션이론, 조건기반이론, 구성주의 설계이론, 초기 교수이론, 학습이론

전달체제의 유형	컴퓨터 매개	커뮤니케이션이론, 조건기반이론, 구성주의 설계이론, 매체이론, 학습이론
	개별화	조건기반이론, 초기 교수이론, 학습이론
	교수자 주도 또는 촉진	커뮤니케이션이론, 조건기반이론, 초기 교수이론, 학습이론, 수행성과 향상이론
	온라인	커뮤니케이션이론, 조건기반이론, 구성주의 설계이론, 매체이론
매체와 전달체제 활용에 관련된 요인	매체 속성과 역량	매체이론
	커뮤니케이션 통로	커뮤니케이션이론
	비용	매체이론
	언어	커뮤니케이션이론
	유지와 테크놀로지 지원	매체이론
	메시지 설계	커뮤니케이션이론
	자원과 시설	매체이론

- 교수 매체의 유형
- 매체 선정 모형의 주요 요소
- 매체 활용과 관련된 학습자의 특성
- 전달체제의 유형
- 매체와 전달체제 활용에 관련된 요인

또한 이러한 다섯 가지 범주는 31개의 2수준 요소에 의하여 지지된다.

6) 설계자와 설계 과정

교수설계 지식기반의 마지막 영역은 설계자와 설계 과정과 관련이 있다. 설계자들은 교수설계 영역의 두 번째 '누구(who)'에 해당하며, 설계 과정은 '어떻게(how)'에 해당한다. 설계자들은 교수설계 과정을 조율하므로, 이들의 배경과 기술은 프로젝트의 성공에서 중요하다. 설계자의 중요한 특성으로는 설계 과정에 관련되는 모든 이해관계자들과 상호작용하는 능력 그리고 프로젝트 진행 중 또는 완료 시에 설계 과제의 다양한 측면을 성찰하는 능력이 있다. 이러한 전문성은 교수설계 과정과 관련한 학위 과정상의 교육 경험과 더불어 과거 설계 경험의 질과 깊이에 따라 달라진다.

교수설계 그 자체는 다양한 관점에서 바라볼 수 있다. 대부분은 일반적인 체제 접근으로 파악하지만, 어떤 경우에는 순환적 접근 또는 모든 이해관계자를 참여시키는 접근에 의존한다. 또한 메시지 설계, 동기 설계, 속성 원형 개발(rapid prototyping)과 같은 보다 전문화된 설계 과정도 있다. 그러나 설계에 대한 일반적인 지향성은 비록 다른 방식으로 나타날 수는 있으나 동일한 요소들을 다룬다.

그 첫 번째 요소는 분석(analysis)이다. 분석은 설계 프로젝트의 다양한 측면을 다루는 단계다. 분석은 학습되어야 하는 직무와 이들이 실제 업무 환경에서 어떻게 완수되는가에 집중함으로써 학습 과제 자체를 검토하는 것을 포함한다. 또는 가용 자원, 비용, 조직의 문제를 포함하는 학습과 수행 환경의 분석이 될 수도 있으며, 대부분의 교수설계 프로젝트의 초점인 학습자의 분석일 수도 있다.

설계자가 수행해야 하는 다른 구체적인 과제도 있다. 예를 들면, 설계자는 보통 수행 목표와 행동 목표를 개발하고, 매체를 선정하며, 수업을 계열화하는 데 관여한다. 그러나 대부분의 시간은 학습을 촉진할 수 있는 교수 전략과 활동을 고안하는 데 사용된다. 오늘날 설계자들은 조직의 수행성과 문제를 해결하기 위한 비교수적 해결책을 고안하는 데도 일상적으로 관여한다.

설계 과정의 마지막 요소는 수업의 사정과 평가의 절차 및 도구를 결정하고 창출하는 일이다. 여기에는 구체적인 준거 지향 검사 문항을 개발하거나 일반적인 탈목적적(goal-free) 또는 개방형 사정을 위한 절차를 규명하는 일도 포함된다. 교수설계 과정에서 중요한 요소는 학습자의 지식 및 수행성과와 함께 수업의 효과성을 측정하는 일이다. 이 평가는 설계 과정 중 혹은 이후에 일어날 수 있다.

멀티미디어 설계와 제작은 오늘날의 시장에서 점차 중요해지고 있다. 이 과정은 전달 방법으로 컴퓨터와 인터넷뿐 아니라, 컴퓨터 기반 설계 도구와 기법을 사용하는 것 역시 포함한다. 시각언어를 사용하거나 학생의 주의를 집중시키는 것과 같이 일반적인 설계 요소는 종종 테크놀로지 증강 환경에서 새로운 의미를 지닌다.

〈표 10-6〉에 제시된 설계자와 설계 과정의 분류체계에 이러한 많은 요소를 종합하였다. 이 분류체계는 여섯 가지의 1수준 요소로 구성된다.

- 설계자 특성
- 설계를 위한 일반적 접근
- 분석 대상
- 과제 설계
- 사정과 평가의 유형
- 멀티미디어 설계와 개발

또한 이러한 여섯 가지 범주는 38개의 2수준 요소에 의하여 지지된다.

〈표 10-6〉 교수설계 지식기반 분류체계: 설계자와 설계 과정 영역

1수준 요소	2수준 요소	지지하는 기반 이론
설계자의 특성	커뮤니케이션 능력	커뮤니케이션이론, 구성주의 설계이론
	참여 촉진 능력	구성주의 설계이론
	성찰 능력	구성주의 설계이론
	경험 설계	구성주의 설계이론, 수행성과 향상이론
	전문성과 역량 설계	구성주의 설계이론, 일반체제이론, 수행성과 향상이론
설계를 위한 일반적 접근	교수체제 설계	초기 교수이론, 일반체제이론, 수행성과 향상이론
	메시지 설계	커뮤니케이션이론, 학습이론, 매체이론
	동기 설계	조건기반이론, 학습이론
	참여적 설계	구성주의 설계이론
	속성 원형 개발(rapid prototyping)	일반체제이론
	순환적 · 성찰적 설계	구성주의 설계이론
분석 대상	실제적 과제	구성주의 설계이론
	인지적 과제	학습이론
	내용과 개념	조건기반이론, 구성주의 설계이론, 일반체제이론, 학습이론
	맥락과 환경	구성주의 설계이론, 일반체제이론, 학습이론, 수행성과 향상이론
	직무, 과제, 수행성과	일반체제이론, 초기 교수이론, 수행성과 향상이론
	학습자 특성	조건기반이론, 구성주의 설계이론, 일반체제이론, 초기 교수이론
	조직과 비용	일반체제이론, 수행성과 향상이론
	수행성과의 차이	일반체제이론, 수행성과 향상이론
	문제와 문제의 원인	구성주의 설계이론, 일반체제이론, 수행성과 향상이론

과제 설계	행동 목표 창출	일반체제이론, 초기 교수이론, 학습이론
	수행성과 목표 창출	일반체제이론, 수행성과 향상이론
	비교수적 해결책 창출과 선정	일반체제이론, 수행성과 향상이론
	학습자 안내 활동의 창출과 선정	조건기반이론, 구성주의 설계이론, 학습이론
	교수전략의 창출과 선정	조건기반이론, 구성주의 설계이론, 학습이론, 매체이론, 수행성과 향상이론
	학습과 수행성과의 사정과 평가를 위한 계획	조건기반이론, 구성주의 설계이론, 일반체제이론, 수행성과 향상이론
	전략 실행을 위한 매체 선정	조건기반이론, 일반체제이론, 학습이론, 매체이론
	수업 계열화	초기 교수이론, 학습이론, 조건기반이론
사정과 평가의 유형	확인평가	일반체제이론, 수행성과 향상이론
	준거 지향 검사 문항	일반체제이론, 학습이론
	형성평가	일반체제이론, 수행성과 향상이론
	탈목적적 및 개방형 사정	구성주의 설계이론
	총괄평가	일반체제이론, 수행성과 향상이론
멀티미디어 설계와 개발	학습 객체 창출	일반체제이론
	온라인 학습 창출	매체이론
	학습자의 주의 집중 확보	커뮤니케이션이론, 매체이론
	컴퓨터 기반 설계 도구 사용	조건기반이론
	시각언어 사용	커뮤니케이션이론, 매체이론

3. 교수설계 지식기반 분류체계의 사용

전체적으로 이상의 여섯 가지 교수설계 영역의 분류체계는 학자와 실천가에게 교수설계 지식기반의 개념적 모형을 제공한다. 이는 연구와 이론의 통합체로, 이론이 수업의 설계에 적용되는 방식을 반영한다. 이 분류체계는 설계자와 연구자들에게 이 분야에 대한 하나의 관점을 제시해 주는 안내자로서의 역할을 수행한다. 우리는 이들 기능을 각각 탐구할 것이다.

1) 실제를 정의하기 위해 교수설계 분류체계 사용하기

우리는 교수설계를 매우 복잡한 과정으로 정의해 왔다. 교수설계 과정에는 많은 단계와 의사결정이 있을 뿐 아니라 많은 참여자, 작업 환경 그리고 자원이 작용한다. 전체적으로 여섯 가지의 교수설계 영역 분류체계는 전체 설계 업무에 대한 구체적인 모형을 제공한다. 이 분류표는 교수설계의 필수적인 요소밖에 담지 못했지만, 그럼에도 불구하고 과제의 범위와 복잡성은 유지하였으며, 학습자, 설계자, 내용, 맥락 그리고 가용한 자원의 영향을 반영한다.

2수준 요소는 다음과 같이 제시할 수 있다.

- 교수설계의 과제와 하위 과제(예: 연습 기회 제공, 직무, 과제, 절차 관점에서의 수업 계열화)
- 교수설계 의사결정의 요소(예: 학습자 문화, 투자회수 효과)
- 교수설계의 선택(예: 컴퓨터 매개 학습 환경 창출, 시각언어 사용)
- 대안적 접근(예: 수행 지원체제 창출, 참여적 설계, 개방형 사정)

따라서 이러한 지식기반 분류체계는 비록 이론에서 유래하였더라도 여러 장면의 교수설계 실천에 실제적인 가이드로 사용될 수 있다. 분류표는 실천가들에게 또 하나의 서비스를 제공한다. 즉, 각 요소를 지지하는 이론적 기반을 통하여 각각의 의사결정 과정에서 간결하고 타당한 근거를 제공한다. 이것이 지식기반의 '방법(know why)'이며, 교수설계를 잘 모르는 사람들에게 의사결정을 정당화해야 하는 최전방에 있는 교수설계자들에게 방어 무기를 제공한다. 교수설계 분류체계의 모든 요소는 어느 정도 이론적 지지를 기반으로 하고 있지만, 그 지지의 정도는 다르다. 어떤 경우에는 (인출 큐나 직무 재설계와 같은 경우) 하나의 2수준 요소가 오직 하나의 이론기반 지원을 받는데, 이 지원이 논리적이고 적합할 수 있다.

2) 연구 길잡이로서 교수설계 분류체계 사용하기

이 책을 통하여 우리는 연구를 강조해 왔는데, 여기에는 지식기반을 형성하는 다양한 이론의 기본적 연구 기초, 이론의 교수설계 적용을 지원하는 연구, 분야를 발전시키는 데 필요한 부가적인 연구가 포함된다. 영역 분류체계는 여러 가지 방법으로 적극적인 연구자들을 도울 수 있다.

교수설계 분야 자체에 대한 정의로서의 역할을 수행하는 것에 더하여 우리는 다양한 분류체계 요소들(특히 2수준 요소)을 연구 및 이론 구축 과정에서 다루어지는 변인으로 간주할 수 있다. 이상적인 세계에서는 이 변인들 각각이 굳건한 실증적 기반에 의해 지지되어야 할 것이다. 어떤 경우에는 이런 기초가 이미 존재한다. 그러나 이런 경우조차도 새로운 교수설계 맥락은 추가적인 연구를 위한 탁월한 근거를 제공한다. 예를 들면, 피드백의 사용에 대해서는 이미 충분한 연구기반이 있지만, 상호작용적인 온라인 학습 환경에서라면 피드백의 사용을 더 연구해야 하는 충분한 이유가 있을 수 있다. 수행 지원체제와 같은 다른 변인은 소수의 관련 연구만 있으므로, 엄격한 실증적 연구를 실시해야 하는 명백한 대상이 된다. 분류체계는 연구가 요구되는 영역이 무엇인지를 강조한다. 항상 분명하지 않은 것은 기초 이론 그 자체가 튼튼한 연구기반을 가지고 있는지의 여부다. 이 문제는 앞선 논의에서 이미 강조했다(예를 들면, 수행성과 향상 모형과 구성주의 설계 이론에 대하여). 이러한 상황에서는 추가적인 연구가 매우 중요하다.

여섯 가지 교수설계 분류체계에서 언급된 변인 또한 교수설계 연구에 대한 노력의 체계적인 반복을 촉진할 수 있다. 기존 연구를 복제하는 것은 우리 분야에서 평가절하되지만, 교수설계이론의 확고한 실증적 기초를 설립하는 데는 필요한 일이다. 분류체계 구조는 연구에 대한 노력을 조직화하는 데 도움이 되며, 특정 변인이 반복적으로 연구된 정도를 측정하는 데 사용될 수 있다.

교수설계 연구자들은 또한 지식기반의 차이(gap)에 주의를 기울여야 한다. 이 차이는 교수설계 과정에 영향을 미치는 합법적인 요소들이 빠져 있는 것으로 나타난 영역 분류표의 부분이다. 이 차이는 분야의 과학기술적이고 절차적인 발전 때문에, 그리고 새로운 사고방식 때문에 구체화되어 왔을 수도 있다. 그래서 연구는 교수-학습 과정에서 또는 조직 향상에서 빠진 요인들의 역할을 실증적으로 입증할 필요가 있다.

물론 이러한 추가적인 연구는 교수설계 영역의 분류체계 없이도 진행될 수 있다. 그러나 "이 분류체계가 다양한 형태를 관리 가능한 몇몇 유형으로 단순화시키기" (Lyman et al., 2002, p. 14) 때문에 그 과정을 촉진할 수 있다. 우리가 교수설계에 대하여 아는 것을 단순하게 묘사함으로써, 더 연구되어야 할 영역과 이미 실증적으로 검증되어 온 주제들을 훨씬 쉽게 인식할 수 있게 된다.

4. 정리하며

이 책에서는 교수설계의 기초를 제공하는 다음 여덟 가지의 이론 영역을 요약했다.

- 일반체제이론
- 커뮤니케이션이론
- 학습이론
- 초기 교수이론
- 매체이론

- 조건기반이론
- 구성주의 설계이론
- 수행성과 향상이론

이들 이론은 기타 유관 학문에서 유래한 광범위한 사고를 포함한다. 우리는 각각의 이론과 관련 기초 연구, 철학적 방향을 탐구했다. 또한 이러한 이론들이 교수설계에 영향을 미칠 수 있는 전통적인 접근과 최신의 접근에 대해 기술하였으며, 이 분야를 발전시킬 수 있는 교수설계 연구와 관련하여 제언을 제공하였다.

이론, 연구, 실천에 대한 이러한 탐구의 궁극적인 목적은 교수설계 지식기반을 기술하는 것이다. 이것은 이 분야에 존재하는 다양한 태도와 입장을 아우르는 폭넓은 지식기반이다. 또한 사실적 · 과학적 · 절차적 지식을 포함할 정도로 매우 포괄적이기도 하다. 게다가 교수설계 지식기반은 이론과 실제 사이의 단호한 연계를 보여 준다. 우리는 우리의 지식기반 탐구가 이러한 준거를 충족시킨다고 생각한다. 그러나 우리는 또한 이 책에서 교수설계의 연구와 이론 그리고 분야에 대해 진술하고 있다. 우리는 다음과 같이 믿는다.

- 실증적 연구에 의하여 타당화된 이론은 교수설계상의 의사결정에 있어 최적의 기초가 된다.
- 교수설계의 전문성은 기술적이고 절차적인 기능과 더불어 연구와 이론에 대한 지식에 따라 달라진다.
- 교수설계 분야의 미래는 우리의 이론뿐 아니라, 학자들의 탐구, 호기심, 독창성의 질과 설계자의 상상력 그리고 창의성에 달려 있다.

용어 해설

- **4C-ID(Four-Component Instructional Design)** Jeroen van Merriënboer가 개발한 교수 설계 모형으로, 복잡한 학습을 구성하는 기능의 통합 및 조율에 초점을 맞춤
- **4수준 평가 모형(Four-Level Model of Evaluation)** Donald Kirkpatrick이 교육훈련 프로그램의 효과를 판단하는 것을 지원하기 위해 개발한 접근으로, 반응 · 학습 · 행동 · 결과에 대한 평가가 포함됨
- **가상현실(Virtual Reality: VR)** 현실 혹은 상상 속의 세계를 구현한 컴퓨터 기반 환경으로, 시각 · 청각 · 촉각 경험을 제공함
- **감각기억(Sensory Memory)** 처음 인지된 정보를 잠시 유지시키는 것으로서 일반적으로 시각적 혹은 청각적 형태를 가짐
- **강화(Reinforcement)** 반응이 다시 일어날 확률을 증가시키는 자극
- **개념(Concept)** 공통적인 특징을 가지고 있는 사실, 객체 혹은 사건의 한 분류에 부여된 이름 혹은 표현(Morrison et al., 2007, p. 430)
- **개념 모형(Conceptual Model)** 일반적으로 경험, 연역적 논리, 관찰을 통한 추론에 의해 지지되는 실재(reality)에 대한 특정한 관점의 일반적 · 언어적 표현
- **개발(Development)** 설계 명세서를 물리적인 형태로 변환하는 과정(Seels & Richey, 1994, p. 127)
- **개방체제(Open System)** "환경으로부터 투입물을 받고, 시스템 내에서 조작을 통해 변형시키고, 환경에 산출물을 제공하고, 이러한 기능이 얼마나 잘 수행되었는지에 대한 피드백을 받는"(Rothwell & Kazanas, 2004, p. 11) 사람, 객체, 과정의 조직화된 구조
- **개방형 평가(Open-Ended Assessment)** 여러 가지 정답이 가능한 테스트 상황으로서 학습자가 이해했는지, 스스로 구성한 지식을 사용할 수 있는지를 결정하기 위해 주로 사용됨
- **개별화 수업(Individualized Instruction)** 일반적인 교수전략으로, 교수 내용, 교수 자료

혹은 학습 속도 등이 개인차에 맞춰 학습자에 따라 달라질 수 있음

- **개인적 구성주의(Individual Constructivism)** 학습은 "지식에 대한 개인적 해석의 결과" (Smith & Ragan, 2005, p. 19)이고, 인지적 재조직이라는 신념
- **객관주의(Objectivism)** 실재는 개인의 해석과는 독립적으로 존재한다고 주장하는 철학적 관점
- **검증 피드백(Verification Feedback)** 반응의 옳고 그름을 확인해 주는 정보
- **격차 분석(Gap Analysis)** 바람직하고 이상적인 수행과 현재의 수행 사이의 차이를 규명하고 우선순위를 매기는 과정
- **경성 비계(Hard Scaffold)** 미리 계획되고 예상된 학생의 어려움에 기반한 정적인 학습자 지원
- **경험주의(Empiricism)** 지식은 경험으로부터 나오고, 감각 및 관찰을 통해 획득된다고 보는 철학적 사조
- **계열화(Sequencing)** 교수 내용 및 활동의 순서를 정하는 과정
- **과정 컨설팅(Process Consulting)** "주로 조직의 업무 개혁(reengineering) 혹은 재구조화(restructuring)를 포함하고, 절차를 수정하게 되는" 제안을 찾고 제공하는 방법
- **과제 분석(Task Analysis)** 특정 직무 혹은 절차가 어떻게 수행되는지 결정하기 위해 활용하는 과정으로, 일반적으로 가르칠 내용을 확인하기 위한 방법으로 사용됨
- **관념주의(Idealism)** 현실은 마음 또는 사람의 생각에 근거한다는 점을 주장하는 철학적 관점, 통상적으로 사실주의에 반대되는 개념
- **교수 교류(Instructional Transaction)** 교수체제와 학습자 간 공동의, 역동적인, 실시간 정보의 교환(Merrill, Li, & Jones, 1990, p. 9). 일반적으로 다양한 전시와 학습자와의 다양한 상호작용으로 구성됨
- **교수 맥락(Instructional Context)** 교수와 학습이 일어나는 설정과 환경
- **교수 기계(Teaching Machine)** 수업을 전달하고, 지식 습득을 측정하며, 즉각적인 피드백을 제공하는 기계 장치로서, 프로그램 교수(programmed instruction)를 수반하는 경우가 많음
- **교수설계(Instructional Design)** 학습과 수행을 촉진하는 상황을 개발·평가·관리하기 위한 구체적 조건을 창조하는 기술이자 예술
- **교수전략(Instructional Strategy)** 정해진 학습 목표를 달성하도록 설계된, 사전에 계획된

활동의 배열

- **교수체제 설계**(Instructional Systems Design: ISD) 교수 자료 혹은 프로그램을 개발하기 위한 조직화된 절차로 (배워야 하는 것을 정의하는) 분석, (학습이 어떻게 일어나야 하는지를 구체화하는) 설계, (자료를 생산 혹은 저작하는) 개발, (자료 또는 전략을 맥락 안에서 사용하는) 실행, (교수의 적합성을 판단하는) 평가 단계를 포함함(Seels & Richey, 1994, p. 129)
- **교육과정 연속성**(Curriculum Continuity) 학습자가 중요한 개념과 목표를 학습할 수 있도록 교수와 연습이 지속적으로 반복되어야 한다는 제안
- **교육과정 통합성**(Curriculum Integration) 특정한 교과에서의 목표와 경험을 다른 콘텐츠 영역과 관련짓는 과정
- **구성주의**(Constructivism) 지식은 개인적으로 구성되고, 각자에게 고유한 것이라고 보는 철학적 관점. 또한 경험과 그 경험의 맥락으로부터 의미를 추출하는 적극적인 학습자에 의해 개인적인 지식이 구성되기 때문에 학습이 일어나는 것이라고 주장하는 학파
- **구조적 지식**(Structural Knowledge) 특정 영역 내의 개념이 어떻게 서로 관련되는지에 대한 지식(Jonassen, Beissener, & Yacci, 1993, p. 4)
- **구조화된 문제**(Well-Structured Problem) 정해진 분량의 개념, 규칙, 원리의 적용을 요하는 알려진 해답이 있는 문제 상황
- **국제화 수업**(Globalized Instruction) 문화와 무관하게 어떤 집단의 학습자에게도 적용할 수 있는 교수-학습 자료
- **기억**(Memory) 과정의 경험을 파지하고 회상해 내는 능력(Seel, 2008, p. 40)
- **기억술**(Mnemonics) 장기기억으로부터 정보를 회상하기 위해 사용되는, 유의미하고 주로 스스로 생성해 낸 단서
- **기억 흔적**(Memory Trace) 정보의 인지 및 부호화를 통해 얻어진 과거의 사건에 대한 현재 상태의 표상. 과거의 자극에 대한 반응으로부터 뇌에 생겨난 가설적인 생화학적 변화
- **기호 모형**(Symbolic Model) 사물을 그래픽으로 표상한 것으로서, 분석 및 계획에 활용되는 절차를 수학적으로 나타냄
- **기호체계**(Symbol System) 정보가 구조화되고 제시되는 방식으로서, 물리적·문화적·심리적 표상을 포함할 수 있음
- **나선형 교육과정**(Spiral Curriculum) 학생들이 내용을 충분히 파악할 때까지 반복적으로 기본적인 아이디어를 다루고 구축하는 수업 프로그램

- 내부 요약자(Internal Summarizer) 수업 내용에 대한 복습, 제시된 아이디어의 구체적 예시, 자가 진단 연습 상황 등 수업 마지막 부분에 이루어지는 일련의 활동. 정교화 이론의 한 구성 요소
- 내부 종합자(Internal Synthesizer) 수업에서 제시된 다양한 아이디어 간의 관계를 보여주는 수업의 한 부분. 정교화 이론의 한 구성 요소
- 내용 비계(Content Scaffold) 주요 용어와 원리에 학습자의 주의를 유도하는 도구와 같이, 내용에 대한 학습자의 이해를 지원하기 위해 사용되는 방법
- 내재적 인지 부하(Intrinsic Cognitive Load) 자료의 본질적 특성과 난이도로 인해 메시지 구조가 인지 처리 과정에 영향을 미치는 것
- 논리적 그림(Logical Picture) 사실적 정보를 제시하는 시각 자료(예: 지도)
- 논리적 실증주의(Logical Positivism) 진실을 판단하기 위해 감각적 정보의 사용을 강조하는 철학
- 다중 채널 수업(Multi-Channel Instruction) 전형적으로 청각과 시각을 모두 포함하여 하나 이상의 도구 혹은 매체를 통해 메시지를 전달하는 교수-학습 활동
- 단기기억(Short-Term Memory) '작동기억(Working Memory)' 참조
- 동시적 학습(Synchronous Learning) 상호작용이 실시간으로 이루어지는 의사소통의 한 형태로서 화상 통화 및 채팅 등의 도구를 활용함(Klein et al., 2004, p. 129)
- 동일 결과성(Equifinality) 하나의 시스템이 주변 환경과 상호작용을 통하여 최종 목적에 도달하는 과정
- 리치 미디어(Rich Media) 즉각적 피드백, 다중 채널 큐, 언어의 다양성, 개인적 초점을 제공함으로써 커뮤니케이션 과정을 제고할 수 있는 첨단 테크놀로지
- 마이크로 수준 기획(Micro-Level Planning) 조직의 성과와 그 성과가 조직 내 개인 혹은 소규모 그룹에 미치는 결과에 대한 운영상의 진단
- 매체(Media) 이를 통해 학습자에게 교수가 제시되는 물리적 도구
- 매체 생태학(Media Ecology) 미디어는 단지 도구가 아니라 인식, 상호작용, 사회적 행동을 형성하는 환경이라고 보는 철학적 · 이론적 입장
- 매크로 수준 기획(Macro-Level Planning) 조직의 성과 및 조직이 고객에게 무엇을 제공해야 하는가에 대한 전술적 진단
- 맥락 데이터(Context Data) 설계와 개발이 이루어지는, 또는 처방이 실행되는, 혹은 지

식과 기술이 적용되는 상황 및 환경과 관련된 정보

- **맥락 분석**(Contextual Analysis) 설계와 개발 상황 혹은 환경의 중요한 요소를 확인하는 체계적 과정
- **멀티미디어**(Multimedia) 여러 가지 다양한 전달 자원과 도구를 사용하는 교수 자료로, 일반적으로 컴퓨터 기술을 활용함
- **메가 수준 기획**(Mega-Level Planning) 조직에 대한, 그리고 그 조직이 외부 고객 및 사회에 미치는 영향에 대한 전략적 진단
- **메시지 설계**(Message Design) 메시지의 물리적 형태의 조작에 대한 계획(Grabowski, 1995, p. 226)
- **메타 분석**(Meta-Analysis) 연구 결과를 통합하기 위한 목적으로, 많은 개별 연구의 분석 결과를 수집하여 통계적으로 분석하는 것
- **메타인지적 비계**(Meta-Cognitive Scaffold) 학습자가 학습 활동을 계획 및 모니터하며, 자신의 학습을 평가하고 성찰하는 것을 촉진하기 위해 설계된 기제(mechanism)
- **멘탈 모형**(Mental Model) '스키마' 참조
- **모형**(Model) 실제에 대한 이상적이고 단순화된 관점의 표현으로서, 어느 정도의 구조와 순서를 가지고 제시됨. 또는 기대되는 행동의 시범
- **몰입 테크놀로지**(Immersive Technology) 시뮬레이션, 게임, 가상현실, 온라인 세계와 같이 현실 세계를 복제하는 장치
- **문제 중심 학습**(Problem-Based Learning: PBL) 중요하고도 맥락화된, 실세계의 비구조화된 상황을 제시하고, 자원, 안내, 교수, 성찰의 기회를 학습자에게 제공하여 학습자가 내용 지식과 문제 해결 능력을 개발하도록 하는 학습자 중심의 교육 전략
- **문제 해결**(Problem Solving) 규칙의 학습 및 스키마를 기반으로 하는 고차적 학습 성과로, 새로운 지식과 새로운 인지 전략뿐 아니라 딜레마의 해결을 도출함
- **반개인주의**(Anti-Individualism) 개인이 행위와 신념을 결정하는 데 있어서 물리적 · 사회적 환경의 역할을 강조하는 철학
- **반복적 기술**(Recurrent Skill) 유사한 상황에 적용될 수 있는 복잡한 과제 수행의 일상적 측면
- **발견학습**(Discovery Learning) 학습자에게 공식적으로 정보를 제공하는 대신 미리 계획된 일련의 활동을 통해 학습자를 사전에 처방된 학습 내용 및 결론에 도달하게 하는 교수

방법

- **변화관리(Change Management)** 대단위의 조직적인 수행 문제를 다룰 때 전형적으로 나타나는 것으로, 리더십 개발, 문제 해결, 프로세스 컨설팅을 포함하는 과정
- **복잡한 학습(Complex Learning)** 지식 · 기술 · 태도의 통합. 질적으로 다른 구성 기술들의 조화 또한 학교 혹은 훈련 상황에서 학습한 것이 일상과 직무 상황으로 전이되는 것(van Merriënboer & Kirschner, 2007, p. 4)
- **부분 과제 계열화 전략(Part-Task Sequencing Strategy)** 하나의 복잡한 과제를 구성 부분으로 나누어 각각의 부분이 개별적으로 교수된 후 하나의 전체 과제로 통합될 수 있도록 하는 교수 계열화
- **부적 강화(Negative Reinforcement)** 불쾌한 자극을 제거하여 바람직한 반응의 가능성을 증가시키는 과정
- **부적 피드백(Negative Feedback)** 시스템이 계속해서 진행되고, 일정한 생산물을 유지하여 안정적인 방식으로 기능하도록 하는 정보
- **부호화(Encoding)** 아이디어를 언어로 바꾸어 소통하는 과정으로서, 문자언어(written)와 시각언어(visual)가 전형적인 예임
- **분류학(Taxonomy)** 데이터 간의 관계를 명시하기 위해 이들을 분류하여 위계화하는 것
- **분산 인지(Distributed Cognition)** 학습된 정보가 특정 개인에게 국한되기보다는 집단 구성원 간에 공유되는 상황
- **비계(Scaffold)** 학습자의 능력을 새로운 영역으로 확장시키는 동시에 독립적인 사고를 가능하게 하는 지원을 제공하는 메커니즘
- **비구조화 문제(Ill-Structured Problem)** 다양한 해결책, 미지의 요소, 개념 · 규칙 · 원리 간에 비일관적인 관계를 가지고 있는 딜레마
- **비동시적 학습(Asynchronous Learning)** 학습자와 교수자 간의 의사소통이 동시적 혹은 실시간으로 이루어지지 않는 환경(Spector, Merrill, van Merriënboer, & Driscoll, 2008, p. 817)
- **비반복적 기술(Nonrecurrent Skill)** 복잡한 과제 수행에 있어 참신한 측면으로서, 주어진 문제 상황에 고유한 것
- **사실주의(Realism)** 지각된 사물 혹은 대상(sensed object)은 세상에 존재하는 것에 대한 표상이며, 마음과는 독립적인 것으로 간주하는 철학적 지향점. 이상주의의 반대
- **사회적 구성주의(Social Constructivism)** "효과적인 학습은 이 세상에 존재하는 사람 및

사물과의 상호작용 그리고 지원을 통해서 이루어진다."(Hickey, 1997, p. 175)는 신념. 의미는 다양한 관점을 통해 협의된다는 신념

- **사회적 실재감**(Social Presence) 원격학습의 상호작용에 있어서 사람들이 서로 물리적으로 존재함을 느끼는 정도
- **상위 체제**(Suprasystem) 사람 · 사물 · 절차를 아우르는 상위의, 조직화된 구조로서 대상체제(target system)를 포함함
- **상황 인지**(Situated Cognition) 수업에 대한 일반적 접근으로서, 개념의 획득 및 개발은 정보의 추상적 표상이 아닌 실제적 활동에 대한 참여를 통해 이루어지는 문화화(enculturation)의 유형으로 간주함
- **생성적 교수전략**(Generative Instructional Strategy) 충분한 사전 지식을 가지고 학습전략을 능숙하게 활용할 수 있는 학습자들로 하여금 자신의 학습을 스스로 관리할 수 있도록 허용하는 활동
- **선수 기능**(Prerequisite Skills) 의도된 교수 결과에 종속된 지식과 기술로, 정해진 교수사태 이전에 숙달되어야 하는 것
- **선행 조직자**(Advance Organizer) 관련 선행 지식의 회상을 촉진함으로써 텍스트에 대한 학습자의 이해를 증가시키는 데 사용되는 일반적인 도입 정보
- **설계 및 개발 연구**(Design and Development Research) 설계 · 개발 · 평가의 절차에 대한 체계적인 탐구로, 교수적 · 비교수적 산출물과 도구 그리고 그것들의 개발을 관리하는 데 새롭거나 향상된 모델을 창출하기 위하여 실증적 기초를 수립하는 것을 목적으로 함(Richey & Klein, 2007, p. 156)
- **설계자 의사결정 연구**(Designer Decision-Making Research) 설계자의 문제 해결, 설계자의 사고, 설계자의 모델 사용을 포함하는 설계자 활동에 대한 조사 연구. 통상 초심자와 전문 설계자 간의 차이를 탐구하는 것을 포함함(Richey & Klein, 2007, p. 156)
- **설계자 특성**(Designer Characteristics) 설계 및 개발 과정에 영향을 미칠 수 있는 설계자의 약력, 경험적 배경 등의 측면(Richey & Klein, 2007, p. 156).
- **설명적 제시전략**(Expository Presentation Strategy) 학습해야 하는 정보를 학생들에게 이야기해 주는 방식 위주로 진행되는 수업
- **성찰적 피드백**(Reflective Feedback) 교정적 피드백을 제시한 후 학습자들로 하여금 자신의 반응을 타당화하도록 요구하는 정교화 절차

- 소거(Extinction) 강화를 체계적으로 감소시킴으로써 이전에 학습된 반응을 제거하는 것
- 소리 내어 생각하기(Think-Aloud Method) 연구 참여자들이 주어진 과제를 수행하는 동안 생각나는 것을 큰 소리로 말하도록 유도하는 연구 전략(Richey & Klein, 2007, p. 160)
- 소셜 네트워킹 테크놀로지(Social Networking Technology) 참가자들이 공동의 목표를 가지고 함께 실천하는 과정에서 사회적 협상을 통한 집단 지성을 촉진하는 도구로서(Gunawardena et al., 2009, p. 6), 블로그, 팟캐스트, 위키 등이 있음
- 속성 원형 개발(Rapid Prototyping) "프로젝트 초기에 교수 혁신에 대한 분석, 설계, 개발, 평가의 과정을 도와주기 위해 교수 산물의 작동 모형(working model)의 개발을 포함하는"(Jones & Richey, 2000, p. 63) 교수설계 방법
- 수신자 이론(Receiver Theory) 수신자가 메시지를 감지하고, 이를 송신자의 의도대로 해석하는 측면을 강조하는 커뮤니케이션 과정에 대한 기술
- 수학적 모형(Mathematical Model) 특정 상황에서 요소들 간의 관계를 묘사하는 방정식 혹은 공식. 일반적으로 서술적 설명을 동반함
- 수행 피드백(Performance Feedback) '피드백' 참조
- 수행 격차(Performance Gap) 최적의 지식, 기술과 실제 지식, 기술 간의 차이
- 수행 목표(Performance Objectives) '행동 목표(Behavioral Objectives)' 참조
- 수행 분석(Performance Analysis) "고객과 함께 문제와 기회를 확인하여 대응하고, 적절한 상호 기능을 가진 해결 시스템을 결정하기 위해 개인과 조직을 연구하는" 과정(Rossett, 1999b, p. 227)
- 수행 향상(Performance Improvement) 다양한 인터벤션의 사용을 통해 개인, 그룹, 조직의 행동과 성취를 향상시키는 것에 초점을 둠
- 스키마(Schema) 장기기억에 저장되어 있는 조직화된 지식 구조로, 일반적인 개념을 표상함
- 시각언어(Visual Language) 사진, 이미지, 아이콘 혹은 기타 비언어적 수단을 활용하여 아이디어를 제시하는 도구. 인지 원리를 기반으로 함
- 시청각 보조물(Audio-Visual Aids) 교수 자료로서의 효과를 위해 시청각에 의존하는 교수 자료 혹은 매체를 의미하나, 엄밀하게 구분하지 않는다면 사실상 종래의 인쇄 자료를 제외한 모든 교수 자료와 매체를 의미하기 위해 사용됨(Ellingtong & Harris, 1986, p. 17)
- 실용주의(Pragmatism) 실천적 결과는 지식과 의미의 기초로 활용될 수 있다는 신념을

반영하는 철학적 관점

- 실제적 활동(Authentic Activity) 조리 있고, 유의미하고, 합목적적인 활동. 해당 문화의 일상적인 실제
- 실천과학(Practice Science) 이론적이면서 실제적인 요소를 포함하고 있는 분야
- 실천적 지식(Practical Knowledge) 일터 혹은 매일의 일상과 같이 유용한 목적을 지향하는 정보와 이해
- 심체적 영역(Psychomotor Domain) 신체 근육을 포함하는 육체적 활동 수행의 숙련을 다루는 학습 영역
- 애디(ADDIE) '분석-설계-개발-실행-평가'로 구성된 기본적 교수체제 개발 과정의 주요 단계를 의미하는 약어(Morrison, Ross, & Kemp, 2007, p. 13)
- 앵커드 수업(Anchored Instruction) 학습자 중심의 교수전략으로, 학습자가 실제 상황의 문제기반 사례 학습에 참여하는 수업
- 엔터프라이즈(Enterprise) 하나의 공통적이고 통합적인 목적을 지향하는 다양한 유형의 학습 과제
- 엔터프라이즈 시나리오(Enterprise Scenario) 다양한 지식과 기능 목표를 최종 목표 및 이 목표를 포함하는 보다 큰 프로젝트에 관련시키는 어떤 활동이나 프로젝트
- 역량(Competency) 사람이 주어진 직무 활동을 효과적으로 수행하거나 기대되는 표준에 맞게 기능할 수 있도록 하는 지식, 기술 또는 태도(Richey, Fields, & Foxon, 2001, p. 180)
- 연계 과학(Linking Science) 이론과 실제를 연결하는 분야
- 연성 비계(Soft Scaffold) 교사가 학습자들을 계속적으로 진단함으로써 시의적절하게 지원을 제공하도록 하는 역동적이고 상황적인 지원 메커니즘
- 온라인 학습(Online Learning) 웹, 인터넷 또는 다른 원격 기술을 활용하여 전달되는 교수(Klein, Spector, Grabowski, & de la Teja, 2004, p. 127)
- 완전학습(Mastery Learning) 교수에 대한 개별화된 접근으로서, 학습에 어려움을 겪는 학습자에게 교정을 위한 교수가 제공되어 학습자가 진술된 학습 목표를 충분히 달성할 때까지 자신의 페이스에 따라 학습하는 것
- 요구 사정(Needs Assessment) 목표를 결정하고, 현재의 상황과 목표 간의 차이를 확인하며, 조치에 대한 우선순위를 결정하는 체계적인 과정(Briggs, 1977, p. xxiv)
- 운동 기능(Motor Skill) 신체의 움직임을 개발하는 것을 다루는 학습 영역

- **운영적 기획(Operational Planning)** '마이크로 수준 기획(Micro-Level Planning)' 참조
- **원격교육(Distance Education)** 교수자와 학생 간에 시간 혹은 공간의 분리가 발생하는 교육 프로그램으로, 이들 간의 교류를 위해 의사소통 매체가 활용됨(Spector et al., 2008, p. 820)
- **원인 분석(Cause Analysis)** 과거 · 현재 · 미래의 수행에서 나타나는 차이의 근본 원인을 결정하는 과정(Van Tiem, Moseley, & Dessinger, 2004, p. 207)
- **웹기반 수업(Web-Based Instruction)** '온라인 학습(Online Learning)' 참조
- **위계적 계열화(Hierarchical Sequencing)** "각 학습 과제가 연속되는 다음 과제의 선수학습이 되고, 결과적으로 이전 과제에서 특정한 선수학습의 성취에 의존하는"(Bloom, 1976, p. 27) 교수의 정렬
- **유추적 그림(Analogical Picture)** 두 개체를 비교해서 제시하는 그림
- **이차적 제시 형태(Secondary Presentation Form)** 정보의 일차적 제시를 정교화하는 교수 사태로, 사전 지식, 기억술, 피드백, 추가적인 예시 등이 포함됨. 구성요소 제시이론(Component Display Theory)의 요소 중 하나
- **인본주의(Humanism)** 인간의 행복, 정서, 감정을 강조하는 철학적 관점
- **인지 부하(Cognitive Load)** 인지적 처리에 대한 메시지 구조의 영향으로, 자료의 난이도(내재적 부하), 교수가 설계되고 조직화되는 방식(외재적 부하), 학습자가 자료를 습득하고 멘탈 스키마를 구성하기 위해 반드시 들여야 하는 노력(적절한 부하)을 포함함
- **인지적 과제 분석(Cognitive Task Analysis)** 관찰이 불가능한 교수 콘텐츠를 확인하는 방법으로, 일반적으로 관찰이 가능한 수행에 동반되는 지식 또는 사고 과정에 초점을 둠
- **인지적 도제(Cognitive Apprenticeship)** 실제 일상의 맥락, 노력, 상호작용을 학습 활동에 반영한 교수전략
- **인지적 영역(Cognitive Domain)** 정보, 지식, 특정한 주제와 주제에 대한 지적인 능력을 획득하기 위한 학습 영역
- **인지적 출발점 행동(Cognitive Entry Behavior)** 하나의 교수-학습 상황에서 학습자가 보유하고 있어야 하는 지식과 초인지 기술
- **인지 전략(Cognitive Strategy)** 사고 및 학습 과정을 관리할 수 있도록 도와주는 학습된 역량(Gagné & Medsker, 1996, p. 73)
- **인터벤션(Intervention)** 수행에 있어서 변화를 촉진하는 계획된 교수적 · 비교수적 해결책

- 일반화(Generalization) 특정 반응을 원래의 교육훈련에서 사용된 것과 유사하지만 새로운 자극으로 전이시키는 과정. 사례로부터 추상적 원리를 도출해 나가는 과정
- 일차적 제시 형태(Primary Presentation Form) 내용요소 제시이론의 요소로, 질의응답 방식 혹은 내용의 직접 제시를 통해 전달되고, 콘텐츠의 일반적 사항 혹은 사례에 초점을 맞춘 학습 활동
- 자기 인식(Self-Knowledge) 자신의 개인적인 학습력 및 사회에 대한 보편적인 지식의 조합
- 자기조절 체제(Self-Regulating System) 수행에 대한 평가 및 수정을 통해 스스로의 산출물을 통제하는 과정을 갖추고 있는 조직화된 구조
- 자기효능감(Self-Efficacy) 바람직한 과제를 수행하기 위한 자신의 능력에 대한 신념
- 작동기억(Working Memory) 한정된 양의 정보를 즉각적으로 사용하거나, 반복(rehearsal), 부호화(encoding)하기 위해 단기적으로 저장하는 것
- 잡음(Noise) 메시지의 정확한 수용을 간섭하는 물리적 · 문화적 · 시각적 요소
- 장기기억(Long-Term Memory) 나중에 사용하기 위해 정보를 영구적으로 저장 · 관리 · 회상하는 능력
- 적성(Aptitude) 학습자의 수행을 촉진하거나 방해하는 타고난 재능, 기술, 능력 또는 전문적인 사전 훈련
- 적성 처치 상호작용(Aptitude-Treatment Interaction) "어떤 교수 방법이 다른 학생들에게 적절한지를 결정하는 궁극적인 목적을 가지고 개인차와 과제가 갖는 변수의 다양성 효과 간의 상호작용을 탐구하기 위한 연구 틀" (Tobias, 1987, p. 208)
- 적시 정보(Just-in-Time Information) 근로자들이 특정 과제를 공식적인 훈련 없이 바로 완료할 수 있도록 근로자에게 제공되는 콘텐츠로, 일반적으로 전자 매체의 형태로 제공됨
- 전단 분석, 초기 분석(Front-End Analysis) 조직의 요구를 규명하고, 이 요구를 충족시킬 수 있는 실현 가능한 대안을 점검하는 과정
- 전달체제(Delivery System) 거시적 수준의 교수전략과 교수 방법
- 전략적 기획(Strategic Planning) '메가 수준 기획(Mega-Level Planning)' 참조
- 전술적 기획(Tactical Planning) '매크로 수준 기획(Macro-Level Planning)' 참조
- 전시(Display) 목표로 하고 있는 수행 수준과 내용을 내용 제시 유형과 혼합하여 학습 활동을 계열화하는 것으로, 내용요소 제시이론에서 중요하게 다루어짐

- 전이(Transfer) 교수-학습을 통해 획득된 지식과 기술을 적용하는 것으로, 주로 업무 환경에서 발생함
- 전이 맥락(Transfer Context) 학습된 정보가 적용·활용되는 환경
- 전자수행 지원체제(Electronic Performance Support System: EPSS) 개인 혹은 팀이 직무를 수행하는 데 있어 필요한 시점에 제공되는 전자적 테크놀로지를 통해 업무를 도와주는 것. 대표적인 지원으로서, 업무 수행 관련 절차에 대한 안내 혹은 사실 정보의 조회가 있음(Spector et al., 2008, p. 820)
- 전체 과제 계열화 전략(Whole-Task Sequencing Strategy) 교육훈련의 계열화로, 실생활에서 접할 수 있는 과제의 가장 단순한 버전을 바탕으로 하는 학습 과제로부터 시작하는 것(van Merriënboer & Kirschner, 2007, p. 292)
- 절차 분석(Procedural Analysis) '과제 분석(Task Analysis)' 참조
- 절차적 모형(Procedural Models) 이론과 경험으로부터 도출된 과제 수행에 대한 언어적 혹은 시각적 표현으로, 주로 문제 해결 가이드로 활용됨
- 절차적 정보(Procedural Information) 정해진 과제를 완료하기 위해 따르는 단계의 순서
- 정교화 전략(Elaboration Strategy) 일반적인 아이디어 다음에 다양한 수준의 확장된 내용이 제시되는 계열화 과정이며, 추가적으로 상세한 내용 혹은 복잡한 내용으로 확장됨
- 정보 피드백(Information Feedback) '피드백' 참조
- 정보 부하(Information Load) 메시지의 구조와 의미, 특히 단어의 개수 또는 자세한 정도, 불필요한 중복, 제시 속도, 문장 구조에 의해 작동기억에 가해지는 부담
- 정보 통제자(Information Gatekeeper) 새로운 생각, 과정, 기술에 접근하고 전파하는 것을 통제하는 개인, 그룹 혹은 자원
- 정수(Epitome) 내용의 한 부분에 대한 일반적인 개관. 정교화 이론의 요소
- 정의적 영역(Affective Domain) 태도, 가치 또는 감상의 개발과 관련된 학습 영역(Morrison et al., 2007, p. 249)
- 정적 강화(Positive Reinforcement) 유쾌한 자극을 제공하여 반응이 일어날 가능성을 증가시키는 과정
- 정적 피드백(Positive Feedback) 체제가 스스로 재구성할 수 있도록 하는 환경으로부터 오는 정보
- 조직개발(Organization Development) "효율성과 경쟁력을 향상시키기 위한 노력의 일환

으로 필요한 변화를 촉진하는" (Van Tiem et al., 2004, p. 209) 과정

- 조직요소 모형(Organizational Elements Model) Roger Kaufman에 의해 개발된 체계적인 접근으로, 조직의 성과 및 그 성과의 결과를 확인하고 조절함
- 조형(Shaping) 유기체를 점진적으로 훈련시킴으로써 어떤 행동의 연속적인 접근을 강화하고, 결국 바람직한 행동을 수행하도록 이끄는 것
- 주의 분산(Split Attention) 수업 정보가 청각 및 시각 형태로 제시될 때, 학습 과정 중에 일어나는 현상
- 주입식 교수전략(Supplantive Instructional Strategy) 낮은 수준의 사전 지식을 가지고 있으며, 학습전략을 활용하지 못하는 학습자에 대한 지원전략
- 준거지향 평가(Criterion-Referenced Assessment) 사전에 정의된 내용에 대한 학습자의 숙달 여부를 결정하기 위한 기술
- 지적 기능(Intellectual Skills) 개념, 원리, 규칙, 태도, 상호작용을 학습하기 위해 사실을 조직하고 구조화함(Morrison et al., 2007, p. 431)
- 지향적 맥락(Orienting Context) 교수 사태와 관련된 학습자의 지식, 태도, 기능에 영향을 주는 환경 또는 상황
- 직무 분석(Job Analysis) '과제 분석(Task Analysis)' 참조
- 질문적 제시 전략(Inquisitory Presentation Strategy) 정보를 제시하기보다 학습자에게 질문하는 것에 초점을 맞춘 교수
- 채널(Channel) 통상 오디오 혹은 비주얼 형태로 나타나는 메시지 전달을 위한 매체 혹은 매개체
- 청킹(Chunking) 장기기억과 회상을 촉진하기 위해 정보를 유의미한 단위로 묶는 것
- 체제(System) 객체들의 집합으로서, 객체들 간의 관계 및 그 속성들 간의 관계가 존재함(Hall & Fagen, 1975, p. 52)
- 체제 분석(System Analysis) 체제의 부분 요소를 규명하고, 각 부분들 간의 관계 및 부분과 전체 체제 간의 관계를 확인하는 두 단계를 거침
- 체제 접근(Systems Approach) 조직의 산출물 혹은 구조를 최적화하기 위한 과학적·체계적·합리적 절차로, 현존하는 체제를 연구하고, 문제를 해결하며, 새로운 체제를 개발하거나 현 체제를 개선함(Ryan, 1975, p. 121)
- 체제 종합(System Synthesis) 기존에 존재하는 객체 혹은 과정 간에 새로운 관계를 정

립하거나 새로운 객체 혹은 과정을 규명하고, 이들 간의 관계를 생성함으로써 새로운 체제를 창출하는 과정

- **총괄평가(Summative Evaluation)** 교수적 · 비교수적 처방의 가치에 대한 의사결정을 하거나 해당 처방을 유지할 것인지에 대한 제언을 하기 위해 그 효과성에 대한 정보를 수집하는 것(Richey & Klein, 2007, p. 159)
- **컴퓨터 기반 수업(Computer-Based Instruction)** 콘텐츠와 연관된 별개의 작은 단위를 기반으로 하는 교수 자료의 한 형태로, 사용 지침서, 안내된 연습, 시뮬레이션, 평가 등이 포함됨
- **컴퓨터 매개 수업(Computer-Mediated Instruction)** 다양한 컴퓨터 기술과 자원을 활용하고, 전형적으로 학습자 상호작용을 포함하는 교수 전달 시스템
- **큐(Cues)** 인쇄 혹은 비인쇄 메시지에서 학습자의 주의를 유도하기 위한 청각적 · 시각적 · 비시각적 상세 정보
- **태도(Attitude)** 개인의 행동에 대한 개별적인 선택에 영향을 미치는 내적 상태(Gagné, 1985, p. 219)
- **테크놀로지 강화 학습 환경(Technology-Enhanced Learning Environment)** "교수자나 조력자의 도움, 학습 지원 도구 그리고 테크놀로지 자원을 활용하여 학습자가 지식 및 기술을 습득"(Wang & Hannafin, 2005, p. 5)하는 학습자 중심, 학습자 통제의 교수-학습 환경
- **통합 목표(Integrative Goal)** 포괄적이고 의도적인 활동으로 통합되는 여러 가지 개별적 목표의 조합(Gagné & Merrill, 1990, p. 23)
- **평가(Evaluation)** 교수적 · 비교수적 처치의 적합성, 효과성, 가치를 결정하는 과정
- **평가 도구(Assessment Instruments)** 학습자의 성취와 태도에 있어 상태와 진전을 측정하기 위해 개발되고 사용되는 자원
- **폐쇄체제(Closed System)** 환경으로부터 독립되어 있는 사람, 객체 또는 과정의 조직화된 구조
- **포섭적 계열화(Subsumptive Sequencing)** 선수 요소 간의 관계를 바탕으로 교수적 과제를 배열하는 것으로, 학습 위계를 따르는 경우가 많음
- **표상 테크놀로지(Representational Technology)** 정보를 제시하고 일방적인 상호작용을 요하는 장비로, 인쇄 자료 및 영화 등이 있음
- **풍부한 학습 환경(Rich Learning Environment)** "다양한 학습 스타일 및 상이한 개념과

사례에 대한 관점으로부터 생성된 지식의 다양한 표상을 촉진하는" (Karagiori & Symeou, 2005, p. 20) 교수 환경

- **프로그램 수업**(Programmed Instruction) 내용을 위계적으로 계열화된 작은 단위로 나누고, 학습자가 학습 자료에 따라 진행하기 전에 자신의 페이스에 맞추어 각각의 단위에 정확하게 반응하도록 하는 개별화된 수업의 한 형태
- **피드백**(Feedback) 체제의 산출물에 대한 정보로, 환경으로부터 수집된 것이며, 체제를 안정시키기 위해 사용됨. 또한 "개인, 팀 혹은 조직이 기대되는 성취를 달성하는 과정에 대해 스스로를 모니터링하고 평가하는 것을 도와주기 위해 고안된 목표 달성 관련 정보" (Spector et al., 2008, p. 820)이기도 함
- **하위 체제**(Subsystem) 규명 가능하나 제한된 목적 및 기능을 가지는 대상체제(target system)의 조직화된 구조
- **학습**(Learning) 경험에 의한 인간의 지식과 행동의 비교적 영구적인 변화(Mayer, 1982, p. 1040)
- **학습 객체**(Learning Objects) 다른 교육적 맥락에서도 사용이 가능하도록 설계된 표상 (Churchill, 2007, p. 484)
- **학습 경로**(Learning Path) 하나의 교수 산출물 내에서 학습자가 선택하여 끝내는 활동의 순서(Richey & Klein, 2007, p. 158). 일반적으로 컴퓨터 매개 수업에서 찾아볼 수 있음
- **학습 공동체**(Learning Community) 공통의 가치와 신념을 공유하고, 적극적으로 함께 학습하고 서로에게서 배우는 사람들의 모임
- **학습 위계**(Learning Hierarchy) "수행 수준으로 진술된, 연속적으로 성취 가능한 지적 기능에 대한 분석" (Gagné, 1973, p. 21)을 보여 주는 도표
- **학습의 내적 조건**(Internal Conditions of Learning) 교수 상황에서 벌어지는 정신적 과정으로 "이전에 학습된 역량" (Gagné, Briggs, & Wager, 1992, p. 9)을 포함함
- **학습의 외적 조건**(External Conditions of Learning) 수업이 배열되는 방식. 학습에 수반되는 단계 및 활동
- **학습자 특성**(Learner Characteristics) 학습 과정의 효과성에 영향을 미치는 학습자의 경험적 배경에 대한 측면(Seels & Richey, 1994, p. 130)
- **학습자 분석**(Learner Analysis) 학습자의 특성에 관한 데이터를 수집하고 탐구하는 과정으로, 학습자의 일반적인 배경과 태도, 선수 지식과 기술, 학습 스타일과 관련된 요소가

이에 포함됨

- 합리주의(Rationalism) 새로운 지식의 생성에 있어 추론의 역할을 강조하는 철학적 관점
- 해석학(Hermeneutics) 개인적 문화와 정신 태세의 관점에서 언어적 · 비언어적 의미를 해석하는 예술과 과학
- 행동 목표(Behavioral Objectives) 학습자의 성취를 확인해 주는 관찰 가능하고 측정 가능한 활동에 대한 기술로, 전형적으로 세 가지 요소—의도된 수행, 수행과 관련한 조건과 그 수행을 평가하는 데 사용되는 기준—를 포함함
- 현상학(Phenomenology) 실제는 개인에 의해 인지되는, 그리고 인간의 의식으로부터 독립적이지 않은 객체와 사건으로 이루어진다고 주장하는 철학적 관점
- 현지화된 수업(Localized Instruction) 문화-특수적이고 특정한 학습자 집단의 요구를 충족시키는 교수-학습 자료
- 협동학습(Cooperative Learning) 공유된 목적을 달성하기 위해 구성원이 함께 일하는 과정
- 협력적 테크놀로지(Collaborative Technology) 학습자 간, 학습자와 교수자 간의 상호작용을 촉진하기 위한 도구
- 협력학습(Collaborative Learning) 크거나 혹은 작은 단위의 학습자 집단이 공유, 토론, 동료 교수, 학습 공동체에 참여하는 등의 활동을 통해 "하나의 이슈와 관련된 다양한 관점을 만들고, 비교하고, 이해하는" (Karagiori & Symeou, 2005, p. 21) 상황
- 형성평가(Formative Evaluation) 수업이나 프로그램의 적합성에 대하여 정보를 수집하고, 수집된 정보를 향후 개선을 위해 활용하는 것(Seels & Richey, 1992, p. 128). 비교수적 상황에도 적용 가능함
- 확인평가(Confirmative Evaluation) 평가의 한 형태로 "형성평가와 총괄평가를 넘어서 지속적인 이득, 가치 또는 장기적인 훈련 프로그램으로서의 진가를 판단하는 것" (Dessinger & Moseley, 2004, p. 204)
- 환경(Environment) 어떤 체제로 들어오는 사람이나 객체에게 주어지고, 체제를 제한하며, 체제의 산출물을 수용하는 주변 환경(setting)으로서, 일반적인 학습 혹은 근무 맥락으로도 이해됨
- 훈련 전이(Transfer of Training) '전이(Transfer)' 참조

| 참고문헌 |

Adelskold, G., Alklett, K., Axelsson, R., & Blomgren, G. (1999). Problem-based distance learning of energy issues via computer network. *Distance Education, 20*(1), 129-143.

Albanese, M. A., & Mitchell, S. (1993). Problem-based learning: A review of literature on its outcomes and implementation issues. *Academic Medicine, 68*(1), 52-81.

Albion, P., & Maddux, C. (2007). Editorial: Networked knowledge: Challenges for teacher education. *Journal of Technology and Teacher Education, 15*(3), 303-310.

Allen, W. H. (1956). Audio-visual materials. *Review of Educational Research, 26*(2), 125-156.

Allen, W. H. (1959). Research on new educational media: Summary and problems. *Audio Visual Communication Review, 7*(2), 83-96.

Allen, W. H. (1971). Instructional media research: Past, present, and future. *Audio Visual Communication Review, 19*(21), 5-18.

Allen, W. H. (1975). Intellectual abilities and instructional media design. *Audio Visual Communication Review, 23*(2), 139-170.

Alvesson, M. (1982). The limits and shortcomings of humanistic organization theory. *Acta Sociologica, 25*(2), 117-131.

Andrew, D. H., & Goodson, L. A. (1980). A comparative analysis of models of instructional design. *Journal of Instructional Development, 3*(4), 2-16.

Angeli, C. (2008). Distributed cognition: A framework for understanding the role of computers in classroom teaching and learning. *Journal of Research on Technology in Education, 40*(3), 271-279.

Arts, J. A. R., Gijselaers, W. H., & Segers, M. S. R. (2002). Cognitive effects of an authentic computer-supported, problem-based learning environment. *Instructional Science, 30*, 465-

495.

Atkinson, J. W. (1966). Motivational determinants of risk-taking behavior. In J. W. Atkinson & N. T. Feather (Eds.), *A theory of achievement motivation* (pp. 11-29). New York: Robert E. Krieger Publishing Company, Inc.

Atkinson, J. W., & Raynor, J. O. (1974). *Motivation and achievement.* New York: V.H. Winston & Sons Publishers.

Atkinson, R. C., & Shiffrin, R. M. (1968). Human memory: A proposed system and its control processes. In K. W. Spence & J. T. Spence (Eds.), *The psychology of learning motivation. Advances in research and theory* (Vol. 2) (pp. 89-195). New York: Academic Press.

Ausubel, D. P. (1978). In defense of advance organizers: A reply to the critics. *Review of Educational Research, 48*(2), 251-257.

Baker, R., & Dwyer, F. (2000). A meta-analytic assessment of the effect of visualized instruction. *International Journal of Instructional Media, 27*(4), 417-426.

Banathy, B. H. (1968). *Instructional systems.* Palo Alto, CA: Fearon Publishers.

Banathy, B. H. (1996). Systems inquiry and its application in education. In D. H. Jonasssen (Ed.), *Handbook of research for educational communications and technology* (pp. 74-92). New York: Simon & Schuster Macmillan.

Bandura, A. (1973). *Aggression: A social learning process.* Englewood Cliffs, NJ: Prentice-Hall.

Bandura, A. (1977a). *Social learning theory.* Englewood Cliffs, NJ: Prentice-Hall.

Bandura, A. (1977b). Self-efficacy: Toward a unifying theory of behavioral change. *Psychological Review, 84*, 191-215.

Bandura, A. (1978). The self-esteem in reciprocal determinism. *American Psychologist, 37*, 122-147.

Bandura, A. (1986). *Social foundations of thought and action: A social cognitive theory.* Englewood Cliffs, NJ: Prentice-Hall.

Bandura, A. (1997). *Self-efficacy: The exercise of control.* New York: Freeman.

Barritt, C., & Alderman, F. L. (2004). *Creating a reusable learning objects strategy: Leveraging information and learning in a knowledge economy.* San Francisco: Pfeiffer, A Wiley Imprint.

Barry, A. M. S. (1997). *Visual intelligence: Perception, image, and manipulation in visual communication.* Albany, NY: State University of New York Press.

Bednar, A. K., Cunningham, D., Duffy, T. M., & Perry, J. D. (1992). Theory into practice: How do we link? In T. M. Duffy & D. H. Jonassen (Eds.), *Constructivism and the technology of instruction: A conversation* (pp. 17-34). Hillsdale, NJ: Lawrence Erlbaum Associates,

Publishers.

Beldarrain, Y. (2006). Distance education trends: Integrating new technologies to foster student interaction and collaboration. *Distance Education, 27*(2), 139-153.

Bennett, F. (1999). *Computers as tutors solving the crisis in education.* Sarasota, FL: Faben.

Berlo, D. (1960). *The process of communication.* New York: Holt, Rinehart and Winston.

Bertalanffy, L. von (1968). *General system theory: Foundations, development, applications.* New York: George Braziller.

Binder, C. (1993). Behavioral fluency: A new paradigm. *Educational Technology, 33*(10), 8-14.

Binder, C. (1996). Behavioral fluency: Evolution of a new paradigm. *Behavioral Analyst, 19*(2), 163-197.

Bittle, C. N. (1936). *Reality and the mind: Epistemology.* Milwaukee, WI: The Bruce Publishing Company.

Blalock, H. M. (1969). *Theory construction: From verbal to mathematical formulations.* Englewood Cliffs, NJ: Prentice-Hall, Inc.

Block, J. H., & Burns, R. B. (1976). Mastery learning. *Review of Research in Education, 4*(1), 3-49.

Bloom, B. S. (Ed.) (1956). *Taxonomy of educational objectives: The classification of educational goals, Handbook I: Cognitive domain.* New York: David McKay Company, Inc.

Bloom, B. S. (1971). Learning for mastery. In B. S. Bloom, J. T. Hasting, & G. F. Madaus (Eds.), *Handbook on formative and summative evaluation of student learning* (pp. 43-57). New York: McGraw-Hill.

Bloom, B. S. (1976). *Human Characteristics and school learning.* New York: McGraw-Hill.

Boulding, K. (1964). General systems as a point of view. In M. C. Mesarović (Ed.), *Views on general systems theory: Proceedings of the Second Systems Symposium at Case Institute of Technology* (pp. 25-38). New York: John Wiley & Sons, Inc.

Bower, G. H., & Hilgard, E. R. (1981). *Theories of learning* (5th ed.). Englewood Cliffs, NJ: Prentice-Hall.

Branson, R. K. (1975). *Inter-service procedures for instructional systems development: Executive summary and model.* Tallahassee, FL: Center for Educational Technology, Florida State University. (ERIC Document Reproduction Service No. ED 122022).

Brethower, D. (1999). Human performance interventions of a noninstructional nature. In H. Stolovitch & E. Keeps (Eds.), *Handbook of human performance technology* (2nd ed.) (pp. 319-320). San Francisco: Jossey-Bass.

Brethower, D. (2000). Integration theory, research and practice in human performance technology. *Performance Improvement, 39*(4), 33-43.

Briggs, L. J. (1970). *Handbook of procedures for the design of instruction.* Pittsburgh, PA: American Institutes for Research.

Briggs, L. J. (1977). *Instructional design: Principles and applications.* Englewood Cliffs, NJ: Educational Technology Publications.

Briggs, L. J., Gagné, R. M., & May, M. A. (1967). A procedure for choosing media for instruction. In L. J. Briggs, P. L. Campeau, R. M. Gagné, & M. A. May (Eds.), *Instructional media: A procedure for the design of multimedia instruction, a critical review of research and suggestions for future research* (pp. 28-52). Pittsburgh, PA: American Institutes for Research.

Brinkerhoff, R. O. (1988). An integrated evaluation model for HRD. *Training and Development Journal, 42*(2), 66-68.

Brown, A., & Green, T. D. (2006). *The essentials of instructional design: Connecting fundamental principles with process and practice.* Upper Saddle River, NJ: Pearson Education, Inc.

Brown, H. I. (2005). Empiricism. In T. Honderich (Ed.), *The Oxford guide to philosophy* (pp. 242-245). New York: Oxford University Press, Inc.

Brown, J. S., Collins, A., & Duguid, P. (1989). Situated cognition and the culture of learning. *Educational Researcher, 18*(1), 32-42.

Bruner, J. S. (1960). *The process of education.* Cambridge, MA: Harvard University Press.

Bruner, J. S. (1966). *Toward a theory of instruction.* Cambridge, MA: Harvard University Press.

Bruner, J. S. (1990). *Acts of meaning.* Cambridge, MA: Harvard University Press.

Bruner, J. S. (2006). *In search of pedagogy.* New York: Routledge.

Brush, T., & Saye, J. (2000). Design, implementation, and evaluation of student-centered learning: A case study. *Educational Technology Research and Development, 48*(2), 79-100.

Burge, T. (1979). Individualism and the mental. *Midwest Studies in Philosophy, 4*, 73-121.

Burton, J. K., Moore, D. M., & Magliaro, S. G. (2004). Behaviorism and instructional technology. In D. Jonassen (Ed.), *Handbook of research for educational communications and technology* (2nd ed.) (pp. 3-36). New York: Simon & Schuster Macmillan.

Caffarella, E. P., & Fly, K. (1992). Developing a knowledge base and taxonomy in instructional technology. In M. R. Simonson & K. Jurasek (Eds.), *14th Annual Proceedings of Selected Research and Development Presentations at the 1992 National Convention of the Association for Educational Communications and Technology* (pp. 95-102). Ames, IA: Iowa State University. (ERIC Document Reproduction Service No. ED 347977).

Caladine, R. (2008). *Enhancing e-learning with media-rich content and interactions*. Hershey, PA: Information Sciences Publishing.

Campbell, J. (1982). *Grammatical man*. New York: Simon and Schuster.

Campeau, P. L. (1967). Selective review of literature on audiovisual media of instruction. In L. J. Briggs, P. L. Campeau, R. M. Gagné, & M. A. May (Eds.), *Instructional media: A procedure for the design of multi-media instruction, a critical review of research and suggestions for future research* (pp. 99-142). Pittsburgh, PA: American Institutes for Research.

Campos, M. N. (2007). Ecology of meanings: A critical constructivist communication model. *Communication Theory, 17*(4), 386-410.

Carlson, P., & Davis, B. (1998). An investigation of media selection among directors and managers: From "self" to other orientation. *MIS Quarterly, 22*(3), 335-363.

Carrier, C. A., & Sales, G. C. (1987). A taxonomy for the design of computer-based instruction. *Educational Technology, 27*(10), 15-17.

Carroll, J. B. (1963). A model of school learning. *Teacher's College Record, 64*, 723-733.

Carroll, J. B. (1989). The Carroll model: A 25-year retrospective and prospective review. *Educational Researcher, 18*(1), 26-31.

Carroll, W., & Bandura, A. (1982). The role of visual monitoring in observation learning of action patterns: Making the unobservable. *Journal of Motor Behavior, 14*, 153-167.

Cennamo, K. (2003). Design as knowledge construction: Constructing knowledge of design. *Computers in the Schools, 20*(4), 13-35.

Cennamo, K. S., Abell, S. K., & Chung, M. (1996). Designing constructivist materials: A layers of negotiation model. *Educational Technology, 36*(7), 39-48.

Cennamo, K., & Kalk, D. (2005). *Real world instructional design*. Belmont, CA: Thomson/Wadsworth.

Cervero, R. M., & Wilson, A. L. (1994). *Planning responsibly for adult education: A guide to negotiating power and interests*. San Francisco: Jossey-Bass.

Chen, C. -I., Calinger, M., Howard, B. C., & Oskorus, A. (2008). Design principles for 21st century educational technology: Connecting theory and practice. *International Journal of Information and Communication Technology Education, 4*(4), 19-30.

Cho, K., & Jonassen, D. H. (2002). The effects of argumentation scaffolds on argumentation and problem solving. *Educational Technology Research and Development, 50*(2), 5-22.

Chou, C. -T. (2001). *Student interaction in a collaborative distance-learning environment: A model of learner-centered computer-mediated interaction* (University of Hawaii).

Retrieved from Dissertations & Theses: Full Text (Publication No. AAT 3005200).

Churchill, D. (2007). Towards a useful classification of learning objects. *Educational Technology Research and Development, 55*(5), 479-497.

Churchman, C. W. (1964). An approach to general systems theory. In M. C. Mesarović (Ed.), *Views on general systems theory: proceedings of the Second Symposium at Case Institute of Technology* (pp. 173-175). New York: John Wiley & Sons, Inc.

Churchman, C. W. (1965/1996). On the design of educational systems. *Audiovisual Instruction, 10*(5), 361-365. [Reprinted in D. P. Ely & T. Plomp (Eds.) (1996) *Classic Writings on Instructional Technology* (pp. 39-46). Englewood, CO: Libraries, Unlimited, Inc.].

Clariana, R. B., Wagner, D., & Murphy, L. C. (2000). Applying a connectionist description of feedback timing. *Educational Technology Research and Development, 48*(3), 5-21.

Clark, R. E. (1983). Reconsidering research on learning from media. *Review of Educational Research, 53*(4), 445-459.

Clark, R. E., & Estes, F. (2002). *Turning research into results: A guide to selecting the right performance solutions*. Atlanta, GA: Center for Effective Performance.

Clark, R. C., & Nguyen, F. (2008). Behavioral, cognitive and technological models for performance improvement. In J. M. Spector, M. D. Merrill, J. van Merriënboer, & M. P. Driscoll (Eds.), *Handbook of research on educational communications and technology* (3rd ed.) (pp. 507-524). New York: Lawrence Erlbaum Associates, Publishers.

Clark, R. E., & Salomon, G. (1986). Media in teaching. In M. C. Wittrock (Ed.), *Handbook of research on teaching* (3rd ed.) (pp. 464-478). New York: Macmillan Publishing Company.

Coats, L. (1985). *The effect of Gagne's nine instructional events on posttest and retention test scores among high school students* (University of North Carolina at Chapel Hill). Retrieved from Dissertations & Theses: Full Text (Publication No. AAT 8605585).

Cobb, P. (1994). Where is the mind? Constructivist and sociocultural perspectives on mathematical development. *Educational Researcher, 23*, 13-20.

Cobb, T. (1997). Cognitive efficiency: Toward a revised theory of media. *Educational Technology Research and Development, 45*(4), 21-35.

Conn, C. A., & Gitonga, J. (2004). The status of training and performance research in the AECT journals. *Tech Trends, 48*(2), 16-21.

Connolly, P. E. (2005). Virtual reality & immersive technology in education. *International Journal of Information and Communication Technology Education, 1*(1), 12-18.

Cortes, F., Przeworski, A., & Sprague, J. (1974). *Systems analysis for social scientists*. New York: John Wiley & Sons.

Czaja, S. J., Charness, M., Fisk, A. D., Hertzog, C., Nair, S. N., Rogers, W. A., et al. (2006). Factors predicting the use of technology: Findings from the Center for Research and Education on Aging and Technology Enhancement (CREATE). *Psychology and Aging, 21*(2), 333-352.

Daft, R. L., Lengel, R. H., & Trevino, L. K. (1987). Message equivocality, media selection, and manager performance: Implications for information systems. *MIS Quarterly, 11*(3), 355-366.

Dale, E. (1946). *Audio-visual methods in teaching.* New York: The Dryden Press.

Davis, E. A., & Linn, M. C. (2000). Scaffolding students' knowledge integration: Prompts for reflection in KIE. *International Journal of Science Education, 22*, 819-837.

Dean, P. (1999). Designing better organization with human performance technology and organizational development. In H. Stolovitch & E. Keeps (Eds.), *Handbook of human performance technology* (2nd ed.) (pp. 321-323). San Francisco: Jossey-Bass.

Dean, P., & Ripley, D. E. (1997). *Performance improvement pathfinders: Models for organizational learning.* Washington, DC: International Society for Performance Improvement.

DeGennaro, D. (2008). Learning designs: An analysis of youth-initiated technology use. *Journal of Research on Technology in Education, 41*(1), 1-20.

Dempsey, J. V., & Sales, G. C. (1993). *Interactive instruction and feedback.* Englewood Cliffs, NJ: Educational Technology Publications.

Dennen, V. P. (2004). Cognitive apprenticeships in educational practice. In D. Jonassen (Ed.), *Handbook of research for educational communications and technology* (2nd ed.) (pp. 813-828). New York: Simon & Schuster Macmillan.

Department of the Air Force (1979). *Instructional system development AF manual 50-2.* Washington, D.C.: U.S. Government Printing Office.

Department of the Navy, Chief of Naval Education and Training (1980). *User manual, Author training course,* NAVEDTRA 10003. Washington, D.C.: Author.

Design-Based Research Collective (2003). Design-based research: An emerging paradigm for educational inquiry. *Educational Researcher, 32*(1), 5-8.

Dessinger, J. C., & Moseley, J. L. (2004). *Confirmative evaluation: Practical strategies for valuing continuous improvement.* San Francisco: Pfeiffer.

Deterline, W. A., & Rosenberg, M. J. (1992). *Workplace productivity: Performance technology success stories.* Washington, DC: International Society for Performance Improvement.

Diamond, R. M. (1989). *Designing and improving courses and curricula in higher education.* San Francisco: Jossey-Bass. (ERIC Document Reproduction Service No. ED 304 056).

Dick, W. (1987). A history of instructional design and its impact on educational psychology. In J. A. Glover & R. R. Ronning (Eds.), *Historical foundations of educational psychology* (pp. 183-202). New York: Plenum Press.

Dick, W., & Carey, L. (1987). *The systematic design of instruction*. Glenview, IL: Scott, Foresman and Company.

Dick, W., Carey, L., & Carey, J. O. (2009). *The systematic design of instruction* (7th ed.). Upper Saddle River, NJ: Merrill.

Dick, W., & Johnson, R. B. (2007). Evaluation in instructional design: The impact of Krikpatrick's four-level model. In R. A. Reiser & J. V. Dempsey (Eds.), *Trends and Issues in Instructional Design and Technology* (2nd ed.) (pp. 94-103). Upper Saddle River, NJ: Merrill/Prentice-Hall.

Dick, W., & Wager, W. (1998). Preparing performance technologists: The role of a university. In P. J. Dean & D. E. Ripley (Eds.), *Performance improvement interventions: Performance technologies in the workplace* (pp. 239-251). Washington, DC: International Society for Performance Improvement.

Diesing, P. (1991). *How does social science work? Reflections on practice*. Pittsburgh, PA: University of Pittsburgh Press.

Doty, C. R. (1969). *The effect of practice and prior knowledge of educational objectives on performance* (Ohio State University). Retrieved from Dissertations & Theses: Full Text (Publication No. AAT 6904876).

Drack, M., & Apfalter, W. (2007). Is Paul A. Weiss' and Ludwig von Bertalanffy's system thinking still valid today? *Systems Research and Behavioral Science, 24*, 537-546.

Dresang, E. T., Gross, M., & Holt, L. (2007). New perspectives: An analysis of gender, net-generation children, and computers. *Library Trends, 56*(2), 360-386.

Driscoll, M. P. (2005). *Psychology of learning for instruction* (3rd ed.). Boston, MA: Pearson Education, Inc.

Driscoll, M. P. (2007). Psychological foundations of instructional design. In R. A. Reiser & J. V. Dempsey (Eds.), *Trends and Issues in Instructional Design and Technology* (2nd ed.) (pp. 36-44). Upper Saddle River, NJ: Pearson Education.

Dubin, R. (1969). *Theory building*. New York: The Free Press.

Duchastel, P. C. (1980). Research on illustrations in text: Issues and perspectives. *Educational Communication and Technology Journal, 28*(4), 283-287.

Duchastel, P. C. (1982). Textual display techniques. In D. H. Jonassen (Ed.), *The technology of text: Principles for structuring, designing, and displaying text, Volume One* (pp. 167-192).

Englewood Cliffs, NJ: Educational Technology Publications.

Duffy, T. M., & Cunningham, D. J. (1996). Constructivism: Implications for the design and delivery of instruction. In D. H. Jonassen (Ed.), *Handbook of research for educational communications and technology* (pp. 170-198). New York: Simon & Schuster Macmillan.

Duffy, T. M., & Jonassen, D. H. (1992). Constructivism: New implications for instructional technology. In T. M. Duffy & D. H. Jonassen (Eds.), *Constructivism and the technology of instruction: A conversation* (pp. 1-16). Hillsdale, NJ: Lawrence Erlbaum Associates, Publishers.

Eastmond, D. (1995). *Alone but together: Adult distance study through computer conferencing.* Cresskill, NJ: Hampton Press.

Edelson, D. C., Gordin, D. N., & Pea, R. D. (1999). Addressing the challenges of inquiry-based learning through technology and curriculum design. *The Journal of the Learning Sciences, 8*(3&4), 391-450.

Edwards, L. (1982). Delivering health education programs. *Health Values: Achieving High Level Wellness, 6*(6), 13-19.

Ellington, H., & Harris, D. (1986). *Dictionary of instructional technology.* London: Kogan Page.

Emison, G. A. (2004). Pragmatism, adaptation, and total quality management: Philosophy and science in the service of managing continuous improvement. *Journal of Management in Engineering, 20*(2), 56-61.

Ericsson, K. A., & Chase, W. C. (1982). Exceptional memory. *American Scientist, 70*, 607-615.

Ertmer, P. A., Evenbeck, E., Cennamo, K. S., & Lehman, J. D. (1994). Enhancing self-efficacy for computer technologies through the use of positive classroom experiences. *Educational Technology Research and Development, 42*(3), 45-62.

Fawcett, J. (1989). *Analysis and evaluation of conceptual models of nursing* (2nd ed.). Philadelphia, PA: F. A. Davis Company.

Finn, J. D. (1957a). Automation and education: I: General Aspects. *Audio Visual Communication Review, 5*(1), 343-360.

Finn, J. D. (1957b). Automation and education: II: Automatizing the classroom-Background of the effort. *Audio Visual Communication Review, 5*(2), 451-467.

Finn, J. D. (1960). Automation and education: III: Technology and the instructional process. *Audio Visual Communication Review, 8*(1), 5-26.

Fleming, M. L. (1987). Displays and communication. In R. M. Gagné (Ed.), *Instructional technology: Foundations* (pp. 233-260). Hillsdale, NJ: Lawrence Erlbaum Associates, Publishers.

Foshay, W. R., & Moller, L. (1992). Advancing the field through research. In H. Stolovitch & E. Keeps (Eds.), *Handbook of human performance technology* (pp. 701-714). San Francisco: Jossey-Bass.

Foshay, W., Moller, L., Schwen, T., Kalman, H., & Haney, D. (1999). Research in human performance technology. In H. Stolovitch & E. Keeps (Eds.), *Handbook of human performance technology* (2nd ed.) (pp. 895-914). San Francisco: Jossey-Bass.

Fox, E. J. (2008). Contextualistic perspectives. In J. M. Spector, M. D. Merrill, J. van Merriënboer, & M. P. Driscoll (Eds.), *Handbook of research on educational communications and technology* (3rd ed.) (pp. 55-66). New York: Lawrence Erlbaum Associates, Publishers.

Fox, E. J., & Klein, J. D. (2003). What should instructional designers and technologists knows about human performance technology? *Performance Improvement Quarterly, 16*(3), 87-98.

Fox, R. (2001). Constructivism examined. *Oxford Review of Education, 27*(1), 23-35.

Gage, N. L. (1978). *The scientific basis of the art teaching*. New York: Teachers College Press.

Gagné, R. M. (1964). Problem solving. In A. W. Melton (Ed.), *Categories of human learning* (pp. 293-317). New York: Academic Press.

Gagné, R. M. (1965). *The conditions of learning*. New York: Holt, Rinehart and Winston, Inc.

Gagné, R. M. (1968/2000a). Contributions of learning to human development. *Psychological Review, 75*, 177-191. [Reprinted in R. C. Richey (Ed.), *The Legacy of Robert M. Gagné*. Syracuse, NY: ERIC Clearinghouse on Information & Technology].

Gagné, R. M. (1968/2000b). Learning hierarchies. *Educational Psychologist, 6*, 1-9. [Reprinted in R. C. Richey (Ed.), *The Legacy of Robert M.* Gagné. Syracuse, NY: ERIC Clearinghouse on Information & Technology].

Gagné, R. M. (1972/2000). Domains of learning. *Interchange, 3*, 1-8. [Reprinted in R. C. Richey (Ed.), *The Legacy of Robert M. Gagné*. Syracuse, NY: ERIC Clearinghouse on Information & Technology].

Gagné, R. M. (1973). Learning and instructional sequence. In F. N. Kerlinger (Ed.), *Review of research in education, Vol.1* (pp. 3-33). Itasca, NY: Peacock.

Gagné, R. M. (1984). Learning outcomes and their effects: Useful categories of human performance. *American Psychologist, 39*, 377-385.

Gagné, R. M. (1985). *The conditions of learning* (4th ed.). New York: Holt, Rinehart and Winston.

Gagné, R. M., Briggs, L. J., & Wager, W. W. (1992). *Principles of instructional design* (4th ed.). Fort Worth, TX: Harcourt Brace Jovanovich College Publishers.

Gagné, R., & Medsker, K. (1996). *The conditions of learning: Training applications*. Forth

Worth, TX: Harcourt Brace.

Gagné, R. M., & Merrill, M. D. (1990). Integrative goals for instructional design. *Educational Technology Research and Development, 38*(1), 23-30.

Gagné, R. M., Wager, W. W., Golas, K. C., & Keller, J. M. (2005). *Principles of instructional design* (5th ed.). Belmont, CA: Wadsworth/Thomson Learning.

Garavaglia, P. L. (1980). How to ensure transfer of training. *Training & Development, 47*(10), 63-68.

Garner, R., Gillingham, M., & White, C. (1989). Effects of "seductive details" on macroprocessing and microprocessing in adults and children. *Cognition and Instruction, 6*(1), 41-57.

Geiger, S., & Reeves, B. (1993). The effects of scene changes and semantic relationships on attention to television. *Communication Research, 20*(2), 155-175.

Geis, G. L. (1986). Human performance technology. In M. E. Smith (Ed.), *Introduction to performance technology (Volume 1).* Washington, DC: National Society for Performance and Instruction, 1-20.

Geis, G. L., & Smith, M. E. (1992). The function of evaluation. In H. Stolovitch & E. Keeps (Eds.), *Handbook of human performance technology* (pp. 130-150). San Francisco: Jossey-Bass.

Gerber, M., Grundt, S., & Grote, G. (2008). Distributed collaboration activities in a blended learning scenario and the effects on learning performance. *Journal of Computer-Assisted Learning, 24*(3), 232-244.

Gery, G. (1991). *Electronic performance support systems.* Tolland, MA: Gery Associates.

Gijbels, D., Dochy, F., Van den Bossche, P., & Segers, M. (2005). Effects of problem-based learning: A meta-analysis from the angle of assessment. *Review of Educational Research, 75*(1), 27-61.

Gilbert, N. J., & Driscoll, M. P. (2002). Collaborative knowledge building: A case study. *Educational Technology Research and Development, 50*(1), 59-79.

Gilbert, T. F. (1996). *Engineering worthy performance.* Amherst, MA: HRD Press.

Ginsburg, H., & Opper, S. (1979). *Piaget's theory of intellectual development* (2nd ed.). Englewood Cliffs, N.J.: Prentice-Hall, Inc.

Glass, G. (1976). Primary, secondary, and meta-analysis of research. *Educational Researcher, 5*(10), 3-8.

Glynn, S. M., Britton, B. K., & Tillman, M. H. (1985). Typographical cues in text: Management of the reader's attention. In D. H. Jonassen (Ed.), *The technology of text: Principles for structuring, designing, and displaying text*, *Volume Two* (pp. 192-209). Englewood Cliffs,

NJ: Educational Technology Publications.

Gordon, M. (2009). Between constructivism and connectedness. *Journal of Teacher Education, 59*(4), 322-332.

Gordon, S. E. (1994). *Systematic training program design: Maximizing effectiveness and minimizing liability*. Englewood Cliffs, NJ: PTR Prentice Hall.

Grabowski, B. L. (1995). Message design: Issues and trends. In G. J. Anglin (Ed.), *Instructional technology: Past, present, and future* (2nd ed.) (pp. 222-232). Englewood, CO: Libraries Unlimited, Inc.

Grabowski, B. L. (2004). Generative learning contributions to the design on instruction and learning. In D. H. Jonassen (Ed.), *Handbook of research for educational communications and technology* (2nd ed.) (pp. 719-743). Mahwah, NJ: Lawrence Erlbaum Associates, Publishers.

Graesser, A. C., Chipman, P., & King, B. G. (2008). Computer-mediated technologies. In J. M. Spector, M. D. Merrill, J. van Merriënboer, & M. P. Driscoll (Eds.), *Handbook of research on educational communications and technology* (3rd ed.) (pp. 211-224). New York: Lawrence Erlbaum Associates, Publishers.

Gredler, M. E. (2001). *Learning and instruction: Theory to practice* (4th ed.). Upper Saddle River, NJ: Merrill Prentice Hall.

Gredler, M. E. (2004). Games and simulations and their relationship to learning. In D. Jonassen (Ed.), *Handbook of research on educational communications and technology* (2nd ed.) (pp. 571-581). Mahwah, NJ: Lawrence Erlbaum Associates, Publishers.

Greenbaum, H. H., & Falcione, R. L. (1980). Organizational communication research: An exploratory application of a conceptual model for an organized knowledge base. A paper presented at the 40th annual meeting of The Academy of Management. (ERIC Document Reproduction Service No. ED 199919).

Gropper, G. L. (1976). A behavioral perspective of media selection. *Audio-Visual Communication Review, 24*(2), 157-186.

Guerra, I. (2001). Performance improvement based on results: Is our field adding value? *Performance Improvement Quarterly, 40*(1), 6-10.

Guerra-Lopez, I. (2007). *Evaluating impact: Evaluation and continual improvement for performance Improvement practitioners*. Amherst, MA: HRD Press.

Gunawardena, C. N., Hermans, M. B., Sanchez, D., Richmond, C., Bohley, M., & Tuttle, R. (2009). A theoretical framework for building online communities of practice with social networking tools. *Educational Media International, 46*(1), 3-16.

Gustafson, K. L., & Branch, R. M. (2002). *Survey of instructional development models* (4th ed.). Syracuse University, Syracuse, NY: ERIC Clearinghouse on Information & Technology.

Gustafson, K. L., & Branch, R. M. (2007). What is instructional design? In R. A. Reiser & J. V. Dempsey (Eds.), *Trends and issues in instructional design and technology* (pp. 10-16). Upper Saddle River, NJ: Pearson/Merrill Prentice Hall.

Guthrie, E. R. (1960). *The psychology of learning*. Gloucester, MA: Peter Smith.

Hakkinen, P. (2002). Challenges for design of computer-based learning environments. *British Journal of Educational Technology, 33*(4), 461-469.

Hall, A. D., & Fagen, R. E. (1975). Definition of system. In B. D. Ruben & J. Y. Kin (Eds.), *General systems theory and human communication* (pp. 52-65). Rochelle Park, NJ: Hayden Book Company, Inc.

Hamlyn, D. W. (2005). Idealism, philosophical. In T. Honderich (Ed.), *The Oxford guide to philosophy*. Oxford, UK: Oxford University Press.

Hammond, D. (2002). Exploring the genealogy of systems thinking. *Systems Research and Behavioral Science, 19*, 429-439.

Hannafin, M. J. (1987). The effects of orienting activities, cueing and practice on learning of computer based instruction. *Journal of Educational Research, 81*(1), 48-53.

Hannafin, M. J., Hannafin, K. M., Hooper, S. R., Rieber, L. P., & Kini, A. S. (1996). Research on and research with emerging technologies. In D. H. Jonassen (Ed.), *Handbook of research on educational communications and technology* (pp. 378-402). Mahwah, NJ: Lawrence Erlbaum Associates, Publishers.

Hannafin, M. J., Hannafin, K. M., Land, S. M., & Oliver, K. (1997). Grounded practice and the design of constructivist learning environments. *Educational Technology Research and Development, 45*(3), 101-117.

Hannafin, M. J., & Hill, J. R. (2007). Epistemology and the design of learning environments. In R. A. Reisier & J. V. Dempsey (Eds.), *Trends and Issues in Instructional Design and Technology* (pp. 53-71). Upper Saddle River, NJ: Pearson Education.

Hannafin, M. J., Phillips, T., Rieber, L. P., & Garhart, C. (1987). The effects of orienting activities and cognitive processing time on factual and inferential learning. *Educational Communications and Technology Journal, 35*(2), 75-84.

Harless, J. H. (1970). *An ounce of analysis is worth a pound of objectives*. Newnan, GA: Harless Performance Guild.

Harless, J. H. (1994). *Performance quality improvement system*. Newnan, GA: Harless Performance Guild.

Harre, R. (1960). *An introduction to the logic of the sciences*. London: Macmillan and Co. Ltd.

Hartley, J. (1996). Text design. In D. H. Jonassen (Ed.), *Handbook of research on educational communications and technology* (pp. 795-820). Mahwah, NJ: Lawrence Erlbaum Associates, Publishers.

Hartley, J. (2004). Designing instructional and informational text. In D. H. Jonassen (Ed.), *Handbook of research on educational communications and technology* (2nd ed.) (pp. 917-948). Mahwah, NJ: Lawrence Erlbaum Associates, Publishers.

Haughton, E. C. (1972). Aims: Growing and sharing. In J. B. Jordan & L. S. Robbins (Eds.), *Let's try doing something else kind of thing* (pp. 20-29). Arlington, VA: Council on Exceptional Children.

Hay, K. E., & Barab, S. A. (2001). Constructivism in practice: A comparison and contrast of apprenticeship and constructionist learning environments. *The Journal of the Learning Sciences, 10*(3), 281-322.

Heath, R. L., & Bryant, J. (2000). *Human communication theory and research: Concepts, contexts, and challenges* (2nd ed.). Mahwah, NJ: Lawrence Erlbaum Associates, Publishers.

Heinich, R. (1970). *Technology and the management of instruction* (AECT Monograph No. 4). Washington, DC: Association of Educational Communications and Technology.

Heise, U. K. (2002). Unnatural ecologies: The metaphor of the environment in media theory. *Configurations, 10*(1), 149-200.

Hickey, D. T. (1997). Motivation and contemporary socio-constructivist instructional perspectives. *Educational Psychologist, 32*(3), 175-193.

Higgins, N., & Reiser, R. (1985). Selecting media for instruction: An exploratory study. *Journal of Instructional Development, 8*(2), 6-10.

Hilgard, E. R. (1956). *Theories of learning* (2nd ed.). New York: Appleton-Century Crofts.

Hill, J. R., Wiley, D., Nelson, L. M., & Han, S. (2004). Exploring research on internet-based learning: From infrastructure to interactions. In D. H. Jonassen (Ed.), *Handbook of research on educational communications and technology* (2nd ed.) (pp. 433-460). Mahwah, NJ: Lawrence Erlbaum Associates, Publishers.

Hmelo, C. E., & Evensen, D. H. (2000). Problem-based learning: Gaining insights on learning interactions through multiple methods of inquiry. In D. Evensen & C. Hmelo (Eds.), *Problem-based learning: A research perspective on learning interactions* (pp. 1-16). Mahwah, NJ: Lawrence Erlbaum Associates, Publishers.

Hoban, C. F., Hoban, C. F., Jr., & Zisman, S. B. (1937). *Visualizing the curriculum*. New York: The Dryden Press, Inc.

Hoffman, B., & Ritchie, D. (1997). Using multimedia to overcome the problems with problem based learning. *Instructional Science, 25*, 97-115.

Hogan, K., & Pressley, M. (1997). Scaffolding scientific competencies within classroom communities of inquiry. In K. Hogan & M. Pressley (Eds.), *Scaffolding student learning* (pp. 74-107). Cambridge, MA: Brookline Books.

Hollan, J., Hustchins, E., & Kirsh, D. (2000). Distributed cognition: Toward a new foundation for human-computer interaction research. *ACM Transactions on Computer-Human Interaction, 7*(2), 174-196.

Hong, N. S., Jonassen, D. H., & McGee, S. (2003). Predictors of well-structured and ill-structured problem solving in an astronomy simulation. *Journal of Research in Science Teaching, 40*(1), 6-33.

Hoover, K. R., & Donovan, T. (1995). *The elements of social scientific thinking* (6th ed.). Belmont, CA: Thompson/Wadsworth.

Huddlestone, J., & Pike, J. (2008). Seven key decision factors for selecting e-learning. *Cognition, Technology & Work, 10*(3), 237-247.

Huglin, L. M. (2009). HPT roots and branches: Analyzing over 45 years of the field's own citations. *Performance Improvement Quarterly, 21*(4), 95-115.

Hung, W., & Jonassen, D. H. (2006). Conceptual understanding of causal reasoning in physics. *International Journal of Science Education, 28*(5), 1-21.

Hutchison, C. S., & Stein, F. (1998). A whole new world of interventions: The performance technologist as integrating generalist. *Performance Improvement, 37*(5), 18-25.

Januszewski, A. (2001). *Educational technology: The development of a concept*. Englewood, CO: Libraries Unlimited, Inc.

Johnson, C. (2008). Learning, animated. *Training and Development, 62*(11), 28-31.

Johnson, D. W., & Johnson, R. T. (2004). Cooperation and the use of technology. In D. Jonassen (Ed.), *Handbook of research for educational communications and technology* (2nd ed.) (pp. 785-811). New York: Simon & Schuster Macmillan.

Jonassen, D. H. (1992). Evaluating constructivist learning: Do they make a marriage? In T. M. Duffy & D. H. Jonassen (Eds.), *Constructivism and the technology of instruction: A conversation* (pp. 137-148). Hillsdale, NJ: Lawrence Erlbaum Associates, Publishers.

Jonassen, D. H. (1997). Instructional design model for well-structured and ill-structured problem-solving learning outcomes. *Educational Technology Research and Development, 45*(1), 65-95.

Jonassen, D. H. (2000). Toward a design theory of problem-solving. *Educational Technology Research and Development, 48*(4), 63-85.

Jonassen, D. H. (2003). Designing research-based instruction for story problems. *Educational Psychology Review, 15*(3), 267-269.

Jonassen, D. H. (2011). *Learning to solve problems: A handbook for designing problem-solving learning environments.* New York: Routledge.

Jonassen, D. H., Beissner, K., & Yacci, M. (1993). *Structural Knowledge: Techniques for representing, conveying, and acquiring structural knowledge.* Hillsdale, NJ: Lawrence Erlbaum Associates, Publishers.

Jonassen, D. H., & Hannum, W. H. (1986). Analysis of task analysis procedures. *Journal of Instructional Development, 9*(2), 2-12.

Jonassen, D. H., & Henning, P. (1999). Mental models: Knowledge in the head and knowledge in the world. *Educational Technology, 39*(3), 37-42.

Jonassen, D. H., Hennon, R. J., Ondrusek, A., Samouilova, M., Spaulding, K. L., Yueh, H. -P. et al. (1997). Certainty, determinism, and predictability in theories of instructional design: Lessons from science. *Educational Technology, 37*(1), 27-34.

Jonassen, D. H., & Kwon, H. I. (2001). Communication patterns in computer-mediated vs. face-to-face group problem solving. *Educational Technology: Research and Development, 49*(10), 35-52.

Jonassen, D. H., Peck, K. L., & Wilson, B. G. (1999). *Learning with technology: A constructivist perspective.* Upper Saddle River, NJ: Merrill/Prentice Hall.

Jonassen, D., Prevish, T., Christy, D., & Stavulaki, E. (1999). Learning to solve problems on the Web: Aggregate planning in a business management course. *Distance Education, 20*(1), 49-63.

Jones, T. S., & Richey, R. C. (2000). Rapid prototyping in action: A developmental study. *Educational Technology Research and Development, 48*(2), 63-80.

Joo, Y. -J., Bong, M., & Choi, H. -J. (2000). Self-efficacy for self-regulated learning, academic self-efficacy, and internet self-efficacy in web-based instruction. *Educational Technology Research and Development, 48*(2), 5-17.

Joyce, B., & Weil, M. (1986). *Models of Teaching* (3rd ed.). Englewood Cliffs, NJ: Prentice-Hall.

Kanuka, H., & Anderson, T. (1998). On-line interchange, discord, and knowledge construction. *Journal of Distance Education, 13*(1), 57-74.

Kaplan, A. (1964). *The conduct of inquiry.* San Francisco: Chandler Publishing Company.

Karagiorgi, Y., & Symeou, L. (2005). Translating constructivism into instructional design: Potential and limitations. *Educational Technology & Society, 8*(91), 17-27.

Kaufman, R. A. (1970). Systems approaches to education: Discussion and attempted integration.

In *Social and technological change: Implications for education*. Eugene, OR: Center for Advanced Study of Educational Administration, University of Oregon.

Kaufman, R. (2006). *Change, choices, and consequences: A guide to mega thinking and planning*. Amherst, MA: HRD Press.

Kaufman, R. (2009). Mega thinking and planning: An introduction to defining and delivering individual and organizational success. *Performance Improvement Quarterly, 22*(2), 5-15.

Kaufman, R., & Clark, R. (1999). Reestablishing performance improvement as a legitimate area of inquiry, activity, and contribution: Rules of the road. *Performance Improvement, 38*(9), 13-18.

Kaufman, R., Keller, J., & Watkins, R. (1994). What works and what doesn't: Evaluation beyond Kirkpatrick. *Performance and Instruction, 35*(2), 8-12.

Kaufman, R., Rojas, A. M., & Mayer, H. (1993). *Needs assessment: A user's guide*. Englewood Cliffs, NJ: Educational Technology Publications.

Kaufman, R., Thiagarajan, S., & MacGillis, P. (1997). The changing realities of human and organizational performance improvement. In R. Kaufman, S. Thiagarajan, & P. MacGillis (Eds.), *The guidebook of performance improvement* (pp. 1-17). San Francisco: Jossey-Bass/Pfeiffer.

Keller, J. M. (1979). Motivation and instructional design: A theoretical perspective. *Journal of Instructional Development, 2*(4), 26-34.

Keller, J. M. (1983). Motivational design of instruction. In C. M. Reigeluth (Ed.), *Instructional-design theories and models: An overview of their current status* (pp. 383-434). Hillsdale, NJ: Lawrence Erlbaum Associates, Publishers.

Keller, J. M. (1987a). The systematic process of motivational design. *Performance & Instruction, 26*(9-10), 1-8.

Keller, J. M. (1987b). Strategies for stimulating the motivation to learn. *Performance & Instruction, 26*(8), 1-7.

Keller, J. M. (2010). *Motivational design for learning and performance: The ARCS model approach*. New York: Springer.

Kemp, J. E. (1985). *The instructional design process*. New York: Harper & Row, Publishers.

Kevinen, O., & Ristelä, P. (2003). From constructivism to a pragmatist conception of learning. *Oxford Review of Education, 29*(3), 363-375.

Kilbourn, R. W. (1961). Midwest airborne television and the technology of education. *Audio Visual Communication Review, 9*(4), 201-205.

Kim, B., & Reeves, T. C. (2007). Reframing research on learning with technology: In search of the meaning of cognitive tools. *Instructional Science, 35*, 207-256.

Kim, C. M., & Keller, J. M. (2008). Effects of motivational and volitional email messages with personal messages on undergraduate students' motivation, study habits and achievement. *British Journal of Educational Technology, 39*(1), 36-51.

Kim, H., & Hannafin, M. J. (2008). Grounded design of web-enhanced case-based activity. *Educational Technology Research and Development, 56*(2), 161-179.

Kirkpatrick, D. L. (1996). Great ideas revisited. *Training and Development, 50*(1), 54-59.

Kirkpatrick, D. L. (1998). *Evaluating training programs: The four levels.* San Francisco: Berrett-Koehler.

Kirschner, P. (2004). Design, development, and implementation of electronic learning environments for collaborative learning. *Educational Technology Research and Development, 52*(3), 39-46.

Kirschner, P., Strijibos, J., Krejins, K., & Beers, P. J. (2004). Designing electronic collaborative learning environments. *Educational Technology Research and Development, 52*(3), 47-66.

Klein, J. D. (1990). An analysis of the motivational characteristics of college re-entry students. *College Student Journal, 24*, 281-286.

Klein, J. D. (2002). Empirical research on performance improvement. *Performance Improvement Quarterly, 15*(1), 99-110.

Klein, J. D. (2010). Trends in performance improvement: Expanding the reach of instructional design and technology. In M. Orey, S. A. Jones, & R. M. Branch (Eds.), *Educational Media and Technology and Yearbook: Volume 35* (pp. 135-147). New York: Springer.

Klein, J. D., & Fox, E. J. (2004). Performance improvement competencies for instructional technologists. *Tech Trends, 48*(2), 22-25.

Klein, J. D., & Freitag, E. T. (1992). Training students to utilize self-motivational strategies. *Educational Technology, 32*(3), 44-48.

Klein, J. D., & Schnackenberg, H. L. (2000). Effects of informal cooperative learning and the affiliation motive on achievement, attitude, and student interactions. *Contemporary Educational Psychology, 25*, 332-341.

Klein, J. D., Spector, J. M., Grabowski, B., & de la Teja, I. (2004). *Instructor competencies: Standards for face-to-face, online, and blended settings.* Greenwich, CT: Information Age Publishing.

Kliebard, H. M. (1970). *The Tyler rationale. The School Review, 78*(2), 259-272.

Knezek, G. A., Rachlin, S. L., & Scannell, P. (1988). A taxonomy for educational computing. *Educational Technology, 28*(3), 15-19.

Knowlton, J. Q. (1966). On the definition of "picture". *Audio Visual Communication Review,*

14(2), 157-183.

Kozma, R. B. (1991). Learning with media. *Review of Educational Research, 61*(2), 179-211.

Krathwohl, D., Bloom, B., & Masia, B. (1964). *Taxonomy of educational objectives, Handbook II: Affective domain.* New York: Longman.

Krippendorf, K. (1957). The systems approach to communication. In B. D. Ruben & J. Y. Kin (Eds.), *General systems theory and human communication* (pp. 138-163). Rochelle Park, NJ: Hayden Book Company, Inc.

Kulhavy, R. W., & Stock, W. A. (1989). Feedback in written instruction: The place of response certitude. *Educational Psychology Review, 1*(4), 279-308.

Kulhavy, R. W., & Wager, W. (1993). Feedback in programmed instruction: Historical context and implications for practice. In J. V. Dempsey & G. C. Sales (Eds.), *Interactive instruction and feedback* (pp. 3-20). Englewood Cliffs, NJ: Educational Technology Publications.

Kulik, C. -L. C., Kulik, J. A., & Bangert-Drowns, R. L. (1990). Effectiveness of mastery learning programs: A meta-analysis. *Review of Educational Research, 60*(2), 265-299.

Kuo, M. A., & Hooper, S. (2004). The effects of visual and verbal coding mnemonics on learning Chinese characters in computer-based instruction. *Educational Technology Research and Development, 52*(3), 23-34.

Lacey, A. R. (2005). Humanism. In T. Honderich (Ed.), *The Oxford guide to philosophy* (pp. 401-402). New York: Oxford University Press, Inc.

Lamont, C. (1984). Humanism. In D. D. Runes (Ed.), *Dictionary of philosophy* (p. 147). Totowas, NJ: Rowman & Allanheld.

Lancaster, F. W., & Warner, A. (1985). Electronic publication and its impact on the presentation of information. In D. H. Jonassen (Ed.), *The technology of text: Principles for structuring, designing, and displaying text, Volume Two* (pp. 292-309). Englewood Cliffs, NJ: Educational Technology Publications.

Land, S. M., & Hannafin, M. J. (1997). Patterns of understanding with open-ended learning environments: A qualitative study. *Educational Technology Research and Development, 45*(2), 47-73.

Langdon, D. G., Whiteside, K. S., & Mckenna, M. M. (1999). *Intervention resource guide: 50 performance improvement tools.* San Francisco: Jossey-Bass / Pfeiffer.

Larson, M. B., & Lockee, B. B. (2004). Instructional design practice: Career environments, job roles, and a climate of change. *Performance Improvement Quarterly, 17*(1), 22-40.

Laszlo, E. (1972). *Introduction to systems philosophy.* New York: Harper & Row Publishers.

Laverde, A. C., Cifuentes, Y. S., & Rodríguez, H. Y. R. (2007). Toward an instructional design model based upon learning objects. *Educational Technology Research and Development, 55*(6), 671-681.

Leshin, C. B., Pollock, J., & Reigeluth, C. M. (1992). *Instructional design strategies and tactics.* Englewood Cliffs, NJ: Educational Technology Publications.

Levie, H. W., & Dickie, K. E. (1973). The analysis and application of media. In R. N. W. Travers (Ed.), *Second handbook of research on teaching* (pp. 858-882). Chicago: Rand McNally.

Liaw, S. (2002). Understanding user perceptions of world-wide web environments. *Journal of Computer Assisted Learning, 18*, 137-148.

Lin, H., & Chen, T. (2007). Reading authentic EFL text using visualization and advanced organizers in a multimedia learning environment. *Language Learning & Technology, 11*(3), 83-106.

Littlejohn, S. W. (1989). *Theories of human communication* (3rd ed.). Belmont, CA: Wadsworth Publishing Company.

Liu, C. H., & Matthews, R. (2005). Vygotsky's philosophy: Constructivism and its criticisms examined. *International Education Journal, 6*(3), 386-389.

Loh, E. L. (1972). *The effect of behavioral objectives on measures of learning and forgetting on high school algebra* (University of Maryland). Retrieved from Dissertations & Theses: Full Text (Publication No. AAT 7227259).

Lumsdaine, A. A. (1963). Instruments and media of instruction. In N. L. Gage (Ed.), *Handbook of research on teaching* (pp. 583-682). Chicago: Rand McNally.

Lumsdaine, A. A. (1964). Educational technology, programmed learning, and instructional science. In E. R. Hilgard (Ed.), *Theories of learning and instruction* (pp. 371-401). Chicago: University of Chicago Press.

Lundvall, B., & Johnson, B. (1994). The learning economy. *Journal of Industry Studies, 1*(2), 23-42.

Lyman, R. L., O'Brien, M. J., & McKern, W. C. (2002). *W.C. McKern and the Midwest Taxonomic Method.* Tuscaloosa, AL: The University Alabama Press.

Mager, R. (1962). *Preparing instructional objectives.* Palo Alto, CA: Fearon Publishing.

Mager, R. E., & McCann, J. (1961). *Learner-controlled instruction.* Palo Alto, CA: Varian s

Mager, R., & Pipe, P. (1997). *Analyzing performance problems or you really oughta wanna* (3rd ed.). Atlanta, GA: Center for Effective Performance.

Main, R. G, (1993). Integrating motivation into the instructional design process. *Educational Technology, 33*(12), 37-41.

Marker, A., Huglin, L., & Johnsen, L. (2006). Empirical research on performance improvement: An update. *Performance Improvement Quarterly, 19*(4), 7-22.

Marsh, P. O. (1979). The instructional message: A theoretical approach. *Educational Communications and Technology Journal, 27*(4), 303-318.

Martin, B. L., & Briggs, L. J. (1986). *The affective and cognitive domains: Integration for instruction and research*. Englewood Cliffs, NJ: Educational Technology Publications.

Martin, F., & Klein, J. D. (2008). Effects of objectives, practice and review in multimedia instruction. *Journal of Educational Multimedia and Hypermedia, 17*(2), 178-189.

Martin, F., Klein, J. D., & Sullivan, H. (2007). The impact of instructional elements in computer-based instruction. *British Journal of Educational Technology, 38*(4), 623-636.

Mayer, R. E. (1982). Learning. In H. Mitzel (Ed.), *Encyclopedia of educational research* (pp. 1040-1058). New York: The Free Press.

Mayer, R. E. (2008). Applying the science of learning: Evidence-based principles for the design of multimedia instruction. *American Psychologist, 63*(8), 760-769.

Mayer, R. E., & Anderson, R. B. (1992). The instructive animation: Helping students build connections between words and pictures in multimedia learning. *Journal of Educational Psychology, 84*(4), 444-452.

Mayer, R. E., Griffith, E., Jurkowitz, I. T. N., & Rothman, D. (2008). Increased interestingness of extraneous details in a multimedia science presentation leads to decreased learning. *Journal of Experimental Psychology: Applied, 14*(4), 329-339.

Mayer, R. E., Heiser, J., & Lonn, S. (2001). Cognitive constraints on multimedia learning: When presenting more material results in less learning. *Journal of Educational Psychology, 93*(1), 187-198.

Mayer, R. E., & Moreno, R. (1998). A split-attention effect in multimedia learning: Evidence for dual processing systems in working memory. *Journal of Educational Psychology, 90*(2), 312-320.

McDonald, F. J., & Allen, D. W. (1967). *Training effects of feedback and modeling procedures on teaching*. Palo Alto, CA: School of Education, Stanford University.

McIntyre, J. J. (2003). Participatory democracy: Drawing on C. West Churchman's thinking when making public policy. *Systems Research and Behavioral Science, 20*, 489-498.

McKay, J., & Wager, W. W. (2007). Electronic performance support systems: Visions and viewpoints. In R. A. Reiser & J. V. Dempsey (Eds.), *Trends and issues in instructional design and technology* (2nd ed.) (pp. 147-155). Upper Saddle River, NJ: Merrill/Prentice-Hall.

McLellan, H. (2004). Virtual realities. In D. H. Jonassen (Ed.), *Handbook of research on educational communications and technology* (2nd ed.) (pp. 461-497). Mahwah, NJ: Lawrence Erlbaum Associates, Publishers.

McNeil, J. D. (1969). Forces influencing curriculum. *Review of Educational Research, 39*(3), 293-318.

Means, T. B., Jonassen, D. H., & Dwyer, F. M. (1997). Enhancing relevance: Embedded ARCS strategies vs. purpose. *Educational Technology Research and Development, 45*(1), 5-17.

Medsker, K., Hunter, P., Stepich, D., Rowland, G., & Basnet, K. (1995). HPT in academic curricula: Survey results. *Performance Improvement Quarterly, 8*(4), 6-21.

Melton, A. W. (1964). The taxonomy of human learning: Overview. In A. W. Melton (Ed.), *Categories of human learning* (pp. 325-339). New York: Academic Press.

Merrill, M. D. (1983). Component display theory. In C. M. Reigeluth (Ed.), *Instructional-design theories and models: An overview of their current status* (pp. 279-333). Hillsdale, NJ: Lawrence Erlbaum Associates, Publishers.

Merrill, M. D. (1999). Instructional transaction theory. In C. M. Reigeluth (Ed.), *Instructional-design theories and models, Volume II: A new paradigm of instructional theory* (pp. 397-424). Mahwah, NJ: Lawrence Erlbaum Associates, Publishers.

Merrill, M. D. (2002). First principles of instruction. *Educational Technology Research and Development, 50*(3), 43-59.

Merrill, M. D., & Boutwell, R. C. (1973). Instructional development: Methodology and research. In F. N. Kerlinger (Ed.), *Review of research in education, Vol.1* (pp. 95-131). Itasca, NY: Peacock.

Merrill, M. D., Jones, M. K., & Li, Z. (1992). Instructional transaction theory: Classes of transactions. *Educational Technology, 32*(6), 12-26.

Merrill, M. D., Li, Z., & Jones, M. K. (1990). Second generation instructional design (ID_2). *Educational Technology, 30*(2), 7-14.

Merrill, M. D., Li, Z., & Jones, M. K. (1991). Instructional transaction theory: An introduction. *Educational Technology, 31*(6), 7-12.

Merrill, M. D., & Wilson, B. A. (2007). The future of instructional design. In R. A. Reisier & J. V. Dempsey (Eds.), *Trends and Issues in Instructional Design and Technology* (pp. 335-351). Upper Saddle River, NJ: Pearson Education.

Meyrowitz, J. (1993). Images of media: Hidden ferment-and harmony-in the field. *Journal of Communication, 43*(3), 55-66.

Miller, G. A. (1951). *Language and communication*. New York: McGraw Hill Book Company, Inc.

Miller, G. A. (1956). The magical number seven, plus or minus two. *Psychological Review, 63*, 81-97.

Miller, J. G. (1978). *Living systems.* New York: McGraw Hill Book Company, Inc.

Misanchuk, E. R. (1978). Descriptors of evaluation in instructional development: Beyond the formative-summative distinction. *Journal of Instructional Development, 2*(1), 15-19.

Molenda, M., & Boling, E. (2008). Creating. In A. Januszewski & M. Molenda (Eds.), *Educational technology: A definition with commentary* (pp. 81-139). New York: Lawrence Erlbaum Associates, Publishers.

Moore, D. M., Burton, J. K., & Myers, R. J. (1996). Multiple-channel communication: The theoretical and research foundations of multimedia. In D. H. Jonassen (Ed.), *Handbook of research on educational communications and technology* (pp. 851-875). Mahwah, NJ: Lawrence Erlbaum Associates, Publishers.

Moore, D. M., Burton, J. K., & Myers, R. J. (2004). Multiple-channel communication: The theoretical and research foundations of multimedia. In D. H. Jonassen (Ed.), *Handbook of research on educational communications and technology* (2nd ed.) (pp. 979-1005). Mahwah, NJ: Lawrence Erlbaum Associates, Publishers.

Morrison, G. R., Ross, S. M., & Kemp, J. E. (2007). *Designing effective instruction* (5th ed.). Hoboken, NJ: John Wiley & Sons, Inc.

Mory, E. H. (1996). Feedback research. In D. H. Jonassen (Ed.), *Handbook of research on educational communications and technology* (pp. 919-956). New York: Simon & Schuster Macmillan.

Mousavi, S. Y., Low, R., & Sweller, J. (1995). Reducing cognitive load by mixing auditory and visual presentation models. *Journal of Educational Psychology, 87*(2), 319-334.

Mowrer, O. H. (1960). *Learning theory and behavior.* New York: John Wiley and Sons.

Murphy, K. L., & Collins, M. P. (1997). Development of communication conventions in instructional electronic chats. *Journal of Distance Education, 12*(1), 177-200.

Naidu, S. (1997). Collaborative reflective practice: An instructional design architecture for the Internet. *Distance Education, 18*, 259-271.

Nguyen, F., & Klein, J. D. (2008). The effect of performance support and training as performance interventions. *Performance Improvement Quarterly, 21*(1), 95-114.

Ni, X., & Branch, R. (2008). Complexity theory. In J. Spector, M. Merrill, J. van Merriënboer, & M. Driscoll (Eds.), *Handbook of research on educational communications and technology* (3rd ed.) (pp. 29-32). New York: Lawrence Erlbaum Associates, Publishers.

Norman, G. R., & Schmidt, H. G. (1992). The psychological basis of problem-based learning: A review of the evidence. *Academic Medicine, 67*(9), 557-565.

Nurmi, S., & Jaakkola, T. (2006). Effectiveness of learning objects in various instructional settings. *Learning, Media and Technology, 31*(3), 233-247.

Oettinger, A. G. (1969). *Run, computer, run: The mythology of educational innovation.* Cambridge, MA: Harvard University Press.

Oh, S-Y. (2006). *The effects of reusable motivational objects in designing reusable learning object-based instruction* (Florida State University). Retrieved from Dissertations & Theses: Full Text (Publication No. AAT 3216527).

Okey, J. R., & Santiago, R. S. (1991). Integrating instructional and motivational design. *Performance Improvement Quarterly, 4*(2), 11-21.

Oliver, K., & Hannafin, M. J. (2000). Student management of web-based hypermedia resources during open-ended problem solving. *Journal of Educational Research, 94*(2), 75-92.

Oliver, R., & Omari, A. (2001). Student responses to collaborating and learning in a web-based environment. *Journal of Computer Assisted Learning, 17*, 34-47.

Olsen, C. R. (1972). *A comparative study of the effect of behavioral objectives on class performance and retention in physical science* (University of Maryland). Retrieved from Dissertations & Theses: Full Text (Publication No. AAT 7218957).

Olson, D. R. (1974). Preface. In D. R. Olson (Ed.), *Media and symbols, the forms of expression, communication and education. The seventy-third yearbook of the National Society for the Study of Education, Part I* (pp. xi-xii). Chicago: The University of Chicago Press.

Paivio, A. (1991). Dual coding theory: Retrospect and current status. *Canadian Journal of Psychology, 45*, 255-287.

Paivio, A. (2007). *Mind and its evolution: A dual coding theoretical approach.* Mahwah, NJ: Lawrence Erlbaum Associates, Publishers.

Parkhurst, P. E. (1975). Generating meaningful hypotheses with aptitude-treatment interactions. *Audio Visual Communication Review, 23*(2), 171-183.

Pea, R. D. (1993). Practices of distributed intelligence and designs for education. In G. Salomon (Ed.), *Distributed cognitions: Psychological and educational considerations* (pp. 47-87). Cambridge, England: Cambridge University Press.

Pedaste, M., & Sarapuu, T. (2006). Developing an effective support system for inquiry learning in a Web-based environment. *Journal of Computer Assisted Learning, 22*, 47-62.

Perkins, D. N. (1992). Technology meets constructivism: Do they make a marriage? In T. M. Duffy & D. H. Jonassen (Eds.), *Constructivism and the technology of instruction: A conversation* (pp. 45-55). Mahwah, NJ: Lawrence Erlbaum Associates, Publishers, Inc.

Perkins, D. N. (1993). Person-plus: A distributed view of thinking and learning. In G. Salomon (Ed.), *Distributed cognitions: Psychological and educational considerations* (pp. 88-110).

Cambridge, England: Cambridge University Press.

Petrie, H. G. (1972). Theories are tested by observing the facts: Or are they? In L. G. Thomas (Ed.), *Philosophical redirection of educational research: The seventy-first yearbook of the National Society for the Study of Education, Part I* (pp. 47-73). Chicago: The National Society for the Study of Education.

Petrina, S. (2004). Sidney Pressey and the automation of education, 1924-1934. *Technology and Culture, 45*(2), 305-330.

Pettersson, R. (1989). *Visuals for information: Research and practice*. Englewood Cliffs, NJ: Educational Technology Publications.

Phillips, D. C. (1995). The good, the bad, and the ugly: The many faces of constructivism. *Educational Researcher, 24*(7), 5-12.

Phillips, T., Hannafin, M., & Tripp, S. (1988). The effects of practice and orienting activities on learning from interactive video. *Educational Communications and Technology Journal, 36*(2), 93-102.

Pintrich, P. R., & Schunk, D. H. (2002). *Motivation in education: Theory, research, and applications* (2nd ed.). Upper Saddle River, NJ: Merrill Prentice Hall.

Piskurich, G. M. (2006). *Rapid instructional design: Learning ID fast and right* (2nd ed.). San Francisco: Pfeiffer.

Posiak, F. D., & Morrison, G. R. (2008). Controlling split attention and redundancy in physical therapy instruction. *Educational Technology Research an Development, 56*(4), 379-399.

Pulchino, J. (2006, April 3). *Future direction in e-learning 2006 report*. Retrieved March 29, 2006, from the eLearning Guild database. http://www.elearningguild.org.

Putnam, H. (1964). The compleat conversationalist: A "systems approach" to the philosophy of language. In M. C. Mesarović (Ed.), *Views on general systems theory: Proceedings fo the Second Systems Symposium at Case Institute of Technology* (pp. 89-105). New York: John Wiley & Sons, Inc.

Quan-Haase, A. (2007). University students' local and distant social ties: Using and integrating modes of communication on campus. *Information, Communication & Society, 10*(5), 671-693.

Quiñones, M. A., Ford, J. K., Sego, D. J., & Smith, E. M. (1995/1996). The effects of individual and transfer environment characteristics on the opportunity to perform trained tasks. *Training Research Journal, 1*(1), 29-49.

Ragan, T. J., & Smith, P. L. (2004). Conditions theory and models for designing instruction. In D. H. Jonassen (Ed.), *Handbook of research for educational communications and technology*

(2nd ed.) (pp. 623-649). Mahwah, NJ: Lawrence Erlbaum Associates, Publishers.

Regan, T. J., Smith, P. L., & Curda, L. K. (2008). Objective-referenced, conditions-based theories and models. In J. M. Spector, M. D. Merrill, J. van Merriënboer, & M. P. Driscoll (Eds.), *Handbook of research on educational communications and technology* (3rd ed.) (pp. 383-399). New York: Lawrence Erlbaum Associates, Publishers.

Ravist, J. (1997). An ISD model for building online communities: Furthering the dialog. In M. Simonson (Ed.), *19th Annual Proceedings: Selected Research and Development Presentations at the 1997 National Convention of the Association for Educational Communications and Technology* (pp. 297-307). Ames, IA.: Iowa State University. (ERIC Document Reproduction Service No. ED 409832).

Reed, G. (1988). *The psychology of anomalous experience: A cognitive approach* (Rev. ed.). Buffalo, NY: Prometheus Books.

Reeves, T. C. (1997). A model of the effective dimensions of interactive learning on the World Wide Web. In J. Veteli (Ed.), *Proceedings of Interaktiivinen Teknologia Koulutuksessa* (pp. 86-93). Hameenlinna, Finland.

Reid, D. J., Zhang, J., & Chen, Q. (2003). Supporting scientific discovery learning in a simulation environment. *Journal of Computer Assisted Learning, 19*, 9-20.

Reigeluth, C. M. (1983). Instructional design: What is it and why is it? In C. M. Reigeluth (Ed.), *Instructional-design theories and models: An overview of their current status* (pp. 3-36). Hillsdale, NJ: Lawrence Erlbaum Associates, Publishers.

Reigeluth, C. M. (1997). Instructional theroy, practitioner needs, and new directions: Some reflections. *Educational Technology, 37*(1), 42-47.

Reigeluth, C. M. (1999). The elaboration theory: Guidance for scope and sequence decisions. In C. M. Reigeluth (Ed.), *Instructional-design theories and models, Volume II: A new paradigm of instructional theory* (pp. 425-453). Mahwah, NJ: Lawrence Erlbaum Associates, Publishers.

Reigeluth, C. M., & Darwazeh, A. (1982). The elaboration theory's procedure for designing instruction: A conceptual approach. *Journal of Instructional Development, 5*(3), 22-32.

Reigeluth, C. M., & Frick, T. W. (1999). Formative research: A methodology for creating and improving design theories. In C. M. Reigeluth (Ed.), *Instructional-design theories and models, Volume II: A new paradigm of instructional theory* (pp. 633-651). Mahwah, NJ: Lawrence Erlbaum Associates, Publishers.

Reigeluth, C. M., & Stein, F. S. (1983). The elaboration theory of instruction. In C. M. Reigeluth (Ed.), *Instructional-design theories and models: An overview of their current status* (pp.

335-381). Hillsdale, NJ: Lawrence Erlbaum Associates, Publishers.

Reiser, R. A. (1994). Examining the planning practices of teachers: Reflections on three years of research. *Educational Technology, 34*(3), 11-16.

Reiser, R. A. (2007a). A history of instructional design and technology. In R. A. Reiser & J. V. Dempsey (Eds.), *Trends and issues in instructional design and technology* (2nd ed.) (pp. 17-34). Upper Saddle River, NJ: Pearson/Merrill Prentice Hall.

Reiser, R. A. (2007b). What field did you say you were in? In R. A. Reiser & J. V. Dempsey (Eds.), *Trends and issues in instructional design and technology* (2nd ed.) (pp. 2-9). Upper Saddle River, NJ: Merrill/Prentice-Hall.

Reiser, R. A., & Gagné, R. M. (1983). *Selecting media for instruction*. Englewood Cliffs, NJ: Educational Technology Publications.

Resta, P., & Lafferriere, T. (2007). Technology in support of collaborative learning. *Educational Psychology Review, 19*(1), 65-83.

Richey, R. (1986). *The theoretical and conceptual bases of instructional design*. London: Kogan Page, Ltd.

Richey, R. C. (1992). *Designing instruction for the adult learner: Systemic training theory and practice*. London: Kogan Page, Ltd.

Richey, R. C. (1995). Trends in instructional design: Emerging theory-based models. *Performance Improvement Quarterly, 8*(3), 97-111.

Richey, R. C., & Klein, J. D. (2007). *Design and development research: Methods, strategies, and issues*. Mahwah, NJ: Lawrence Erlbaum Associates, Publishers.

Richey, R. C., Fields, D. C., & Foxon, M. (2001). *Instructional design competencies: The standards* (3rd ed.). Syracuse, NY: ERIC Clearinghouse on Information & Technology.

Roehler, L. R., & Cantlon, D. J. (1997). Scaffolding: A powerful tool in social constructivist classrooms. In K. Hogan & M. Pressley (Eds.), *Scaffolding student learning: Instructional approaches and issues* (pp. 6-42). Cambridge, MA: Brookline.

Romiszowski, A. J. (1981). Designing instructional systems: Decision making in course planning and curriculum design. London: Kogan Page, Ltd.

Romiszowski, A. J., & Mason, R. (2004). Computer-mediated communication. In D. H. Jonassen (Ed.), *Handbook of research on educational communications and technology* (2nd ed.) (pp. 397-431). Mahwah, NJ: Lawrence Erlbaum Associates, Publishers.

Rommetveit, R. (1974). On message structure: A framework for the study of language and communication. London: John Wiley.

Rosenberg, M. J. (1995). Performance technology, performance support, and the future of training: A commentary. *Performance Improvement Quarterly, 8*(1), 94-99.

Rosenberg, M. J., Coscarelli, W. C., & Hutchison, C. S. (1999). The origins and evolution of the field. In H. Stolovitch & E. Keeps (Eds.), *Handbook of human performance technology* (2nd ed.) (pp. 24-46). San Francisco: Jossey-Bass.

Rossett, A. (1997). That was a great class, but … *Training & Development, 51*(7), 18-24.

Rossett, A. (1999a). Analysis for human performance technology. In H. Stolovitch & E. Keeps (Eds.), *Handbook of human performance technology* (2nd ed.) (pp. 139-162). San Francisco: Jossey-Bass.

Rossett, A. (1999b). *First things fast: A handbook for performance analysis.* San Francisco: Jossey-Bass.

Rossett, A., & Tobias, C. (1999). A study of the journey from training to performance. *Performance Improvement Quarterly, 12*(3), 31-43.

Rothwell, W. J., & Kazanas, H. C. (2004). *Mastering the instructional design process: A systematic approach* (3rd ed.). San Francisco: Pfeiffer.

Rotter, J. B. (1954). *Social learning and clinical psychology.* New York: Prentice-Hall.

Rotter, J. B., Chance, J. E., & Phares, E. J. (1972). *Applications of social learning theory of personality.* New York: Holt, Rinehart & Winston.

Rumelhart, D. E., & Norman, D. A. (1978). Accretion, tuning, and restructuring: Three modes of learning. In J. W. Cotton & R. L. Klatzky (Eds.), *Semantic factors in cognition* (pp. 37-53). Hillsdale, NJ: Lawrence Erlbaum Associates, Publishers.

Rummler, G. A., & Brache, A. P. (1995). *Improving performance: How to manage the white space on the organization chart* (2nd ed.). San Francisco: Jossey-Bass.

Russ-Eft, D. E., Bober, M. J., de la Teja, I., Foxon, M., & Koszalka, T. A. (2008). *Evaluator competencies: Standards for the practice of evaluation in organizations.* San Francisco: Jossey-Bass.

Ryan, T. A. (1975). Analysis of the systems approach. In S. D. Zalatimo & P. J. Sleeman (Eds.), *A systems approach to learning environments* (pp. 118-129). Pleasantville, NY: Docent Corporation.

Saettler, P. (1968). Design and selection factors. *Review of Educational Research, 38*(2), 115-128.

Saettler, P. (1990). *The evolution of American educational technology.* Englewood, CO: Libraries Unlimited, Inc.

Salomon, G. (1974). What is learned and how it is taught. The interaction between media, message, task, and learner. In D. R. Olson (Ed.), *NSSE Yearbook: Media and symbols, the*

forms of expression, communication and education (pp. 383-406). Chicago: The University of Chicago Press.

Salomon, G. (1994). *Interaction of media, cognition, and learning: An exploration of how symbolic forms cultivate mental skills and affect knowledge acquisition.* Hillsdale, NJ: Lawrence Erlbaum Associates, Publishers.

Sanders, E. S., & Thiagarajan, S. (2001). *Performance intervention maps.* Alexandria, VA: American Society for Training and Development.

Sasayama, G. M. D. (1984). *Effects of rules, examples and practice on learning concept-classification, principle-using and procedure-using tasks: A cross cultural study* (Brigham Young University). Retrieved from Dissertations & Theses: Full Text (Publication No. AAT 8505584).

Satwicz, T., & Stevens, R. (2008). A distributed perspective on collaborative activity. In J. Spector, M. Merrill, J. van Merriënboer, & M. Driscoll (Eds.), *Handbook of research on educational communications and technology* (3rd ed.) (pp. 163-171). New York: Lawrence Erlbaum Associates, Publishers.

Saye, J. W., & Brush, T. (2002). Scaffolding critical reasoning about history and social issues in multimedia-supported learning environments. *Educational Technology Research and Development, 50*(3), 77-96.

Scardamalia, M., & Bereiter, C. (1996). Computer support for knowledge-building communities. In T. Kotchman (Ed.), *CSCL: Theory and practice of an emerging paradigm* (pp. 14-37). Mahwah, NJ: Lawrence Erlbaum Associates, Publishers.

Schank, R. C., Berman, T. R., & Macpherson, K. A. (1999). Learning by doing. In C. M. Reigeluth (Ed.), *Instructional-design theories and models: A new paradigm of instructional theory, Volume II* (pp. 161-182). Mahwah, NJ: Lawrence Erlbaum Associates, Publishers, Inc.

Schraagen, J. M., Chipman, S. F., & Shalin, V. L. (2000). *Cognitive task analysis.* Mahwah, NJ: Lawrence Erlbaum Associates, Publishers.

Schramm, W. (1954). How communication works. In W. Schramm (Ed.), *The process and effects of mass communication* (pp. 3-26). Urbana, IL: University of Illinois Press.

Schramm, W. (1971). The nature of communication between humans. In W. Schramm & D. F. Roberts (Eds.), *The process and effects of mass communication* (pp. 3-53). Urbana, IL: University of Illinois Press.

Schwaninger, M. (2006). System dynamics and the evolution of the systems movement. *Systems Research and Behavioral Science, 23*, 583-594.

Schwartz, N. H. (2008). Exploiting the use of technology to teach: The value of distributed cognition. *Journal of Research on Technology in Education, 40*(3), 389-404.

Schwen, T. M., Kalman, H. K., & Evans, M. A. (2006). A framework for new scholarship in human performance technology. *Performance Improvement Quarterly, 19*(2), 5-26.

Scriven, M. (1991). *Evaluation thesaurus* (4th ed.). Newberry Park, CA: Sage.

Sedlik, J. M., Magnus, A. K., & Rakow, J. (1980). Key elements to an effective training system. *Training & Development Journal, 34*(7), 10-12.

Seel, N. M. (2008). Empirical perspectives on memory and motivation. In J. M. Spector, M. D. Merrill, J. van Merriënboer, & M. P. Driscoll (Eds.), *Handbook of research on educational communications and technology* (3rd ed.) (pp. 39-54). New York: Lawrence Erlbaum Associates, Publishers.

Seels, B. (1994). Visual literacy: The definition problem. In D. M. Moore & F. M. Dwyer (Eds.), *Visual literacy: A spectrum of visual learning* (pp. 97-112). Englewood Cliffs, NJ: Educational Technology Publications.

Seels, B., Fullerton, K., Berry, L., & Horn, L. J. (2004). Research on learning from television. In D. H. Jonassen (Ed.), *Handbook of research on educational communications and technology* (2nd ed.) (pp. 249-334). Mahwah, NJ: Lawrence Erlbaum Associates, Publishers.

Seels, B., & Glasgow, Z. (1998). *Making instructional design decisions* (2nd ed.). Columbus, OH: Merrill Publishing Company.

Seels, B. B., & Richey, R. C. (1994). *Instructional technology: The definition and domains of the field.* Washington, DC: Association for Educational Communications and Technology.

Severin, W. (1967). Another look at cue summation. *Audio Visual Communication Review, 15*(3), 233-245.

Shannon, C. E., & Weaver, W. (1949). *The mathematical theory of communication.* Urbana, IL: The University of Illinois Press.

Sharama, P., & Hannafin, M. J. (2007). Scaffolding in technology-enhanced learning environments. *Interactive Learning Environments, 15*(1), 27-46.

Shellnut, B., Knowlton, A., & Savage, T. (1999). Applying the ARCS model to the design and development of computer-based modules for manufacturing engineering courses. *Educational Technology Research and Development, 47*(2), 100-110.

Sherry, L., & Wilson, B. (1996). Supporting human performance across disciplines: A converging of roles and tools. *Performance Improvement Quarterly, 9*(4), 19-36.

Shin, N., Jonassen, D. H., & McGee, S. (2003). Predictors of well-structured and ill-structured problem solving in an astronomy simulation. *Journal of Research in Science Teaching,*

40(1), 6-33.

Shirvani, H. (2009). Does your elementary mathematics methodology class conform to constructivist epistemology? *Journal of Instructional Psychology, 36*(3), 245-259.

Shrock, S. A., & Geis, G. L. (1999). Evaluation. In H. Stolovitch & E. Keeps (Eds.), *Handbook of human performance technology* (2nd ed.) (pp. 185-209). San Francisco: Jossey-Bass.

Silvern, L. C. (1972). *Systems engineering applied to training*. Houston, TX: Gulf Publishing Company.

Simons, K. D., & Klein, J. D. (2007). The impact of scaffolding and student achievement levels in a problem-based learning environment. *Instructional Science, 35*(1), 41-72.

Skinner, B. F. (1958). Teaching machines. *Science, 128*, 969-977.

Slavin, R. E. (1987). Mastery learning reconsidered. *Review of Educational Research, 57*(2), 175-213.

Smaldino, S. E., Lowther, D. L., & Russell, J. D. (2008). *Instructional media and technologies for learning* (9th ed.). Englewood Cliffs, NJ: Prentice Hall.

Smith, J. M. (1971). *Relations among behavioral objectives, time of acquisition, and retention* (University of Maryland). Retrieved from Dissertations & Theses: Full Text (Publication No. AAT 7104526).

Smith, P. L., & Regan, T. J. (2005). *Instructional design* (3rd ed.). Hoboken, NJ: John Wiley & Sons, Inc.

Snellbecker, G. E. (1974). *Learning theory, instructional theory, and psychoeducational design*. New York: McGraw-Hill Book Company.

Snow, R. E. (1973). Theory construction for research on teaching. In R. M. W. Travers (Ed.), *Second handbook of research on teaching* (pp. 77-112). Chicago: Rand McNally & Company.

Snow, R. E., & Salomon, G. (1968). Aptitudes and instructional media. *Audio Visual Communication Review, 16*(4), 341-357.

Snyder, M. M. (2009). Instructional-design theory to guide the creation of online learning communities for adults. *Tech Trends, 53*(1), 48-56.

Sokol, R. R. (1974). Classification: Purposes, principles, progress, prospects. *Science, 185*(4157), 1115-1123.

Song, S. H., & Keller, J. M. (2001). Effectiveness of motivationally adaptive computer-assisted instruction on the dynamic aspects of motivation. *Educational Technology Research and Development, 49*(2), 5-22.

Spector, J. M. (2008). Theoretical foundations. In J. M. Spector, M. D. Merrill, J. van Merriënboer,

& M. P. Driscoll (Eds.), *Handbook of research on educational communications and technology* (3rd ed.) (pp. 21-28). New York: Lawrence Erlbaum Associates, Publishers.

Spector, J. M., Merrill, M. D., van Merriënboer, J., & Driscoll, M. P. (Eds.) (2008). *Handbook of research on educational communications and technology* (3rd ed.). New York: Lawrence Erlbaum Associates, Publishers.

Spitzer, D. R. (1999). The design & development of high-impact interventions. In H. Stolovitch & E. Keeps (Eds.), *Handbook of human performance technology* (pp. 136-154). San Francisco: Jossey-Bass.

Stolovitch, H. (2000). Human performance technology: Research and theory to practice. *Performance Improvement, 39*(4), 7-16.

Stolovitch, H. (2007). The development and evolution of human performance improvement. In R. A. Reiser & J. V. Dempsey (Eds.), *Trends and issues in instructional design and technology* (2nd ed.) (pp. 134-146). Upper Saddle River, NJ: Merrill/Prentice-Hall.

Stolovitch, H. D., & Keeps, E. J. (1999). What is human performance technology? In H. Stolovitch & E. Keeps (Eds.), *Handbook of human performance technology* (2nd ed.) (pp. 3-23). San Francisco: Jossey-Bass.

Strang, H. R., Badt, K. S., Kauffman, J. M., & Maggio, M. L. (1988). The use of computer-generated speech in training basic teaching skills. *Educational Technology, 28*(7), 37-40.

Strike, K. A. (1972). Explaining and understanding: The impact of science on our concept of man. In L. G. Thomas (Ed.), *Philosophical redirection of educational research: The seventy-first yearbook of the National Society for the Study of Education, Part I* (pp. 26-46). Chicago: The National Society for the Study of Education.

Strike, K. A. (1979). An epistemology of practical research. *Educational Researcher, 9*(1), 10-16.

Sugrue, B., & Stolovitch, H. (2000). Appropriate inquiry in performance technology. *Performance Improvement, 39*(1), 33-36.

Su, Y. (2007). *The impact of scaffolding type and prior knowledge in a hypermedia, problem-based environment* (Arizona State University). Retrieved from Dissertations & Theses: Full Text (Publication No. AAT 3288016).

Sui, P. K. (1986). Understanding Chinese prose: Effects of number of ideas, metaphor, and advance organizer on comprehension. *Journal of Educational Psychology, 78*(6), 417-423.

Summers, C., Reiff, P., & Weber, W. (2008). Learning in an immersive digital theater. *Advances in Space Research, 42*, 1848-1854.

Sun, P. -C., & Cheng, H. K. (2007). The design of instructional multimedia in e-learning: A media richness theory-based approach. *Computers & Education, 49*(3), 662-676.

Sussaman, E. B. (1998). Cooperative learning: A review of factors that increase the effectiveness of cooperative computer-based instruction. *Journal of Educational Computing Research, 18*(4), 303-322.

Swanson, R. A. (1999). The foundations of performance improvement and implications for practice. In R. J. Torraco (Ed.), *Performance improvement: Theory and practice* (pp. 1-25). Baton Rouge, LA: Academy of Human Resource Development.

Swanson, R. A., & Holton, R. F. (1999). *Results: How to assess performance, learning, and perceptions in organizations.* San Francisco: Berrett-Koehler.

Sweller, J., van Merriënboer, J. J. G., & Paas, F. G. W. C. (1998). Cognitive architecture and instructional design. *Educational Psychology Review, 10*(3), 251-296.

Taylor, B., & Ellis, J. (1991). An evaluation of instructional systems development in the Navy. *Educational Technology Research and Development, 39*(1), 93-103.

Taylor, W. D., & Johnsen, J. B. (1986). Resisting technological momentum. In J. A. Culbertson & L. L. Cunningham (Eds.), *Microcomputers and education. Eighty-fifth yearbook of the National Society for the Study of Education, Part I* (pp. 216-233). Chicago: The University of Chicago Press.

Tessmer, M., & Richey, R. C. (1997). The role of context in learning and instructional design. *Educational Technology Research and Development, 45*(2), 85-115.

Thiagarajan, S. (1997). Evaluation: Seven dimensions, six steps, five phases, and four guidelines. In R. Kaufman, S. Thiagarajan, & P. MacGillis (Eds.), *The guidebook of performance improvement* (pp. 489-517). San Francisco: Jossey-Bass/Pfeiffer.

Tilaro, A., & Rossett, A. (1993). Creating motivating job aids. *Performance and Instruction, 32*(9), 13-20.

Tobias, S. (1987). Learner characteristics. In R. M. Gagné (Ed.), *Instructional technology: Foundations* (pp. 207-231). Hillsdale, NJ: Lawrence Erlbaum Associates, Publishers, Inc.

Tomasulo, F. P. (1990). Phenomenology: Philosophy and media theory-an introduction. *Quarterly Review of Film and Video, 12*(3), 1-8.

Torkelson, G. M. (1977). AVCR-One quarter century: Evolution of theory and research. *Audio Visual Communication Review, 25*(4), 317-358.

Tracey, M. W. (2009). Design and development research: A model validation case. *Educational Technology Research and Development, 57*(4), 553-571.

Travers, R. M. W. (1970). *Man's information system: A primer for media specialist and educational technologists.* Scranton, PA: Chandler Publishing Company.

Tulving, E., & Watkins, M. J. (1975). Structure of memory traces. *Psychological Review, 82*(4),

261-275.

Tyler, R. W. (1949). *Basic principles of curriculum and instruction* (originally published as Syllabus for Education 305). Chicago: The University of Chicago Press.

Tyler, R. W. (1967). A talk with Ralph Tyler. *Phi Delta Kappan, 49*, 75-77.

Tyler, R. W. (1980). Landmarks in the literature: What was learned from the eight-year study. *New York University Education Quarterly, 11*(2), 29-32 (ERIC document reproduction #EJ224722).

Uribe, D., Klein, J. D., & Sullivan, H. (2003). The effect of computer-mediated collaborative learning on solving ill-defined problems. *Educational Technology Research and Development, 51*(1), 5-19.

Vadivelu, R., & Klein, J. D. (2008). A cross-cultural analysis of HPT. *Performance Improvement Quarterly, 20*(3/4), 147-165.

Van Gerven, P. W. M., Paas, F., & Tabbers, H. K. (2006). Cognitive aging and computer-based instructional design: Where do we go from here? *Educational Psychology Review, 18*(2), 141-157.

van Merriënboer, J. J. G. (1997). *Training complex cognitive skills: A four-component instructional design model for technical training*. Englewood Cliffs, NJ: Educational Technology Publications.

van Merriënboer, J. J. G. (2007). Alternate models of instructional design: Holistic design approaches. In R. A. Reiser & J. V. Dempsey (Eds.), *Trends and issues in instructional design and technology* (2nd ed.) (pp. 72-81). Upper Saddle River, NJ: Merrill/Prentice-Hall.

van Merriënboer, J. J. G., Clark, R. E., & de Crook, M. B. M. (2002). Blueprints for complex learning: The 4C/ID model. *Educational Technology Research and Development, 50*(2), 39-64.

van Merriënboer, J. J. G., & Kester, L. (2008). Whole task models in education. In J. M. Spector, M. D. Merrill, J. van Merriënboer, & M. P. Driscoll (Eds.), *Handbook of research for educational communications and technology* (3rd ed.) (pp. 441-456). Mahwah, NJ: Lawrence Erlbaum.

van Merriënboer, J. J. G., & Kirschner, P. A. (2007). *Ten steps to complex learning: A systematic approach to four-component instructional design*. Mahwah, NJ: Lawrence Erlbaum Associates, Publishers.

Van Tiem, D. M., Moseley, J. L., & Dessinger, J. C. (2001). *Performance improvement interventions: Enhancing people, process, and organizations through performance technology*. Silver Springs, MD: International Society for Performance Improvement.

Van Tiem, D. M., Moseley, J. L., & Dessinger, J. C. (2004). *Fundamentals of performance technology: A guide to improving people, process, and performing* (2nd ed.). Silver Springs, MD: International Society for Performance Improvement (http://www.ispi.org).

Vernon, D. T. A., & Blake, R. L. (1993). Does problem-based learning work? A meta-analysis of evaluative research. *Academic Medicine, 68*(7), 550-563.

Visscher-Voerman, I., & Gustafson, K. L. (2004). Paradigms in the theory and practice of education and training design. *Educational Technology Research and Development, 52*(2), 69-89.

Visser, L., & Keller, J. M. (1990). The clinical use of motivational messages: An inquiry into the validity of the ARCS model of motivational design. *Instructional Science, 19*, 467-500.

Visser, L., Plomp, T., Amirault, R. J., & Kuiper, W. (2002). Motivating students at a distance: The case of an international audience. *Educational Technology Research and Development, 50*(2), 94-110.

Voss, D. R. (2008). *The development of a model for nonverbal factors impacting the design of visual information* (Wayne State University). Retrieved from Dissertations & Theses: Full Text (Publication No. ATT 3310879).

Vygotsky, L. S. (1978). *Mind in society*. Cambridge, MA: Harvard University Press.

Wallace, W. A. (1979). *From a realist point of view: Essays on the philosophy of science*. Washington, D.C.: University Press of American.

Wang, F., & Hannafin, M. J. (2005). Design-based research and technology-enhanced learning environments. *Educational Technology Research and Development, 53*(4), 5-23.

Wang, Y. -S., Wu, M. -C., & Wang, H. -Y. (2009). Investigating the determinants and age and gender differences in the acceptance of mobile learning. *British Journal of Educational Technology, 40*(1), 92-118.

Webb, N. M., & Palincsar, A. S. (1996). Group processes in the classroom. In D. Berliner & R. Calfee (Eds.), *Handbook of educational psychology* (pp. 841-873). New York: Macmillan.

Weber, J. J. (1922). *Comparative effectiveness of some visual aids in seventh grade instruction*. Chicago: The Educational Screen, Inc.

Weinberg, H. (1971). *Effects of presenting varying specificity of course objectives to students on learning motor skills and associated cognitive material* (Temple University). Retrieved from Dissertations & Theses: Full Text (Publication No. ATT 7110839).

Weiner, B. (1966). Effects of motivation on the availability and retrieval of memory traces. *Psychological Bulletin, 65*(1), 24-37.

Weinstein, G., & Fantini, M. (1970). *Toward humanistic education: A curriculum affect*. New York: Praeger Publishers.

West, E. K., Farmer, J. A., & Wolff, P. M. (1991). *Instructional design: Implications from cognitive science*. Englewood Cliffs, NJ: Prentice Hall.

Westley, B. H., & MacLean, M. S. (1995). A conceptual model for communications research. *Audio Visual Communications Review, 3*(1), 3-12.

Wijekumar, K., & Jonassen, D. H. (2007). The role of computer tools in experts solving ill-structured problems. *Computers in Human Behavior, 23*(1), 664-704.

Wild, M., & Henderson, L. (1997). Contextualizing learning in the World Web: Accounting for the impact of culture. *Education and Information Technologies, 2*(3), 179-192.

Wilkinson, G. L. (1980). *Media in instruction: 60 years of research*. Washington, D.C.: Association for Educational Communications and Technology.

Willis, J. (2000). The maturing of constructivist instructional design: Some basic principles that can guide practice. *Educational Technology, 40*(1), 5-16.

Willis, J. (2009a). Three trends in instructional design. In J. Willis (Ed.), *Constructivist instructional design (C-ID): Foundations, models, and examples* (pp. 11-45). Charlotte, NC: Information Age Publishing, Inc.

Willis, J. (2009b). Basic principles of a recursive, reflective instructional design model: R2D2. In J. Willis (Ed.), *Constructivist instructional design (C-ID): Foundations, models, and examples* (pp. 283-312). Charlotte, NC: Information Age Publishing, Inc.

Willis, J. (2009c). A general set of procedures for C-ID: R2D2. In J. Willis (Ed.), *Constructivist instructional design (C-ID): Foundations, models, and examples* (pp. 313-355). Charlotte, NC: Information Age Publishing, Inc.

Wilson, B., & Cole, P. (1991). A review of cognitive teaching models. *Educational Technology Research and Development, 39*(4), 47-67.

Winn, W. (1984). Why media? *Instructional Innovator, 27*(2), 31-32.

Winn, W. (2004). Cognitive perspectives in psychology. In D. Jonassen (Ed.), *Handbook of research for educational communications and technology* (2nd ed.) (pp. 79-112). New York: Simon & Schuster Macmillan.

Winn, W., & Holliday, W. (1982). Designing principles for diagrams and charts. In D. H. Jonassen (Ed.), *The technology of text: Principles for structuring, designing, and displaying text, Volume One* (pp. 277-300). Englewood Cliffs, NJ: Educational Technology Publications.

Wood, D., Bruner, J., & Ross, G. (1976). The role of tutoring in problem solving. *Journal of Child Psychology and Psychiatry, 17*(2), 89-100.

Woolfolk, A. E. (1998). *Educational psychology* (7th ed.). Needham Heights, MA: Allyn and Bacon.

Wu, Y. -T., & Tasi, C. -C. (2005). Development of elementary school students' cognitive structures and information-processing strategies under long-term constructivist-oriented science instruction. *Science Education, 89*(5), 822-846.

Young, A. C., Reiser, R. A., & Dick, W. (1998). Do superior teachers employ systematic instructional planning procedures? A descriptive study. *Educational Technology Research and Development, 46*(2), 65-78.

Young, M. F. (1993). Instructional design for situated learning. *Educational Technology Research and Development, 41*(1), 43-58.

Young, P. A. (2008). Integrating culture into the design of ICTs. *British Journal of Educational Technology, 39*(1), 6-17.

Young, P. A. (2009). *Instructional design frameworks and intercultural models*. Hershey, PA: Information Science Reference.

Zahorik, J. A. (1976). A task for curriculum research. *Educational Leadership, 33*(7), 487-489.

Zhao, S. (1996). The beginning of the end or the end of the beginning? The theory construction movement revisited. *Sociological Forum, 11*(2), 305-318.

Zimmerman, C. L. (1972). *An experimental study of the effects of learning and forgetting when students are informed of behavioral objectives before or after a unit of study* (University of Maryland). Retrieved from Dissertations & Theses: Full Text (Publication No. AAT 7221140).

| 찾아보기 |

인 명

Ausubel, D. P. 138

Banathy, B. 55, 57, 79
Bandura, A. 140, 141, 143
Bertalanffy, L. 46
Blalock, H. M. 35
Bloom, B. S. 161, 162, 163, 164, 169, 172, 173, 178, 225, 226, 345
Brache, A. P. 305, 318, 319
Branch, R. M. 26
Briggs, L. J. 128
Brinkerhoff, R. O. 322, 323
Bruner, J. S. 131, 165, 166, 168, 170, 172, 173, 177, 178

Caffarella, E. P. 346, 347
Caladine, R. 203, 204
Campbell, J. 100
Campos, M. N. 92
Carey, L. 25
Carrier, C. A. 346
Carroll, J. B. 161, 169, 172, 175, 178

Dale, E. 38, 188, 196
Dean, P. J. 316
Dessinger, J. C. 309
Dick, W. 24, 25, 63, 66, 129
Diesing, P. 32, 33
Donovan, T. 34, 36, 37
Driscoll, M. 129
Dubin, R. 37
Duffy, T. M. 97, 270
Dwyer, F. 115

Fawcett, J. 39
Fleming, M. L. 101

Gagné, R. M. 128, 199, 200, 223, 224, 225, 227, 228, 229, 234, 236, 238
Gerbner, G. 90
Gilbert, N. J. 307, 310, 315, 316
Grabowski, B. L. 98, 258, 329
Greenbaum, H. H. 346, 347, 348
Gropper, G. L. 198
Gunawardena, C. N. 294
Gustafson, K. L. 26

Hannafin, M. J. 209, 211
Harless, J. H. 316
Hoban, C. F. 187
Holton, R. F. 324

Jonassen, D. H. 97, 128, 250, 251, 253, 259

Kaplan, A. 31, 34

Kaufman, R. A. 57, 58, 59, 319
Keeps, E. 305
Keller, J. 253, 254
Kirkpatrick, D. L. 321, 322
Kozma, R. B. 213
Krathwohl, D. 226

Littlejohn, S. W. 37, 84, 94

MacGillis, P. 319
Masia, B. 226
Mayer, R. 104, 106, 109, 115, 122
Merriënboer, J. 246, 247, 258
Merrill, M. 104, 146, 225, 229, 231, 236, 239
Miller, G. A. 49, 50, 85, 137
Misanchuk, E. R. 315
Moreno, R. 109
Moseley, J. L. 309

Norman, G. R. 135

Paivio, A. 115, 191
Pea, R. D. 194
Pike, J. 203
Piskurich, G. M. 26

Ragan, T. J. 25, 26, 62, 68, 134, 243, 244, 245, 270
Reigeluth, C. M. 26, 76, 234, 235
Reiser, R. A. 24, 77, 200
Richey, R. 86, 145, 316
Romiszowski, A. J. 57, 59, 198, 200
Rosenberg, M. J. 307, 330
Rossett, A. 310
Rotter, J. B. 139, 140
Rumelhart, D. E. 135

Salomon, G. 193
Schramm, W. 90
Seels, B. 62
Shannon, C. E. 85
Skinner, B. F. 125, 127, 207, 208, 307

Smith, J. M. 25, 26, 62, 68, 134, 243, 244, 245, 270
Snellbecker, G. E. 224
Snow, R. E. 34, 193
Spitzer, D. R. 313
Stolovitch, H. 305, 307, 316, 318, 325
Swanson, R. A. 306, 324
Sweller, J. 104, 115

Tessmer, M. 145
Thiagarajan, S. 319
Tyler, R. 158, 159, 160, 171, 172, 175

Vygotsky, L. S. 277

Wager, W. 128
Weaver, W. 85, 87
Westley, B. H. 89
Willis, J. 288

Zhao, S. 36

내 용

360도 피드백 312
4수준 평가 모형 321, 322
4C/ID 247, 249, 258
ADDIE 60, 61
ARCS 255
CMC 296
CSCL 292
e-러닝 312
EPSS 332
IBSTPI 327
ISPI 308, 309
PBL 295
R2D2 모형 290
TELE 210

가상현실 211
가속 학습 312
갈등 관리 312
감각 등록 237
감각기억 133
강사 양성 프로그램 24
강화 125
강화물 127
개념적 모형 38
개념적 프레임워크 39
개방형 문항 286
개별화 교수 241, 161, 179
개인차 252
거시적 교수전략 357
검증 174
게슈탈트 이론 101, 131
게이트키퍼 89
게임 211
결과 321
결과사정 시스템 324
경영 313
경험의 원추 38, 188, 196
경험적 관찰 33
경험주의 94, 143, 325
경험주의자 95
계열성 160
계열화 172, 232, 355
고전적 조건화 124
공식적 공리이론 34
공유된 의미 33
과정 320
과정 수준 318
과정 플로차트 39
과제 분석 128
과학적 추론 95
과학철학 32
관념주의 196
관리 319
관리 능력 개발 313
교수 187
교수 목표 171, 229
교수 사태 237, 238
교수 자동화 207
교수설계 23, 25, 26, 122, 305
교수설계 영역 40
교수설계 지식기반의 영역 23, 29
교수설계 지식기반의 주요 영역 28
교수의 질 162
교수적 311
교수적 교류 230, 240
교수적 교류이론 239, 241
교수적 맥락 69, 145
교수적 전략 356
교수전략 224
교수체제 설계 25, 287
교수체제 설계모형 39, 60, 62
교실 훈련 312
교육 목적 226
교육과정 159, 160
교육과정 설계 170, 180
구성 기능 248
구성주의 94, 96, 97, 269
구성주의 교수설계 288
구성주의 설계이론 41, 280
구조화된 문제 250, 259
국제화 전략 110
귀납적 35
귀납적 이론 35
근접발달영역 284
기억 133
기억 흔적 132
기억술 137, 149
끈기 162, 176

나선형 교육과정 236
나이 70, 166, 177
내용 분석 62, 67, 69
내용에 대한 흥미 163
내용요소 제시이론 239, 240
내재적 부하 103
내적 과정 236
논리적 경험주의 32
논리적 실증주의 32
누적학습이론 233

다양성 프로그램 312
다중 채널 커뮤니케이션 102
단기기억 237
대안적 접근 32
데이터 기반 의사결정 325
동기 설계 254
동기 설계 모형 255, 260
동기체제 313
동기화 설계 244

리더십 개발 313

마이크로 320
마이크로모프 38
매개 수업 185

매개 커뮤니케이션 107
매체 185, 360
매체 사용 198
매체 선정 198, 199
매체 선정 모형 206
매체 풍부성 이론 202
매체의 비용 효과성 202
매체이론 41
매크로 320
맥락 분석 69, 145
멀티미디어 179
멀티미디어 설계 117
메가 319, 320
메가 수준 319
메시지 설계 98, 117, 136
멘탈 모형 70, 71, 241
멘토링 312
모형 37
목적 319
목표 설정 323
몰입 테크놀로지 211
문자언어 99
문제 분석 67, 68
문제 해결 244
문제기반 학습 245, 253, 283
문화 110
문화적 변화 관리 312
물리적 자원 관리 313
물질주의 345
미시적 교수전략 357

반개인주의 철학 197
반복적 247
반응 321
반응적 319
발견학습 275
버추얼 커뮤니케이션 313
범위 27
변화 관리 314
보상체제 312
복잡한 학습 244, 246, 247
본유적 인지 부하 103
본질주의 345
부분 과제 249
분류체계 38, 226, 343, 344
분산 인지 194, 197, 279
분석 226, 287, 363
비계 296
비계 형성 284
비교수적 311
비교수적 전략 63, 356
비교수적 중재 24, 26
비구조화된 문제 250, 259
비반복적 247

사고 실험 95
사실적 지식 30
사실주의 196
사업 내 훈련 306
사전 지식 273
사회인지이론 140
사회적 구성주의 269
사회적 실재감 202
사회적 협력 모델 92
사회학습이론 139
산출물 23
상징 모델 142
상징적 표상 166
상황적 학습 276
새로운 매체 선정 모형 203
생성적 교수 244
생성적 교수전략 245
선행 조직자 138, 149
설계 319
설계 및 개발 연구 76, 179, 261
설명적 역할 37
세대 효과 111
소거 125, 126
소셜 네트워크 학습 공동체 294
소셜 네트워킹 테크놀로지 294
속성 원형 개발 72, 290, 363
수업 24, 159
수업의 제1원리 146
수학적 모형 38, 39
수행 결과 324
수행 맥락 78, 181, 352
수행 맥락 분석 329
수행공학 305, 336
수행-내용 매트릭스 229
수행성과 분석 309, 310, 328
수행성과 사정 시스템 322, 324
수행성과 평가 313
수행성과 향상 305, 325, 330
수행성과 향상 과정 308
수행성과 향상 과정 모형 316
수행성과 향상이론 41
수행지원 체제 332
스캐폴딩 173
스키마 106

스키마 이론 134
승계 계획 313
시각 자료 189
시각언어 100
시뮬레이션 211
시연 134, 136
실용주의 325
실재 38, 95
실제적 지식 31
실천 공동체 278
실천 과학 31
실행 314
심리교육적 설계 223
심상 93
심체적 목표 226

액션러닝 312
앵커드 교수 276
앵커드 수업 209
언어 연합 227
엔터프라이즈 232
역량 23
역량 사정 312
연계 과학 31, 325
연속성 160
연습 129
연습의 법칙 123
연역적 35
연역적 이론 35
연합주의 123
영상적 표상 165
영역 27
예감 36
오퍼레이션 리서치 33
온라인 커뮤니케이션 107
완전학습 161, 179, 180
외재적 인지 부하 103
외적 교수 조건 236
요약자 236
운영적 320
원인 분석 309, 310
웹기반 학습 312
위계적 관계 172
의미화 96, 97, 109, 269
이론 34, 36, 37
이론의 유용성 37
이론적 지식 31
이중 부호화 이론 190, 191
이해 226
인간수행 향상 305
인간수행공학 305
인본주의 94, 96, 144, 279, 325
인식 결과 324
인지 부하 103
인지적 과제 분석 138
인지적 구성주의 269
인지적 도제 282, 295
인지적 영역 226
인지적 피드백 249
인지주의 131
인체공학 312
인터벤션 307, 311
인터벤션 선정 309
인터벤션 설계 317
일반체제이론 40, 45, 54, 55, 56, 57, 63, 64, 78, 306
일반화 125
자극-반응 123
자극-반응 커뮤니케이션 모형 89
자기조절 57
자기효능감 142, 143, 150
자신감 163
작동기억 133
작업 관계 306
작업 방법 306
작업 지시 306
잡음 85, 86, 104
장기기억 134, 237
적성 162, 193
적성-처치 상호작용 192
적시 훈련 332
적용 226
적응적 체제 318
전단 분석 68, 316, 317, 328
전략적 320
전술적 320
전시 239
전이 촉진 329
전이적 맥락 69, 145
전자수행 지원체제 312, 321
전체 과제 248, 250
전향적 319
절차적 모형 38, 39
절차적 정보 249
정교화 174
정교화 이론 234, 235, 236
정보 부하 103
정보 회상 237
정보원 33
정보처리이론 133, 237

정보체제 313
정수 235
정수화 235
정신 구조 131
정신 모형 147
정의적 영역 226
정의적 출발점 행동 163
조건기반 교수설계이론 256
조건기반이론 41, 223, 236, 242
조건부 일반화 33
조작적 조건화 125
조직 분석 310
조직 수준 318
조직 정렬 317
조직 커뮤니케이션 313
조직요소 모형 308, 319
조직의 여백 관리 318
조형 127
종합 226
종합자 236
종합적 수행성과 향상 모형 309
주의 분산 108
주입식 교수 244
주입식 교수전략 245
준비의 법칙 123
중간 성과 323
즉각적인 성과 323
즉시적 정보 249
지식 32, 95, 226, 270, 272
지식기반 29, 30, 34
지식기반의 구성 요소 30
지원 정보 248
지향적 맥락 69, 145
직무 과제 분석 66
직무 보조물 313, 321, 332
직무 분석 66
직무 순환 313
직무/수행자 수준 319
직원 오리엔테이션 312
직원 지원 312

창의적 상상력 34
채널 86
청킹 137
체제 46
체제 분석 57
체제의 환경 48
체제적 접근 56
초기 교수이론 40
초인지 234
촉진전략 357
충실도 101
측정 315

커뮤니케이션 83, 90, 92
커뮤니케이션의 수학적 모형 85
커뮤니케이션이론 40, 83, 307
컴퓨터 기반 수업 209
컴퓨터 기반 협력학습 292
컴퓨터 매개 협력 285
코칭 312
큐 105
큐 가중 이론 190, 191

타이포그래피 105
탈목적 프로그램의 평가 286
탈목적적 사정 363
테크놀로지 강화 학습 환경 210
테크놀로지 선정 모형 204
텍스트 설계 117
통합 모형 322
통합성 160
투입 320
투자 수익 204
투자회수 효과 315, 321, 333, 336
티칭 머신 127
팀빌딩 313

파라모프 38
평가 61, 62, 63, 80, 161, 226, 287, 309, 315
평가의 통합 모형 323
포섭적 계열화 236
프로그램 설계 323
프로그램 수업 24, 127, 207
프로그램 실행 323
프로그램 학습 151
프로세스 컨설팅 314
프로젝트 정렬 317
프로젝트 평가 318
피드백 51, 52, 88, 91, 129, 149, 174

학교 학습 모형 161
학습 122, 270, 271, 321
학습 객체 73, 74, 75
학습 결과 225, 324

학습 맥락 69
학습 성과 349
학습 영역 227, 228
학습 위계 233
학습 유형 228
학습관리 시스템 169
학습에 대한 욕구 163
학습의 조건 227
학습이론 40, 121, 122, 307
학습자 349
학습자 분석 70, 71, 282
학습자 특성 193
합리주의 94, 95
해석학적 접근 33
행동 321
행동 모델 140
행동 목표 129
행동공학 모형 308, 310, 315
행동의 능숙도 130
행동적 표상 165
행동주의 123
행동주의적 목표 171
행동주의적 학습이론 171
현상학 196
현장 연구 295
현지화 110
협동학습 285
협력 278
협력학습 285
협상층 모형 289
형성적 가설 34
형성평가 61, 315
형식교육 349
확인평가 315, 333
환경 분석 310
회의/대화 313
효과와 가치 323
효과의 법칙 123
후기 실증주의자 33
훈련 요구 사정 328

저 자 소 개

Rita C. Richey

웨인주립대학교 교수공학과 명예교수

James D. Klein

애리조나주립대학교 교육공학과 교수

Monica W. Tracey

웨인주립대학교 교수공학과 교수

역 자 소 개

정재삼(丁在三)

미국 인디애나대학교 대학원 Ph.D. (Instructional Systems Technology)
세부 영역: 교수체제개발, 프로그램평가, 인적자원개발, 학습-수행성과 컨설팅
현재 이화여자대학교 교육공학과 교수

임규연(林奎延)

미국 펜실베이니아주립대학교 대학원 Ph.D. (Instructional Systems)
세부 영역: 교수-학습 이론, 테크놀로지 기반 교수설계, 학습과학, 측정/평가
현재 이화여자대학교 교육공학과 교수

김영수(金英洙)

미국 인디애나대학교 대학원 Ph.D. (Instructional Systems Technology)
세부 영역: 교수-학습 이론, 학습 메시지 디자인, 인지과학-동기기반 교수설계
현재 이화여자대학교 교육공학과 교수

이현우(李賢禹)

미국 펜실베이니아주립대학교 대학원 Ph.D. (Instructional Systems)
세부 영역: 교수체제개발, 자기조절학습, 테크놀로지 활용 교수, 인적자원개발
현재 상명대학교 교육학과 교수

교수설계 지식기반
The Instructional Design Knowledge Base

2012년 8월 25일 1판 1쇄 인쇄
2012년 8월 30일 1판 1쇄 발행

지은이 • Rita C. Richey · James D. Klein · Monica W. Tracey
옮긴이 • 정재삼 · 임규연 · 김영수 · 이현우
펴낸이 • 김진환
펴낸곳 • (주) 학지사
121-837 서울시 마포구 서교동 352-29 마인드월드빌딩 5층
대표전화 • 02-330-5114 팩스 • 02-324-2345
등록번호 • 제313-2006-000265호

홈페이지 • http://www.hakjisa.co.kr
커뮤니티 • http://cafe.naver.com/hakjisa

ISBN 978-89-6330-862-3 93370

정가 18,000원

역자와의 협약으로 인지는 생략합니다.
파본은 구입처에서 교환해 드립니다.